我坦言
我曾历尽沧桑

〔智利〕巴勃罗·聂鲁达 著

林光 林叶青 译

南海出版公司

新经典文化股份有限公司
www.readinglife.com
出 品

这部自传的创作因巴勃罗·聂鲁达去世而中断。他的遗孀玛蒂尔德·乌鲁蒂亚和朋友米格尔·奥特罗·席尔瓦细心地整理了稿件，1974年第一版问世。

后来，巴勃罗·聂鲁达基金会提供了一些自传性文章，2016年至2017年间我们整理了这些文章，添加到了这个新的版本中。

新增内容在目录中以◆标记，以便读者区分。

达里奥·奥瑟斯

（西班牙语版编者）

目录

十一 写诗是一门手艺

十二　亲切又冷酷的祖国

♦ 演讲、其他自传性文章及手稿

♦ 附录

引言

今天我给你们带来我的诗歌，寒冷与烈火摄人心魄的精华，它们一路陪伴着我，常常领先于我，渗入所有敞开的事物，反复敲击世界封闭的子宫。

我听过许多反对意见和争论，它们每天都在我的文字周围燃烧、熄灭。我们不会在这场旅行中经历这些：此刻，我只想成为你们忠实的伙伴，在旅途中陪伴你们，虽然途径之地也常常让我感到陌生。

我的诗歌是什么？我不知道。还不如去问我的诗歌我是谁呢，那要更容易一些。它们在我灵魂的黑夜里指引我，释放我，束缚我，引领我经历孤独，经历爱，经历人事。

非常抱歉，今天我要谈谈我自己。请你们接受我，我跟你们一样普通，时而痛苦，时而喜悦；我会和你们一起走进森林和图书馆，参加集会，踏入心灵的秘境。

我诗歌的南方是孤独；北方则是人民。孤独是我早期诗歌的母亲。在她的海湾里，在她的迷宫里，我抛撒年轻孤独渔夫的渔网，想要击碎夜晚的奥秘。在那段神秘、激昂、灿烂的岁月里，各种疑问伴随巨大的痛苦消散在了黎明的踌躇与世界的孤独之中……

于是，爱的光芒与第一簇参差错落的温柔火焰出现了，愉悦与惬意的感受也出现了，它们宛如一场森林大火蔓延开来。在我感到愉快时，孤独的暗风仍旧飒飒作响；在我呼唤爱时，其实是在总结绝望。在源头的潮水中迷失的人抓住了爱的芒刺，他焦急万分，仿佛是沉溺于深夜之水的小生灵。

巴勃罗·聂鲁达《环游我的诗歌之旅》

题记

　　这部回忆录是不连贯的，有时甚至有所遗忘，因为生活本身就是如此。断断续续的梦使我们禁受得了劳累的白天。我的许多往事在追忆中显得模糊不清，仿佛已然破碎无法复原的玻璃那样化作齑粉。

　　传记作家的回忆录与诗人的回忆录绝不相同。前者也许阅历有限，但着力如实记述，为我们精确再现许多细节。后者则为我们提供一座画廊，里边陈列着受他那个时代的烈火和黑暗撼动的众多幻影。

　　也许我没有全身心地去体验自己的经历；也许我体验的是别人的生活。

　　我写的这些篇章，将像金秋时节的树林和收获季节的葡萄园那样，从中必定会落下正在枯萎的黄叶，也会结出将在祭神的酒中获得新生的葡萄。

　　我的生活丰富多彩——这是诗人的生活。

一　年轻的乡巴佬

智利的森林

　　……在火山山麓，紧挨着常年积雪的地方，在几个大湖之间，静穆的智利森林散发着芳香，林中树木杂陈……双脚陷入枯叶中；一根松脆的树枝发出碎裂声，巨大的山毛榉树高高挺起它那向上怒张的身躯；一只鸟儿扑扇着翅膀，穿过寒林飞来，栖息在阴暗处的枝丫上，随即在隐匿处双簧管似的鸣啭起来……月桂树的浓香和波耳多树的幽香扑鼻而来，渗透我整个身心……瓜伊特卡斯群岛的柏树阻断了我的去路……这是个垂直的世界——一个鸟的国度，叶片纷呈……我在一块石头上绊了一下，竟揭开一个隐蔽的洞穴，一只浑身红毛的巨型蜘蛛，大得像只螃蟹，死死盯着我，一动不动……一只金色步行虫向我喷来臭烘烘的气息，同时它那彩虹般璀璨的身影，一道闪光似的消遁得无影无踪……我穿过比我高的蕨类丛林时，从那冷峻的绿眼睛里落下几十滴泪珠，洒在我脸上，那些扇子般的叶片，在我身后久久颤动……一棵何等珍贵的树干，竟朽烂了……黑色和蓝色的蕈类给它安上耳朵，红色的寄生植物为它缀满红宝石，另外一些懒洋洋的植物借给它胡须和幼芽；一条蛇宛如一股气流，从树干的腐烂内脏里喷射出来，仿佛是死去树干的魂魄逃逸而出……更远处，每一棵树都与同伴们分开……它们高高耸立于神秘大森林的地毯之上，枝叶有的呈线形，有的像鬈发，有的多枝杈，有的呈披针状，风格各异，像是由一把永不停息的剪子剪出来的……一道峡谷；谷底，澄澈的溪水从花岗岩和斑纹大理石上悄然滑过……一只柠檬般黄澄澄的蝴蝶，在水波和阳光间翩跹飞舞……身旁，无数朵精巧的黄蒲包花频频向我点头致意……红艳艳的喇叭藤花在高处悠悠飘摆，有如从神奇森林里渗出的点点鲜血……红艳艳的喇叭藤花是鲜血凝成的花朵，洁白的喇叭藤花是白雪凝成的花朵……在树叶的战栗中，一只狐狸飞也似的穿过那片寂静，但寂静毕竟是这些枝叶的法则……远处隐约传来一头慌乱的野兽的叫声……一只藏身的鸟儿猛地被惊起……树木花草窃窃私语，直到一阵暴风雨使大地的各种乐音齐声高奏起来。

不了解智利大森林的人，也不会了解我们这个星球。

我就是从那片疆土，从那里的泥泞，那里的岑寂出发，到世上去历练，去讴歌的。

童年和诗

提起童年时光,唯一使我难以忘怀的就是雨水。从合恩角到边疆的天空,南方的大雨像从南极泼洒下来的瀑布。我就在这样的边疆——我的祖国蛮荒的西部——降生到世上,开始面对大地,面对诗歌和雨水。

我去过很多地方之后,觉得在我的故乡阿劳卡尼亚施加过可怖而又微妙威力的雨水,已经失去了艺术感染力。雨水整月整年地下个不停。一根根雨丝像长长的玻璃针,在屋顶砸得粉碎;有的打在窗上,形成透明的波浪。雨中的每一幢房屋,都像正在严冬的大海中艰辛地驶向港口的一艘船。

美洲南部的这种冷雨,同风暴带来的暖雨不一样,不会像鞭子那样劈头盖脸地猛浇下来,过后又是晴空万里。相反,这种南半球的雨很有耐性,会绵绵不断地从灰暗的天空落下来。

我家前面那条街,变成了一片烂泥的汪洋。我从窗口透过雨帘,看见一辆大车在街心陷入泥淖。一名身披厚毛黑斗篷的农夫正在抽打拉车的几头牛,它们在雨水和烂泥里再也拉不动了。

那时，我们常在人行道上踩着一块块石头，顶着严寒和雨水去上学。雨伞被风刮跑了。雨衣太贵，手套我不爱戴，鞋子湿透了。我永远都记得烤在火盆边上的湿袜子和许多冒着蒸汽、像一列列火车头似的鞋子。接着洪水来了，把沿河而栖的最穷人家的村落冲走了。还会发生地震，大地晃动不停。另有几次，山峦上出现由可怕的光形成的顶饰——亚伊马火山苏醒了。

特木科是一座开拓者建立的城镇，这类城镇没有往昔，却有不少五金铺。印第安人不识字，于是一把大手锯、一口大铁锅、一把大锁、一个南极区用的大勺，都被五金铺挂在街头用作招揽顾客的招子。再过去一点，鞋铺挂的是一只巨型靴子。

若说特木科是智利南疆生活的前哨，那就表明它有一部漫长的血腥历史。

历经三百年的战斗，在西班牙征服者的逼迫下，阿劳科人不得不撤退到那片寒冷的地区去。然而，智利人却继续进行所谓"平定阿劳卡尼亚地区"行动，就是说，继续一场血与火的战争，以掠夺我们同胞的土地。

他们对付印第安人无所不用其极：用卡宾枪射击，用火烧茅屋，然后是较慈爱的方式，使用法律和酒精。律师变成掠夺印第安人田地的专家；印第安人一表示抗议，法官便送他们入狱；神甫则用地狱中永恒的烈火吓唬他们。最后，烈性酒彻底毁灭了这个高傲的种族；而堂阿隆索·德埃尔西利亚①在其所创作的长诗《阿劳卡纳》中，把印第安人的英雄事迹、勇敢无畏以及美丽动人之处，熔铸在他那掷地作金

---

①阿隆索·德埃尔西利亚（1533－1594），西班牙军人、诗人，史诗《阿劳卡纳》的作者，曾参加智利对阿劳科印第安人的战争。堂，男子的尊称，用于名字之前，与其相对应的女子尊称为堂娜。（本书如无特殊说明，①②……均为译者注。）

石声的诗句中。

我的双亲都来自我的出生地帕拉尔。那里位于智利中部，到处是葡萄园，盛产葡萄酒。还没等我记事，没等我懂得用自己的眼睛看她，我母亲堂娜罗莎·巴索阿尔托就仙逝了。我生于一九〇四年七月十二日，在一个月之后的八月，母亲就被肺结核夺去了生命。

对我国中部的小农来说，生活是艰难的。我祖父堂何塞·安赫尔·雷耶斯田地很少，子女却很多。我的几位叔叔分别叫阿莫斯、奥塞亚斯、霍埃尔、阿瓦迪亚斯，我觉得都像是遥远王国里王子们的名字。我父亲的名字很普通，叫何塞·德尔卡门；他年纪轻轻就离开父辈的土地，到塔尔卡瓦诺港的船坞去做苦力，最后在特木科当了铁路工人。

他是驾驶道砟车的司机。道砟车是什么，知道的人不多。在经常刮大风的南部地区，如果不在枕木之间填上石砟，铁轨就会被大水冲走。必须把石砟装入柳条筐从采石场运出来，再倒到敞篷平车上去。四十年前，这种道砟车上的人员数量众多；他们来自农村，来自城镇郊区，来自监狱。他们都是些身材魁伟、肌肉发达的壮工。铁路公司付给的工资十分微薄，对于肯去道砟车上干活的人，倒是不要求什么资历。

我父亲就是这种车上的司机；他既习惯于发号施令，也习惯于服从命令。他有时把我带在身边。我们在博罗阿开采过石头，那里是边疆地区的蛮荒中心，是西班牙人和阿劳科人鏖战的战场。

那里的自然环境令我陶醉。各种鸟儿、甲虫、石鸡蛋把我迷住了；这些东西有的湛蓝，有的乌黑，有的闪亮，犹如猎枪的枪筒一样五彩缤纷，能在山谷里找到它们实属罕见。那些甲虫完美得令我惊叹不已。我捉到了几只"蛇娘"，这是给一种最大的鞘翅科甲虫取的古怪名字，这种甲虫浑身黑亮，结实，是智利昆虫中的大力巨人。在灌木、野苹果树、南方假山毛榉的树干上骤然见到它，会吓人一跳，但我知道它很结实，就是双脚踩上去，也踩不碎它。它既然有结实的躯壳，就无须靠毒汁自卫了。

我的这些探索引起工人们的好奇；不久，他们开始对我的发现产生兴趣。我父亲一不留神，他们就溜到原始森林里去；他们比我更熟练，更机灵，也更有力气，往往为我找到意想不到的宝贝。有个名叫蒙赫的工人，据我父亲说，是个爱斗殴的危险人物。他黝黑的脸上有两道很粗的线条：一道垂直的是刀疤；另一道横向的，是他微笑时露出一口白牙的嘴——他的微笑既可爱又狡黠。这个蒙赫，给我带来白喇叭藤花、毛烘烘的蜘蛛、羽毛未丰的白颈野鸽；有一次，他还为我找到爬在假山毛榉和卢玛番樱桃树上的亮闪闪的甲虫。我不知道你们是否见过这种甲虫，反正我只见过那一次。那是一种身披彩虹的闪电似的昆虫，它外壳上的红色、紫色、绿色和黄色，弄得人眼花缭乱。它像一道闪光从我手上逃脱，飞回了大森林；蒙赫已经不见了，没能为我把它捉回来。我再也没能从那令人眼花缭乱的闪现中平复；我也没有忘记我的那个朋友。父亲把他死于非命的情况告诉我，他摔下火车，从悬崖上滚下去了。他们那列火车停了，可我父亲告诉我，他已摔得粉身碎骨。

我家的房子建造于六十年前，是边疆地区一种颇为独特的房子，要说清它的形状是很困难的。

首先，各家的房屋都是相通的。院子深处，雷耶斯家和奥尔特加斯家，坎迪亚家和马松家，互通有无，包括工具、书籍、生日糕点、按摩油膏、雨伞和椅桌。

一个村落的全部活动，都在开拓者建造的这些房子里进行。

堂卡洛斯·马松是美国人，一头乱蓬蓬的银发，样子像美国诗人爱默生，是他们家的家长。马松家的儿女都是地道的克里奥尔人①。堂卡洛斯·马松备有法典和《圣经》。他不是帝国主义分子，而是个筚路蓝缕的创业者。这一家子没有一个有钱人，却开设了印刷厂、旅馆、肉铺。有几个儿子是报社领导人，另外几个却是该报社印刷厂的工人。一切都随着时光流逝，而所有的人却依然像以前那么贫穷。只有几家德国人继续不屈不挠地维护着他们的财产，这在边疆地区显得与众不同。

当时我们那些房子有点儿像营房，又有点儿像发明家开的店铺，一进门就见到好些小木桶、农具、马具和各种无法描述的物件。

总有没建成的房屋、未完工的楼梯。人们一辈子谈的都是继续建设的事。做父母的早就开始想给子孙们建造大学了。

堂卡洛斯·马松家里举行过盛大的庆祝会。

命名日宴会的全部食品有芹菜火鸡、烤羊肉和餐后吃的牛奶蛋白玉米面糊。我有许多年没吃到这种面糊了。满头银发的家长同他的妻子堂娜米卡埃拉·坎迪亚一起，坐在那张长得没有尽头的桌子顶头。他背后有一面很大的智利国旗，上边用别针别着一面小小的美国国旗，正好是他们血统的比例。智利国旗上那颗孤独的星，显得分外突出。

在马松家的这所房子里，也有一间大厅不让小孩子进入。我从来不知道那里的家具到底是什么颜色，因为在一场大火把它们焚毁之前都罩着白套子。大厅里有一本收藏一家人相片的相册，那些相片比后来蜂拥传到边疆来的那种教人受不了的着色放大相片，更为细致精美。

那本相册里有一张我母亲的相片。她是一位身穿黑衣的夫人，身材苗条，神情专注。有人告诉我，她写过诗，但我只见过那张美丽的

---

① 西班牙语意为"土生者"。在最广泛意义上，指出生于拉丁美洲的白人，以及白人或克里奥尔人与印第安人所生的混血子女，所操语言称"克里奥尔语"。

相片，她写的诗我从未见过。

我父亲早已续弦，娶的是堂娜特立尼达·坎迪亚·马尔贝德，她就是我的继母。我觉得，给我童年的守护天使冠以这样的称谓，实在不可思议。她手脚利索，为人和蔼，有着农民的幽默感和勤恳的、坚持不懈的善意。

我父亲一进门，她就跟那时当地的所有妇女一样，简直变成一个温顺的影子。

在那个大厅里，我见过有人跳玛祖卡舞和四对舞。

我家有一个衣箱，箱里装着各种令人着迷的东西。箱底有一本印着美丽鹦鹉的日历，特别显眼。一天，在我母亲翻那个神圣的箱子时，我为了够到那本印有鹦鹉的日历，竟一头栽了进去。不过等我长大一些，我曾悄悄打开它，里边存有几把薄如蝉翼的珍贵扇子。

那个箱子里还有一件东西，我至今还记得。那是第一部使我入迷的爱情小说，是几百张由一个叫恩里克或阿尔韦托的人签名发出的明信片，全是寄给玛丽亚·蒂尔曼的。这些明信片美极了，都嵌着小玻璃片，印有当年著名演员的相片，有的还贴着头发；还有一些明信片印着远方的城堡、都市和风景。在好几年时间里，我只能从这些相片上寻找乐趣。但是，随着年龄的增长，我一封封阅读了这些用工整字体写就的情书。我总在想象，那位情人准是个头戴圆顶礼帽，手握扶杖，领带上别着钻石饰针的男子，他的情书字里行间洋溢着迷人的激情。这些情书是这位旅行者从世界各地寄来的，信中妙语如珠，尽是深情的大胆表白。我也开始爱上玛丽亚·蒂尔曼了。我想象她是个傲慢的女演员，头上戴着珠冠。但是，这些情书是怎么到我母亲的衣箱里来的呢？我总也没法弄个水落石出。

一九一〇年，我来到特木科城。在这值得纪念的一年，我上学了。

学校是一座宽敞而破旧的大房子，里边有几间乱七八糟的教室和阴暗的地下室。春天，从学校高处可以望见蜿蜒的、景色迷人的考廷河，两边的河岸上长满了野苹果树。我们时常逃课，只为了把脚泡入从白石上流淌过的冰冷河水。

对于才六岁的我来说，学校是个让我大开眼界的地方。一切都可能具有神秘的一面。禁止我进入的那间物理实验室，摆满了各种令人眼花缭乱的仪器、曲颈甑和方盘。图书馆始终大门紧闭。开拓者的孩子们不喜欢求知。然而，最吸引人的地方却是地下室，那里寂静无声，而且一片漆黑。我们点起几支蜡烛，照着玩打仗游戏。胜利者把俘虏绑在老旧的柱子上。我至今还记得特木科那所学校地下室里散发出来的那种潮湿气味——阴暗角落的、墓穴的气味。

我渐渐长大，开始对书籍产生兴趣。在水牛比尔①的伟业里，在萨尔加里②的游历中，我的精神境界在那些梦幻般的地方得以不断扩展。我的初恋极其纯洁，是在写给布兰卡·威尔逊的情书中逐步发展起来的。这个姑娘是铁匠的女儿；一个小伙子爱她爱得神魂颠倒，求我替他写情书。这些情书写得如何，我现在已经想不起来了，不过，它们也许就是我最早的文学作品；可是有一次，我与这个女同学不期而遇，她问我，她的情人递给她的那些信是否都出自我的手笔。我不敢否认自己的作品，便慌乱不堪地承认了。她当即送我一只榅桲，我当然舍不得吃，把它宝贝似的保存起来。这么一来，我的伙伴在这个姑娘心中的位置就被顶掉了；我继续替他写没完没了的情书，也一再收到榅桲。

---

① 水牛比尔（1846－1917），美国陆军侦察兵威廉·弗雷德里克·科迪的绰号。
② 埃米利奥·萨尔加里（1863－1911），意大利小说家。所写小说多以海盗生活为题材，内容奇特，曾风行一时。

学校里的男生不知道我是个诗人，也就不会为此而尊重我。边疆地区就有这种毫无偏见的蛮荒西部的奇异印记。我的同伴们名叫什奈克、席勒、奥塞尔、史密斯、塔伊托、塞拉尼。我们同阿拉塞纳家的人、拉米雷斯家的人以及雷耶斯家的人是平等的。没有巴斯克人的姓氏，但有西班牙犹太人的姓氏阿尔瓦拉、弗朗科，爱尔兰人的姓氏麦克金蒂斯，波兰人的姓氏雅尼切夫基。梅利比卢、卡特利莱奥这些阿劳科人的姓氏闪耀着神秘的光，散发出木头和水的香味。

有时，我们在关得紧紧的大棚子里用橡实打仗。凡挨过橡实的，都知道被它击中有多痛。到学校之前，我们口袋里往往装满这种"子弹"。我本领不强，没有力气，又不机灵，总是处于劣势。每当我分心去细看那有着灰色帽盖、碧绿光滑的奇妙橡实时，每当我笨手笨脚地用橡实做一个后来被人夺走的烟斗时，橡实就会雨点般地打到我头上。第二年，我忽然想到戴上一顶鲜绿的雨帽。这顶雨帽是我父亲的，同他的粗呢披风、红绿信号灯一样，都是让我着迷的物件，我一有机会就带到学校去炫耀……赶上雨下如注，再没有比这顶鹦鹉似的绿油布雨帽更妙的东西了。我刚刚来到有三百名疯狂的亡命徒正在里边奔跑的大棚，我的雨帽就像鹦鹉那样飞了。我追上去，每次眼看就要抓到手了，它却在震耳的喊叫声中又飞走了，我从来没有听见过这么大的喊叫声。从此我再也见不到这顶雨帽了。

在这些回忆中，我弄不清准确的时间顺序。一些对我来说很重要的琐事往往把我弄得糊里糊涂，此刻重返我脑海的这一件似乎就是我的第一次艳遇，竟和博物学奇怪地混淆在一起。也许，爱情和大自然老早就是我诗歌的源泉了。

我家对面那时住着两个姑娘，她们一个劲儿地盯着我看，弄得我很不好意思。我很胆小，而且沉默寡言，她们却很早熟，又极调皮。那次我站在自己家门口，尽力不看她们。她们手里拿着一件引我注意的东西。我小心翼翼地走上前去，她们给我看一个野鸟窝，是用苔藓和小羽毛建造的，窝里有几个非常好看的青绿色小鸟蛋。我正要伸手拿鸟窝，她们中的一个对我说，她们先要检查我的衣服。我怕得发抖，急忙逃走，那两个年轻的仙女高举着那个招引人的宝贝追了上来。在她们的追逐之下，我逃进一条小巷，我父亲的空面包店就在巷子里，我躲了进去。那两个女劫匪终于追上我，开始扒我的裤子，这时走廊里恰好传来了我父亲的脚步声。野鸟窝在空面包店里完蛋了，那几个非常好看的小鸟蛋在那里摔碎了，与此同时，我们——劫匪和被劫的人——都屏息躲在柜台下。

我还记得，有一次，我正在家里搜寻小物件和小生物时，在围墙的木板上发现一个洞。从洞中看去，我看见和我家相同的一块地，但未经耕种，一片荒芜。我退后几步，隐约感到会出点什么事。突然，一只手伸过来，是一只和我同龄的男孩子的手。我一走上前去，手就不见了，变成一只小白绵羊。

这是一只用褪色的羊毛做的小绵羊。用来滑动的小轮已经脱落。我从未见过这么漂亮的小绵羊。我回到房里，带回来一件礼物，一个我所珍爱的、半绽开的、有松蜡香味的松塔，把它放在同一个地方。

我再也没有见到那只男孩子的手。我再也没有见到那样的小绵羊。那只小绵羊在一场大火中不知去向。这些年来，甚至现在，我每次经过玩具店，都要偷眼看看玻璃橱窗。但是，看也枉然；像那样的小绵羊，是再也做不出来了。

雨的艺术

刚刚挣脱寒冷、雨水和街上的泥泞，也就是美洲南部令人憎恶和肃杀的冬天，黄色的炎夏便来到这一带地区。环抱我们的是尚未开发的山峦，我却很想了解大海。幸亏我热心的父亲从他为数众多的铁路上的同事之一那里借到一所房屋。我那当司机的父亲在漆黑的夜间四点钟（我从来都弄不明白，为什么人们总说是清晨四点钟），用他那只司机哨子把全家叫醒。从这一刻起，屋内顿时吵嚷起来，天还没有亮，我母亲、姐姐劳拉、哥哥鲁道夫和厨娘，在被从四面八方钻进来的风吹得摇曳不定的小小的蜡烛光下来去奔忙，把几个大床垫用麻布片卷成一大团，然后由女人们急急忙忙搬走。几张床也要装上火车。那几个床垫运往近旁的火车站时，还是热乎乎的。我生来体质虚弱，从睡梦中被惊醒，便感到恶心，浑身发冷。同时，屋里仍然忙作一团，没完没了。穷人为了度一个月的假期，什么东西都得带上；连罩在炭盆上用于烘干因天气不佳而始终潮湿的被褥和衣服的烘笼，也被贴上标签，装到等待运载行李的大车上去。

火车在那个寒冷的省份驶过从特木科到卡拉韦的一段路程；它横越广袤的不毛荒野，穿过原始森林，地震般隆隆驰过隧道和铁桥。火车站一个个孤零零地坐落在田野上，夹在金合欢和繁花满枝的苹果树丛中。阿劳科印第安人身穿日常衣裳，面带固有的庄严神色，等在火车站台上，向过往旅客兜售羊羔、母鸡、鸡蛋和编织品。我父亲买什么东西都要没完没了地讨价还价。每次在不露声色的阿劳科妇女跟前，他扬着金黄色小山羊胡子，拿起一只母鸡的神态令人叫绝，而那些阿劳科妇女是半个子儿都不让的。

火车站的名字一个比一个动听，差不多都取自流传下来的古代阿劳科遗址的名称。这里是西班牙征服者和最初的智利人——深深植根于这片土地的儿女们——进行过血战的地区。

拉夫兰萨是第一个车站，后面两个是博罗阿和兰基尔科。这些名字透着野生植物的芳香，其音节使我着迷。这些阿劳科的名字总是有着某种令人喜爱的事物的含义：珍藏的蜂蜜，森林近旁的小湖或河流，以鸟为名的山峰。我们途经那个小小的因佩里亚尔村，诗人堂阿隆索·德埃尔西利亚在这里险些被西班牙总督处决。在十五和十六世纪，这里设过征服者的首府。阿劳科人在保卫故土的战争中发明了"焦土"战术，把埃尔西利亚笔下十分美丽壮观的城池夷为平地。

而后我们到达一座沿河的城市。火车响起欢快的汽笛声，田野上暮色四合，火车站台上翻滚着大片的煤烟，钟声当当地响个不停，已能闻到在不远处入海的因佩里亚尔河的气息。这条静静的蓝色河流河道宽阔。卸下了无数行李，这个小小的家庭整理就绪，便坐牛车去换汽船，汽船将沿因佩里亚尔河顺流而下；这一切都在我父亲的蓝眼睛和铁路哨子的指挥下进行。行李和人都挤在把我们载往大海的小船上。船上没有客舱。我坐在靠近船头的地方。螺旋桨的桨叶推动河水的水流，小轮船的发动机呼呼喘着粗气，还吱吱嘎嘎响个不停，沉默寡言的南方人分散在甲板上，活像一动不动的家具。

一台手风琴发出如怨如诉的哀叹，那是对爱情的召唤。对于一个十五岁的少年来说，没有比在宽阔的陌生河流上航行、在夹岸的青山之间驶向神秘的大海更能打动他心灵的了。

下因佩里亚尔村只有一排红顶房子，面对着河。从翘首等待我们的房子那里，甚至更往前去，从那艘小轮船停靠的破旧码头那里，我听见远处大海的轰鸣，这是一种遥远的震荡。波涛涌进了我的生活。

那所房子是身材魁伟的农夫堂奥拉西奥·帕切科的，在我们借用房子的一个月里，他要开着他的牵引机和脱粒机，到山山岭岭和难以通行的道路上去。他要用机器为远离沿海村落单独居住的印第安人和农民收割小麦。这位大汉经常突然闯进我们这个铁路员工家庭，说话声音洪亮，浑身沾满了尘土和麦秸。然后，他又吵吵嚷嚷地回到山岭上去干自己的活。对我来说，他是南部地区艰苦生活的又一个实例。

在那所房子里，在那几条坑坑洼洼的街道上，在我周围那些陌生的事物里，在远处传来的大海的深沉涛声中，一切都使我感到神秘。那所房子有座花园，我觉得它又大又乱，当中有个被雨水淋坏的凉亭，亭子是本色木料建造的，上面爬满了攀缘植物。除了我这个小人物，从来没有人走进这个阴森荒凉的地方，这里生长着洋常春藤、忍冬和我的诗。在那座奇特的花园里，还有一件令人着迷的东西，那就是一艘大船——一场海难留下的孤儿，被抛弃在没有浪涛也没有风暴的花园里，在虞美人花丛中搁浅了。

那座荒芜花园的奇特之处就在于只有虞美人，这也许是有意的布置，也许是无心的疏忽；其他植物都从这个阴森的地方撤离了。这种花的花朵很大，白的像一只只鸽子，红的像星星点点的鲜血，紫红和黑的像一个个被人遗忘的寡妇。这么多的虞美人花，我从来没有见过，以后也没有再见到。尽管我凝视这一大片花朵时满怀敬意和迷信的畏惧——在各种花中，只有它们令我产生这种畏惧之感——但仍时不时掐下一朵来，被掐断的花茎流出发涩的白黏液，粘在我手上，散发出一股令人难受的气味。后来，我把一片片丝绸般华美的花瓣轻轻抚平，夹到书本里。在我眼中，这些花瓣都是不会飞舞的大蝴蝶的翅膀。

第一次面对茫茫大海时，我不禁愕然。在维尔克和马乌莱两座大山之间，是一片波涛汹涌的大海。海上不仅涌起高过我们好几米的雪白的巨浪，还有巨大的心脏的轰鸣——宇宙的搏动。

一家人在那里铺上桌布，摆好茶壶。我吃到嘴里的食物带着沙子，但这种事我不太在乎。我害怕的是父亲每天要我们洗海水澡的那个恐怖时刻。滚滚的海浪虽不很大，飞溅到我姐姐劳拉和我身上的海水却像抽来的冰冷的鞭子。我们总觉得波涛的大手会把我们拖进山峦般起伏的大海，因而感到胆战心惊。到了牙齿捉对儿打架、周身冻得青紫、姐姐和我手拉手准备赴死的时候，铁路哨子响了，父亲的声音使我们免于殉难。

　　我来说说那个地区另外几件不可思议的事物。其一是佩尔什马①；其二是三位使人着迷的妇人的家。

　　在那个破败的村落尽头，矗立着几幢大房子，可能是制革厂的厂房，是几个法国巴斯克人的产业。在智利南部，经营制革业的几乎总是这些巴斯克人。我确实不知道那些房子是干什么用的。我感兴趣的仅仅是在傍晚的某个时刻，去观看一群高头大马怎样从大门出来，穿过村子。

　　全是佩尔什马，是躯体高大的小马驹和母马。这些马匹身上大片的鬃毛从高高的背脊上垂下来；腿很粗，也长着一丛毛，奔跑起来仿如鸟的冠羽那样拂动。它们都很健壮，毛色有枣红的，有雪白的，有白、黑、棕混杂的。火山若能小跑和奔驰，大概就会像这些高大的马匹那样移动。它们在尘土飞扬、满地石块的街上前行，造成地震般的撼动。它们发出沙哑的嘶鸣，引起地下的轰响，使静止的大气颤动起来。我终生都没有再见到如此傲岸、魁伟、雕像般美丽的马匹了，只有在中国见到的除外，那是些同明陵的翁仲②一样的石雕马。然而，即使最庄严肃穆的雕像，也不可能形成这些活生生的庞然大物所形成的

---

① 法国的一种良种挽马。
② 指石翁仲。传说秦人翁仲身长一丈三尺，异于常人，秦始皇命其出征匈奴，死后铸铜像立于咸阳宫司马门外。后因称铜像、石像为翁仲。

那种场面，在我童稚的眼睛看来，它们仿佛是从漆黑的梦境中跑出来的，奔向另一个巨人的天地。

其实，那片蛮荒地区到处是马匹。智利骑手、德国骑手、马普切骑手①，全都披着黑粗呢套头斗篷，在大街小巷中有的上马，有的下马。那些马匹有的很瘦，有的受到精心照料，有的没精打采，有的肌肉发达，都站在骑手们丢下它们的地方，反刍着一路上吃的青草，从鼻孔里喷出热气。它们对主人和乡间的孤寂生活已经习惯。天色很晚了，它们才驮着粮袋或装满农具的口袋返回，走向树木茂密的高地，登上崎岖难行的道路，或是无休无止地在海边沙地上奔驰。从当铺或阴暗的小酒馆里不时出来一个阿劳科骑手，艰难地骑上他那匹不动声色的马，走上山间的归途，一路上摇来晃去，醉得迷迷糊糊。看着那人上路，一路走下去，我觉得他像个酒精中毒的半人马怪②，身子倾斜得几将坠马落地；但每次都是我弄错了，他总是能够直起身子，又倾斜着倒向另一边，却始终能恢复过来，紧紧粘在马鞍上。他就这样骑在马背上走过一英里又一英里，直到像一只晃动的、不知为何总也不会受伤的动物那样，融入大自然的荒野中。

许多个夏季，我们带着同一套家庭仪式，重返那个迷人的地方。在特木科严寒的冬日和海岸神秘的夏季之间，随着时光的流逝，我渐渐长大，读书，恋爱，写作。

我已经习惯于骑马。走过陡峭的黏土小径，走过急弯突现的曲折道路，我的生活变得更高远、更开阔了。我遇见杂乱茂密的树木花草，遇见幽静或大森林中禽鸟的啼啭，邂逅一株花树上突然的繁花怒

---

① 即阿劳科人。
② 也称"肯陶洛斯"，是希腊神话中的半人半马生物，森林中的精灵。传统上认为这种生物性格野蛮，嗜酒如命。

放——有的像群山上一位魁伟的大主教，身披猩红法衣，有的在不知名的花朵的争斗中裹上银装。不时地，在最不经意的时候，一枝桀骜不驯的野喇叭藤花，犹如一滴鲜血在茂密的灌木丛中垂下。我已经习惯了马匹、马鞍、坚固而复杂的农具、在鞋后跟叮叮作响的残忍的马刺。在没有尽头的海滩上，在草木茂密的山峦上，我的心灵，也就是我的诗，和那片世上最孤寂的土地开始了交流。此后过了许多年，那种交流，那种启迪，那种与空间的默契，依然存在于我的生命中。

我写的第一首诗

现在，我向诸位说一个关于禽鸟的故事。布迪湖上，有人用很残暴的方法捕捉天鹅；他们坐小舟悄悄接近天鹅，然后拼命加快划桨……天鹅跟信天翁一样，起飞很困难，必须在水面滑行着奔跑，再展开大翅膀艰难地起飞。捕猎人追上天鹅，用棍棒将其活活击毙。

有人带给我一只奄奄一息的天鹅。这是一只美丽绝伦的鸟，一只黑颈天鹅，这么美的鸟我在世上再也没有见到。它犹如一只雪白的小船，那细长的脖子像是套在一条拉紧的黑丝袜里。它的嘴是橙黄的，眼睛是红的。

这件事发生在靠近大海的地方，在南方因佩里亚尔的萨阿韦德拉港。

他们把垂死的天鹅送给我。我为它洗涤了伤口，拿来些小面包块和鱼塞进它的喉咙。它全都吐了。不过，它的伤口倒是愈合了，开始明白我是它的朋友；我也渐渐明白，折磨它的是乡愁。于是，我抱着这只沉重的鸟走过大街小巷，把它带到河边。它在我身旁游了一会儿。

我要它去捉鱼，给它指点河底的小石子，指点沙砾，南方闪着银光的鱼从上面滑行而过。但是，它那忧伤的眼睛却望着远方。

我每天都带它到河边，然后再带它回家，这样过了二十多天。这只天鹅大小同我差不多。一天傍晚，它更加陷于沉思，就在我身边游，对于我指点它去捕捉的小动物丝毫不感兴趣。它十分安静，我于是抱起它准备带回家去。可是，当我把它抱到胸前时，我觉得有一根带子似的东西舒展开来，像只黑手臂那样擦过我的脸。是它那细长柔软的脖子耷拉了下来。我于是知道了，天鹅死去时是不歌唱的。

考廷的夏天酷热难当；天空和麦田都烤焦了。大地想从昏睡中复苏。各家各户的房屋既不适于度夏，也不适于过冬。我漫步到田野上去，不停地往前走。我在涅洛尔山上迷路了。我独自一人，口袋里装满金龟子，身上带的一个盒子里有新捉到的一只毛烘烘的蜘蛛。头顶看不见天空。大森林永远是潮湿的，我滑了一跤；有只鸟儿突然叫起来，那是智利窜鸟幽魂般的啼鸣。一种令人惊怖的警示出现在我脚边；我勉强才辨认出来，那是血滴般星星点点的喇叭藤花。在高大的蕨类植物下面，我只是个小矮人。一只野鸽从我嘴边飞过，翅膀发出干涩的声响。在更高的地方，另一些鸟沙哑地笑着嘲讽我。我好不容易才找到路，但天色已晚。

我父亲尚未到家。他要凌晨三四点才能到。我上楼去自己房间读萨尔加里写的书。大雨如注，顷刻间黑夜和大雨把整个世界笼罩住了。在房间里，我独自在自己的算术本上写诗。第二天，我一早就起床。那时李子还是青的，我带了一小包盐直奔上山。我爬上一棵李树，舒舒服服地待在树上，小心地咬下一小块李子，蘸点儿盐吃下。就这样我吃了上百颗李子。我知道，我吃得太多了。

我们原有的房子已被大火焚毁，这幢新房子显得很神秘。我攀上围墙，朝邻舍望去，一个人也没有。我拨开几根树枝，除了几只可怜的小蜘蛛，别无其他。在那里的背静处有个厕所，厕所旁的几棵树上有毛虫。杏树上挂满白茸茸的果实。我知道怎样用手帕逮野蜂，又不至于弄伤它们。过一会儿，我就把逮住的野蜂放到耳边；那嗡嗡声多好听哟！

在这辽阔而可怖的边境地区，一个身穿黑衣的不起眼的少年诗人感到何等孤独。生活和书逐渐使我瞥见了各种难以抗拒的奥秘。

我忘不了前一天夜间读过的故事：在遥远的马来西亚，面包果拯救了桑多坎和他的伙伴们。

我不喜欢水牛比尔，因为他杀害印第安人。但是，他是个多么出色的牧马人！大草原和锥形红皮帐篷何等美丽！

人们多次问我，我的第一首诗是什么时候写的，我写诗的灵感又产生于何时。

我要尽力回想。很早以前，在我幼年时期，我几乎刚开始学写字，有一次我感到激动万分，便随性写下几行类似诗的韵文，但是我觉得这些词句很奇怪，跟日常说话不一样。我不由得忧心忡忡，这是直到那时我还不明所以的情绪，是一种痛苦和忧伤，于是我把这些词句抄在一张纸上。那是一首献给我母亲的诗，是献给我所认识的那位天使般的继母的：我的整个童年都在她温馨的庇护下度过。我毫无能力评判自己的第一篇作品，便拿去给父母看。他们都在饭厅里，正在全神贯注地低声交谈，这种谈话比一条河更无情地把小孩和大人的世界分隔开来。我把那张有横格的纸递给他们，浑身仍然因为缪斯的第一次造访而颤抖。我父亲漫不经心地把那张纸拿在手里，漫不经心地看了看，又漫不经心地还给我，说：

"你这是哪儿抄来的？"

说完继续低声同我母亲谈他们那重要而遥远的事情去了。

我仿佛记得，我的第一首诗就是这样诞生的，也是这样第一次收获漫不经心的文学评论。

与此同时，我像个孤独的航行者，在知识的海洋里、在杂乱书籍的河流上前进。我夜以继日孜孜不倦地埋头阅读。在那个海滨地带，在那个小小的萨阿韦德拉港，我找到一个市立图书馆，还遇到一位老诗人堂奥古斯托·温特，他对我如饥似渴的文学爱好感到惊奇。"这几本书你都读过了？"他一边问，一边递给我一本巴尔加斯·比拉①的新作、一本易卜生和一本罗康博尔②。我像只鸵鸟，一视同仁地把这几本书大口吞下。

那时一位身材颀长的夫人来到特木科，她身穿长长的衣裙，脚下是一双低跟鞋。她是女子中学的新校长，来自我们南方城市，来自白雪皑皑的麦哲伦地区。她名叫加夫列拉·米斯特拉尔③。

我看见她身穿长及脚跟的衣裙从我们村子的街道上走过，对她感到畏惧。不过，当有人带我去见她时，我发现她是个很和气的女人。她黝黑的脸同美丽的阿劳科陶罐一样透着明显的印第安风格，她爽朗地开怀大笑，露出洁白的牙齿，把整个房间都照亮了。

我那时太年轻，又太胆怯、太自负，不可能成为她的朋友。我很少见到她，但每次见到，她都拿几本书送我，这就够了。她给的书总是几本俄国小说，是她所认为的世界文学中最不同凡响的作品。我可以断言，是加夫列拉把我带进了俄国小说家们严肃而可怕的世界，使

---

① 巴尔加斯·比拉（1860－1933），哥伦比亚作家、文学评论家。
② 法国小说家蓬松·杜泰拉伊（1829－1871）几十部连载小说中的主人公。
③ 加夫列拉·米斯特拉尔（1889－1957），智利女诗人，著有《死的十四行诗》《绝望》等诗作，于1945年获得诺贝尔文学奖，是获此奖项的第一个拉美诗人。

托尔斯泰、陀思妥耶夫斯基、契诃夫成为我最喜爱的作家。从此，他们的作品一直陪伴着我。

三位寡妇的家

有一次，有人雇我去干用马脱粒的活儿。地方很高，在山上，而且离村子很远。我喜欢冒险独自行走，在山地上找路。我想我若是迷路了，一定会有人帮助我。我骑马离开下因佩里亚尔村，小心翼翼地走过河口的沙洲。在那里，太平洋上波涛汹涌，一浪又一浪地冲击着极远处高耸入云霄的马乌莱山的岩石和灌木丛。然后我取道布迪湖湖畔。浪涛猛击着那座山的山麓。我必须利用波浪砸碎后退下去养精蓄锐的间隙，在又一股波浪将我和我的坐骑拍碎在崎岖的山坡上之前，急急穿过山水之间的那段窄路。

走过这一段险路，布迪湖一平如镜的湛蓝湖面向西延展。岸边的沙地连绵不绝，一直伸展到距那里很远的托尔滕湖口。智利的这一带海岸往往布满礁岩，但转眼间就变成没有尽头的沙带，在这条沙带上，在大海的浪花旁，你可以走上几天几夜。

海滩似乎没有边际。它在智利周边形成某个行星光环般的圈，一个被南方大海的轰响缠绕的紧箍环：它似乎是沿智利海岸直达南极的一条通道。

靠森林的一侧，枝叶呈暗绿色并闪闪发亮的榛树林在向我致意，有的枝头还挂满了一串串果实；在一年里的这个季节，榛子红得像是用朱砂画成的。智利南方巨大的蕨类植物长得很高，从下面走过时，我和我的坐骑都碰不到它们的枝叶。我的头一旦蹭上绿色的叶片，露珠就会当头淋下来。布迪湖在我右侧延展开来，那是一片与远方森林相连的、水波不兴的湛蓝水面。

我终于看到几个人。他们是外地来的渔夫。在那个地段，大海和湖泊相连、相交、相撞，在强劲海浪的推动下，一些海鱼被逐到海湖交汇的地方。尤其令人馋涎欲滴的是大花鳅——很宽的闪着银光的鱼，在水洼里挣扎乱窜。一、二、三、四、五个渔夫，直挺挺地站着，全神贯注，都在寻找不知去向的鱼儿的踪迹，突然用一把长长的三齿鱼叉击向水中。然后，他们把鱼叉高高举起，只见椭圆形的银白色鱼儿在阳光下颤动着闪闪发光，随即便在鱼篓里死去。天色向晚。我已经离开湖岸走向内陆，在起伏的山坡间寻觅道路。天慢慢暗下来。突然，一只不知名的野鸟发出有如低沉悲泣的叫声飞掠而过。一只老鹰或秃鹰，在暮色四合的天空中似乎停住了它黑色的翅膀，为了指明我的存在，跟着我慢慢飞翔。神秘森林中的红尾狐和不知名的小猛兽或嗥叫，或飞奔过马路。

我意识到自己迷路了。夜晚和森林本来都是我喜爱的，现在却威胁着我，我心中无比恐惧。一个孤单的行路人，在越来越黑暗的孤寂路途上忽然同我相遇了。我们彼此走近时，我停步一看，只见是个十分粗犷的农夫，身穿粗劣的套头斗篷，骑一匹瘦马，不时从寂静中浮现。

我对他说了自己的遭遇。

他对我说，当晚我大概是走不到打谷场了。当地每个角落他都了如指掌；他知道打谷场的准确位置。我对他说，我不想在露天过夜；我求他指给我一个去处，使我能平平安安挨到天亮。他三言两语地指点我，要我从大路拐上一条小岔道，再走两西班牙里。他说："从远处你就能看到一幢两层大木屋的灯光。"

"是旅店吗？"我问。

"不是，小伙子。不过，她们会好好招待你的。她们是三位法国夫人，女木材商，在这里住了三十年了。她们对所有的人都很好。她们准会接待你。"

我谢过这位农夫的扼要指点，他便让他那匹快要散架的瘦马小跑着走了。我像个游魂，继续在小径上赶路。一弯新月白得像一片刚刚剪下的指甲，开始从天际冉冉升起。

大约夜里九点钟，我远远望见从一幢房子里透出的明晰的灯光。在那座神奇圣堂的栅门关闭之前我催马前进。我通过了作为地产界限的栅栏，绕开锯断的树干和一堆堆锯末，来到那幢极不寻常的隐没在荒野中的房子的白色门廊。我敲了敲门，起初敲得很轻，后来敲得响些。过了几分钟，我很担心，以为房子里没有人；可就在这时，出来一位白发苍苍的夫人，很瘦，身上穿着孝衣。她用冷峻的目光把我审视一番，将门打开一道缝，向我这个不合时宜的旅行者提问。

"您是谁？需要什么？"她问，声音像幽灵那样轻。

"我在森林里迷路了。我是学生，应邀到埃尔南德斯家的打谷场去。我走得累极了。有人告诉我，您和您的姐妹都是好客的人。我只希望在随便哪个角落里睡上一觉，天一亮就继续赶路，到埃尔南德斯家的庄稼地去。"

"请进来。"她对我说，"您到自己家了。"

她带我走进一间漆黑的客厅，亲自点亮两三盏煤油灯。我看出那是很美的"新艺术"①式样的灯，是用蛋白石和镀金的青铜造的。客厅里有一股潮味。红色的大窗帘遮住高高的窗子。扶手椅都罩着白护罩。防什么呢？

---

① 19 世纪末 20 世纪初风行于欧洲的一种美术工艺样式，以自然的曲线为特色。

那是间上世纪的客厅，像梦境一样难以确定，令人心绪不宁。那位思乡心切的白发夫人身穿孝衣，走动时我看不见她的脚，听不见她的足音，她静悄悄地走来走去，触摸着手边的相册、扇子之类的物件。

我觉得我像是掉进了湖底，在那里幸存下来，做着梦，感到非常疲倦。忽然又进来两位夫人，同接待我的那位夫人长得十分相像。时间已经很晚了，天气又很冷。她们坐在我近旁，一位面带年轻时的妩媚微笑，另一位用神色忧郁的眼睛看着我，同为我开门的那位夫人的眼神一模一样。

交谈的内容突然远离了那一带偏远的乡野，也远离了千万只小虫的叫声、蛙鸣和夜鸟的啼啭响彻旷野的夜晚。她们详细询问我的学习情况。我忽然提到波德莱尔①，告诉她们我已开始翻译他的诗。

这件事像一朵电火花，使那三位了无生气的夫人振作起来。她们饱含痛苦的眼睛和板着的面孔突然变样了，仿佛从她们脸上揭下了三副画着她们苍老面容的面具。

"波德莱尔！"她们大声说道，"自创世以来，这片荒山僻壤里也许是头一遭提到这个名字。我们这儿有他的《恶之花》。在方圆五百公里之内，只有我们能读他的精美篇章。这一带山区，没人懂法语。"

三姐妹中有两个生于法国的阿维尼翁。最小的一个虽然也是法国血统，却出生于智利。她们的祖父母，她们的双亲，她们的所有亲属，都早已亡故。她们三人已经习惯了这里的雨，这里的风，这里锯木厂的锯末，已经习惯了接触这里为数极少的思想不开通的农民和粗野的仆役。她们拿定主意留在这儿，留在树木参天的山上仅有的这幢房子里。

进来一个土著仆人，在最年长的那位夫人耳旁低声说了点什么。

---

① 夏尔·波德莱尔（1821－1867），法国现代派诗人，著有诗集《恶之花》等。

而后我们离开客厅，穿过冷飕飕的走廊，来到饭厅。我感到惊讶，饭厅中央摆着一张铺着白色长桌布的圆桌，桌上有两个插满蜡烛的枝形银烛台，烛光明亮。在这张令人意外的圆桌上，银质和玻璃餐具交相辉映。

我忽然极感羞怯，仿佛我被维多利亚女王请到宫殿中进餐。我到这里时头发散乱，疲惫不堪，浑身尘土，而那桌饭菜似乎正在迎候一位王子。我远非王子，在她们看来，倒不如说是个刚把马群丢在门口的满身臭汗的赶马人。

我很少吃这么好的东西。我的女主人都是烹饪大师，而且从她们祖父母那里得到法式甜食配方的真传。每一道菜都出人意料，美味可口，香气浓郁，她们还从酒窖取来她们按法国存酒标准贮藏的陈酿。

尽管倦意会使我突然闭上眼睛，我仍在聆听她们谈论种种趣事。三姐妹最感骄傲的是精工细作的菜肴；这席面就是她们保存下来的神圣遗产，是跨越时间和汪洋大海而远离祖国的她们所保存的一种她们再也不会复归的文化。她们自嘲似的拿出一本卡片集给我看。

"我们是有怪癖的老太婆。"年纪最小的那位夫人对我说。

过去三十年间，到这幢偏远的房子来做客的二十七位旅行者，有的是为了做生意，有的是出于好奇，有的同我一样是事出偶然。她们为每位旅行者都做了一张私人卡片，上面记载着来访日期和她们每次招待的菜单，这倒是我从来没见过的事。

"我们把菜单保存下来，是为了那些朋友如果有朝一日再来，不让一道菜是重复的。"

我去睡觉，像市场上装葱头的袋子般一头栽倒在床上。黎明时分，我摸黑点亮蜡烛，洗漱后穿上衣服。一个仆人替我鞴好马的时候，天已透亮。我不敢去向那三位穿孝衣的优雅夫人辞行。我心中暗想，这一切都像是一场奇幻的梦，为了不破坏这幻梦，我真不该醒来。

这件事发生在我步入少年时代之初，算来已过了四十五年了。那三位带着《恶之花》背井离乡的夫人，如今在原始森林深处变成了什么样子？她们那些瓶装的陈酿、她们那张被二十支蜡烛照得通亮的餐桌都怎么样了？隐没在树林里的那些锯木工和那幢白房子的命运又如何呢？

最简单的结果莫过于：死亡和遗忘。大森林也许早就吞噬了那些生命和在那个难忘的夜晚收留过我的那几间大厅。但是，这些仍然活在我的记忆里，有如活在梦之湖清澈的湖底。那三位忧郁的妇人是可敬的，她们在荒野的孤寂中，不为任何实际利益而竭力保持古老的尊严。她们捍卫着她们的祖先用自己的双手创造的东西，那是在那遥远的地方，在那世界上最难通行、最荒凉的崇山峻岭的遥远边界上仅存的一点点高雅文化。

麦堆里的爱情

我在正午前到达埃尔南德斯的打谷场，精神饱满，心情愉快。我曾在空寂无人的路上独自骑行，又得到一夜的酣睡，这一切使我这个沉默寡言的人焕发出青春的光彩。

给小麦、燕麦、大麦脱粒的活儿仍旧用马来干。看着母马在骑手催促的吆喝声中围着谷堆转圈小跑，世上没有比这更让人高兴的了。阳光灿烂，空气像未经琢磨的金刚石，使群山熠熠发光。打谷季节是金色的节日。黄色的麦秸堆成一堆堆金灿灿的小山；人人都在忙碌，到处是嘈杂声。袋子源源不断地送去装满麦粒；女人们在做饭；马在跑；狗在吠；

孩子们像是麦秸长出的果实，随时都要人把他们从马蹄下救出来。

埃尔南德斯是个很奇特的家族。男人们蓬头散发不加梳理，胡子也不刮，只穿衬衫，腰上别着左轮手枪，几乎总是满身的油迹、污泥和来自谷物的灰尘，或者被雨水淋得透湿。父亲、儿子、侄儿、表兄弟，都是同一副模样。他们在发动机底下、在屋顶上，一干就是几个小时，不然就是待在脱粒机上。他们从不交谈，除吵架之外，就是开玩笑。他们吵起架来简直像海上的水龙卷，把所经之处的一切全部摧毁。他们总是最先跑到野地里去烤牛肉、喝红葡萄酒、弹奏如泣如诉的吉他。他们是边疆居民，我喜欢这种人。我学生腔十足，面色苍白，同这些勤快的粗野家伙在一起，感到自己太渺小了。不知道什么缘故，他们对我很客气，一般他们对谁都不这样。

吃完烤牛肉，弹过吉他，被白天的日晒和脱粒劳动累得昏昏沉沉，我们都得自己想办法过夜。在用新伐的木板搭的棚屋内，已婚夫妇和单身女子各自在地上安顿下来。至于我们这些男子汉，都让睡在打谷场上。打谷场里麦秸堆积如山，柔软的金黄色麦秸堆可以让一整村的人都钻进去。

对我来说，这一切都是非常不舒服的。我不知道怎样使自己舒展开身子。我把鞋子很仔细地放在一层麦秸底下，当作枕头，我脱掉衣服，裹上套头斗篷，钻进麦秸堆。我跟所有的人都离得很远，他们很快就一齐鼾声大作。

我仰面躺了很久，睁着眼睛，脸上和手臂上都盖着麦秸。这天夜晚晴朗、寒冷，而且冷得刺骨。没有月亮，但星星像刚被雨水淋过似的晶莹，高挂在其他人全都看不见的梦境之上，在天空的怀里单单对我眨眼睛。后来我睡着了。但我忽然醒来，因为有个东西正在接近我，一个陌生人的身体在麦秸底下移动，向我靠拢。我很害怕。这个东西慢慢靠近。我听见了麦秸细碎的断裂声，这是那具不断向我移动的身体弄断麦秸发出的响声。我全身都警觉起来，等待着。我也许应该起来，也许应该喊叫，但我一动不动地待着。我听见耳旁有呼吸声。

突然，一只手向我伸过来，一只劳动的大手，不过，是只女人的手。这只手温柔地抚摸我的额头、眼睛和整个脸。随后一张贪婪的嘴贴到我的嘴上，同时我感到一个女人的身体从头到脚紧紧贴在我身上。

我的恐惧渐渐变成了强烈的乐趣。我用手抚摸梳成辫子的头发、光滑的额头、紧闭的眼睛，那眼睑柔软得像虞美人花瓣。我的手继续摸索，摸到大而坚挺的乳房，摸到宽而圆润的臀部，摸到夹着我的两条腿，手指还探到像长着山间苔藓似的阴部。那位不知名的女子一声不吭。

在一个钻着七八个人的麦秸堆里，要不出一点声响地做爱是何等困难，尽管无论怎样也肯定无法把那几个熟睡的人弄醒。但是，我们确实干了一切可以干的事，只是干得极端小心。过了一会儿，那个陌生女子忽然在我身旁睡着了，那种局面使我感到焦躁不安，不免害怕起来。我想，天马上就亮了，最早来上工的人会发现，打谷场里有个女人光着身子躺在我旁边。但是，我也睡着了。醒来时我慌忙伸手，只摸到一个有点儿热气的凹坑，一个离去的女子身上的热气。不久，一只鸟儿唱了起来，随即整个森林充满了鸟儿的啼啭。发动机响起一阵轰鸣，男人们和女人们开始在打谷场周围走动，干起活来。新的一个打谷的日子开始了。

中午，我们聚集在临时用几块长木板搭的桌子周围吃午饭。我一边吃，一边偷眼在女人中寻找，看看哪个可能是夜间的来访者。但是，有的太老，有的又太瘦，很多都是沙丁鱼般瘦小的小姑娘。我要找的是个结实的女子，胸部丰满，辫子长长的。突然进来一个女人，带来一块烤肉给她丈夫——一个埃尔南德斯家的男人。这可能就是那个女子。当我从桌子的一头盯着她看时，我认为我看到那个梳着大辫子的漂亮女人向我瞟了一眼，还对我不露形迹地微微一笑。而我觉得，她笑得比实际更爽朗，更意味深长，使我感到浑身舒畅。

回程的姑娘

几天后，我必须走另一条路回家，免得迷路。有一家人陪着我，他们也要从山里回海边的村庄。我身后跟着两匹马，还有几个提着篮子的女人和孩子。由于乘客数量过多，他们让家里的一个姑娘坐在我那匹马的屁股上。我在马鞍上坐好之后，那个女孩被扶上了马背。她约莫二十岁，我只能看见她那双黝黑的腿，她没有穿袜子，笑盈盈的小嘴上方是野生红苹果般的脸颊。毫无疑问，她是在笑话我骑马时笨拙的模样。我的虚荣心受到了伤害：我曾经数次独自冒险，早就认定自己是旅途之王了。

我们绕过湖泊，向海岸，向托尔滕湖的入海口走去。抵达海岸线之后，我们就会改变方向。我们会沿着海边一直走，直到走回下因佩里亚尔。

山间的风景一成不变，我们在新奇的树木、黑颈天鹅和栖息在湖泊蜿蜒处的火烈鸟的环绕下，骑马缓慢前行。三匹马驮着人，一步一步往前走。我们一大早就出发了。还没到正午，波涛汹涌的海洋就远远地用它轰隆的声响提醒我们：马上就要换方向了。

面对着大海的浮沫，我们停了下来，坐在马背上吃起了面包、奶酪，还喝了几口葡萄酒。

重新开始赶路之后，我们走得更快了。不知不觉间，我和我的乘客离同伴们越来越远。我们很快就遥遥领先了。太阳赤裸裸的光线打在我们的脑袋上，我那匹可怜的马被少年和他结实旅伴的重量压得汗流不止。我们并没有催促后面的旅伴，而是继续往前走。我看着那片无人之地，海洋泡沫的波纹，湿润的海滩；海滩上数不清的沙粒在太阳的触摸下，像盐粒或是水晶那样闪闪发亮，真美啊。在右边，远处，隐约可以看见山峦。我们走的那条路上既没有荫凉地，也没有树木，只有广阔的海滩。

　　我的旅伴在颠簸的旅途中要么抓着马鞍，要么抱紧我的腰或是我的胯。不过，我突然发现，她的手变得愈发好奇了。我感觉到她的手清凉而坚定，她似乎是在随意地抚摸我，毫不含糊地想要洞悉我的身体。我回头看了她一眼，但是我只听到她的笑声，健康而快乐的大笑声，仿佛一匹小母马的嘶鸣。

　　我用左手勒住了马笼头，开始用右手尽可能地探索她的身体。她的一条腿越来越紧地夹着我，让我触摸到了紧实而温暖的皮肤。渐渐地，这种爱抚变得越来越激烈。我不假思索地把手往后伸，往后伸。她发现我并没有反抗，于是抓住了我青春时代最敏感的部位。

　　必须结束这种局面才行。海边的细沙是理想的床铺。可是，马拴哪儿呢？没有树枝，没有被海水冲来的木头，连块可怜的杂草地都没有。我们决心要找到拴马的地方。否则，狂欢是无法上演的。这匹马跟当地所有的马一样是半野生的，它很快就会溜进远处的山里觅水吃草，消失得无影无踪。而我们俩就会被留在那里，像被逐出天堂的亚当和夏娃那样，赤身裸体，被人遗忘。然而，她传递给我的欲望之浪在我的血液里四处奔腾。与此同时，一切都保持着原样：太阳，沙滩，压根儿没有能用来拴马、让我们纵情的该死树枝的踪影。

就这样，黄昏逐渐临近了。落后的同伴并没有追上我们。守卫村口的那几座小山丘已经露了出来。我们又一次沿着浪花和岩石间的小路走进村里。这会儿，我们已经能隐约看见教堂红色的屋顶和钟楼了。我只能咒骂沙粒，它们可真是海洋了不起的创造；咒骂人们对在海边植树这件事一点也不积极。

　　五十年后，我依然会笑着想起这件事。我觉得，那是我漫长人生中最沮丧、最绝望的一天。

皮具店的马

现在，我又见到了特木科，这个位于祖国南部的城市。在我漫长的童年时代，它意味着世间所有现实和所有奥秘。之所以说是漫长的童年时代，是因为在那些阴雨绵绵的寒冷地区，年龄是静止不变的。

智利南部的树木得等上几百年才会长大。于是，等我回来的时候，发现几乎所有的景致都已被破坏。庄园的主人毫不留情地烧毁了美妙的古老森林。人类的贪欲推动了这场规模浩大的破坏活动。他们需要能够迅速长大的树木。这是做木材生意的需要。

我童年记忆中的城市留下的东西所剩无几。当然了，熟悉的面孔更是几乎一个也没有。另一群孩子，另一群老人，另一群拥有陌生眼睛的人。

我只找到了一副熟悉的面孔，我立刻认出了它，它似乎也认出了我。那是一匹大木马的脑袋，摆在村里的老皮具店里。它的周围摆满了一成不变的商品：马鞍，拴牛的皮绳，刺激马儿飞奔的巨大马刺，粗鲁骑士用的宽腰带。

但是，在那堆迷人的农具里，只有那匹大木马的玻璃眼珠再次让我着迷。它带着无尽的悲伤看着我，它认出了那个孩子，他不止一次环游世界，现在又回来问候它了。它和我都已经老了。我们当然有很多话要向彼此诉说。

在五十年前的特木科，生意人会在门前挂上巨幅图案，以此宣传自己的商品。从偏僻神秘的藏身处远道而来的阿劳科人远远地就能看清楚在哪里可以买到油、钉子、鞋子。街角的那把大榔头告诉他们那里有工具卖。他们也可以在"锁具"五金店里买到工具，那家店的标识是一把蓝色的大锁。鞋匠把大靴子高高地挂在店里，以便招揽阿劳科人。三米高的木制调羹和钥匙明白无误地指点他们在哪里可以买到米、咖啡和糖。

我曾经穿着短裤，怀着极大的敬意从这些庞大的标识下走过。我觉得它们来自一个大而无当、怪诞而危险的世界，就像邻近丛林里挂在高耸入云的大树上的硕大蕨类植物和藤蔓。它们属于让简陋的木屋颤动的狂风，属于突然开始用烈火的语言歌唱的火山。

而皮具店的那匹马可不是这样。我每天在上学的路上都会在窗户前停留一会儿，看看它是否还在。因为它从来不曾被高挂在门上。它披着货真价实的皮革，马蹄、鬃毛和尾巴都栩栩如生，它太珍贵了，不能让它暴露在世界之南的狂风和冷雨之中。不，它非常安静地待在那里，为它锃亮的皮毛、一流的马具而自豪不已。等到我确定它会一直待在那里，确定它并没有向群山深处飞驰而去的时候，我终于走进店里，伸出我的小手，抚摸它温和的脸。那匹大木马明白，不管是晴天还是雨天，这个小学生都会来抚摸它。我常常在它玻璃眼珠的目光里感受到这一点。

这座城市发生了翻天覆地的变化，仿佛过去的它已经远去。拥有冬天色彩的木屋变成了悲哀至极的水泥大房子。街上的人变多了。停留在五金店门前的马匹和马车却变少了。这是智利唯一一座能在街上见到阿劳科人的城市。我很高兴现在依然如此。印第安女人穿着紫色的斗篷，印第安男人穿着黑色的彭丘①，那上面有一种奇怪的白色回纹图案循环往复，如同一道闪电。过去，他们只是来买卖一些小商品：织物、鸡蛋、母鸡。现在却有了新的变化。我要讲一件让我吃惊的事。

全村人都去了体育馆听我读诗。那是个星期天的早晨，大厅里挤满了人，他们的叫声和笑声此起彼伏。孩子们都是些了不得的打断者，没有哪首诗能经受得住突然想吃早饭的孩子的叫声。我走上讲台，观众跟我问好，我隐约地感觉到自己竟与那位攻击了至亲的大希律王②有几分相似。于是，我听见四周安静了下来。在这种寂静里，我听见地球上最原始、最古老、最粗犷的音乐变得越来越高昂，那是由大厅深处的一支乐队演奏的。

为我弹奏、演唱痛苦旋律的是几个阿劳科人。历史上谁也不曾目睹过这样的事：我那些独来独往的同胞竟然参加了一场诗歌、政治活动，贡献了富有仪式感和艺术感的表演。我从没想过我能目睹这样的事，他们竟然为我做了这样的事，竟然想向我传达某种信息，这让我更加感动了。他们用旧皮鼓和硕大的笛子奏响了比一切音乐更古老的音阶，我的眼眶湿润了。那乐音既低沉又尖锐，既单调又令人心碎，仿佛是雨声、狂风或是在地下殉难的古老野兽的哀鸣。

阿劳卡尼亚——或是它残留的部分——被深深地打动了，它仿佛正从太古的梦境中走出，想要融入那个被它拒绝至今的世界。

田野改变了模样。被残忍烧毁的大片山峦消失了。一座座高山只剩下光秃秃的山顶，尸骨遍地。侵蚀的脚步冷酷无情。另一方面，南

①拉美常见服饰。一种羊驼毛织成的斗篷，形似一块大毛毯。
②即希律一世，罗马帝国犹太行省的从属王，曾下令杀死自己的亲人。

方村镇的许多房子和各式建筑物都被地震震毁了。随着时光的流逝，村镇没有重建，城市中心、行政中心、高档街区却拔地而起。在一些新建的、油漆鲜亮的村镇里，白底上的黑字讲述了这样的故事："本村由美国人民资助重建。"

许多国家的人员抵达智利，无数的救援物资不断输入，帮助智利熬过最近发生的那场恐怖的灾难。但是，只有美国人为那寥寥几座油漆鲜亮的房屋而洋洋自得。他们当然不会说出真相了。仅仅通过开采铜矿，他们就卷走了一大笔钱，用这笔钱可以重建所有的城市、所有的马路和铁路、所有的桥梁和工厂，也就是说，我国历史上的所有建筑。

那匹一动不动的老马见证了如此多的变故，我看着它，不得不告诉它，我也变了很多。

我的老朋友：我离开这座城市时，写的是关于爱情、关于夜晚的诗句，写的是关注自身的诗歌，它们像谷物缓慢生长的种子那样，或是像群山底下奔腾的秘密之水那样，在我内心深处生长。我会告诉你，马儿，我的诗歌改变过许多回。它沾染了城市的烟雾，说出了人们的心声，还被用作武器与旗帜。

我心满意足了，老朋友。

但是，我不想被彻底定性，不想被塞进我们这个时代教条的匣子里。我想不断地改变，不断地出生，不断地成长。我想和我有过的心事一起歌唱，和雨露，和大地，一起歌唱。我回到你身边了，老朋友，我想让你知道，我比所有人改变得都多，可我依然是我。

我用我的眼睛诉说了这些话语，因为我的嘴已经说不出来了，我想再次抚摸它木制的脸庞，跟它告别。我发现，在我手触碰的地方，它脸上的皮肤，它那张裹着皮革的美丽脸庞上的皮肤，已经老化了，摸上去已经是木头的质感了。我仿佛是在触碰那匹老马的灵魂。

在这之前，我一直以为，幼年时只有我会去摸皮具店里的那匹马，但那老化的痕迹向我证明，许许多多孩子都曾做过同样的事。我明白了，许多孩子，许许多多孩子仍会经过家和学校之间的那条街道。

　　我明白了，虽然它是一匹旧木马，遗落在广袤世界的一座偏远村庄里，但它拥有了温柔，那是孩子们的温柔，他们时常经过那条引领我们长大成人的长路。

二　浪迹城市

膳宿公寓

上了许多年学，每年总要在十二月尽力过数学考试关，这之后，我表面上做好了去圣地亚哥上大学的准备。我之所以说"表面上"，是因为我满脑子装的都是书、梦想和诗，这些东西蜜蜂似的在我脑子里嗡嗡作响。

我骨瘦如柴，带一个铁皮箱子，穿一身必不可少的黑色诗人服，踏进夜车的三等车厢。这趟车要运行漫长的一天一夜，才能到达圣地亚哥。

这列长长的火车穿过气候各异的几个地区；尽管我乘坐过多次这班夜车，它对我始终有一种异样的魅力。身披湿漉漉的套头斗篷、带着装满母鸡的篮子的农民，沉默寡言的阿劳科人，他们的全幅生活图景在三等车厢里铺展开来。座位底下藏着许多无票乘客。检票员一出现，车厢内就会发生很大变化。许多人消失了，有的人藏到套头斗篷下面，两位旅客马上假装在斗篷上打牌，使检票员不去注意这张临时搭成的桌子。

与此同时，列车正从布满栎树、南美杉和湿淋淋的木屋的原野，向智利中部的杨树林和落满尘埃的砖砌建筑物飞驰而去。我在首都和外省之间往返旅行过多次，但每次一离开大森林，离开那母亲般召唤我的木材林地，我都感到窒息。那些砖房，那些经历丰富的城镇，在我看来却仿佛张满蛛网，一片沉寂。从我那时浪迹城市至今，我依然是个心系大自然和寒林的诗人。

我被人介绍到马鲁里街513号的膳宿公寓。我无论如何都忘不了这个门牌号码。所有的日期，甚至年份，我都会忘记，唯独513这个数字多年以来深深铭刻在我的脑海里，因为当时，我生怕永远到不了这栋膳宿公寓，生怕在人海茫茫的陌生首都迷路。在这条著名的街上，我每天坐在阳台上凝望暮色渐渐暗淡下去，凝望飘扬在空中的绿色和猩红的旗帜，凝望市郊几乎要被火红彩霞焚毁的破败屋顶。

我在大学生膳宿公寓居住的那几年，过的简直是忍饥挨饿的生活。当时我写得远比以前多，但吃食却少得多。那些日子我认识的某些诗人，因为穷，严格限制饮食，从而送了命。我记得其中一个与我同龄的诗人，身材比我高，举止也比我笨拙，他写的精巧的抒情诗内涵丰富，凡是听到他的诗的地方，人们都会受到感染。他叫罗米欧·穆尔加[①]。

我同这位罗米欧·穆尔加一起，到首都附近的圣贝尔纳多镇去朗诵我们写的诗。在我们登台之前，每个人都已处在欢乐的节日气氛中：花神赛诗会上身穿白衣的金发女王和她的宫女们已经登台，镇上名流已经讲过话，当地稍有名气的乐队正在演奏；可是，等到我上场用世上最哀怨的声调朗诵起自己的诗篇时，一切都变了。观众发出咳嗽声，大声打趣、嘲笑我那首忧愁的诗。一见这帮粗野家伙做出这样的反应，我就草草结束了自己的朗诵，把位置让给我的伙伴罗米欧·穆尔加。

---

①罗米欧·穆尔加（1904－1925），智利诗人、作家和翻译家。

此情此景是难忘的。那位身高两米、穿着破旧黑衣的堂吉诃德，用比我更哀怨的声调开始朗诵；全体观众一见这情况，再也按捺不住他们的愤怒，便大声喊道："饿鬼诗人，滚吧！别来搅了我们的欢乐节日。"

我像软体动物从甲壳里出来那样，离开了马鲁里街的那栋膳宿公寓。我辞别了那个甲壳去认识大海，也就是去认识大千世界。陌生的大海就是圣地亚哥的大街小巷，当我还往返于古老的大学校园和住户寥寥无几的膳宿公寓房间时，这些大街小巷我几乎去也没有去过。

我深知，在这场冒险中，我将面临更加严重的饥饿。膳宿公寓中与我略有点儿乡谊的女士们，有时会发善心救济我几颗土豆和葱头。但是，我别无办法，因为生活、爱情、荣誉和自由都在向我发出召唤。至少我是这么认为的。

我在师范学院附近的阿圭列斯街租到了第一个单人独居的房间。在这条阴沉的街上，有个窗口挂出一张告示："住房出租"。前面的几个房间由房东居住，他是个白发苍苍的男人，仪表端庄，生就一双我觉得很怪的眼睛。他爱说话，而且很有口才。他以女士理发师的职业为生，但他对这个职业并不看重。据他对我说，他更关心的是那个看不见的世界：来生。

我从自特木科一路跟随我而来的大箱子里取出书本和有限的几件衣服，然后躺在床上看书、睡觉，为自己的独立和懒散感到骄傲。

这栋房子没有院子，只有一条走廊，走廊两边有许多关着的房间。第二天早晨，我在观察这栋住户很少的房子的各个角落时，发现各处墙上，甚至在厕所里，都贴有写着大同小异内容的字条："你忍着吧！你不可能跟我们联络上。你已经死了。"每个房间、饭厅、走廊和起居室，到处都贴着这类令人不安的告示。

那是圣地亚哥一个严寒的冬天。从西班牙殖民者那里，我的祖国继承了对大自然严酷性的反感和漠视（五十年后，当我谈到这一点时，伊利亚·爱伦堡[1]对我说，他从未经受过像智利这样的寒冷，而他却是来自莫斯科冰雪覆盖的大街）。那个冬天遍地是蓝幽幽的冰晶。树木在严寒中瑟瑟发抖。拉着旧马车的马儿从鼻孔里喷出大团大团的水汽。在那所房子里对来世的不祥提示之间生活，可以说是再糟糕不过的了。

房东——女士理发师和神秘主义者——用他那双疯狂的眼睛深不可测地盯着我，平静地对我解释道：

"我的妻子查里托四个月前过世了。对死去的人来说，这是非常艰难的时期。他们还会常回到他们生活过的地方。我们看不见他们，他们却不知道我们看不见。应该让他们知道我们不是冷淡他们，让他们不要难过。所以我给查里托贴了那些字条，让她更容易明白，她现在已经亡故了。"

然而，这位白发苍苍的男人使我相信，他太好奇了。他开始注意我的出入情况，限制我女友的来访，窥探我的书籍和信件。每当我不合时宜地走进自己房间时，总会遇见这位神秘主义者在检查我寥寥无几的家具，翻动我很少的几件东西。

在严寒的冬日，我还得辛辛苦苦地跑遍充满敌意的大街小巷，去寻觅可以收留我那受威胁的独立的新住所。我在不远处的一家洗衣店里找到了这样的住所。一眼便可看出，这里的女房东与什么来世毫不相干。穿过寒意逼人、有一口密布绿苔的喷水池（池水凝然不动）的

---

①伊利亚·爱伦堡（1891–1967），俄罗斯作家、新闻记者，著有小说《巴黎的陷落》《暴风雨》《解冻》，回忆录《人、岁月、生活》等。

院子，便是无人照管的花园。后面有个房间，天花板很高，窗子开在高高的房门过梁上方，这几个窗子在屋顶和地面之间为我的双眼开阔了视野。我于是在这幢房子和这个房间里住了下来。

我们这些学生诗人过的是一种不合常理的生活。我保持着外省人的习惯，在自己的房间里用功，每天写几首时兴的诗，还一杯接一杯地喝自己沏的茶。但是，在我的房间和我居住的那条街之外，当时作家们的那种乱纷纷的生活，确有其特殊的魅力。他们不常上咖啡馆，而是去啤酒店和小酒馆，在这些地方谈天说地，唱吟诗歌，直到清晨。我的学习成绩因而越来越差。

铁路公司发给我父亲一件灰色粗呢斗篷，供他在天气不好时出勤穿用，但他从来不穿。我让它成为诗人的一个特征。有三四位诗人也穿起跟我差不多的斗篷，而且这些斗篷频繁易主。这种服装引起正人君子和另外一些并不那么正派的人的愤怒。那是探戈舞传入智利的时期，随之而来的不仅有它重重的节拍和它那剪刀铰动似的嚓嚓声、它的手风琴伴奏和律动，还有一伙侵扰夜生活和我们聚会的那些隐蔽角落的流氓。这些二流子爱跳舞又好寻衅闹事，总是给我们的斗篷和我们的存在找碴。我们这些诗人进行了坚决斗争。

在这段日子里，我意外地得到一位难以忘怀的寡妇的友情，她那双蓝蓝的大眼睛，隐约透出她对新近亡故的丈夫充满柔情的回忆。她丈夫是个青年小说家，其英俊的仪表颇受称道。他们俩是引人注目的一对，她有着金黄色的秀发，身段优美，眼睛深蓝，身材颀长健美。这位小说家是被一种过去叫作"奔马痨"的结核病摧毁的。后来我想到，这位金发伴侣也起了"奔马痨女神"的作用，加之当时青霉素尚未被发现，这位金发女郎又热情奔放，因而仅仅三两个月就使她那魁伟的丈夫离开了人世。

这位美貌的寡妇还没有为我脱过她那身黑紫两色丝绸做的暗色衣服，这身衣服让她看上去像是裹在哀伤外壳中的雪果子。一天下午在洗衣店后面，在我的房间里，这层外壳不知不觉滑落了，我得以摸遍整个火热的雪果子。当本能的冲动即将结束时，我看到她闭着眼在我身下叹息着抑或是啜泣着喊道："啊，罗伯托，罗伯托！"（我觉得，这简直是一种仪式表演。这个贞洁的女人在委身于新仪式之前，正在召唤那位业已消逝的神明。）

可是，尽管我处于情欲旺盛的青春年华，这位寡妇却使我吃不消。她越来越迫切的渴求和她那颗火热的心，渐渐使我的元气过早损伤。这么大剂量的爱情，与营养缺乏是不相适应的；何况我的营养缺乏正日益加剧。

腼腆

在我人生的最初阶段，也许还有第二和第三阶段，我确实度过了相当长的一段聋哑人般的生活。

我从少年时代起，就像上一世纪的真正诗人那样，惯穿一身黑色衣服，还模模糊糊觉得自己的样子相当不错。但是，因为知道自己在姑娘们面前就会结巴或者脸红，我不但不去接近她们，一旦遇到反而侧身走远，显出毫无兴趣的样子，其实心中完全不是那么回事。对我来说，她们都极其神秘。我情愿在这神秘的火堆里烧死，在这深不可测的井里淹死，却不敢扑向这样的火和这样的水。由于碰不到能推我一把的人，我就在这令人着迷的岸边徘徊，目不旁视，脸上更是毫无笑意。

在成年人面前，在铁路职员、邮局职员及其"夫人"——用这种称呼，是因为小资产阶级对"老婆"这个亲昵称呼很反感——面前，我也是这样。我在父亲桌前听人们聊天，可第二天如果在街上遇见头天晚上在我家吃饭的那几个人，我可不敢招呼他们；为了避免难堪，我甚至走到街的另一侧去。

腼腆是心灵的一个奇异特性，是一个范畴，是人格中敞向孤独的一面。它还是一种挥之不去的痛苦，仿佛我们有两层皮，里面的那层在生活中易受刺激而收缩。在人的构成中，这一特质，也可以说是这种毛病，从长远来看，是自我得以永存不朽的合金基座的一部分。

我在多雨地区形成的迟钝，以及我长时间保持的沉思默想的习惯，持续了比所需更长久的时间。我来到首都以后，逐渐结识了许多男女朋友。别人越不重视我，我跟他们越容易交朋友。当时，我对人并不特别好奇。我心想，我不可能认识世上所有的人。尽管如此，在某些圈子里，竟有人对我这个十六岁多一点的新诗人，这个来时无人招呼、去时无人送别、不能尽情吐露胸臆的孤独少年，产生了些许好奇心。况且，我身披长长的西班牙斗篷，使自己看上去像个稻草人。谁也没有想到，我这身扎眼的装扮是为我的贫穷定制的。

在主动与我交往的人当中，有当时两位了不起的时髦人物——皮洛·亚涅斯及其妻子米纳。他们乃是体现美好闲适生活的完美典范；我无比向往这种生活，这种比梦境更遥远的生活。那是我第一次走进一幢有暖气设备的房子，里边有柔和的灯光，有舒适的座椅；四壁摆满五颜六色书脊的书籍，对我而言犹如可望而不可即的春天。亚涅斯夫妇邀请了我许多次，态度娴雅而又谨慎，毫不在意我种种的沉默和孤傲。我怀着愉快的心情离开他们的房子，他们觉察到了，便又来邀请我。

我在这幢房子里第一次见到立体派的画，其中有一幅是胡安·格里斯[①]的作品。他们告诉我，胡安·格里斯是他们在巴黎的家人的朋友，但是，最引我注意的却是我这位朋友身上穿的睡衣。一有机会我就偷眼看它，心中艳羡不已。当时是冬天，那是一件厚厚的睡衣，料子像台球桌上铺的那种粗毛呢，颜色却是深蓝的。那时候，除了囚服似的条纹睡衣外，我想不到会有其他样子的睡衣。皮洛·亚涅斯的这件打破了一切条条框框。它的厚呢料子和鲜亮的蓝色，竟然激起一位住在圣地亚哥郊区的穷诗人的妒忌。说实话，五十年来我再没有见过那样的睡衣。

我已多年未见亚涅斯夫妇。为了一名到圣地亚哥演出的俄罗斯马戏团的杂技演员，米纳抛弃了丈夫，也抛弃了柔和的灯光和美妙的扶手椅。后来，从澳大利亚到不列颠诸岛，她为了资助那个令她着迷的杂技演员，干起了售卖入场券的工作。最后，她在法国南部的一个神秘营地，成为罗莎·克鲁斯会[②]的会员。

至于她的丈夫皮洛·亚涅斯，改名胡安·埃马尔，随着光阴的流逝，成为一位杰出却仍鲜为人知的作家。我们终生都是好朋友。他沉默寡言，风度文雅，但是贫困潦倒，终其一生都是如此。他写的好几本书尚未出版，但这些作品终有一天定能面世。

在即将结束关于皮洛·亚涅斯或胡安·埃马尔的话题，重又谈到我的腼腆时，我想起在我上大学期间，我的朋友皮洛坚持要把我介绍给他父亲。他对我说："他准保会让你到欧洲去旅行。"当时，拉丁美洲的诗人和画家都把眼睛死盯着巴黎。皮洛的父亲是个要人，一名议

①胡安·格里斯（1887–1927），西班牙画家，立体派代表之一。
②共济会的一个分支。

员。他住在武器广场和总统府附近的一幢又大又难看的房子里，毫无疑问，他很喜欢住在这种地方。

我的朋友们为了使我的形象更正常些，脱掉了我的斗篷，之后便留在前厅。他们为我打开议员书房的门，在我进去后把门关上了。房间很宽敞，也许曾经做过接待大厅，可现在却是空空如也，只在深处，也就是房间的另一头，在一盏落地灯下面，我隐约看到一把扶手椅，议员就坐在椅上。他在看报，几页报纸屏风似的把他完全挡住了。

我一踏上那涂了蜡、光得要命的镶木地板，就像滑雪者那样滑了开去。速度越来越快，我极力使自己停下，却只弄得身子摇摇晃晃，还摔倒了几次。我最后一跤就摔在议员脚跟前，这时他正用冷峻的眼睛瞧着我，手里仍捏着那份报纸。

我终于坐上他身旁的一把椅子。这位大人物用疲倦的昆虫学家那样的目光审视我，就像在审视一件别人交给他的标本——一种他早已了如指掌的无害蜘蛛。他不着边际地询问我的打算。而我在摔倒之后显得比往常更加腼腆、更加木讷了。

我不知道自己都对他说了什么。过了二十分钟，他伸出一只孩子般的小手向我道别。我相信，我听到他用非常轻柔的声音答应我，他一定给我消息。他随即又拿起报纸，我则以进门时本该有的极度小心，从危险的镶木地板上转身往回走。那位议员——我朋友的父亲——当然没有跟我通消息。后来不久，一场实际上很愚蠢的保守派兵变使他连同他那看不完的报纸，一起飞快逃离了他的椅子。我承认，对此我感到很开心。

学生会

在特木科时，我当过学生会机关刊物《光明》杂志的通讯员，还在中学同学中推销了二三十份。一九二〇年那些传到特木科的消息，给我的同代人打上了血淋淋的印记。"幸福青年团"这个寡头政府的产物，攻击并捣毁了学生会总部。司法当局从殖民时期直到现在都尽力为富人服务，他们不去关押攻击者，却把被攻击者关进监牢。多明戈·戈麦斯·罗哈斯，这位智利诗坛年轻的希望之星，在一间地牢里被折磨得精神失常最终死去。这一罪行在智利这个小国的全国范围内引起如此深刻而广泛的反响，其影响力与后来费德里科·加西亚·洛尔卡①在西班牙格拉纳达被谋杀一般无二。

一九二一年三月，我来圣地亚哥上大学时，智利这座首都的人口还不足五十万。到处闻得到汽油味和咖啡香。成千上万幢房屋里住满了陌生的人和臭虫。公共交通用的是又小又杂乱的有轨电车，它们费力地驶过时，铁轨和铃铛发出巨大的响声。在独立大街和首都另一端中央车站附近的我的大学之间，是一段没完没了的路程。

进出于学生会总部的是学生反抗活动的最著名人物，他们与当时强大的无政府运动有着思想上的联系。阿尔弗雷多·德玛丽亚、丹尼尔·施韦泽、圣地亚哥·拉瓦尔卡、胡安·甘杜尔福等人，都是很重要的领导人。胡安·甘杜尔福无疑是其中最了不起的一位，他以大胆的政见和不屈不挠的勇气而令人敬畏。他把我当孩子对待，我当时也确实是个孩子。有一次，我去他的诊疗室看病迟到了，他沉着脸对我说："为什么不准时来？别的病人还等着哪。"我答道："我不知道现在

---

① 费德里科·加西亚·洛尔卡（1898－1936），西班牙诗人、剧作家、导演，代表作为《血的婚礼》三部曲。

是几点钟。"他从背心口袋里取出自己的表送给我，对我说："拿着，下次你该知道时间了。"

胡安·甘杜尔福身材矮小，圆脸，过早就谢了顶。但是，他的仪表始终威严。有一次，一名以好斗和剑术高超闻名的惹是生非的军人要与他决斗。甘杜尔福接受挑战，用半个月时间学会了击剑，狠狠教训并威慑了对手。就在这一段日子里，他为我的第一本诗集《夕照》刻制了封面和全部插图，这些动人的版画，竟是出自一位向来与艺术创作毫无关系的人之手。

在革命文学的世界中，最重要的人物是《青春》杂志的主编罗伯托·马萨·富恩特斯，该杂志也属于学生会，但与《光明》杂志比起来，编得更出色更精细。其中冈萨雷斯·贝拉[①]和曼努埃尔·罗哈斯[②]的作品出类拔萃，当时在我看来他们是老得多的一辈人。曼努埃尔·罗哈斯在阿根廷居住多年，刚回来不久，他的魁伟身材和无意间说出的那种带有轻蔑、骄傲和尊严感的话语使我们惊奇万分。他是个铸排工。我在特木科时就已认识冈萨雷斯·贝拉，他是在警察袭击学生会之后逃走的。他从离我住所不远的火车站径直来看我。他的突然出现，对一个十六岁的诗人而言，必然是难忘的。我从未见过一个如此苍白的人。他的脸极其瘦削，有如用骨头或象牙刻成。他穿着黑衣服，是一身裤脚和袖口都磨破了的黑衣服，却并未因此而失去他的高雅风度。我一开始就听出，他语锋犀利，颇具嘲讽意味。在此之前，我不知道他还活着，那天晚上他冒雨亲临我家，使我深为感动，简直就跟那位民粹派革命者来到萨什卡·日古列夫[③]家中时

---

① 冈萨雷斯·贝拉（1897－1970），智利散文作家。
② 曼努埃尔·罗哈斯（1896－1973），智利作家。
③ 俄罗斯作家列昂尼德·尼古拉耶维奇·安德烈耶夫（1871－1919）同名小说的主人公。

的情形一样；安德烈耶夫笔下的人物日古列夫，被当时拉丁美洲的反抗青年视为榜样。

阿尔韦托·罗哈斯·希门尼斯

我作为政治和文学战士加入了《光明》杂志，该杂志几乎全部由阿尔韦托·罗哈斯·希门尼斯一人张罗；他逐渐成为我在同辈人中最亲近的伙伴之一。他头戴科尔多瓦皮革帽，留一副大人物的那种长长的连鬓胡；他举止不俗，人又年轻英俊，虽然生活窘迫，却快乐得像只小金鸟；新型纨绔子弟的全部气质，诸如轻蔑态度，快速理解众多矛盾冲突的能力，对生活中的一切事物所持有的欢乐的智慧（和欲望），他都兼而有之。书本和姑娘，酒瓶和航船，旅行路线和群岛，他样样熟悉，而且举手投足都不忘炫耀他广博的知识。他在文学界的活动中总是显出一种大大咧咧的漠然作风，一贯挥霍自己的才华和魅力。他所系的领带在总体穷酸中永远显得富丽夺目。他不断搬家，还经常从一个城市迁往另一个城市，他这种天生的开朗性格，自发而又坚定的波西米亚生活方式，总会使兰卡瓜、库里科、瓦尔迪维亚、康塞普西翁、瓦尔帕莱索等地惊奇万分的居民乐上几个星期。他来了又走了，在所到之处留下诗歌、绘画、领带、爱和友谊。他有着民间故事中王子般的秉性和令人难以置信的慷慨，把所有的东西——他的帽子、衬衫、外衣，甚至他的鞋——都拿去送人。等到可送的物品都送光了，他就在纸片上写下几句话——几行诗或是一句闯入他脑海的俏皮话，在动身时摆出一副豁达大度的神气把这张纸片送给你，仿佛交到你手里的是一颗价值连城的珠宝。

他遵从阿波利奈尔[1]和西班牙极端派的学说，以最时兴的方式写诗。他创办过一所新型的诗歌学校，取名"咿噢"，据他说，这是人的第一句喊声，是新生儿的第一首诗。

罗哈斯·希门尼斯使我们不得不在服装、抽烟方式和书写方面赶点儿时髦。他友善地嘲笑我，帮我摆脱了阴郁的腔调。他怀疑论的态度和无节制的酗酒始终没有影响我，然而至今记起他那张光彩照人的脸，我仍十分激动，每个角落里都浮现出美来，仿佛一只隐藏的彩蝶被他唤起。

他从堂米格尔·德乌纳穆诺那里学会折纸鸟。他叠好纸鸟的长脖子和宽翅膀之后，总要向空中吹几口气。他把这个叫作给它们"催活"。他发现了法国诗人，发现了藏在酒窖里的深色酒瓶；他给弗朗西斯·亚默[2]笔下的女主人公写情书。

他写的美妙诗篇都皱巴巴的，在他的口袋里随他四处流浪，至今从未发表过。

他那挥霍无度的性格十分引人注意。有一天，在一家咖啡馆里，一个陌生人来到他身旁对他说："先生，我听了您说的话，和您深有同感。我能向您提个要求吗？"罗哈斯·希门尼斯不悦地问道："什么要求？"陌生人说："允许我从您身上跳过去。"诗人问道："怎么个跳法？您的身体这么棒，我坐在这张桌旁，您就能从我身上跳过去吗？"陌生人低声下气地回答："先生，我跳不了。以后等您安安静静躺在棺材里的时候，我再从您身上跳过去。我对平生遇到的那些有趣的人，

---

① 纪尧姆·阿波利奈尔（1880－1918），法国诗人，超现实主义的先驱。
② 弗朗西斯·亚默（1868－1938），法国诗人、小说家。他的诗追随自然主义潮流，提倡归真返璞。他的小说和回忆录笔调亲切，具田园风格，著有诗集《生的胜利》、小说《一个热情女孩的故事》等。

总用这种方式对他们表示敬意：如果他们允许，我就在他们仙逝以后从他们身上跳过去。我是个孤独的人，这是我唯一的消遣。"他同时掏出一个记事本对罗哈斯·希门尼斯说："这就是我跳过的人的名册。"罗哈斯·希门尼斯欣喜若狂地接受了这个怪主意。数年之后，在一个最多雨的冬天，他去世了，那个冬天在智利的每个人都能记得。那天跟往常一样，他把外套留在圣地亚哥市中心的一家酒吧里；在南极地带的隆冬时节，他只穿着衬衫穿过城市，一直走到第五师范学院他妹妹罗西塔的家。两天后，支气管肺炎把我所认识的最富有魅力的人从尘世夺走了。这位诗人在绵绵细雨中，带着他的小纸鸟飞上了天空。

当天夜里，为他守灵的朋友接待了一位不寻常的来客。滂沱大雨倾泻在屋顶上，电闪雷鸣，第五师范学院校园里高大的法国梧桐在风中摇曳，门打开时走进一位身着重孝的人，浑身给雨淋得透湿。谁也不认识他。出乎几位守灵朋友的意料，这位陌生人跑了几步就从棺材上跳了过去。随即如同来时那样，一言不发地突然消失在大雨和夜色中。阿尔韦托·罗哈斯·希门尼斯就这样，以一种谁也琢磨不透的神秘仪式，结束了令人称奇的一生。

我刚刚到达西班牙，就得知他去世的噩耗。我很少感受过如此强烈的痛苦。当时我在巴塞罗那，立即动手写我的哀歌《阿尔韦托·罗哈斯·希门尼斯飞来了》，这首诗后来在《西方杂志》上发表了。

不过，我还应该举行一个同他诀别的仪式。他已经长眠在遥远的智利，在滂沱大雨把墓地淹没的日子里。我不能守在他的遗体旁，不能陪伴他走完最后一段旅程，所以我想到了仪式。我去找我的朋友，画家伊萨亚斯·卡韦松，同他一起到神妙的圣玛利亚德尔马尔大教堂去。我们买了两支将近一人高的大蜡烛，带到那座半明不暗的奇异殿堂里去。圣玛利亚德尔马尔大教堂是航海者的教堂；渔夫和水手在许多世纪前一砖一瓦地盖起这座教堂，后来又用千万幅还愿画装饰它。这座精美的大教堂的墙上和天花板上，到处是各种形状、大小不一的船只，永远在扬帆航行。我忽然想到，这简直是专为那位去世的诗人而设的绝妙之所，他如果见过这个地方，一定会喜欢。在教堂当中，就在镶板式天花板上画着云彩的地方，我和我那位画家朋友点燃蜡烛，坐在空荡荡的教堂里，每人身旁放一个装有绿色酒浆的瓶子，心里想，尽管我们是不可知论者，这个无声的仪式会以某种神秘的方式使我们与亡友更加接近。在空荡荡的大教堂高处，点燃的蜡烛鲜活而明亮，像是那位狂热诗人的两只眼睛，从阴影和还愿画中间凝视我们，虽然他的心已经永远停止跳动了。

寒冬里的狂人

提起罗哈斯·希门尼斯，我要说一下狂热，某种狂热，往往与诗歌密切相关。非常理性的人大概要付出很大代价才能成为诗人，而诗人要成为理性的人，想必同样要付出巨大代价。但是，理性占上风，作为公正的中流砥柱，应该由理性来统治人间。米格尔·德乌纳穆诺非常喜爱智利，有一次说："'不凭理性就要凭暴力'，这是什么话？这样的格言我可不喜欢。要凭理性，要永远凭理性。"

过去我认识几位狂热的诗人，我要说说其中的阿尔韦托·巴尔迪维亚。阿尔韦托·巴尔迪维亚是世界上最瘦的人之一，而且脸色发黄，仿佛浑身只有皮包着骨头，一头乱蓬蓬的灰发，目光冷漠，鼻梁上架着一副近视眼镜。我们都叫他"僵尸巴尔迪维亚"。

他默默无语地进出于酒吧和文艺社团，咖啡厅和音乐会，从不弄出声响,腋下夹着一小捆神秘的报纸。我们这些他的朋友,一边喊他"亲爱的僵尸",一边拥抱他那没有形体的身躯,感到拥抱的只是一股气流。

他写了不少感情细腻、无限温柔的优美诗篇。下面是其中的几行诗句:

> 黄昏,太阳,生命——一切都将离去:
> 邪恶必将取胜,此事无可挽回。
> 那暮年与我形影不离的妹妹哟,
> 只有你不离不弃。

我们称之为"僵尸巴尔迪维亚"的这个人,是位真正的诗人,我们这样叫他是表示亲昵。我们时常对他说:"僵尸,留下来跟我们一起吃饭吧。"我们给他起的外号从来没有使他不高兴。他那薄薄的嘴唇上有时还露出一丝笑意。他说的话不多,但句句隐含深意。我们定下一个仪式,每年都要带他到墓地去。十一月一日①的前夜,我们青年学生和文人得从我们干瘪的口袋里拿出钱来,尽我们所能为他献上一顿奢侈的晚餐;我们的"僵尸"坐上了荣誉席。夜里十二点整,撤了席面,我们排成一队兴高采烈地朝墓地进发。在寂静的夜色中,有人发表悼词颂扬"已故"诗人;然后,我们每个人都郑重地与他告别并动身离去,把他独自一人留在墓地大门之内。"僵尸巴尔迪维亚"既然已经接受了这个不含任何暴力的传统,便全身心地投入这场闹剧,直到最后一分钟。我们离开前交给他几个比索,好让他在墓室里能吃上一餐三明治。

---

①西方传统的"鬼节"——万圣节。

两三天后，看到这位僵尸诗人又悄悄走进我们的社团和咖啡馆，谁也不会吃惊。他的平静肯定会保持到下一年的十一月一日。

　　在布宜诺斯艾利斯，我认识一位阿根廷作家，他十分古怪，曾名或仍然叫奥马尔·比尼奥莱。不知道他是否健在。他身材魁伟，手执一根很粗的手杖。有一次，他邀请我去市区一家餐馆吃饭，在桌旁向我打了个请入席的手势，并用整个餐厅坐得满满的老主顾都听得见的大嗓门说道："请坐，奥马尔·比尼奥莱！"我确实感到不快，一坐下就问他："干吗叫我奥马尔·比尼奥莱？明摆着奥马尔·比尼奥莱是你，而我是巴勃罗·聂鲁达呀！"他答道："对呀，可是这个餐馆里许多人只知道我的名字，而且他们有不少人想揍我一顿，我倒情愿他们揍你。"

　　这位比尼奥莱曾在阿根廷的一个省当过农艺师，从该省带回来一头母牛，与之成为挚友。他用绳子牵着母牛走遍整个布宜诺斯艾利斯。从此他出版的几本书都用与母牛有关的书名：《母牛所思》《我的母牛与我》，等等。国际笔会第一次在布宜诺斯艾利斯举行代表大会时，以维多利亚·奥坎波为首的作家们，想到比尼奥莱也许会带母牛赴会，都不寒而栗。他们向当局说明了即将临头的危险，警察便把普拉萨酒店周围的街道封锁起来，以阻止我那位古怪朋友带着他的反刍牲口出现在正在举行代表大会的豪华场所。一切举措都是徒劳的。当这次集会进入高潮，作家们正在探讨希腊的古典世界及其与历史的现代意义之间的关系时，伟大的比尼奥莱带着那头与他形影不离的母牛闯进了会议大厅；更糟糕的是，母牛哞哞地叫起来，似乎也想加入论争。这头牛是装在一辆密闭的大行李车内，骗过警察的戒备而被运进城区的。

　　我还要说一件这位比尼奥莱有一次向自由式摔跤手挑战的事。那位职业摔跤手接受了挑战,在决斗那天晚上来到人山人海的鲁纳公园。我的朋友带着牛准时到场,把牛拴在方形场地的一角,脱下身上的华丽外衣,迎向那位"加尔各答杀手"。

不过,这位诗人斗士的牛和华丽衣着在这里起不了任何作用。那位"加尔各答杀手"扑向比尼奥莱,两下子就使他处于毫无还手之力的境地,而且为了进一步侮辱这头文学牛,把脚踩在他的脖子上,残忍的观众在周围大声喝彩,要求决斗继续下去。

数月之后,他出版了一本新书:《与母牛的对话录》。我永远忘不了印在该书第一页上绝无仅有的题词。如果我没记错,题词是这样的:"谨以这本哲学著作献给二月二十四日晚在鲁纳公园向我喝倒彩并要求置我于死地的四万个婊子养的儿子。"

在最近这次大战①之前,我在巴黎结识了画家阿尔瓦罗·格瓦拉,欧洲人总是把他叫作智利·格瓦拉。一天,他急如星火地打电话给我,对我说:"是一件头等重要的大事。"

我由西班牙来到巴黎,当时我们的斗争是反对那个叫希特勒的家伙,他是那个时代的尼克松。我在马德里的房子已被炸毁,我还看到许多男人、女人、儿童被轰炸机炸得血肉横飞。世界大战在步步进逼。我和其他几位作家开始以我们自己的方式反抗法西斯,也就是用我们写的书,敦促人们正视严重的战争威胁。

我这位同胞置身于这场斗争之外。他是个沉默寡言的人,又是个十分辛勤的画家,总是忙忙碌碌的。可是,当时空气里充满了火药味;当列强阻挠派兵捍卫共和派西班牙人的时候,当后来他们在慕尼黑为

---

① 指第二次世界大战。

希特勒的军队打开大门的时候，战争就来临了。

我应智利·格瓦拉的召唤前去，他有要事跟我交谈。

"要谈什么事？"我问他。

"不该浪费时间。"他答道。"你去反对法西斯毫无道理。你不该去反对不存在的东西。应当直截了当地触及问题的关键，这个关键我已经找到了。我之所以急如星火地告诉你这一点，是要你不要召开反法西斯大会，要你以全副精力投身于创作。不该浪费时间。"

"得，你要谈的都谈了。阿尔瓦罗，说真的，我没有多少闲工夫。"

"巴勃罗，说真的，我已经在一出三幕剧中表达了我的想法。我现在拿给你看。"他从口袋里掏出一大本手稿，他那长着一对浓眉的古代拳师般的脸上，一双眼睛定定地盯着我。

我慌了，便借口没有时间，说服他当面跟我谈谈他将用以拯救人类的设想。

"这跟哥伦布把鸡蛋竖在桌上同样简单。"他说，"我这就说给你听。种下一个土豆，能长出几个来？"

"唔，能长四五个吧。"我本想说点别的话，却这么说了。

"要多得多。"他答道，"有时能长出四十个土豆，有时能长出一百多个。你设想一下，每个人都在花园里、在阳台上，在随便什么地方种下一个土豆，结果会怎么样。智利有多少人口？八百万，那就会种下八百万个土豆。巴勃罗，你把这个数乘以四，乘以一百。饥饿没有了，战争也消灭了。中国有多少人口？五亿，对不对？每个中国人种一个土豆，每个种下的土豆长出四十个，那就是五亿乘以四十个土豆。人类就得救了。"

纳粹占领巴黎时，没理睬这个救世构想："哥伦布的鸡蛋"，更确切地说，"哥伦布的土豆"。在一个雾霭弥漫的寒夜，他们把阿尔瓦罗·格瓦拉从他巴黎的家中抓走了。他们把他送进集中营，在他手臂上刺了字，一直把他囚禁到这次大战结束。他从地狱般的集中营出来时成了一副骨头架子，再也不能复原了。他最后一次来到智利，像是为了向故土告别，给它最后一吻，给它梦游者的一吻，随即回到法国，在那里了却残生。

伟大的画家、我亲爱的朋友智利·格瓦拉，我要告诉你一件事：我知道你已经去世，你那不问政治的土豆构想丝毫也帮不了你的忙。我知道置你于死地的是纳粹分子。去年六月，我走进国立美术馆。我去仅仅是为了参观透纳①的画，可是在我走到大展览厅之前，看到了一幅感人至深的画作——一幅我认为跟透纳的画一样美的画，一幅令人眼花缭乱的作品。这是一幅女士的画像，画中人是一位名叫伊迪丝·西特韦尔的名媛。它就是你的作品，是悬挂在伦敦这座大陈列馆的传世杰作中唯一的一幅拉丁美洲画家的画作，是从未有过的殊荣。

我并不看重地位，也不看重荣誉，真心说我也不很看重那幅画。我在意的是，我们彼此没有更多认识，没有更深的理解，我们的人生就这样交叉而过，却没有彼此理解，原因全在于一个土豆。

我曾经是个过分单纯的人——这是我的光荣，也是我的耻辱。我曾和同伴们一起夸夸其谈，曾羡慕他们的光艳服饰、他们的邪恶态度、他们叠的小纸鸟，甚至他们的牛；也许这些东西都与文学有着某种神秘的联系。无论如何，我认为自己生来不是为了谴责，而是为了爱。甚至那些攻击我、成群地要把我的眼珠抠出来的分裂分子，刚从我的诗中汲取了营养，立刻就至少需要我沉默。我从来不怕在深入敌方时

---

①透纳（1775－1851），英国浪漫主义画家，风景画大师。

受传染，因为我唯一的敌人，乃是人民的敌人。

阿波利奈尔说过："怜悯我们这些正在开拓非现实疆域的人吧！"我是在想到我刚刚讲完的那几个故事时记起这句话的，我对故事中涉及的人物，并不因他们脾气古怪而感到不那么可爱，也不因难以理解而贬低他们的价值。

大生意

我们这些诗人总以为自己有发财致富的了不起的智慧，是做生意的天才，只是还没有被人赏识而已。记得在一九二四年，我受层出不穷赚钱妙招的驱使，把《夕照》那本书的版权卖给我的智利出版商，不是卖一个版次的版权，而是卖断。我以为这笔买卖会让我发财，便当着公证人的面在合同上签了字。那家伙付给我五百比索，当时这笔钱折合还不到五美元。罗哈斯·希门尼斯、阿尔瓦罗·伊诺霍萨、奥梅罗·阿尔塞在公证处门口等我去举行盛大宴会，以庆祝这次交易成功。我们真的到当时最豪华的"港湾酒家"去，品尝了上等葡萄酒、烟和烈性酒。我们事先把皮鞋擦得像镜子般锃亮。那个"酒家"、四个皮鞋锃亮的家伙和一位出版商，都从这笔交易中得到了好处。至于那位诗人，却没有就此发达起来。

说自己在做各种买卖方面具有老鹰般敏锐眼光的，是阿尔瓦罗·伊诺霍萨。他的宏伟计划给我们留下深刻印象，只要把它付诸实现，金钱准能雨点般落到我们头上。在我们几个衣冠不整、放荡不羁的文人看来，他所掌握的英语、他那用金黄色烟叶卷的香烟、他在纽约上的几年大学，都充分保证了他那了不起的商业才能的实际效用。

一天，他非常秘密地找我谈话，要我参加他的一项能使我们立刻发财致富的惊人计划。我只要拿出随便从哪儿弄到的有限的几比索，就可以成为拥有二分之一股份的合伙人，其余的资金由他出。那天我们自以为都成了不受上帝也不受法律约束的资本家，什么都办得到。

"要做什么买卖呢？"我怯生生地问这位让人捉摸不透的金融巨擘。

阿尔瓦罗闭上眼睛，喷出一口变成一个个小圆圈的烟来，最后用神秘的声音答道：

"皮货！"

"皮货？"我惊奇地跟着说。

"海豹皮。准确地说，是南海狮的皮。"

我没敢再细问。我不知道海豹能只有一根毛①。从前我观察过南方海滩岩石上的海豹，看见它们溜光的皮在阳光下闪闪发亮，可没发现它们缓缓蠕动的肚皮上有毛的痕迹。

我以闪电般的速度把自己的资财搜寻出来兑成现金，不去付该付的租金，不去付裁缝工钱，也不去付鞋店老板的账单，而是立刻把股金交到我的商业合伙人手中。

我们去看皮货。阿尔瓦罗早已从他姑妈手里买下货，这位南方妇女是许多不毛小岛的主人。海豹经常在这些荒岛上举行性爱仪式。现在展现在我眼前的，是一大捆一大捆有枪眼的黄色海豹皮，是那个居心不良的姑妈的雇工们用枪打的。在阿尔瓦罗租用的栈房里，一包包皮子一直码放到屋顶，以便镇住可能的买主。

"我们拿这么多这么大包的皮子怎么办哪？"我畏畏缩缩地问他。

---

① "南海狮"的西语说法是"lobo de mar de un solo pelo"，直译为"只有一根毛的海豹"。

"人人都需要这种皮货。你瞧着吧！"我们说着离开了栈房，阿尔瓦罗意气风发，我却低头不语。

阿尔瓦罗提着公事包到处奔波，这个公事包是用我们真正的"只有一根毛的海豹皮"制作的。包内塞满白纸，以便使他有商人的派头。我们的最后几个小钱都拿去在报纸上登了广告。只要有哪个感兴趣的、有鉴赏力的商界巨子看到这些广告，这就足够了。我们没准就发财了。一向讲究衣着的阿尔瓦罗，想缝制半打英国料子的衣服。我简朴得多，在我有待实现的许多梦想中，我只想弄到一只刮胡子用的好刷子，当时我那只刷子已经秃得不能用了。

买主终于出现了，是个身强体壮的皮匠，矮个子，目光大胆，少言寡语，但话说得非常坦率，在我听来近乎粗鲁。阿尔瓦罗摆出一副审慎的淡漠态度接待他，同他定好三天后的一个合适时间，给他看我们那些难得的奇货。

在这三天之内，阿尔瓦罗买来高级英国香烟和几支古巴"罗密欧与朱丽叶"牌雪茄，就在顾客快到时把它们极显眼地放在他上衣外面的口袋里。我们把外观最好的皮子零散地摆在地上。

那家伙准时前来赴约。他没有脱下帽子，只是含糊地向我们打个招呼。他轻蔑地瞥了一眼摊在地上的皮子；然后，他那双精明而又坚定的眼睛扫向塞得满满登登的货架。他举起一只粗短的手，伸出一根犹豫不定的指头，指了指一包皮子——一包放在最上边和最远处的皮子。那里正好是我们藏掖最次皮子之处。

阿尔瓦罗抓住这一关键时刻，递给他一支地道的哈瓦那雪茄。这个不起眼的商人飞快接过雪茄，咬掉尖头，用牙咬着叼在嘴上。但是，他还是那么沉着，指着他要检查的那个包。

除了让他看那包皮子，没有其他办法。我的合伙人登上梯子，像个被判死刑的人那样微笑着把那个大包扛下来。买主把这包皮子逐张仔细检查，还不时停下来大口大口地吸阿尔瓦罗请他抽的雪茄。

这家伙拿起一张皮，揉搓，折叠，朝上面吐唾沫；随即换上另一张皮，依次抓、揉、闻一番，就扔到一边去。终于检查完事的时候，他贪婪的目光又一次从摆满我们那只有一根毛的海豹皮的货架上扫过，最后直盯着我的合伙人——这位商业专家的脸。这是何等令人激动的时刻！

这时，他以坚定而又冷漠的语气说了一句不朽的话——至少对我们来说是如此。

"我的先生们，这样的皮子我可没法接受。"说完头也不回地扬长而去，跟进门时一样戴着帽子，吸着阿尔瓦罗请他抽的那支高级雪茄，没有道别，毫不留情地打破了我们做百万富翁的全部美梦。

我最早的几本书

我是怀着强烈的羞怯心情躲进诗歌里去的。当时有一些新的文学流派在圣地亚哥上空翱翔。在马鲁里街 513 号住所，我的第一本诗集杀青了。那时候，我一天能写两三首，甚至四五首诗。傍晚太阳下山时，阳台前方便展现出一幅图景，我丝毫也不肯错过。这是日落时色彩纷呈的壮丽景色，霞光万道，形成橙黄和绯红的巨大扇面。我的诗集中最主要的一篇是《马鲁里的夕照》。从来没有人问过我马鲁里是什么；也许只有很少几个人知道，它不过是经常出现令人惊叹的夕照景色的一条不起眼的街道。

一九二三年，我的第一本诗集《夕照》出版了。为了支付印刷费，我每天都遇到困难，也获得胜利。我本来就不够用的几件家具都卖了。父亲郑重送给我的钟很快就给送到当铺去，钟上有他画的两面交叉的小旗。随后送去的是我那件黑色诗人服。印刷厂老板不讲情面，印刷终于全部完工，也已装上了封面，他却恶狠狠地对我说："不行。印刷费不全部付清，一本书也别想拿走。"评论家阿洛内慷慨解囊，拿出最后一笔钱，我的那个印刷厂老板三两下就把它吞没了。我扛着我的书走到街上，脚上穿着破皮鞋，欣喜若狂。

这是我的第一本书！我向来坚持认为，作家的工作既不神秘也不可悲，而是有利于公众的个人工作，至少诗人的工作就是如此。与诗歌最相似的东西，是一块面包，或是一个瓷盘，或是满怀柔情地加工过的一段木头，尽管诗歌出自笨拙的手。不过，我认为没有一位手艺人在用自己的双手以梦想的搏动的迷惘心情来创作第一件作品时，能像诗人那样产生如此陶醉的感觉，一生中仅此一次，这样的时刻不可能再回来。将会有很多更精致、更美的版本出现；书中的言词将像葡萄酒那样被注入其他语言的酒杯，到地球的其他地方去歌唱，去散发芬芳。但是，这个时刻，第一本书散发出新鲜的油墨味和纸的柔情的这个时刻，这个萦绕着振翅飞翔的声音和第一朵花在被征服的高地上绽放的声音的时刻，令人迷醉和欣喜，在诗人的一生中只能发生一次。

我的一首诗，即那首《告别》，仿佛突然从那本稚气的书中脱颖而出单飞了，至今凡我所到之处，都有很多人仍然熟记在心。他们在绝难料到的地方向我朗诵这首诗，或者要我朗诵。我深感烦恼，然而，我在集会上刚被介绍，就会有一位少女高声朗诵起那些令人着迷的诗行；有时政府的部长们在接见我时，会像军人那样笔直地站在我面前，对我朗诵那首诗的开头一段。

以后几年在西班牙，费德里科·加西亚·洛尔卡对我说起他因《不忠的有夫之妇》那首诗也不断遇到同样的情况。人们向加西亚·洛尔卡表达友情的最好方式，就是一再背诵这首广受欢迎的优美诗篇。作品中只有一首获得这样惊人的成功，对此我们都深觉反感；这是一种健康的，甚至是生理的感情。读者强加的这种负担，是要把诗人固定在单一的一段时间里，而创作实际上是一种越来越熟练、越来越自觉的不停转动的轮子，虽然也许略欠清新和自发性。

我已经把《夕照》抛到了脑后。可怕的忐忑不安搅乱了我的诗兴。到南方的短暂旅行使我恢复了力量。一九二三年，我有过一次妙不可言的体验。当时我回到了特木科老家。时间已过半夜，我在上床之前打开房间的窗子。天空令我眼花缭乱。整片夜空生机盎然，缀满点点繁星。夜色如洗，南极星群在我头顶铺展开去。

凝望着繁星、苍穹、宇宙，我不禁陶然心醉。我扑向书桌，像有人口授一般如痴似狂地奋然命笔，写下了某本书的第一首诗，取了好几个标题，最后定名为《热情的投石手》。我写得十分顺手，有如在自己的水域里畅游。

次日，我满怀喜悦地阅读自己夜间写的诗。后来我来到圣地亚哥，阿利里奥·奥亚尔顺①这位文学魔术师惊奇地听了我的这些诗句，而后用低沉的声音问我：

"你能肯定，这些诗没有受萨瓦特·埃尔卡斯蒂②的影响吗？"

"我当然能肯定。这些诗，我是在一阵灵感的冲动下写出来的。"

我忽然心血来潮，决定把自己写的诗寄给萨瓦特·埃尔卡斯蒂，

---

①阿利里奥·奥亚尔顺（1896－1923），智利诗人、小说家。
②卡洛斯·萨瓦特·埃尔卡斯蒂（1887－1982），乌拉圭诗人、思想家。处女作《万神庙》发表于1917年，其他作品有《祈求》《生命》等。

这位现在被不公地忽视的伟大的乌拉圭诗人。我在这位诗人身上看到，我能够实现自己把人类连同大自然及其潜力融汇在诗里的雄心，能够把宇宙间难解的奥秘以及人类的种种可能性写成史诗。我开始与他鱼雁相通。我继续创作，把作品写得更成熟，同时非常认真地阅读萨瓦特·埃尔卡斯蒂写给我这个完全陌生的青年诗人的书信。

我把那天夜间写的那首诗，寄给远在蒙得维的亚的萨瓦特·埃尔卡斯蒂，问他从中是否显露出他的诗的影响。他很快就寄来一封郑重其事的复信："我难得读到如此出色、如此美妙的诗，不过我必须告诉您，在您的诗里确有些许萨瓦特·埃尔卡斯蒂的东西。"

这是茫茫黑夜里的一道闪光，一道明晰的闪光，我至今仍感激不尽。这封信在我口袋里揣了许多天，揉捏得碎成片。许多事情都处在紧要关头，尤其是我沉湎于那天夜间毫无结果的狂乱；徒然落入繁星的陷阱，徒然让自己的感情去迎接南方的暴风雨。我犯了错误。我不该相信灵感，而应当让理性指引我沿着狭窄的小径一步一个脚印地往前走。我必须学会谦虚。我撕碎许多手稿，遗失了别的一些。整整过了十年，这些最终的诗篇才再次出现，并出版问世。

因为萨瓦特·埃尔卡斯蒂的那封信，我打消了总想写宽广的诗的抱负，关上了我不该再追求的浮夸辞藻的大门，并刻意减弱了自己的风格和表达习惯。我在追求更加朴实无华的特色、追求自我世界的和谐的同时，动手写作另一本关于爱情的书。《二十首情诗》就是成果。

《二十首情诗和一首绝望的歌》是一本令人痛苦的田园诗集，写的是青春期把我折磨得死去活来的情欲，交织着我国南方气势逼人的大自然景色。这是我珍爱的一本书，因为它在令人痛苦的浓烈伤感中展现出生的欢乐。因佩里亚尔河及其河口帮助我写就这本书。《二十首情诗》是吟咏圣地亚哥及其挤满大学生的街道、吟咏大学校园和分享着爱情的忍冬花的芬芳的浪漫曲。

有关圣地亚哥的部分，是在埃乔伦街和西班牙林荫道之间的街道上，以及教育学院的旧楼内写的，但风景始终是南方的江河湖海和森林。《绝望的歌》中的码头，就是卡拉韦河岸和下因佩里亚尔河岸的那些旧码头；码头的破木板和原木有如被宽阔河流冲击的残肢；在河口，过去和现在都能不时听见海鸥扇动翅膀的声响。

在某艘遇难船残存的被弃置的狭长救生艇上，我读完了一整本《胡安·克里斯托瓦尔①传》，还写了那首《绝望的歌》。在我头顶，天空蓝得那样刺眼，我从未见过。我在那只藏身于大地的小艇上写作；我认为，我再也不会像那些日子那么高远，那么深沉。上面是高深莫测的蓝天，手中是《胡安·克里斯托瓦尔传》或我刚刚写下的几行那首诗的诗句，近处是存在着并将永远存在于我诗中的一切——从远处传来的海浪声，野鸟的啼鸣，像永不枯萎的黑莓那样永不枯竭的炽热的爱。

不断有人问我，《二十首情诗》中的女子是谁，这是个难以回答的问题。在这些既忧伤又炽热的诗中交替出现的两三位女子，可以说对应着玛丽索尔和玛丽松布拉②。玛丽索尔是夜空布满迷人星星的外省的爱神，她的黑眼睛宛如特木科湿漉漉的天空。几乎每一页里都能见到她欢乐和明丽的身影，围绕着她的是港口的水和山峦上的半规明月。玛丽松布拉是首都的女大学生，头戴灰色贝雷帽，眼睛无限温柔，身上散发着飘忽不定的校园爱情忍冬花那般持久的芳香，是在城市隐蔽地点激情幽会时肉体的宁静。

---

①胡安·克里斯托瓦尔（1897－1961），西班牙著名雕塑家。
②原文为 Marisol 和 Marisombra，一由"大海"（mar）和"太阳"（sol）构成，一由"大海"（mar）和"影子"（sombra）构成。

这时，智利的生活发生了变化。

智利的人民运动轰轰烈烈兴起，在学生和作家中寻觅强有力的支持。一方面，小资产阶级的重要领袖，精力充沛、善于蛊惑人心的阿图罗·亚历山德里·帕尔马登上了共和国总统宝座，而在此之前他用他那火一般炽烈的威胁性演说震撼了全国。尽管身份特殊，他还是一执掌政权就变成我们美洲传统的统治者。与寡头统治集团斗争时许下的革命诺言，他一概不予兑现。全国在极其激烈的对抗中继续挣扎。

同时，工人领袖路易斯·埃米利奥·雷卡瓦伦①非常积极地把无产阶级组织起来，成立总工会，在全国范围内创办了九到十份工人报刊。大量涌现的失业问题使国家的政治体制发生动摇。我为《光明》杂志每周写一篇文章。我们学生支持人民的要求，在圣地亚哥街头遭到警察的殴打。成千上万失业的硝石矿和铜矿工人来到首都。示威游行和随之而来的镇压，给全国人民的生活抹上一层惨淡的色彩。

从此以后，政治因素断断续续渗透到我的诗中和生活中。在我的诗里，我不可能关闭那扇通往大街的门，在我这个青年诗人心中，也同样不可能关闭那扇通往爱情、生活、喜悦和悲伤的门。

---

① 路易斯·埃米利奥·雷卡瓦伦（1876－1964），曾经担任智利社会主义工人党主席、智利工人联合会主席。

词语

　　……先生，您可以畅所欲言，可这是高歌或低吟唱出的词语……
我对它们顶礼膜拜……我爱它们，依恋它们，追求它们，咬住它们不放，
把它们融化……我对词语爱得如此之深……那些意想不到的词语，那
些被焦切地期待着的词语，我悄悄窥探着，直至它们突然出现……那
些教人喜爱的词语像色彩斑斓的宝石那样闪耀，像银白色的鱼儿那样
跃动，它们是泡沫，是丝线，是金属，是露珠……我追寻着某些词语，
它们美不可言，我要把它们运用到我的诗中去……我在它们嘤嘤嗡
嗡地飞过时截住它们，牢牢捉住，清洗干净，剥去外皮，我坐在这
盘菜肴前面，感受到它的晶莹、鲜活、象牙的色泽、植物的苍翠、油润，
像水果，像海菜，像玛瑙，像橄榄……于是我把它们翻搅，摇晃，
饮用，大口吞吃，咀嚼，加上配菜，然后摆脱它们……我把它们当
作钟乳石、磨得锃亮的小木片、煤块、波浪送来的遇难船的残骸，嵌
进我的诗中……词语里什么都有……因为一个词移动了位置，或是因
为另一个词像小女王那样闯入一个并不欢迎她却要服从她的句子里，
一个完整的思想便发生了变化……它们有阴影、透明度、重量、翎羽、

毛发，它们在河上漂流多远，游历多少国度，生长多长的根，那它们便汲取多少东西……它们是最古老的，又是最新鲜的……它们生活在隐藏的灵柩里，生活在初吐的蓓蕾中……我的语言何等优美，从凶狠的征服者那里继承来的语言何等优美！……这些征服者有着世上从未见过的贪婪胃口，大踏步地跨过崇山峻岭，穿越崎岖的美洲大陆，寻觅着马铃薯、灌肠、菜豆、深色的烟草、黄金、玉米、煎蛋……他们把一切，宗教、金字塔、部落、偶像崇拜，跟他们带在大口袋里的东西一样，大口大口地吞下肚去……他们把所过之处夷为平地。但是，从他们的皮靴里、胡子里、甲胄里、马蹄上，掉下璀璨的词语，语言留了下来，在这里发出宝石般的光彩。我们有所失，也有所得……他们掠走黄金，也留下黄金……他们带走一切，也留下一切。他们给我们留下了词语。

三　走向世界之路

瓦尔帕莱索的流浪汉

瓦尔帕莱索与圣地亚哥近在咫尺，只有草木杂生的山峦把它们分开；山峰像方尖碑那样高耸入云，长满了满怀敌意而又繁花盛开的巨大的仙人掌。然而，瓦尔帕莱索与首都圣地亚哥之间的距离永远也无法确定；圣地亚哥是被冰雪高墙囚禁的城市，而瓦尔帕莱索却向茫茫无际的大海，向市廛的喧闹，向孩童的眼睛，敞开了自己的大门：那里的一切都是不一样的。在青春岁月最任性的时期，我们总是在黎明时分毫无睡意，虽然囊中分文不名，却突然登上一节开往瓦尔帕莱索这颗明星的三等车厢。我们是二十岁上下的诗人和画家，心中满怀不顾后果的狂热，想去施展身手、谋取发展，还要脱颖而出。瓦尔帕莱索以其独具魅力的搏动召唤着我们。

直到许多年后，我在别的城市才又感受到这种说不清道不明的吸引力。那是在马德里的几年间。凌晨从剧院出来，走进一家小酒馆，或者仅仅在街头漫步，我总在蓦然间听见托莱多①召唤我的声音，那

———————————
①西班牙新卡斯蒂利亚地区托莱多省省会，在马德里西南，濒临塔霍河，是具有典型西班牙风格的城市。

是它的无数幽灵、它的沉寂发出的静默的声音。在那夜深人静的时刻，我和几位同样年轻同样疯狂的朋友一起，到被焚烧得歪歪斜斜的古城堡去。或是在石桥底下，一群不见经传的穷小子和衣睡在塔霍河的河滩上。

在我前往瓦尔帕莱索的几次离奇旅行中，不知为什么，一个浑身散发出从草原深处拔来的青草香气的人，深深铭刻我心里。让我来讲一讲这个故事。

当时我们去送别一位诗人和一位画家，他们要坐泊在港口的P.S.N.C.(太平洋轮船航运公司)的三等舱去法国旅行。船就停在那里，灯火通明，粗壮的烟囱冒着烟：它即将起航。

我们连最蹩脚旅馆的住宿费都付不起，于是去找诺沃亚，他是大瓦尔帕莱索城内我们最喜爱的疯子之一。我们知道他不会拒绝的，他那位于小山丘里的房子总是向疯狂大敞着门。我们出发的时候天色已经晚了。走到他家可没有那么简单。我们在没完没了的一座座小山间爬上爬下，黑暗中看得见为我们领路的诺沃亚沉着的身影。他是个极其伟大的人，一脸的络腮胡子，髭须很浓。我们气喘吁吁摸黑登上山峦神秘的顶峰时，他那深色上衣的下摆鸟翅般扑扇着。

他不停地说话。他是个神圣的疯子，是唯一被我们这些诗人封为圣徒的人。但他对这个圣名毫不在意，他只关心身体健康与大地的天赋之间只有他才熟悉的神秘关系。他天生是个自然主义者，是个食素的素食主义者。他一路走一路向我们宣讲；他洪钟般的声音传到后面来，仿佛我们都是他的门徒。他那魁伟的身影仿若夜间在荒郊出生的圣克里斯托弗①在向前移动。

---

① 圣徒，基督教殉道者，生于叙利亚，约公元250年被害。中世纪时期是脚夫的守护神，现今是旅行者的守护神。

我们终于走到他家了，那不过是一所有两个房间的茅屋。一个房间里摆着我们圣克里斯托弗的床；另一个房间被一把巨大的柳条扶手椅占去大部分空间，扶手椅上布满纵横交织的多余的麦秸做的圆花装饰，紧贴着扶手还有一些奇特的小格子；这是一件维多利亚风格的杰作。

那天夜里，大扶手椅被指定给我睡。

我的几位朋友在地上铺了几张晚报，就稳稳当当地睡在新闻和社论上了。

我马上就听到呼吸声和鼾声，知道他们都已进入梦乡。而我浑身疲乏难忍，坐在那把大家具上难以入眠。

我听得见从高处、从荒凉的山巅传来的寂静。只有划过夜空的天狼星的几声嗥叫，只有进出港口的轮船发出的悠远的汽笛声，才使我确定这是瓦尔帕莱索的夜晚。

我突然感到，一股令人陶醉的奇异力量充盈我全部身心。那是山岳的芬芳；是大草原的气味；是伴随我的童年生长起来、而我在城市生活的尘嚣中已经忘却的花草树木的气味。我沉浸在大地母亲的催眠曲中，昏昏欲睡。那粗犷的大地的搏动，会是从哪里来的呢？它渗入我的身体，那无比纯洁的芬芳，以入侵者的姿态占据了我的感官。在黑暗中，我的手试探着伸向这把巨大扶手椅的柳条。

我把手指伸进它高低不平的缝隙里，发现了无数小格子。黑暗中无法看清，但在小格子里我摸到干枯而平滑的植物、粗而圆的树枝、柔软或坚硬的披针形叶子。这就是我们这位素食鼓吹者全部有益于健康的珍藏，这就是他用精力充沛的徒步者圣克里斯托弗的大手，致力于收集草木的生活的全面写照。

发现了这个秘密之后，我就在那些护身草香气的护卫下安然入睡了。

就在今天，一九七三年八月的这个早上，在黑岛之上，我回忆着这件往事，发现那个奇妙而芬芳的夜晚陪伴我的所有好友都已迎来了他们的死亡，有的一生悲惨，有的走向沉寂。

诺沃亚这个大胡子已经消失了多年。隔日坐着船到达巴黎的那两位好友也已不在人世。而大洋上吹来的飓风也永远地带走了那次奇妙旅行中收留我、让我沉睡的小茅屋和大木椅。

一切都已远去。留下的仅仅是闯入我梦中的那一抹属于干枯野生植物的幽香，只有我知道它从何而来，而夜深时，它还时不时令我备受折磨。

在瓦尔帕莱索一条狭窄的街道上，我在堂索伊洛·埃斯科瓦尔家对面住了几周。我们的阳台几乎碰到一起。我的邻居早早就到阳台上来做一种隐士操，露出他那身竖琴般的肋骨。他总是穿一条简朴的工装裤，或是一件破旧的上衣，半像水手，半像天使长；他早已从航海生涯，从海关，从海员职业退休了。他每天都细致周到地刷他的礼服。那是一身做工精致的黑呢子套服，多年来从未有人见他穿过；他永远把它藏在旧衣橱里，和他的一些宝贝放在一起。

不过，他最引人注意、最让人动心的宝贝，却是他一辈子尽心珍藏的一把斯特拉迪瓦里①小提琴，他自己不拉，也不许别人拉。堂索伊洛曾想把小提琴拿到纽约去卖；为了这把出色的乐器，那里也许有人肯付给他一大笔钱。他有时从那个破旧的衣橱里拿出小提琴来，让

①斯特拉迪瓦里（1644－1737），意大利小提琴制造家。他的小提琴制造法成为后世的典范。

我们怀着虔诚的心情欣赏一番。也许有那么一天，堂索伊洛·埃斯科瓦尔会动身去北方，带回来的不是小提琴，而是阔气的戒指，他嘴里缺了多年牙的空隙，也会装上金牙。

一天早晨，他没有到做操的阳台上来。我们把他安葬在山上的墓地里，他那隐士般瘦小的身躯第一次穿上了那件黑呢礼服。那把斯特拉迪瓦里小提琴的弦不能为他离去而哀鸣，因为谁也不会拉。况且，衣橱打开时，那把小提琴已经不翼而飞了。也许它已飞往大海，也许它已飞往纽约，去完成堂索伊洛的那些梦想。

瓦尔帕莱索是神秘的，地势起伏，道路曲折。穷困像瀑布那样泼洒在山冈上。谁都知道无数住在山冈上的人吃的有多少，穿的怎么样（也知道他们吃的没多少，穿的不怎么样）。家家户户晾晒的衣服都像挂万国旗，光脚的不断增加，揭示芸芸众生扑不灭的爱情。

然而，在靠近大海的平地上，有些带阳台的房子却窗户紧闭，人迹罕至。其中有一座探险家的宅子。我一连叩了好几下门上的铜环，以确保有人听见。终于有轻柔的脚步声来到门前，一个满脸狐疑的人疑虑重重地把大门打开一条缝，不愿让我进去。这人是这座宅子的老女仆，一个披着大披肩、围着围裙的影子，脚步声轻得几乎听不见。

探险家也已垂垂老矣，住在这座窗户紧闭的轩敞宅子里的只有他和那个女仆。我来是为了见识他收藏的圣物。走廊里和墙上到处是橙黄色的造物、白色和灰色有凹纹的面具、早已绝迹的海神躯体的雕像、波利尼西亚人干枯的头发、蒙着豹皮的充满敌意的木盾、张牙舞爪的牙齿项链、也许曾在狂风暴雨中斩波劈浪的小船的船桨。还有一些凶险的刀子，镀银的刀刃曾在黑暗中闪射寒光，使墙壁为之颤抖。

我看出来，男性木头神像都被阉割了，他们的阴部用遮羞布严实地遮盖起来，遮羞布的料子跟女仆披肩和围裙的料子是一样的；证实这一点毫无困难。

老探险家在这些战利品之间不声不响地走动。他以半是武断半是嘲讽的语气，一个大厅一个大厅地为我讲解哪个活得长久，哪个在他生动的想象里仍然活着。他那白色的小胡子跟萨摩亚人神像的胡子十分相像。他拿出长铳和笨重的手枪给我赏玩，他用这些武器追击过敌人，也许还趴在地上打过羚羊和老虎。他讲述自己的冒险故事时依然轻声细语。尽管窗户紧闭，西沉的落日似乎还是投进来一缕阳光，在这些圣物间像活泼的小蝴蝶般翩翩飞舞。

分手时我把自己要去海岛旅行的计划、要立即前往金色沙滩的愿望对他说了。这时他张望一下四周，将他衰朽的白胡子贴近我的耳朵，颤巍巍地悄悄对我说："可别让她听见，别让她知道这件事，因为我也正准备去旅行。"

他把一根手指放在嘴唇上，停了一会儿，像是在倾听大森林中可能有的老虎的足音。然后，大门关上了，黑暗而突然，有如黑夜降临非洲大地。

我问邻居：

"还有什么怪人？有值得回瓦尔帕莱索来的事情吗？"

邻居答道：

"值得一提的人几乎没有了。不过，您要是顺那条街走，没准会碰上堂巴托洛梅。"

"可我怎么认出他呢？"

"您绝对不会认错，他出门总是坐豪华马车。"

几小时后，我在一家水果店买苹果，这时有辆马车在店前停下。

车上下来一个身穿黑衣、风度欠佳的高个子。

他也来买苹果。他肩上的一只纯绿鹦鹉立刻向我飞来，而且肆无忌惮地停在我头上。

"您是堂巴托洛梅吗？"我问这位绅士。

"对，我是堂巴托洛梅。"他买的苹果和葡萄装满一篮子时，他从斗篷下面抽出一把随身带的长剑，递给我。那是一把古剑，又长又尖，剑柄是手艺高超的银匠制作的，像一朵盛开的玫瑰花。

我并不认识他，后来也没有再见到他。但是，我却恭恭敬敬地陪他走到街上，然后不声不响地打开车门，让他和装满水果的篮子上去，并郑重其事地把鹦鹉和剑交到他手里。

瓦尔帕莱索的那些无人问津的小天地，不知道什么原因，也不知道从何时起，就像偶然被扔在地下储藏室深处的各种箱子似的，再也没有人来提取；没有人知道它们来自何方，它们也永远不会离开此处一步。在这神秘的领域内，在这些瓦尔帕莱索的心灵深处，也许永远保存着失去势头的浪涛、暴风雨、盐、喧嚣和光影闪烁的大海。这是人人都感到畏惧而又紧闭在内心的大海：它是一种无法交流的声音，是一种会把梦境撞击成齑粉和飞沫的孤独的运动。

我感到惊奇，我所发现的远离城市中心的生活，竟与令人心碎的港市保持高度的一致。在山冈上，穷困在柏油和欢乐的喷涌声中蓬勃发展。起重机、码头、人的劳动，如腰带一样缠住沿岸地带，那里蒙上瞬息即逝的幸福所绘制的虚假图景。然而，其他一些人从来不爬到山冈上去看一看，或是下山去找活计。他们所拥有的只是自己特有的无尽穷困和一小片大海。

他们用自己特有的武器守护着这一切，而遗忘却像云雾一般向他们靠近。

瓦尔帕莱索有时会像受伤的鲸鱼那样颤动。它在空气中摇晃，奄奄一息，死去，然后又活过来。

这里，每位市民身上都有地震留下的纪念。这是与该城的心脏血肉相连地活着的恐惧花瓣。每位市民在降生前就已是个英雄；因为，留在港市记忆中的是灾祸，是大地震动时的颤抖，以及从地底深处传来的低沉轰鸣，仿佛一座水下和地下的城市，在不断地敲响自己埋下的一口口大钟，以告知人们一切都完结了。

有时，当墙壁和屋顶在尘埃和火焰中、在叫喊和寂静中訇然坍塌时，当一切都在死神手中享受最终的宁静时，高大而又气势汹汹的巨浪这只绿色大手，如最后的恐惧似的从大海里伸出来，像复仇的高塔那样凌空而起，把它够得着的残留生命一扫而空。

有时，一切都始于一种模糊不清的运动，于是入睡的人们醒来了。灵魂在断断续续的梦中与扎得很深的根、与地球深处进行交流；它一向想了解这些，现在总算了解了。接着，在剧烈的震撼中人们无处可逃，因为众神都已离去，自高自大的教堂也已化为一片瓦砾。

这种恐惧，与逃避狂怒的牛的追逐、逃避刺刀的威胁、逃避江河湖海的吞噬时的那种恐惧，是绝不相同的。这是一种宇宙般无边的恐惧，一种顷刻降临的不安全感，世界崩塌，破碎。与此同时，大地发出低沉的轰鸣，那是一种谁也没有听见过的声响。

房屋倒塌时扬起的尘埃渐渐沉落。这时只剩下我们和我们的死者、和一切死者在一起，不知道我们为什么仍然活着。

各种阶梯，有的从上往下，有的从下往上，还有的盘绕着架设。

它们逐渐变得细如发丝，让人稍事休息之后再笔直向上。它们让人头晕目眩。急降而下。延伸。折回。永无尽头。

有多少阶梯？阶梯有多少梯级？有多少只脚踩在梯级上？带着书籍、番茄、鱼、瓶子、面粉在阶梯上走上走下留下的脚印，有多少世纪了？把梯级磨损成一道道凹槽，雨水能在凹槽里嬉戏着或哭泣着流淌，这需要多少个成千上万的小时？

这些阶梯哟！

没有任何城市像瓦尔帕莱索这样，把阶梯像花瓣一样抛撒进自己的历史，撒向自己的脸颊，吹向空中，然后再收集起来。任何城市的脸上都没有这么多的皱纹，生命在其上来去匆匆，仿佛它们永远在向上伸往天国，或向下伸往新的生命。这些阶梯在中途生出一株开紫红花的刺蓟！沿着这些阶梯，那个从亚洲归来的水手攀登而上，去自己家中找到的只有崭新的微笑，或是令人无法忍受的空缺！从这些阶梯上一个摇摇晃晃的醉鬼如一颗黑色的流星般摔下去！太阳从这些阶梯上升起，向山冈表达爱意！

如果走遍瓦尔帕莱索的所有阶梯，我们的路程大概可以绕地球一周。

我痛苦的瓦尔帕莱索！……南太平洋的荒凉角落出什么事了？流星或蠕虫争斗发出的磷光，在大灾难中幸存下来了吗？

瓦尔帕莱索的夜晚哟！在浩瀚的宇宙中，地球上一个闪亮的小斑点。流萤闪烁的时候，群山间亮起璀璨灯光，有如一只金色的马蹄铁。

荒凉的漫漫长夜，立刻展现出万点灯火的壮观身影。毕宿五随着自己遥远的脉搏在颤动；仙后座把自己的衣裳挂在天堂大门上时，南十字座悄然无声的马车正在银河的夜之精液上奔驰。

这时，前脚腾空而立的毛烘烘的人马座掉落了什么——从它那隐而不见的蹄子上掉下一颗金刚钻，从它那相隔遥远的皮毛里掉下一只跳蚤。

瓦尔帕莱索诞生了，它灯火辉煌，市声喧腾，海浪汹涌，还有站街的娼妓。

小巷的夜晚，到处是黑色水神。黑暗中门在窥探你，手在捕捉你，水手们在南国的床单上堕入歧途。麇集在啤酒店的波莉安塔、特里特通加、卡梅拉、神之花、穆尔蒂库拉、贝丽奈西、"甜妞"，都在守护着行事荒唐的海难幸存者，她们轮番出现或相互取代，她们舞跳得无精打采，透出我那多雨地区民族的忧伤。

最坚固的帆船出港去捕鲸。其他大船开往加利福尼亚去淘金。最后的一批船稍后渡过七大洋，到智利的沙漠去搜罗硝石，它们像摔得粉碎的雕像形成的无尽尘土，蕴藏在世界上最干燥地区的地下。

这些都是了不起的冒险。

瓦尔帕莱索透过宇宙之夜发出微光。为了往来于陆地之间，出现了装饰得如同难以置信的鸽子似的大轮船、散发着芬芳的船、被合恩角阻留过久的饥饿的三桅船……有许多次那些刚刚下船的人急急奔向牧场……在那野蛮的、令人难以置信的日子里，几个大洋只能通过巴塔哥尼亚①那条遥远的海峡彼此交往。在那个时期，瓦尔帕莱索付给那些既鄙视又热爱它的船员优厚的工资。

有一艘船运来一架三角钢琴；另一艘船载过高更的秘鲁外祖母弗洛拉·特里斯坦；还有一艘船，"韦杰号"，上面坐着鲁滨孙·克鲁索

———————
① 南美洲东南部高原，绝大部分在阿根廷境内，小部分属于智利。

活生生的原型，刚刚在胡安费尔南德斯群岛被救起……还有一些船运来菠萝、咖啡、苏门答腊的胡椒、瓜亚基尔的香蕉、阿萨姆邦的茉莉花茶、西班牙的茴香……这个半人马怪的生锈的马蹄铁似的遥远海湾，到处都不时可闻到各种香味：在一条街上，一阵桂皮的甜香会朝你扑鼻而来；在另一条街上，南美番荔枝的果香会像一支白色的箭，把你的心灵射穿；智利所有海域的海藻碎屑，会从一条小巷里蜂拥而出与你战斗。

这时，瓦尔帕莱索已是灯火辉煌，呈现出一种深深的金黄色；它变成一棵海上的橘子树，枝繁叶茂，郁郁葱葱，浓荫匝地，累累果实发出耀眼的光彩。

瓦尔帕莱索的重重山峰决定把山上居民赶走，放任建在高处的房屋吊在黏土的红色悬崖上、金灿灿的顶针花的黄色悬崖上、莽莽大自然孤僻的绿色悬崖上，晃来晃去。然而，那些房屋和居民却抓住高处不放，在那里缩成一团，扎进地里，在那里担忧，把自己安置在峭壁之上，用牙齿和爪子抠住每一处悬崖。这个海港是大海和崇山峻岭之间相互躲闪、争斗的战场；然而，在这场争斗中，得利的却是人。无数山冈和广阔的大海决定了城市的格局，构成了它的外形——不像一座兵营，而像春天那样多姿多彩，那样生机勃勃，有着强烈的色彩对比。城里的房屋都漆成彩色——紫红配黄色，洋红配钴蓝，绿色配紫色。瓦尔帕莱索就这样履行着它那真正海港的使命，履行着它那虽已搁浅却仍十分活跃的船舰的使命，履行着它那旗帜迎风招展的船队的使命。太平洋的风就该吹向一座挂满旗帜的城市。

我在这些馥郁而又伤痕累累的山冈上生活过。这是些丰腴的山冈，这里的生活因无边无际的郊区、深奥莫测的贫民蜗居、喇叭般蜿蜒曲折的山川道路而震撼人心。在螺旋形地段等待你的是一架橙黄色旋转木马；一位修士从高处走下；一个光脚女孩在埋头吃西瓜；一群乱哄哄的水手和女人；一个货摊在出售锈得一塌糊涂的金属器皿；一个小马戏团的帐篷只容纳得下驯兽师的小胡子；一道阶梯伸向云天；一架载满洋葱头的升降机向上升去；七头驴在运水；一辆消防车正从火警现场驶回；一个橱窗里装着生命的瓶子和装着死亡的瓶子摆在一起。

不过，这些山冈都有意味深长的名字。穿行在这些名字之间，是一次没有尽头之旅，因为瓦尔帕莱索之旅无论在地面上还是在文字间皆没有尽头。欢乐山，蝴蝶山，波朗科山，医院山，小桌山，拐角山，母狼山，索具街，陶工作坊，胭脂虫栎木，蕨山，漆树林，磨坊，杏林，包子街，鹡鸰山，阿塞韦多山，针茅地，牢狱，狐狸山，堂娜埃尔维拉山，圣埃斯特万山，阿斯托加山，翡翠谷，杏树林，罗德里格斯山，大炮山，牛奶贩子街，康塞普西翁街，墓园，起绒草谷，杂树林，英国医院街，棕榈林，栎树林，圣胡安·德迪奥斯街，波库罗街，小海湾街，羊羔街，比斯开街，堂埃利亚斯山，岬角山，芦苇谷，瞭望台，帕拉西亚山，楹梓街，公牛山，佛罗里达街。

我不可能走遍这么多地方。瓦尔帕莱索需要一个新的海怪，一个能跑遍各个角落的八足海怪。我享用了它的辽阔，它那亲切的辽阔，却无法把它五彩缤纷的右侧、它新生的左侧、它的高山和深谷尽收眼底。

我只能通过晚钟、蜿蜒起伏的地形，以及名字，去追寻它。

特别是通过它的那些名字，因为这些名字里有主根和幼根，有空气和油，有历史和歌剧：它们的音节里流淌着鲜血。

小洞里的智利领事

一项大学生文学奖、几本颇受欢迎的新书，以及我那件闻名的斗篷，使我在文艺界之外赢得某种敬重。但是在二十年代，除了少数的几个极端例外，我们这些国家的文化生活只能从属于欧洲。在我们的每一个共和国里，都有世界主义的"精英"在活动，而依附于寡头统治集团的作家们却住在巴黎。我们的大诗人比森特·维多夫罗①不仅用法文写作，连名字也改了，"比森特"给改成了"樊尚"。

事实上，我年轻时刚刚小有名气，街上人人都问我：

"嘿，您待在这儿干什么？您真该去巴黎。"

一位朋友把我推荐给外交部的一位司长。他立即接见我。他知道我的诗。

"我也知道您的抱负。请坐在这把舒服的扶手椅上。从这里可以清晰地看到广场，看到广场上的集市。您看看那些小汽车。全是过眼云烟。您是青年诗人，这太幸运了。您看见那座宫殿了吗？那原属于我家。如今我却只能待在这里，待在这满是官僚气的猪圈里。这种时候，唯一有价值的东西就是精神了。您喜欢柴可夫斯基吗？"

他跟我聊了一个钟头艺术之后，伸手与我握别，对我说别为求职的事担心，说他是领事司司长。

"您现在可以认为自己已被委派在驻外的职位上了。"

两年间，我不时到这位彬彬有礼的领事司司长办公室去，他的态度越来越殷勤周到。他一见我来，就冷冷地把他的一位秘书叫来，皱着眉头对这位秘书说：

---

① 比森特·维多夫罗（1893－1948），智利作家、诗人，创造派的创始人。主张诗不能只是描绘自然现象，而应揭示其生物规律及机体结构。他的诗多晦涩难懂。

"我现在谁也不见。让我忘掉日常的乏味谈话吧。诗人来访，是本部仅有的不凡事务。但愿他永远不要抛弃我们。"

我确信，他说的是真心话。他随即滔滔不绝地跟我谈起良种狗。"不爱狗的人，也不会爱孩子。"接着谈到英国小说，转而谈到人类学和招魂术，一直扯到纹章学和系谱学的问题上去，这才打住。我告辞时，他像提及我们两人之间一个可怕秘密似的再次说，我在国外的职位已是十拿九稳。尽管我连吃饭的钱都不够，这天晚上上街时我却气粗得像个大官。我的朋友们问我在忙什么，我就煞有介事地答道：

"我在准备去欧洲。"

这件事一直拖到遇见我的朋友比安基。智利的比安基家族是个名门世家。画家、流行音乐家、法官、作家、探险家、安第斯登山运动员，给所有的比安基家族成员披上不安稳和才思敏捷的性格特色。我的这位朋友当过大使，了解外交部的种种秘密，他问我：

"你的任命还没通过吗？"

"据一位在部里工作的艺术保护人向我保证，我随时都可能拿到委任状。"

他笑了，对我说：

"咱们到部里瞧瞧去。"

他拉起我一只胳膊，我们登上大理石楼梯。勤杂人员和职员连忙躲到一旁，给我们让路。我惊奇得说不出话来。我第一次见到一位外交部部长。这位部长个子很矮，为了掩饰这个缺点，他一跃坐在办公桌上。我的朋友对他说，我急切希望离开智利。部长按了按他的许多电铃之一的按钮，我的那位精神保护人马上出现了，使我更加不知所措。

"领事人员有空缺吗？"部长问他。

这位现在不能闲聊柴可夫斯基的衣着考究的官员，报出分散在世界各地的几个城市的名字；在这些名字中，我只捕捉到"仰光"这个我从未听过也从未读到过的地名。

"巴勃罗，您想去哪儿？"部长问我。

"去仰光。"我毫不犹豫地答道。

"给他委任状。"部长给我的保护人下了命令，他急急跑开，随即带着指令回来。

外交部大厅里有个地球仪，我的朋友比安基和我在地球仪上寻找仰光这个我们毫无所知的城市。这个旧地球仪上，在亚洲地区有一道很深的凹痕，我们在这个凹陷的地方找到了仰光。

"仰光，仰光在这儿。"

几个小时之后，我遇到几位诗人朋友，他们要庆祝我的任命，而我却把这个城市的名字忘到九霄云外去了。我只能兴高采烈地向他们说明，我已被任命为驻神奇东方的领事，而我将要被派驻的地方，就在地图上的一个小洞里。

蒙巴纳斯①

一九二七年六月的一天，我们动身到远方去。在布宜诺斯艾利斯，我们把我的头等船票换成两张三等船票，便登上"巴登号"轮船起程了。这是一艘德国轮船，看来只有一种等级的舱位，而且这个"唯一的"舱位该是五等舱。餐饮服务分为两班，一班为葡萄牙和西班牙移民快

①巴黎蒙巴纳斯林荫大街南端的一个区，该区的咖啡馆常有画家和作家光顾，因而闻名于世。

捷服务；另一班为其余各色旅客，尤其是为自拉丁美洲各地矿区、矿山返回的德国人服务。我的旅伴阿尔瓦罗是个十分活跃的色鬼，立刻将女客分类。他把她们分为两类：进攻男人的一类和服从鞭子的一类。这种分类不是永远都适用。他用种种花招博取女士的欢心。每当甲板上出现几个令人感兴趣的女客，他就急忙抓起我的一只手，摆出一副神秘莫测的样子，假装给我看手相。这几个散步的女客走到第二圈时就停下来，求他给她们算命。他立刻爱抚备至地拿起她们的手，而他所预言的未来，总是将她们引向我们的客舱。

对我来说，这次旅行突然发生了变化，我不再去看那些为了永远不变的土豆餐而大声抱怨的旅客，不再去看人间百态和单调的大西洋，而只盯着一位巴西姑娘——地道的巴西姑娘——大大的黑眼睛，她是在里约热内卢同她的父母和两个兄弟一起上船的。

那些年在里斯本是愉快的，街上到处是渔夫，萨拉查[1]还没上台，一切都使我惊奇。小旅馆里伙食可口；桌上摆着几大托盘水果。房屋五彩缤纷；古老的宫殿大门上有拱券。奇形怪状的大教堂像蛋壳，上帝准已在好几世纪前就离开那里，住到别的地方去了。旧宫殿内有几处赌场；林荫道上的人群好奇得像孩童；布拉甘萨女公爵精神错乱，神情呆板地走在石街上，身后跟着成百吃惊的流浪儿。这便是我进入欧洲的地方。

然后是马德里，市内的咖啡馆座无虚席。好心人普里莫·德里维拉[2]正在给一个国家上独裁统治的第一课，这个国家以后要受独裁统

---

①萨拉查（1889－1970），葡萄牙总理，统治该国达 36 年（1932－1968）之久。
②米格尔·普里莫·德里维拉（1870－1930），西班牙将军、政治家，1923 年 9 月至 1930 年 1 月在西班牙实行独裁统治。

治的全部教训。我收进《居留在大地上》那本诗集里最早的几首诗，西班牙人理解得很迟缓；直到后来，当阿尔韦蒂、洛尔卡、阿莱克桑德雷、迭戈一辈人出现时，他们才渐渐理解。对我来说，西班牙也是一列长得没有尽头的火车，而三等车厢是这世上最教人受不了的地方，可就是这列火车把我们带到了巴黎。

我们消失在蒙巴纳斯熙熙攘攘的人群中，消失在阿根廷人、巴西人、智利人中。委内瑞拉人当时被埋在戈麦斯^①独裁王国之下，连做梦也没想在这里出现。而更远处，有身穿长及脚跟长袍的最早到来的印度人。我邻桌的女士脖子上盘着一条小蛇，以令人感伤的缓慢速度在喝一杯 café crème^②。我们的南美洲侨民喝着白兰地，跳着探戈舞，寻隙挑衅，准备大闹一场，和半个世界较量。

对我们这些来自南美洲的土里土气的艺术家来说，巴黎、法国、欧洲，不过是方圆两百米和几个街角：蒙巴纳斯、拉罗通德餐馆、勒多姆餐馆、拉库波勒餐馆，外加三四家咖啡馆。有黑人歌星演唱的夜总会刚刚流行。在南美洲人中，阿根廷人人数最多，最爱吵架，也最富有。随时会发生骚乱，然后就有一个阿根廷人被几个小伙子抬起来，腾空越过几张桌子沉重地摔到大街上。我们这些来自布宜诺斯艾利斯的兄弟一点儿也不喜欢这种暴力行为，因为这会弄皱他们的裤子，更严重的会弄乱他们的头发。发蜡乃是当时阿根廷文化关键的一部分。

事实上，我初到巴黎的那些日子，时间过得飞快，任何一个法国

①胡安·比森特·戈麦斯（1864－1935），委内瑞拉将军、政治家。三次任共和国总统，靠政变上台。
②法语，意为"奶油咖啡"。

人，任何一个欧洲人，任何一个亚洲人，我都不认识，更不认识任何一个非洲人和大洋洲人。从墨西哥人到巴塔哥尼亚人，这些讲西班牙语的美洲人都在自己的小圈子里活动，互相数落缺点，彼此贬低，可是谁缺了谁都活不成。危地马拉人宁愿与巴拉圭流浪汉为伍，以绝妙的方式消磨时光，也不和巴斯德①人为伴。

在那段日子里，我结识了杰出的乔洛人塞萨尔·巴列霍②。他是个写晦涩诗歌的诗人，他的诗像野兽皮那样摸着不舒服，同时却也是壮丽的，有一股超凡雄浑的力量。

确实，我们才刚认识就起了小小的争执。事情发生在拉罗通德餐馆。我们各自作了自我介绍，他与我寒暄时用典雅的秘鲁口音对我说道：

"您是我们所有诗人中最杰出的一位；只有鲁文·达里奥可以和您相比。"

"巴列霍，"我对他说，"如果要跟我交朋友，请绝不要再对我讲这种话。如果我们一开始就像文人那样交往，那我不知道我们的交情什么时候就会结束。"

我意识到我的话使他感到不快。我所受的反文学教育使我显得没有教养。他则不然，比起我来他属于一个更古老的家族，身份高贵，而且彬彬有礼。一看出他的不快，我立刻感到自己简直是个难以相处的乡巴佬。

不过，那件事像一小片阴云那样飘走了。从此我们成了真诚的朋友。几年后，当我在巴黎逗留更长久时，我们天天见面。那时候我对

---

① 此处指迪穆兰群岛最南端的巴斯德岛，以法国微生物学家路易·巴斯德的名字命名。
② 塞萨尔·巴列霍（1892—1938），秘鲁诗人。1931 年参加共产党。西班牙内战期间曾两次到那里。著有长篇小说《钨矿》，诗集《音阶》《西班牙，我饮不下这杯苦酒》等。

他的了解越来越深了。

巴列霍个子比我矮，身体比我单薄，比我瘦。他比我更像印第安人，眼睛乌黑，天庭饱满；生就一副俊秀的印加人面孔，由于确凿无疑的庄严神态而显得忧伤。他跟所有的诗人一样自负，喜欢听人对他说起他的种种土著特征。他扬起头听我赞美，并且对我说：

"我真有点儿那种特征，是吗？"说完自己不出声地笑了。

诗人比森特·维多夫罗与巴列霍恰好相反，他对类似的事情有时流露出十分不同的热切心情。维多夫罗让一绺头发垂在前额，把手指插在背心里，挺起胸膛问道：

"你们看出我像拿破仑·波拿巴了吗？"

巴列霍仅仅表面上显得阴郁，像个长久在昏暗中离群索居的人。他生性严肃，面容有如一副呆滞得近乎刻板的面具。然而他内心的真实感情却并非如此。很多次（尤其是当我们设法使他摆脱他妻子——一个又专横又自负的法国女人，看门人的女儿——的控制时），我看见他高兴得像小学生似的又蹦又跳。过后他便恢复了原有的严肃和谦恭。

我们一直在等、可总也等不到的那位文艺保护人，突然从巴黎的阴影中出现。他是个智利作家，是拉法埃尔·阿尔韦蒂①的朋友，是法国人的朋友，是许多人的朋友。更重要的是，他还是智利最大航运公司的小老板，并且以慷慨大方著称。

刚刚自天而降的这位救世主想招待我，就把我们大家带到一家名叫"高加索酒窖"的白俄夜总会去；那里的墙上装饰着高加索的服装

①拉法埃尔·阿尔韦蒂（1902－1999），西班牙诗人，作品有诗集《街头诗人》《潮汐》等。

和风景画。我们立刻被身穿山村农妇服装的俄罗斯女人或假冒的俄罗斯女人团团围住。

我们的东道主名叫康登，看来像是最后一个颓废的俄国人。他是个虚弱的金发男子，不停地要香槟酒，还模仿他从没见过的哥萨克舞蹈动作，发疯似的跳着。

"香槟，再来香槟！"我们脸色苍白的百万富翁东道主说着突然晕倒了。他倒在桌下，睡得昏昏沉沉，像一具被熊咬死的高加索人没有血色的尸体。

我们都吓得浑身发抖。无论是用冷敷，还是在他的鼻子前放上打开盖子的氨水瓶，都不能弄醒他。看到我们无依无靠，惊慌失措，舞女们丢下我们都溜了，只有一个人留了下来。在东道主的口袋里，我们只找到一本精致的支票簿，但在他死人般毫无知觉的情况下，他也不可能签字。

夜总会主事的哥萨克人要求立即付款，并关上大门，防止我们溜走。为了不致被扣留，我们只好把我崭新的外交护照押在那里。

我们扛起气息奄奄的百万富翁，费了九牛二虎之力把他送到出租车跟前，塞进车里，然后把他卸到他居住的豪华饭店去。我们把他交到两名身穿红色制服的高大的门童手里，他们抬他就像抬一位倒在自己的船舰甲板上的舰队司令。

仅有的那个在我们倒霉时没有弃我们于不顾的夜总会的姑娘在出租车里等我们。我和阿尔瓦罗请她去巴黎中央菜市场喝清晨供应的葱头汤。我们在市场里买花送她，为感谢她的善行，我们亲吻了她，还发现她有着相当的吸引力。她不漂亮也不丑，不过，她那只修整过的翘鼻子却是巴黎姑娘特有的。于是，我们邀请她到我们十分寒碜的旅馆去；她跟我们去时，没有任何复杂的念头。

她同阿尔瓦罗一起去他的房间。我精疲力竭地倒在床上，但是突然感到有人在使劲摇晃我。是阿尔瓦罗；他满面春风，我感到很奇怪。

"告诉你件事。"他对我说，"这个女人有点特别，很不平常，我没法跟你说明白。你得马上去试试。"

几分钟后，那位陌生女子困乏而宽容地钻到我床上。在同她做爱时，我证实了她那妙不可言的天赋。从她身体深处涌现的东西，非笔墨所能形容，从它可以追溯到欢乐的根源，追溯到高潮的产生，追溯到美与爱的女神神秘的繁育。阿尔瓦罗是对的。

第二天吃早餐时，阿尔瓦罗讲西班牙语提醒我：

"要是不马上离开这个女人，我们的旅行就要告吹了。我们也许不至于在大海上沉船，却要在深不可测的性的洗礼中灭顶。"

我们决定送给她许多小礼物：花朵，巧克力糖，我们剩余法郎的一半。她向我们承认，她并不在那家高加索夜总会干活；前一天晚上她是第一次也是唯一一次上那里去。然后我们带着她坐上一辆出租车。司机开过一个不熟悉的街区时，我们要他停车。我们跟她深情吻别，把她留在那里，她显得迷惘，但面带笑容。

我们以后再也没有见到她。

东方之旅

我也忘不了把我们载往马赛的那列火车，它像装舶来水果的筐子，载着农妇、水手等形形色色的人，载着手风琴和全车乘客合唱的歌声。我们正在奔赴地中海，正在奔赴光明的门户……那是一九二七年。马赛散发着商业的浪漫主义气息，这一历史悠久的港口，张着在其特有的诡秘动荡中猛烈摇晃的船帆构成的翅膀，把我迷住了。然而，我们搭乘前往新加坡的那艘法国邮轮公司的轮船，却是漂在海上的一片法国领土，要把它的小资产阶级迁移到遥远的殖民地去占领一席之地。在航行途中，船员们发现了我们的打字机和一大堆手稿，就要求我们用打字机替他们打书信。我们打出了船员们口述的不可思议的情书，是写给他们在马赛、波尔多和乡下的未婚妻的。实际上他们感兴趣的不是信的内容，而是信是用打字机打出来的。尽管如此，他们信上写的都像是特里斯坦·科比耶尔①的诗，全是直率而充满柔情的话语。地中海把它的港口、地毯、商人和市场逐渐展现在我们船头。在红海上，吉布提港给我留下深刻印象。那里有阿尔蒂尔·兰波②来回走过多次的烤焦的沙地，有挎着水果篮子的雕像般的黑人妇女，有原始居民贫寒的草舍，有被那使人产生幻觉的直晒阳光照得亮堂堂的咖啡馆里乱糟糟的景象……那里可以喝到加柠檬的冰茶水。

重要的是应该去看看夜上海发生的事情。那些声誉不佳的城市，就像坏女人那么诱人。上海朝我们，两个在世上漂泊的乡巴佬，钱不多又有可悲的好奇心的三等旅客，张开了黑夜的大嘴。

我们从一家大型歌舞厅走进另一家大型歌舞厅。那不是周末的夜晚，歌舞厅里冷冷清清。看到建造得可供几百头大象跳舞的巨大舞池里没人跳舞，未免感到沮丧。从昏暗的角落出来几个骨瘦如柴的沙俄妇女，打着哈欠要我们请她们喝香槟酒。我们就这么跑了六七处堕落

---

①特里斯坦·科比耶尔（1845－1875），法国诗人，擅于描写航海生活，作品有诗集《勉强的爱情》等。
②阿尔蒂尔·兰波（1854－1891），法国诗人，象征主义运动的典范，对现代诗歌产生过巨大影响。作品有散文诗集《地狱一季》等。

场所，唯一损失的是我们的时间。

时间已经太晚，我们返回轮船要走很远，要穿过港口纵横交错的小巷。我们各坐一辆人力车；我们对这种以人代马的交通工具很不习惯。在一九二八年，那两个中国人一气儿拉着小车跑了很远。

当时已经下起雨来，而且越下越大，我们的人力车夫小心翼翼地停下车。他们用一块油布把车前面仔细挡住，不让一滴雨淋到我们的外国鼻子上。"多么细心、周到的民族。不愧是经历了两千年之久文明的国度。"阿尔瓦罗和我各自坐在移动的座位上这么想。

可是，某种情况使我不安起来。我被关在防护周密的框子里什么也看不见，隔着油布却可以听见车夫含糊的说话声。接着，另外几双光脚在湿漉漉的马路上奔跑发出的有节奏的响声，跟他们光脚的脚步声汇成一片。脚步声终于减轻了，说明马路已到了尽头。很可能我们现在已经到了城外，正在荒地上前进。

我坐的人力车突然停下；车夫熟练地揭下给我们挡雨的油布。在那荒无人烟的郊区，连轮船的影子都没有。另一辆人力车停在我旁边，阿尔瓦罗茫然地从车座上下来。

"Money! Money! [1]"围着我们的七八个人无所顾忌地说了又说。

我的朋友装出往裤袋里找武器的样子，这个动作让我们两人的脖颈上各挨了一下揍。我仰面摔倒，不过中国人为了使我不致撞伤，在半空中托住我的头，还轻轻地把我放倒在湿漉漉的地上。他们飞快地翻遍我的口袋、衬衫、帽子、鞋子、袜子、领带，熟练得如同杂耍演员。他们搜遍每一寸衣服，我们仅有的一点钱不剩分文。他们按上海强盗的传统礼数，倒是真心实意尊重我们的文件和护照。

---

[1] 英语，意为："钱！钱！"

等到只剩下我们两个人的时候，我们朝远处看得见的灯光走去。不久我们就遇到成百上千夜出活动的中国人，不过他们都是正人君子。没有人会讲法语、英语或西班牙语，但他们都想帮助我们摆脱困境，而且想方设法把我们领到了我们焦切盼望的天堂般的三等舱去。

我们到达日本。我们等待着的从智利汇来的钱，早该送到领事馆了。在此期间，我们落脚在横滨的一家水手收容所里。我们睡在破旧的榻榻米上；一块窗玻璃破了，天在下雪，寒气透骨。谁也不理睬我们。一天清晨，日本海岸外有一艘油轮断成两截，收容所里住满了遇难油轮上的水手；其中有个巴斯克人，除了西班牙语和巴斯克语，什么话都不会讲。他对我们讲述了自己的惊险遭遇：他在一截船身上漂了四天四夜，周围是燃烧的石油火海。遇难油轮上的水手都得到被单和食物供应，那个慷慨的巴斯克小伙子成了我们的保护人。

相比之下，智利总领事——大概名叫德拉马里纳，不然就叫德拉里维拉——接见我们时显得趾高气扬，竭力要我们明白我们作为落难者的卑微。他安排不出时间：他得和由布伯爵夫人共进晚餐；皇室已邀请他去品茶；或者他正潜心钻研当政皇朝；还说出"天皇是再高雅不过的人了"之类的话。

是的，他可没有电话。在横滨何需装电话？打电话来的都只会讲日语。至于我的汇款的消息，他的密友银行行长没给他任何通知。他很遗憾，他得走了，有人在盛大的招待会上等他。再见啦。

日复一日，天天如此。我们离开领事馆时总是冷得发抖，因为我们的衣服在那次路劫中减少了，身上只穿几件遇难油轮上的水手送给我们的破旧绒线衫。终于有一天我们了解到，我们的钱早在我们到达之前就已汇到横滨了。银行给领事先生送过三次通知，而这个自负的傀儡，这个高高在上的官员，根本不会注意这一类比他身份低很多的小事。（每当我在报上看到某些使节被气得发疯的同胞刺杀的消息，总是怀念起这个挂勋章的杰出人物。）

当晚我们去了东京最好的咖啡馆——银座的库仑科咖啡馆，享用了当时东京最好的东西；此外，忍饥挨饿的一周也使食物更加味美可口。我们在讨人喜欢的日本姑娘令人愉快的陪伴下，为一切受到散布于世界各地的不近人情的使节怠慢的不幸旅客们，干了好几次杯。

新加坡。我们以为仰光近在咫尺，结果却是苦涩的失望！地图上几毫米的距离，竟成为令人恐惧的深渊。我们还要坐几天船，然而这条航线上仅有的班船，已在前一天开往仰光。我们已经没有钱住旅馆、买船票了。新的汇款正在仰光等我们。

对了，我的同事——智利驻新加坡领事——准是为了某种需要才存在的吧！曼西亚先生风风火火地来了。他的笑意一点点退去，直至完全消失，化成一脸苦相。

"我帮不了你们任何忙。你们找外交部去吧！"

我搬出驻外使节要团结的话，但无济于事。此人长着一副冷酷无情的狱吏脸。他拿起帽子急急朝大门走去，这时我的脑海里闪过一个马基雅维利式的主意①，便说：

"曼西亚先生，我不得不举办几个关于我们祖国的讲座，以收费门票筹集旅费。请您给我提供一个场所、一名译员和必要的许可。"

此人脸都吓白了，说道：

---

① 马基雅维利（1469－1527），意大利政治思想家、历史学家。著有《君主论》《佛罗伦萨史》等。这里所说的"主意"，指"为达目的，不择手段"。

"在新加坡举行关于智利的讲座？我不允许，这是我的权限，除了我，谁也不能在这里谈论智利。"

"别激动，曼西亚先生。"我答道，"谈论我们遥远祖国的人越多越好。我不知道您为什么要发火。"

我们终于在这场表面上像是爱国主义的讹诈的荒唐谈判中，达成了妥协。他气得浑身发抖，让我们签了十张收据，然后把钱交给我们。我们点钱时发现，收据上写的是更大的一笔钱。

"那是利息。"他对我们解释道。

（十天之后，我从仰光寄了一张还债的支票给他，不过，当然没付利息。）

轮船抵达仰光，我从甲板上看见高高耸立着的瑞光大金塔①巨大的漏斗状金顶。许多古怪的服装带着它们强烈的色彩涌现在码头上。一条又宽又脏的河从那里注入马达班湾。这条河在世界所有的河流中有一个最美的名字：伊洛瓦底江②。

就在这条河的河边，我开始了新的生活。

---

①缅甸古迹，著名的佛教圣地。建在仰光市中心海拔 51 米的山上，据传内藏释迦牟尼的遗发。始建于公元前 6 世纪，今塔系 1774 年重建。
②这里诗人的记载有误。流经仰光并注入马达班湾的是仰光河，不是伊洛瓦底江。但仰光河与伊洛瓦底江有一条运河相通。

阿尔瓦罗

……阿尔瓦罗这个浑人……现在名叫阿尔瓦罗·德席尔瓦，住在纽约……几乎一生都在纽约这个水泥丛林中度过……我想象他总是在令人反感的时间吃橙子，总是用火柴点纸烟，总是向许多人提侮辱性问题……他始终是个十足的马大哈，有超绝的刺探本领，这么个包打听，除了纽约之外，恐怕别的任何地方都容不下他。那是一九二五年……他带着几乎失手丢掉的紫罗兰，跑到一个素不相识的过路女子跟前，想马上和她同床共枕，既不知道她叫什么名字，也不知道她是哪里人。他还不停地阅读乔伊斯的作品，向我也向别的许多人揭示他这个穴居在这座城市里的大人物不容怀疑的高见卓识；他还出去探究音乐、绘画、书籍、舞蹈……他总在吃橙子，削苹果，他对营养的要求教人受不了，令人惊奇地样样闲事都爱管；我们终于看到了梦想中的雅士风度，所有我们这些乡巴佬都期望拥有那样的风度，手提箱上一个标签都没贴，却被带着到处游荡，参加音乐会，早晨去咖啡馆，参观屋顶盖满雪的大学……以致生活变得不现实……每到一处，我就想像树木一样不再移动，定居下来并力求扎下根，以便思考，以便生存……阿尔瓦罗总是蹦出一个又一个馊主意，如果哪部我们有可能参与的电影吸引了他，他便立刻让我们穿上穆斯林服装到电影制片厂去……我们到杜姆－杜姆电影制片厂去看看他们是否聘用我们时，身边就有几张我穿孟加拉服装的相片（如果我一言不发地走进加尔各答的一家烟店，他们准以为我是泰戈尔家族的人）……不久，我们不得不匆匆离开基督教青年会，因为我们没钱付房租……还有那些爱我们的护士……阿尔瓦罗做起了大买卖……他想贩卖阿萨姆邦的茶叶、克什米尔的布匹、钟表、旧珠宝……很快一切都赔光了……剩下克什米尔布匹的样品，桌上、床上尽是小包茶叶……他早已提着小箱子到别处去了……到了慕尼黑……到了纽约……

　　我见过许多坚持不懈、毫无缺点的多产作家，阿尔瓦罗却是最了不起的一位……他几乎从来没有出版过作品……我实在弄不明白……在早晨，他还没下床就把眼镜架到鼻梁上，在打字机上噼噼啪啪打起字来，用完成令的各种纸张，用完他能用的所有纸张……可是，他的没常性，他的批判主义，他的爱吃橙子，他的经常搬迁，他在纽约的老窝，他的紫罗兰，他那明摆着的混乱，他那理不出头绪的清晰……人们一直在期待他写就的作品，他始终没有写出来……也许是因为他不想写出来，也许是因为他写不出来……因为他太忙……因为他太闲……不过，他知道一切，他用坚定无畏的蓝眼睛注视着各洲的一切，用他那敏锐的感觉，不让时间的沙粒从他手指间溜走……

四　灿烂的孤独

大森林景象

我准是在沉湎于这些回忆时突然惊醒了，惊醒我的是大海的声音。我在瓦尔帕莱索附近的黑岛①海岸上写作。沿海肆虐的强劲疾风刚刚平息下来。大海——与其说我从窗口看它，不如说它用千百只泡沫的眼睛在看着我——在波涛中仍然保留着风暴般可怕的固执。

多么遥远的年代！再现这些年代，就像再现现在断断续续传入我内心深处的涛声一样，有时哗啦哗啦地弄得我昏昏欲睡，有时又像一柄利剑蓦然闪现寒光。我将捡起这些如同起落不定的浪花般没有年代顺序的景象。

一九二九年。夜晚。我看见许多人聚集在街上。那天是个伊斯兰教节日。他们在街当中挖一条长沟，沟里装满火炭。我走上前去。火炭堆在一起烧得很旺，形成一条红彤彤的带子，上面薄薄盖一层灰，火炭的热气烤着我的脸。突然出现一个怪模怪样的人，脸上涂成红白两色，由四个穿红衣的男子扛来。当脚夫放下这个怪模怪样的人，他

---

①原名科尔多瓦海滩，由于海岸岩石是黑色的，聂鲁达便将这个地方改称"黑岛"。

便开始摇摇晃晃地从火炭上走过去，边走边喊：

"真主！真主！"

一大群人目不转睛地看着这场面，惊讶不已。巫师已经从那条长长的火炭带子上走过，安然无恙。这时有个人从人群中走出来，脱掉凉鞋，光着脚，也从火炭上走过。自愿者接连不断地走出来。有些人在火沟的半路上停下，以便在火上跺着脚喊"真主！真主！"，吼叫着做出吓人的怪相，同时把眼睛望向天空。还有一些人拉着自己的孩子走过去。没有人烫着；也许有烫着的，可我一个也没看到。

在圣河边矗立着卡莉（死亡女神）神庙。我们混在千百个香客中进庙；这些香客都来自印度的穷乡僻壤，是来祈求神的恩典的。这些诚惶诚恐、衣衫褴褛的人被僧侣催着往前走，每走一步，僧侣们都要找借口向他们要钱。僧侣们举起那位可憎的女神的七个幢幡之一，每举一下就敲一下锣，锣声响得像要把世界震塌。香客们纷纷跪倒，合掌行礼，用前额叩地，接着走向下一个幢幡。和尚们把他们领进一个院子，院子里正在杀牲——一斧头就砍死一只羊，而且又要收供品。受伤牲口咩咩的叫声湮没在敲锣声中。鲜血溅在肮脏的灰墙上，溅到顶棚。女神是个黑脸白眼的雕像，血红的舌头有两米长，从嘴里直垂到地面。她的耳朵和脖子上都挂着用头骨和死亡标志串成的项链。香客们在被赶到街上之前，交出了他们的最后几个钱币。

围着我吟唱他们的歌曲和诗句的诗人，和那些恭顺的香客十分不同。他们身穿白色长袍，蹲坐在草垫上，用自己的小鼓伴奏，每人都发出若断若续的暗哑呼喊，从他们口中发出渐渐升高的歌声，这歌是诗人按有千年历史的古老歌谣的形式和长度写成的。不过，这些歌抒发的感情有所变化；这些不是色情、享乐的歌，而是反抗的歌，是反饥饿的歌，是写于牢狱的歌。印度到处都能遇到许多这种青年诗人，他们忧郁的眼神令人难忘。他们刚刚出狱，也许明天就要回到监狱的高墙里去。因为，他们力图奋起反抗贫穷和神明。这是我命该在其中生活的时代。这也是世界诗歌的黄金时代。当新诗受到围剿时，百万人夜夜睡在孟买郊区的路旁；他们睡眠，出生，死亡。他们没有住所，没有粮食，没有医药。文明骄傲的英国任由其殖民帝国处于这样的境况之下。离开自己曾经的臣民时，没有留下学校、工业、住房、医院，却留下监狱和堆积如山的空威士忌酒瓶。

对兰戈猩猩的回忆，是波涛送来的另一温馨景象。在苏门答腊岛的棉兰，我几次敲过那座破败植物园的大门，每次都是它来给我开门，这让我惊奇万分。我们手拉手走过小径，一直走到一张桌子旁边坐下，它用双手双脚敲打着。这时出来一个侍者，给我们端来一罐啤酒，罐子不大不小，装的酒正好够那只猩猩和本诗人喝。

在新加坡动物园，我们看见关在笼子里的琴鸟，它闪着绿幽幽的光，怒气冲冲，宛如刚刚飞出伊甸园的鸟儿那样光艳照人。不远处一只黑母豹在笼子里走来走去，仍然散发着新近离开的那片大森林的气息。它是满天星斗之夜一个令人好奇的断片，是一条不停活动的磁带，是一座要毁灭世界的活的黑火山，是一台产生纯净的波状能量的发电机；它的一双黄眼睛像两把准确的利剑，用那火一般的目光刺探着，对自己的牢狱之灾和人类不明所以。

我们来到槟城郊外奇特的蛇神庙，该城就位于从前叫作印度支那的地方。

早已有许多游客和记者反复描写过这座神庙。槟城经历了那么多场战火，那么多次毁坏，那么多的岁月，那么多风吹雨打，我不知道它是否还存在。一座深褐色的瓦顶矮房子，在密密匝匝的大芭蕉叶间遭受热带雨水的侵蚀；散发着潮气，闻得到鸡蛋花香。刚走进神庙时，我们在昏暗中什么也看不见。一股浓烈的香火气味，那边有东西在动；那是一条蛇在伸懒腰。我们渐渐看到还有几条蛇。后来我们看出，也许有几十条。再往后，我们才明白那里有千百条蛇。有的蛇很小，盘在枝形烛台上；有的蛇是暗色的，金属般的，很细，都像睡着了，吃得很饱。实际上，到处都看得到很精致的大瓷盘，有的装满牛奶，有的装满鸡蛋。那些蛇看都不看我们。我们紧挨着这些蛇走过神庙里迷宫般的狭窄通道，它们有的从金碧辉煌的建筑物上垂到我们头上；有的在毛石建筑物上睡觉；有的蜷缩在祭坛上。那边有吓人的拉塞尔蝰蛇，它正在吞下一只蛋；近旁有十几条珊瑚蛇，身上血红的环状斑纹昭示它有瞬息致命的毒性。我能分辨出矛头蛇和一些大蟒蛇，厅堂里到处是绿蛇、灰蛇、青蛇、黑蛇。一切都静悄悄的。不时有身穿藏红花色僧袍的僧侣在阴影中走过。色彩鲜明的长袍使他们看起来像另一些在找蛋或找牛奶盘的懒洋洋蠕动的蛇。

是谁把这些蛇弄到这里来的？它们是怎么习惯的？他们笑了笑回答我们的问题说，这些蛇是自己来的，什么时候想走也会自己走。确实，门是洞开的，没有装格栅或玻璃，也没有任何东西硬要把蛇留在庙里。

汽车离开槟城，必须穿过印度支那的大森林和村庄，才能到达西贡。没有人懂我的话，我也不懂别人的话。我们的汽车不时在原始森林拐弯处没有尽头的大路上停下，旅客——沉默严肃、眼睛斜视的身穿奇特服装的农民——纷纷下车。在炎热的夜幕下，这辆嘎吱作响、眼看就要解体的沉着的破车里，只剩下了三四个人。

我现在在哪里？我要到哪里去？我为什么要在陌生人中间度过漫漫长夜？想到这些，我突然害怕得要命。我们正在穿越老挝和柬埔寨。我观察最后几个旅伴不露声色的脸；他们的眼睛都睁得大大的，我觉得他们一脸凶相。毫无疑问，我已身陷东方故事所描述的典型强盗中了。

他们交换了会意的眼色，便偷眼观察我。就在这时，汽车正静静地停在大森林深处。我选好了赴死的地点。我将不允许他们把我带到那种不知名的树下去处决，那些树的黑影把天空遮蔽了。我要死在这里，死在快散架的汽车的板凳上，死在菜篮、鸡笼这些在那恐怖时刻唯一让人感到亲切的东西中间。我环顾四周，决心对抗刽子手们的凶残，而我看到，他们也跑得无影无踪了。

我孑然一身，揣着一颗被异乡之夜浓浓的黑暗折磨得痛苦万分的心，等了很久。没有人会知道我即将死去。我可爱的小小的祖国是如此遥远！我和我所爱的一切人以及我的书是如此隔绝！

突然出现一盏灯，接着又一盏灯。路上到处是灯。鼓声咚咚响；柬埔寨音乐刺耳的乐声突然响起。笛声、小鼓声和火把使路上显得又亮堂又热闹。一名男子上车用英语对我说：

"汽车坏了。恐怕要等很久，也许要等到天亮，这里又没有睡觉的地方，旅客们找来一个音乐舞蹈队供您消遣。"

在我已丝毫不觉得畏惧的那些树下，我观看了几小时神妙的敬神舞蹈，它产生于一种崇高而古老的文化；在路上奔涌的悦耳乐声，我一直听到红日东升。

诗人不可惧怕人民。我觉得生活给了我一个忠告，还给了我一个永远值得记取的教训：关于不显耀的荣誉的教训，关于我们所不熟悉的友谊的教训，关于在黑暗中绽放的美的教训。

印度国民大会党

今天是个光辉的日子。我们出席了印度国民大会党的代表大会。一个民族正在全力争取自己的解放。走廊里有几千名代表。我见到甘地本人。我还见到潘迪特·莫蒂拉尔·尼赫鲁，他也是独立运动的创始人之一；我也见到他的儿子——英俊、年轻的贾瓦哈拉尔[①]，他刚从英国回来。尼赫鲁主张独立，甘地却坚持认为较容易的自治是必要步骤。甘地长着一张机灵的狐狸般棱角分明的脸，是个实干家，一位类似于我们的老一辈克里奥尔领袖的政治家，是委员会的决策人，孜孜不倦的策略高手。无数群众形成一条没有尽头的人流，崇敬地触摸他身上白色长袍的边，并且高呼"甘地先生！甘地先生！"他没有摘下眼镜，只是敷衍地致礼和微笑。他收信并读信，答复电报，做什么都从容不迫；他是个不会耗尽精力的智者。尼赫鲁则是他们的革命中聪明的学院派人士。

苏布哈斯·钱德拉·鲍斯[②]是这次代表大会的重要人物，他是个容易冲动的鼓动家、激烈的反帝国主义者，是他的祖国令人着迷的一个政治人物。在一九四一年日本发动的侵略战争期间，他与日本人团结一致，反对英帝国。许多年后，在印度，他的一位朋友告诉我新加坡这个据点是如何陷落的：

"我们有对抗日本围攻者的兵力。我们忽然自问……这是为什么？于是我们让我们的士兵转过身去，把枪瞄准英国军队。这太简单了。日本人是短暂的侵略者；英国人看来是长久的侵略者。"

苏布哈斯·钱德拉·鲍斯被捕了，受到印度的英国法院的审讯，

---

① 贾瓦哈拉尔·尼赫鲁（1889—1964），印度独立后的第一任总理。
② 苏布哈斯·钱德拉·鲍斯（1897—1945），印度独立运动的领袖之一。

因叛国罪被判处死刑。拥护独立的人涌起越来越强烈的抗议浪潮。经过许多次法律斗争，他的律师——尼赫鲁本人——使他获得特赦。从此他成为人民英雄。

卧佛

到处是佛像，佛陀的像……庄严的、直立的、被蛀蚀的佛像，具有野兽般润泽的金色，以及风蚀的损坏……在脸颊上，在长袍的褶子间，在肘上、肚脐上、嘴上和笑纹中，都出现了小小的污斑，那是真菌、小洞、大森林中鸟兽粪便的痕迹……这里还有卧佛，巨大的卧佛，四十米长的石像由砂质花岗石雕刻而成，颜色苍白，横陈在欶欶作响的枝叶间，出人意料地从大森林的一个角落显现，赫然卧在某个平台之上……睡着的或者没有睡着的，在那里经历了一百年，一千年，千百万年……不过，他们都仪态慈祥，面带一种人们熟悉的关于来世的难以捉摸的神态，有的渴望留下，有的渴望离去……但是，那十分慈祥的石头的微笑，那无法估量的庄严，却是用坚硬的、不朽的石头雕成的，在这血染的大地上他们在对谁笑？对哪些人笑？……从他们面前走过的，有逃亡的农妇，有从水灾中脱身的男人，有乔装打扮的士兵，有虚伪的僧侣，有什么都不放过的游客……而那尊佛像——那座有膝盖的，石头长袍上有褶子的，目光若近若远、似有似无的巨大石像——始终留在那里，在大森林里黑鸟的聒噪声中，在红鸟扑扇翅膀的声音中，它完全没有人的感情，但在一些方面又有人的感情；从形态或相互矛盾的角度来看，雕塑既是又不是神，既是又不是石头……我们不由得想到西班牙那些可怕的基督像，那种像使我们联想到所有的伤口，所有的脓疮，所有的疤痕，教堂里的蜡烛气味、霉味、紧闭房间的气味……那些基督也让人拿不准是人还是神……为了把基督塑造成人，为了使之更接近受苦的人、产妇和被斩首的人、瘫痪者和悭吝人、神甫和教徒，雕刻家们总要给他们加上令人毛骨悚然的伤口，把那一切变成受苦的宗教，变成犯罪要受苦，不犯罪也要受苦，活着就要受苦，毫无跳出苦海的脱身之计……这里却非如此，这里连石头都是宁静的……雕刻家们不遵从关于受苦受难的教规，于是这些有着巨神的脚的庞大佛像，在石雕的脸上露出富于人情味的安详笑意，并没有多少痛苦……他们散发出来的不是陈尸房的气味，也不是教堂圣器室和蜘蛛网的气味，而是长满树木花草的地方的清香，是无边的大森林里骤然刮起的一股羽毛、树叶、花粉的旋风的气息……

不幸的人类大家庭

　　我看过几篇评论我的诗的文章，说我在远东的逗留对我创作的某些方面产生了影响，对《居留在大地上》这部诗集影响尤深。诚然，我在那个时期只写了收入《居留在大地上》中的那些诗，不过，我不敢断然坚持这一点，我要说的是，我认为关于产生影响的说法似乎是错误的。

　　东方各国的哲学都很深奥，可是一旦面对真实生活，便会衍化为不安、神经官能症、迷惘和西方机会主义的附属；也就是资本主义基本现象之一经济危机的附属。在那些年代，印度还没有多少地方能让人看到其深刻的核心问题。冷酷地追求物质的生活，以最真诚的卑劣为基础的殖民地地位，每天都有数千人死于霍乱、天花、热病和饥饿的状况，由于人口众多和工业落后而失去平衡的封建社会体系，这一切都给印度的生活打上极度野蛮的印记，它的神秘面纱因而也就消失无遗了。

　　神智学的核心几乎一直控制在西方冒险家手里，其中也不乏北美人和南美人。他们中当然也有好心人，但是大多数都利用廉价市场，批发护身符和裹上一层低劣的形而上色彩的奇形怪状的偶像。这种人满口都是达摩和瑜伽。渗透着空虚和连篇废话的宗教体操，把他们迷得如醉如痴。

因此，东方给我的印象是像一个不幸的人类大家庭，我心里没有空位留给他们的宗教仪式和神明。我认为，我在那个时期写的诗，除了反映一个外国人移居到粗暴而又奇怪的世界所感受的孤独之外，并没有反映别的东西。

我记起一个信仰神秘主义的游客，是个素食者和讲演人。他身材矮小，已届中年，光溜溜的头上没有一根头发，蓝眼睛炯炯有神，目光敏锐且无所顾忌，姓鲍尔斯。他来自美国的加利福尼亚州，是个佛教徒；他每次总是以下述饮食劝告来结束他的讲座："你们要像洛克菲勒所说的那样，每天吃一个橙子。"

这个鲍尔斯以其令人愉快的无所顾忌，使我产生好感。他会讲西班牙语。在他讲演结束后，我们一起去大啖洋葱烤羊羔。他是个佛学学者——不知道是否正统，却有着比他的讲座内容更真实的口腹之欲。

一个迷上他的吸烟服和理论的混血姑娘，很快就先一步把他给俘虏了。她是位虚弱的小姐，眼神痛苦，把他奉为神明，奉为活佛。宗教往往就是这样产生的。

这次恋爱经过几个月之后，有一天他来找我参加他的又一场婚礼。他在一家商行当冰箱推销员，我们骑着商行供他使用的摩托车，把树林、寺院、稻田飞速抛到后面。我们终于到达一个中国人建造和居住的小村。他们用花炮和音乐迎接鲍尔斯，这时，年轻的、脸搽得像神像那么白的新娘一动不动地坐在一把比其他人都高的椅子上。我们在音乐声中喝各种颜色的清凉饮料。鲍尔斯及其新妻一直都不说话。

我们返回城里。鲍尔斯对我说明，只有新娘必须出席这次的婚礼仪式。婚礼将继续进行，不需要他在场。以后他再回去同她一起生活。

"你没意识到，你这是在搞一夫多妻吗？"我问他。

"我的另一个妻子知道这件事，她会很高兴的。"他答道。

他说的这句话，跟他讲的每天吃橙子的故事一样不可信。我们一到他家，他第一个妻子的家，就发现她，一个痛苦的混血女子，已经命在垂危，单腿小圆桌上放着她服毒用的杯子和一封诀别书。她黝黑的身上一丝不挂，一动不动地躺在蚊帐里。她的弥留状态持续了好几个小时。

尽管我已开始对鲍尔斯反感，但是因为他显然很痛苦，我就陪着他。这个无耻之徒的精神垮了。我同他一起去参加葬礼。廉价的棺木放置在河岸边小山似的柴堆上。鲍尔斯用火柴点燃碎柴，嘴里喃喃地念着梵文的送灵辞。

几个身穿杏黄色长袍的乐手单调地唱着，或吹着悲切的乐器。那一大堆柴火烧了一半就灭了，得用火柴重新点燃。那条河在河道里漠然地流淌。东方那永恒的蓝天也显出绝对的无动于衷，对一个可怜的弃妇孤独而凄凉的葬礼，显得无比冷漠。

我的外交官职权，每三个月只行使一次，这时候有一艘载运硬石蜡和一大箱一大箱茶叶前往智利的轮船，从加尔各答驶来。在文件上盖章和签字，都需发烧般迅速。随后而来的又是无所事事的三个月，隐士一般独自观赏市场和寺院。这是我诗歌创作最痛苦的时期。

街道成为我的宗教。缅甸人的街道，唐人街及那里的露天戏台、纸龙灯和亮闪闪的灯笼。印度人的街道非常简陋，有作为一项生意由某个种姓经营的寺庙，而穷人们都在寺院外的烂泥地上跪拜。市场里蒌叶堆成孔雀石山似的绿色金字塔。鸟店是出售野兽和野禽的地方。弯弯曲曲的街道上，有嘴叼长烟卷的、婀娜的缅甸妇女走过。这一切吸引了我，我渐渐被真实生活的魅力迷住了。

种姓把印度人分成各个等级，就像有平行六边形楼座的剧场，楼座一层比一层高，在最高一层就座的是神明。英国人也保持着他们自己的等级制度，从小店员起到专业人员和知识分子，然后是出口商，最后才是舒舒服服坐在这个制度的屋顶平台上的文职部门的贵族和帝国的银行家。

这两个世界互不接触。当地人不能进入专供英国人使用的地方，英国人过的生活与当地的动荡也毫无瓜葛。这样的状况给我造成了难题。我的英国朋友们看见我坐一种专供流动性的短暂幽会使用的马车，便友善地提醒我说，像我这样一位领事，无论如何都不该乘坐这种马车。有人还不客气地叫我不要到一家波斯餐馆去，而我在这个生气勃勃的地方，用透明的小茶杯喝了世界上最好的茶。这是他们的最后忠告。以后他们就不再跟我打招呼了。

他们的抵制使我感到高兴。老实说那些偏见很深的欧洲人挺无趣的，说到底，我到东方来不是要同来去匆匆的殖民者共处，而是要同这个世界的古老精神，同这个不幸的人类大家庭生活在一起。我深入到这里人民的心灵和生活中去，以至于爱上了一位当地的姑娘。她的衣着像英国女子，大名叫乔丝·布莉斯。不过，在她私密的家中——不久我就得以分享——她脱下英国服装，穿上令人眼花缭乱的纱笼；她不用大名，而用不随便告诉人的缅甸名字。

鳏夫的探戈

我的私生活出了麻烦。温柔的乔丝·布莉斯爱得钟情而且热烈，终于患了忌妒的毛病。若没有这种毛病，我也许会长久跟她生活在一起。我喜爱她的裸足，喜爱插在她黑色秀发上的粲然的白花。但是，她的性情总是驱使她突然变得野蛮起来。她对远方给我的来信又忌妒又反感；给我的电报，她不开封就藏起来；连我呼吸的空气，她都要恨恨地加以监视。

有时我被一道闪光惊醒，蚊帐外面有个幽灵在移动。那就是她，身穿白衣，挥舞着当地锋利的长刀。她整整几个小时在我睡的床周围走来走去，下不了决心杀死我。她对我说："你一死，我就不担心了。"第二天，她举行了神秘的宗教仪式，以确保我不变心。

她也许终究会杀死我。幸亏我收到一封公函，通知把我调往锡兰①，我暗暗做旅行准备，一天我扔下衣服和书，像平常一样离家，登上那艘把我带往远方的船。

我非常痛苦地扔下了乔丝·布莉斯这头缅甸母豹。轮船刚刚开始在孟加拉湾的风浪里颠簸，我就动笔写《鳏夫的探戈》了。我那篇长诗的悲剧段落，写给那个我失去了的女人——她也失去了我，因为在她汩汩流动的血液里，愤怒的火山是不会止息的。夜是如此广阔，大地是如此孤单！

---

① 即今斯里兰卡。

鸦片

　　……有几条全是做鸦片买卖的街……鸦片烟客躺在低矮的木板台子上……这是印度真正虔诚的地方……这里没有任何奢侈品，既没有壁毯，也没有锦缎靠垫……未上漆的木板、竹烟枪和中国瓷枕，就是全部物品……浮动着寺院内所没有的庄严和简朴的气息……昏昏欲睡的男人不动也不出声……我抽了一泡烟……没有任何感觉……那朦胧的烟是温暖的、乳白色的……我抽了四泡烟，生了五天病，一种恶心感从脊髓中升起，从脑袋里降下……还产生一种对阳光和生存的反感……这是鸦片的折磨……不过，这并不是全部感受……说过那么多话，写过那么多文章，在海关里把大大小小的手提箱翻了又翻，力图搜获毒品，这种著名的神圣毒品……我必须克服恶心……我必须熟悉鸦片，深入了解鸦片，以便提出我的证词……我抽了许多泡鸦片，直到我熟悉它……没有产生梦幻，没有出现幻象，也没有突然的发作……只有气力逐渐减弱，像无限柔和的音乐旋律在大气中蔓延……内心深处一片昏昏沉沉，有一种空虚的感觉……肘部和脖子轻微动弹，远处传来的车轮滚动声、汽笛声和街道上的叫喊声，渐渐变成一个整体的一部分，一种静止的愉快……我明白了种植园的壮工、临时工、整天不停拉车的人力车夫，为什么要迫不及待地、昏昏沉沉地、一动不动地躺到那里去……鸦片并不像有人向我描绘的那样，是爱好异国情调的人的天堂，而是被剥削者逃离痛苦的避难所……所有那些鸦片烟客都是可怜鬼……那里没有带花边的靠垫，没有一丝财富的痕迹……那地方，甚至那些鸦片烟客半睁半闭的眼睛里，没有任何闪光的东西……他们休息了吗？睡着了吗？我永远也无法知道……没有人说话……永远没有人说话……那里没有家具、地毯，什么都没有……破旧的木板台子经人反复触摸而显得十分光滑，上面看得见几个小木枕……除了寂静和极其令人反感的、浓烈的鸦片烟味之外，再没有别的什么……毫无疑问，那里有一条通往毁灭的道路……商业巨头的鸦片，殖民主义者的鸦片，是供被殖民者使用的……鸦片烟馆门口挂着他们标有法定供应量和号码的执照……烟馆内笼罩着阴沉无边的寂静，笼罩着能缓和不幸、消除疲乏的静止不动……一种朦朦胧胧的寂静，无数破碎的梦的残片在这里找到了平静的安身之所……那些眯缝着眼睛进入梦乡的人只要沉浸在海底一个小时，便会一整夜生活在山冈上，为美妙、愉快的休息而心情舒畅……

　　从此以后，我没有再去鸦片烟馆……我已经深入了解了……我已经熟悉了……我已经体会到远远隐藏在鸦片烟雾后边的……某种难以捉摸的东西……

锡兰

锡兰这个世界上最美丽的大岛，大约在一九二九年就有了和缅甸及印度相同的殖民体系。英国人待在自己的居住区和俱乐部里不与外界来往，围绕着他们的是一大群乐师、陶工、编织工、种植园奴隶、身穿黄僧袍的和尚和雕在石山上的巨大神像。

处在每晚都穿吸烟服的英国人和身材高大得难以够着的印度人之间，我只有选择孤独，因此，那是我生平最孤独的时期。不过，我记得那也是最灿烂的时期，仿佛停在我窗前的一道特别耀眼的闪光，好把我的命运里里外外照个通亮。

我住在韦拉瓦特郊区新建在海边的一幢有游廊的小平房里。那是一个人烟稀少的地区，海浪不断地在近处的礁石上砸得粉碎。夜间，海上音乐愈发响亮。

清晨，那刚刚清洗过的大自然的奇迹令我不知所措。我一大早就跟渔夫在一起。配备有长浮筒的船只像一只只海蜘蛛。人们把色彩鲜明的鱼拉上来，这些鱼就像无边的大森林里的鸟，有的像绷紧的色彩鲜艳的天鹅绒，闪着深蓝色的磷光；有的形状像跑了气的带刺气球，变得像可怜巴巴的有刺的小口袋。

我恐惧地凝视着屠杀海中珍宝的场面。鱼被切成块卖给穷人。屠宰者的砍刀把大海深处的神圣物质切成小块，把它们变成血淋淋的商品。

我沿海岸走到大象洗澡的地方。有我的狗同行，我不会迷路。从平静的水里冒出一个一动不动的灰色蘑菇，它随即变成一条蛇，然后变成大脑袋，最后成了带象牙的山。世界上过去没有、现在也没有其他任何一个国家，有那么多大象在路上干活。在远离马戏场和动物园围栅的地方，看见它们像勤劳、魁伟的短工那样，把木材从路的一侧搬到另一侧，令人感到十分惊奇。

我的狗和獴①是我仅有的伙伴。初出大森林的獴在我身边长，在我床上睡，在我餐桌上吃。谁也想象不到一只獴的温情。我的小宠物熟悉我每一分钟的生活，在我的稿纸上散步，整日跟在我身后奔跑。午睡时刻它也蜷缩在我的肩膀和脑袋之间睡觉——野生动物那种警醒而快速的睡眠。

我驯养的獴在我居住的郊区很出名。由于獴总是勇敢地与可怕的眼镜蛇进行坚韧的斗争，它们享有一种神话般的声望；看过几次獴跟蛇的搏斗之后，我认为它们战胜蛇，是靠灵活和身上那层椒盐色的厚毛，这层厚毛使蛇上当，把蛇弄糊涂了。那里的人认为，獴在跟有毒的敌人搏斗之后，就去找解毒的草。

我的獴每天陪伴我长时间在海滩上散步，有一天下午，它的名声招来了我居住的那个郊区所有的孩子，他们成群结队地跑到我家来。街上出现一条大蛇，他们来求我著名的獴基里亚去对付，而且准备为

---

①食肉目，灵猫科，獴属。头小，吻尖，体细长而四肢短小，体长约30~65cm，尾一般超过体长一半。

它庆祝确定无疑的胜利。我抱着我的獴走在武士队伍前头，跟在后边的是我的崇拜者——一大群身上只有一块遮羞布的泰米尔族和僧伽罗族的孩子们。

那条蛇是一种可怕的黑环蛇，或是拉塞尔蝰蛇，有致命的毒性。它在草地里一个白色管道上晒太阳，就像雪地上一根鞭子那么显眼。

跟随我的人都静悄悄地停在后面。我顺着管道往前走。在离那条蝰蛇大约两米远的地方，我把獴放出去。基里亚在空气中闻到危险的气味，慢慢向蝰蛇爬去。我和我的小伙伴们大气都不敢出。一场激战就要开始。那条蛇盘成圈，把头高高抬起，张开大嘴，用它那催眠的视线盯着小动物。獴继续前进。但是在距那只怪物的大嘴几厘米远的地方，它准确地意识到即将发生的事，于是高高一跃，便朝相反方向一溜烟地跑了，把蛇和观众抛在后面，一直跑到我的卧室才停下。

三十年前在韦拉瓦特郊区，我的名声就这样扫地了。

在那段日子里，我姐姐带给我一个笔记本，本子里抄录的是我写于一九一八年和一九一九年的最早的诗。遍读这些诗，我对童年和少年时代的痛苦，对我青年时代写的全部作品所散发的文人的孤独感，不禁哑然失笑。青年作家没有这种孤独的战栗——虽然也许是虚假的——就不可能写作，而成熟的作家若没有人际交往和社会体验，同样也写不出东西来。

在韦拉瓦特度过的那些岁月，才使我尝到了真正的孤独。我那时一直睡行军床，像个士兵和探险家。与我为伴的只有一张桌子，两把椅子，我的工作，我的狗，我的獴，还有白天侍候我、晚上回自己村子去的那个仆人。确切地说，这个仆人不算伙伴；东方仆人的身份迫使他显得比影子还要安静。他曾名或仍然叫布拉姆皮。根本无须对他发号施令，因为他把一切都安排得停停当当：我的饭已经摆在桌上，我的衣服刚刚熨好，威士忌酒瓶已放在走廊上。他似乎已经忘记了话语，只会露着大板牙笑。

在这种情况下，孤独可不是什么文学主题，而是像监狱大墙那样坚固的东西，就算你把自己撞得头破血流、大哭大喊也不会有人来。

我明白，透过蓝幽幽的空气，跨过金灿灿的黄沙，在原始大森林以外的地方，在蟒蛇和大象以外的所在，有千千万万人在水边歌唱和劳动，他们把火点燃，制作坛坛罐罐；那里还有热情的女人，在璀璨繁星下一丝不挂地睡在薄薄的草席上。但是，我怎样才能不被当作敌人而与那个激动人心的世界接近呢？

我渐渐了解了这个岛。一天夜里，我穿过科伦坡漆黑的郊区，去参加一个盛宴。从一所黑黢黢的房子里传来一个男孩或女子唱歌的声音。我让人力车停下。在简陋的大门旁，一股香味向我扑来，这是锡兰特有的香味——茉莉花、汗味、椰子油、鸡蛋花和洋玉兰花混合在一起的气味。一张张黝黑的脸同夜的色彩和气味混成一片，他们请我进屋。我静静地坐在草席上，这时使我驻足不前的神秘人声——男孩或是女子的声音——仍然在黑暗中如泣如诉地颤动；这声音升到难以置信的高度，便戛然而止，随即降到极低，像阴影那样黑暗，融汇到鸡蛋花香气中去，盘绕成阿拉伯图案，像高高喷到空中的泉水那般，突然带着它全部晶莹的重量落下来，只为立刻散落在茉莉花丛间。

富有魅力的鼓声和迷人的歌声使我一动不动地在那里流连了很久，然后，我才继续赶路，被一种说不清道不明的谜似的激情、被那一整片大地发出的神秘旋律弄得如醉如痴。这是一片萦绕着阴影和香气的充满乐声的大地。

身穿黑白两色礼服的英国人早已入席。

"请原谅。我在路上停下听音乐了。"我对他们说。

他们在锡兰已经生活了二十五年，尽管仪表高雅，听了我的话都感到惊讶。音乐？本地人也有音乐？他们不知道。这是他们闻所未闻的新闻。

英国殖民者与广阔的亚洲世界之间这种可怕的距离，是永无止境的。它至少表明一种不近人性的孤立，一种对本地人的价值和生活的全然无知。

殖民主义之内也有例外，稍后我了解到这种情况。来自士兵俱乐部的一个英国人忽然迷恋上一位印度美人；他立刻被解雇，像麻风病人那样受他同胞孤立。当时还发生一件事：殖民者为了赶走一户僧伽罗农民，征用他们的土地，就下令焚毁他们的茅屋。负责执行夷平茅屋命令的英国人是个正派官员，名叫伦纳德·伍尔夫[1]。他拒绝执行，便被撤了职。他回到英国，写了一本从来没人写过的有关东方的极佳之作《丛林中的村庄》，一部反映真实生活的文学杰作，而伍尔夫的妻子竟然就是那位名扬全球的主观主义大作家弗吉尼亚·伍尔夫[2]，她的名气使得他这部作品多少有点失色。

那层难以穿透的硬壳渐渐被打破，我结交了为数不多的几位好朋友。我同时发现，沉浸于殖民主义文化的青年人，谈的都是英国新近出版的几本书。我发现钢琴家、摄影家、评论家、电影摄影师莱昂内尔·温特是文化生活的中心人物；这种文化生活，在帝国的临终喘息和对锡兰未开发价值的思考之间挣扎。

这位莱昂内尔·温特拥有很多藏书，而且能收到英国最新出版的书；他有一个古怪的好习惯：每周都派一个人骑自行车，运一袋书到

---

① 伦纳德·伍尔夫（1880–1969），英国作家、出版家、记者、社会活动家。
② 弗吉尼亚·伍尔夫（1882–1941），英国女作家，著有《达洛维夫人》等。

我离城很远的住所来。于是，我在那段时间里阅读了许多英国小说，这些书排列起来可达好几公里长，其中有在佛罗伦萨秘密出版的第一版《查泰莱夫人的情人》。劳伦斯的作品以其诗情画意和某种将人引向人与人之间隐秘关系的强烈磁力，给我留下深刻印象。不过，我很快发现，劳伦斯虽然才华横溢，说教的癖好却使他与许多英国大作家一样遭受了失败。D.H.劳伦斯开的性教育课，同我们从生活和爱情中自发习得的东西没有多大关系。最终他使我厌烦透了，然而这并没有减弱我对于他所做的探索的赞叹；他那折磨人的神秘的性探索因为无用而格外令人感到痛苦。

　　我还记得的与锡兰有关的事，是一次大规模的猎象行动。

　　一个地区大象繁殖过多，不断毁坏房屋和农作物。在一个多月时间里，沿一条大河的河岸，农民用草地野火、篝火和锣渐渐把象群集中起来，赶到大森林的一角。从早到晚火和锣声使大象不得安宁，它们像一条缓缓流淌的河向锡兰岛东北部移动。

　　那天，象栏准备好了。木栅把森林的一部分拦起来。我看见第一头象穿过一条狭窄通道走进去，才发觉自己已被围困；但已经晚了。几百头象都顺着这条狭窄的死通道往前走。将近五百头大象进退不得。

　　最强壮的公象朝木栅走去，想把木栅弄断，可是，木栅后面伸出无数长矛阻止它们。它们便退到围场当中，决心去保护它们的母象和小象。它们的防守和组织令人感动。它们发出马嘶般或刺耳的喇叭声般的痛苦叫声，绝望中把最柔弱的树木连根拔起。

　　突然，两个驯兽师骑两头高大的驯养大象进去了。这两头驯养大象像普通警察那样采取行动。它们走到被俘大象两侧，用长鼻子打它，帮助制伏它，使它老实不动。这时猎人们用粗索把它的一条后腿拴到一棵粗壮的大树上去。就这样，大象一头一头都被降伏了。

被俘的大象好几天不肯进食。但是猎人了解它们的弱点，让它们饿一段时间，然后把它们爱吃的植物的芽和嫩枝送来，它们在没有被俘时曾经在大森林里长途跋涉去寻找这种食物。大象终于决定吃东西了。大象就这样被驯服了，开始学干繁重的活。

科伦坡的生活

在科伦坡，表面上看不到任何革命的征兆。这里的政治气候与印度的有所不同。一切都沉浸在压抑的平静中。这个国家向英国人供应世界上质量最好的茶叶。

这个国家分为好几个阶层或部分。英国人占据金字塔的顶端，居住在带花园的深宅大院里，他们之下是中产阶级——与南美各国的中产阶级很像。这个中产阶级的成员曾经或仍然叫作自由民，他们是上世纪殖民战争期间被流放到锡兰来的布尔人——南非的荷兰移民——的后裔。

再下一等的是僧伽罗族的佛教徒居民和伊斯兰教徒居民，人数有好几百万。更下一等的是从事低报酬工种的阶层，其中包括几百万印度移民，他们全部来自印度南部，讲泰米尔语，信仰印度教。

在科伦坡雅致的俱乐部里展示华丽服装和珍贵首饰的所谓"社交界"中，有两个赶时髦的名人争强斗胜。一个是冒牌的法国贵族莫尼伯爵，他有一帮追随者。另一个是大大咧咧而又风雅的波兰人，我的朋友温策尔，他常在有限的几个沙龙里高谈阔论。此人绝顶聪明，相当无耻，对世上的事无所不晓。他的职业很奇怪，是所谓文化与考古珍宝保管人，有一次陪他进行公务旅行，使我眼界大开。

发掘工作使阿努拉德普勒和波隆纳鲁瓦两座宏伟的古城重见天日，这两座古城曾经被大森林湮没。圆柱和走廊在僧伽罗的阳光下重放光彩。当然，一切可以运送的东西，都被妥善包装后运往伦敦的大英博物馆。

我的朋友温策尔把这项工作干得不错。他来到偏远的寺院，在佛教和尚的竭力讨好下，把奇绝的千年石雕搬到官方派来的小型卡车上去，英国的许多博物馆就是这些古物的最终目的地。当温策尔在古石雕的位置放上装饰得花花绿绿的日本赛璐珞①佛雕时，那些身披藏红僧袍的和尚无不面呈喜色。他们毕恭毕敬地瞻仰这些赛璐珞佛像，把它们安放在碧玉佛像和花岗石佛像曾在那里微笑了几个世纪的佛坛上。

我的朋友温策尔确是英帝国的一件出色产物，就是说，是一个高雅的无耻之徒。

有件事把那些本已被太阳晒蔫了的日子给搅乱了。我的缅甸情人，性格暴烈的乔丝·布莉斯，意外地在我家对面安顿下来。她从自己遥远的国度长途跋涉来到锡兰。她以为只有仰光有大米，来时背了一袋，还带来我们喜欢的保罗·罗伯逊的唱片和一块卷起来的长地毯。被毁灭性的妒忌折磨得憔悴不堪的乔丝·布莉斯致力于在大门口监视所有来找我的人，对他们进行侮辱和袭击，同时扬言要放火烧我的住宅。记得她用一把长刀攻击过一个来找我的温柔的欧亚混血姑娘。

---

①英语 celluloid 的音译。由胶棉和增塑剂加工制成的塑料。纯品透明，加入颜料，则产品鲜艳美观。

殖民地警方认为，她无法控制的行为是平静的街上发生混乱的根源之一。他们对我说，如果我不收留她，就要把她驱逐出境。我痛苦了好几天，在她那不幸爱情使我感受到的温情和我对她的恐惧之间摇摆不定。我不能让她踏进我家一步。她是个爱情恐怖分子，什么事都干得出来。

一天，她终于决定走了。她要求我送她上船。船即将起航，我必须上岸了，这时她离开同伴，在一股痛苦和爱的冲动下亲吻我，洒了我一脸眼泪。她像进行宗教仪式般吻我的手臂，吻我的衣服，又突然弯下身去吻我的鞋，我根本来不及躲开。她重新站直身子时，脸上沾着我白鞋上的白粉。我不能要求她取消这次旅行，同我一起离开这条即将永远把她带走的船。理智阻止我这么办，但是我的心就此留下了一道抹不掉的伤痕。那强烈的痛苦，那沾着白粉的脸上滚滚落下的泪水，依然留在我的记忆中。

《居留在大地上》第一卷，我差不多就写完了。但是，我的工作进展缓慢。距离和沉寂把我和我的世界分开，我又无法真正进入我周围的陌生世界。

我把悬浮于真空的生活中发生的种种事情集中起来，使之成为这本书的天然情节，因此它"与其说是用墨水写的，不如说是用血写的"。不过，我使自己的风格更加纯净，而且热衷于一再重复的强烈感伤。在一种力求逐渐自我毁灭的苦涩风格中，我坚持真实、讲究修辞（因为诗的面包正是用这两种面粉做成的）。风格不仅仅是人，也是围绕着人的一切东西，倘若空气没有进入诗的深处，这诗便是僵死的——因不能呼吸而僵死。

我在科伦坡的那个郊区孤独地生活了很久，从来没有像在那里那样读了那么多书，而且读得那么愉快。我不时回到兰波、克维多①或者普鲁斯特的作品中去。《在斯万家那边》②让我重温了少年时代的苦闷、爱情和妒忌。我还发觉，在凡特伊的奏鸣曲的乐句里——在普鲁斯特称之为"轻盈又芬芳的"乐句里，不仅可以欣赏到对迷人乐音所做的精妙绝伦的描写，还可以体味到一种不顾一切的激情。

我的问题是在那样孤独的环境中，找到那样的音乐，然后去聆听。在我那位音乐家兼音乐研究家朋友的帮助下，我们经过探索得知，普鲁斯特笔下的凡特伊也许是舒伯特、瓦格纳、圣桑、福莱③、丹第④、塞萨尔·弗兰克⑤等人糅合而成的。我所受的差劲得令人难堪的音乐教育，使我对这些音乐家几乎全部毫无所知。他们的作品对我来说就是下落不明或打不开的匣子。我的耳朵向来只能辨认最浅显明了的曲调，就连做到这一点也很困难。

在对音乐，尤其是对文学作进一步调查研究的同时，我终于得到了一盒唱片集，里面装着三张唱片，录有塞萨尔·弗兰克为钢琴和小提琴谱写的奏鸣曲。毫无疑问，里面有凡特伊的乐句。这是无可置疑的。

一直以来，只有文学对我有吸引力。普鲁斯特这位最伟大的具有诗人气质的现实主义者，在他关于令他又爱又恨的奄奄一息的社会的评论性记事中，热烈而又兴致勃勃地详述许多艺术作品、绘画、大教堂、

---

① 弗朗西斯科·戈麦斯·德·克维多-比列加斯（1580－1645），西班牙诗人、西班牙"黄金时代"伟大的讽刺作家。
② 法国作家、意识流派的先驱马塞尔·普鲁斯特的多卷长篇小说《追忆似水年华》的第一卷。后文的凡特伊是该书中的一名作曲家。
③ 加布里埃·福莱（1845－1924），法国作曲家。
④ 樊尚·丹第（1851－1931），法国作曲家、教师。
⑤ 塞萨尔·弗兰克（1822－1890），法籍比利时作曲家。

女演员和书籍。不过，虽然他的洞察力照亮所涉及的一切，他还是时常带着某种无比强烈的情绪回到这首奏鸣曲的魅力及其重获新生的乐句上去，几乎其他任何描述性段落都未曾流露如此强烈的情感。他的词句指引我去再度体验自己的生活，再度体验失落在我内心、我背后的那些久远的感情。我要在这乐句中了解普鲁斯特极具文学魅力的描述，还要乘着音乐的翅膀去接受或被接受。

这种乐句笼罩在浓浓的阴影中，声音渐渐喑哑，它所表达的痛苦越来越强烈，越来越扩大。仿佛它要将忧伤建造得像一座哥特式建筑，涡形装饰一再重复，同一个尖顶随着它的节奏不停地升高。

产生于痛苦的乐句在寻觅战胜痛苦的出路，在上扬时并不否定其被悲伤搅乱的根源。当那架黑色钢琴为音乐的死亡和再生反复伴奏时，那乐句仿佛缠绕成一条哀伤的螺旋线。阴郁而私密的钢琴声并没有一次又一次地促成曲折的新生，直到爱情和痛苦在奄奄一息的胜利中合为一体。

我毫不怀疑这就是那种乐句，就是那首奏鸣曲。

黑暗突然降临，像拳头一样砸在我失落于韦拉瓦特椰林间的房子上，但是，那首奏鸣曲夜夜和我生活在一起，引导着我，萦绕着我，使我感受到它永恒的哀伤，胜利的忧郁。

仔细翻阅过我的著作的评论家们，迄今仍未看出我正在这里坦白的这一秘密影响。因为，《居留在大地上》的大部分都是我在韦拉瓦特写的。尽管我的诗既"不芬芳也不轻盈"，而是可悲地落在地上，我却觉得那些一再蒙上悲伤色彩的主题，与伴我左右的那种音乐中的修辞和私密性有关。

几年之后，我回到智利，在一次聚会上我遇到三位一起赴会的年轻人——三位智利的大音乐家。我认为那是在一九三二年，在玛尔塔·布鲁内特^①家里。

在一个角落里，克劳迪奥·阿劳正在跟多明戈·圣克鲁斯和阿曼多·卡瓦哈尔交谈。我向他们走去，但是他们看也不看我一眼，继续不紧不慢地谈着音乐和音乐家。于是我想露一手，向他们谈起那首奏鸣曲——我所知道的仅有的一首奏鸣曲。

他们心不在焉地看了看我，居高临下地对我说：

"塞萨尔·弗兰克，干吗谈塞萨尔·弗兰克呢？你该知道的是威尔第。"

他们继续交谈，把我埋葬在无知中，至今我仍未能挣扎出来。

新加坡

科伦坡的孤独确实不仅令人烦闷，而且使人提不起精神。在我居住的那条小巷里，我只有为数不多的几位朋友。不同肤色的女友们在我的行军床上睡过，除了闪电般的肉体接触外，没有留下更多的痕迹。我的身躯是一堆孤独的篝火，在那里的热带海岸日夜燃烧。我的女友帕齐经常带她的几个伙伴前来，其中有布尔人、英国人、达罗毗荼人血统的褐色皮肤和黄色皮肤的少女。她们与我同床共枕如同逢场作戏，而且不要回报。

她们当中有一个对我叙述了她们去"丘梅里"做客的情景。她们把住着一群英国青年——商店和公司的小职员——的几幢平房叫作"丘梅里"；他们合住在一起，是为了节省零用钱和伙食费。这个女孩

---

① 玛尔塔·布鲁内特（1901－1967），智利女作家，著有长篇小说《飘向南方的烟》《只剩下玛丽亚一人》等。

告诉我，有一次她同十四个英国青年做爱，说时丝毫不感羞耻，仿佛那是再自然不过的事。

"这事你是怎么办到的呢？"我问她。

"那天晚上就我一个人同他们在一起，举行联欢。他们放留声机，我和每个人都跳几步舞，每次跳舞当中，我们就溜进其中一间寝室。这么一来，大家都很满意。"

她不是妓女。更确切地说，她是殖民地的产物，是一种幼稚和慷慨的果实。她说的事给我留下深刻印象，从此我对她只有同情。

我那所孤零零的平房与一切都市化建筑相去甚远。我租下这所平房时，想知道厕所在什么地方，但怎么都找不到。实际上，它就在房子深处，在离淋浴室很远的地方。

我好奇地把厕所仔细观察一番。它是一个木箱，当中有个洞，极像我童年时代在智利农村见过的那种装置。不过，我们的是架在一个深坑上，或是架在水流上。在这里，容器是一个简单的金属桶，放在圆洞下边。

这桶每天天亮时涮干净，但我不知道桶内装的东西是怎么消失的。一天早晨，我比惯常起得早些，看到经过，我惊呆了。

那是当时我在锡兰见过的最美的女人，那个泰米尔贱民阶层的女人，像一尊会走路的黑色雕像那样走进房子深处。她身裹红黄两色、料子极粗的纱丽。她的光脚上戴着沉重的镯子。鼻子两侧闪现两个小红点；这也许是普通玻璃，可戴在她身上似乎就是红宝石。

她踏着庄严的步伐走向厕所，看都不看我一眼，装出一副根本不知道有我存在的样子，进去把那个肮脏的容器顶在头上，踏着女神的步伐渐渐远去。

她是那么美，虽然职业卑微，却令我魂不守舍。她像一头来自热带丛林的不与人来往的野兽，过的是另一种生活，属于另一个不同的世界。我叫她，毫无结果。后来，我偶尔把绸缎、水果之类的礼物放在她经过的路上。她不听也不看就走过去了。那段可悲的路程，被她那黑色之美转变为一位冷漠女王具有约束力的仪式。

一天早晨，我不顾一切紧紧抓住她的手腕，直盯着她的脸。我不会讲可以与她交谈的语言。她毫无笑意地由着我带她走，很快就一丝不挂躺在我床上。她腰肢纤细，臀部丰满，乳房高耸，简直如印度南方的千年雕像一般。这是一个男子和一尊雕像的结合。在整段时间里，她始终无动于衷地睁着眼。她对我显得十分蔑视。这种体验我再也没有遇到过。

我费了大力才看懂那封电报。外交部通知我一项新的任命。我将卸下驻科伦坡领事职务，前往新加坡和巴达维亚①履行同样职责。此项任命使我从贫穷的第一级圈子上升，进入第二级圈子。在科伦坡，我有权扣留下总额为 166.66 美元的款子（如果有的话）。现在，我当上驻两个殖民地的领事，大概可以留下比 166.66 美元多一倍，即总额为 333.32 美元的款子了（如果有的话）。这就是说，我马上就用不着再睡行军床了。我的物质要求并不过分。

可是，我拿我的獴基里亚怎么办呢？把它送给邻里那些已经知道它抓不了蛇而对它有失恭敬的孩子们吗？这一点我不考虑。他们不会关心它，也不会按照它与我生活时的习惯，让它在桌上吃饭。把它放回大森林，让它恢复原始状态吗？绝对不行。毫无疑问，它已失去自卫能力，猛禽会在它毫无察觉时就把它一口吞下。不过，我怎样才能

----

①即今印度尼西亚首都雅加达。该城 1619 年曾被荷兰人占领，成为荷属东印度的首府，称巴达维亚。

带走它呢？轮船是不会接受这么一个特殊旅客的。

于是，我决定让我的僧伽罗仆人布拉姆皮跟我一起走，这是一笔很可观的开销，而且也是一种发疯的行为，因为我们要去的地方——马来西亚、印度尼西亚——的语言，布拉姆皮完全不懂。不过，那只獴却可以藏在甲板上的筐子里旅行。布拉姆皮跟我一样了解它。问题在于海关，骗过他们由狡黠的布拉姆皮负责。

就这样，我又悲又喜地带着獴离别了锡兰岛，向另一个陌生世界进发。

智利为什么要在世界各地设立那么多领事馆，实在难以明白。蜷缩于靠近南极一隅不受重视的小小共和国，向地球另一边的群岛、海岸和礁石派遣并维持许多官方代表，确是怪事。

依我看，这些领事馆实质上是我们南美洲人的幻想和妄自尊大的产物。此外，我曾说过，这些极遥远的地方给智利运去黄麻、加工船帆的固体石蜡，最多的是茶叶，许许多多茶叶。我们智利人一天喝四次茶，可我们不会种茶。某次，就因为缺乏这种充满异国情调的产品，竟酿成一场硝石工人大罢工。记得有一天，几个英国出口商喝了几口威士忌酒之后问我，我们智利人拿这么大量的茶叶干什么用。

"我们拿来喝。"我对他们说。

（他们若想从我嘴里掏出什么有利可图的工业秘密，我很遗憾，让他们失望了。）

智利驻新加坡领事馆设立已有十年。所以，我怀着二十三岁年纪给予我的自信，在布拉姆皮和我的獴寸步不离的陪伴下上了岸。我们直奔莱佛士酒店。我在酒店里吩咐把我为数不少的脏衣服送去洗涤，然后坐到走廊上去。我伸直四肢，懒洋洋地坐在安乐椅上，要了一杯、两杯，甚至三杯当地产的杜松子酒。

在我突然想起要到电话簿上找一找领事馆所在地之前，一切都像萨默塞特·毛姆笔下的情景。见鬼，电话簿上根本查不到！我立刻给英国政府机构打紧急电话。他们经过一番查询，答复我说，当地没有智利领事馆。我于是打探智利领事曼西亚先生的情况；他们不认识他。

我茫然不知所措。我身上的钱只够付一天的住宿费和洗衣费，我想，这个虚幻的领事馆所在地大概是巴达维亚，便决定乘上把我带来的同一艘轮船继续旅行——这艘船正好是开往巴达维亚的，而且仍然停在本港。我吩咐把衣服从泡着的水池里捞出来，布拉姆皮把它们包成湿漉漉的一包，我们就赶紧到码头去。

舷梯正在拉起；我气喘吁吁地登上舷梯。我原先的旅伴和船员都惊奇地看着我。我钻进早晨离开的那个船舱，便直挺挺地仰面躺在双层床上，闭上眼睛；这时，轮船已经离开了那个不祥的港口。

我在这艘船上认识了一位犹太少女，名叫克鲁齐。她金色头发，橙色眼睛，身材丰满，十分快活。她告诉我，她在巴达维亚有个好工作。在海上旅行的最后一次舞会上，我走到她身旁；在杯觥交错间，她拉我去跳舞。我跟随她笨拙地跳着当时流行的缓慢的怪动作。最后那一夜，我们在我的船舱里做爱，显得十分友好，明白我们的命运顺其自然地相交在一起，且只此一次。我告诉她我的遭遇。她对我温存备至，她那短暂的柔情打动了我的心。

克鲁齐这时向我坦白，在巴达维亚等待她的真正工作是什么。有一个大体上是国际性的组织，把欧洲少女放到可敬的亚洲人床上。他们让她在一位王公、一位暹罗王子和一位中国富商中间做出选择。她选定第三个——一个性情温和的年轻人。

第二天我们登岸时，我远远看见中国商业巨子的劳斯莱斯，还透过有花卉图案的汽车窗帘看见车主人的侧影。克鲁齐消失在人群和行李之间。

我在荷兰饭店住下。正准备吃早饭时，看见克鲁齐进来了。她扑到我怀里，哭得说不出话来。

"他们要把我从这里赶走，明天就得动身。"

"可是，赶你走的是谁呀？为什么赶你走呢？"

她断断续续把自己的不幸遭遇告诉我。她刚要上那辆劳斯莱斯，移民局的警察便扣留了她，对她进行粗暴的审讯。她必须承认一切，因为她可能与一个中国人姘居，荷兰当局认为她犯了大罪。他们要她答应两个条件之后终于释放了她：一是不去找她的情夫；二是第二天乘坐原船返回西方。

最使她伤心的是，她让等待她的那个男人失望了；她感到遗憾的是，那辆漂亮的劳斯莱斯汽车确实不是别人的。不过，克鲁齐内心深处是一个易动感情的人。她的眼泪里除了落空的利益之外，有着更多别的内涵：她感到耻辱和受了伤害。

"你知道他的住址吗？你知道他的电话号码吗？"我问她。

"知道。"她答道，"可是我怕他们抓我。他们吓唬我，说要把我关进牢房。"

"你不会有什么损失的。去找这个男人吧，他虽然不认识你，一定早就在想你了。你至少得跟他说上几句话。荷兰警察有什么了不得的，去报复他们。看你的中国人去吧。你要当心，躲过那些欺侮你的人，你会觉得好些。我认为，这么做了，你离开这个国家时会高兴些。"

那天深夜，克鲁齐回来了。她已经见过爱慕她的笔友。她把会面情况全对我说了。那男人是个法国化的、有学问的东方人，法语讲得很地道。他已经结婚，是按照中国习俗和惯例结成的体面婚姻，他感到非常厌烦。

这个黄皮肤爱慕者早已为西方来的白皮肤爱人备下一所带花园的平房、防蚊纱窗、法国路易十四时代的家具和一张大床——那天夜里他们试用过。房主人伤感地带她看了为她准备的小巧而精美的物件、银刀叉（他吃饭只用筷子）、有欧洲饮料的酒吧间、装满水果的冰箱。

然后，他在一口紧锁的大箱跟前停下，从裤袋里掏出一把小小的钥匙，打开那口箱子，将最令人匪夷所思的财宝展现在克鲁齐眼前。箱子里有千百条女裤，做工精细的女衬裤、极窄小的内裤。成百上千件女式内衣装满了那件因为发出刺鼻的檀香味而显得很神圣的家具。各种绸缎，各种色彩——由紫色到黄色，由深浅不同的玫瑰红到神秘的绿色，由鲜艳的红色到发亮的黑色，由铁蓝色到婚纱一样的白色，应有尽有。拜物主义者把整个儿彩虹似的男人的色欲收集起来，无疑是为了满足自己的感官享乐。

"我的眼睛都看花了。"克鲁齐说着又抽搭起来，"我从那些衣服里随手拿了几件，这几件就是。"

我也被人类的这种秘密触动。我们的中国人，一个认真的进出口商人，像捕蝶人那样搜集起许多女式内裤。这种事谁会想到？

"留一件给我吧。"我对女友说。

她挑出一条白绿两色的，轻轻抚摸一番才交给我。

"克鲁齐，请你题个词送我。"

于是，她把裤子仔细展平，在绸面上写了我和她的名字，还洒下几滴眼泪，把内裤都弄湿了。

第二天，没等我见到她，她就走了，以后再没有见过。那条留有她题词和眼泪的薄内裤，同我的衣服和书一起装在我的箱子里许多年。我不知道哪个胡作非为的女客在什么时候，又怎样把这条内裤从我家里穿走了。

巴达维亚

那个年代，当世界上还没有"汽车旅馆"的时候，那家荷兰饭店可算是很罕见的了。它有用作餐厅和办公室的一座很宽敞的主体建筑，另有一幢幢供旅客单独住宿的平房，其间隔着小花园和粗壮的树木。高高的树冠上栖息着无数禽鸟，包着一层膜似的松鼠在枝头飞来飞去，虫子像在大森林里似的吱吱叫着。布拉姆皮的任务是精心照料那只獴，它在新住处越来越不安了。

此地确实有智利领事馆，至少电话簿上有。次日，我睡足了，穿上最好的衣服，到领事馆的办公处去。智利的领事徽高挂在一座大楼的正面。这是一家航运公司的大楼。这里职员众多，其中一个领我到经理办公室去，经理是一个面色红润、身材高大的荷兰人。他看上去毫无航运企业经理的气质，倒更像个码头搬运工。

"我是新任智利领事。"我自我介绍道，"首先我要感谢您的帮助，其次我恳请您告知我领事馆的主要事务。我要立刻就职视事。"

"这里只有我是领事！"他怒气冲冲地答道。

"怎么回事？"

"得先把你们欠我的钱还给我。"他大声说道。

这家伙可能懂点儿航运，可是，他不懂得用任何语言说有礼貌的话。他一边语无伦次地叫嚷，一边愤愤地嚼着一支劣质的方头雪茄烟，把空气都给污染了。

这个怒气冲天的家伙不让我有一点儿插嘴的机会。他的怒气和方头雪茄烟引起一阵阵雷鸣般的咳嗽，却因为没有漱口剂，只能吐口痰了事。我终于能说上一句自卫的话了：

"先生，我不欠您什么，我也不必付给您什么。我明白，您是名誉领事，就是说，只是名义上的。如果您觉得需要讨论，我认为用这种我不准备接受的大喊大叫的办法，是解决不了问题的。"

后来我证实，这个粗野的荷兰人倒是有理的一方。此人是一个名副其实的骗局的受害者，这当然不是我也不是智利政府的过错。引得荷兰人愤怒的是曼西亚这个居心叵测的人物。我已证实，曼西亚这个家伙从来就没有在巴达维亚履行过领事职责；他住在巴黎已经很久了。他曾经同这个荷兰人达成协议，由后者行使他的领事职权，并按月把收到的文件和钱款给他寄去。他保证每月为后者的工作付一笔酬金，可他从未付过。因此，这个幼稚的荷兰人把他的愤怒像倒塌的飞檐般劈头盖脸地发泄在我头上。

第二天，我觉得很不舒服。发高烧，感冒，孤独，鼻血。天气酷热，浑身大汗淋漓。我的鼻子开始流血，一如童年时在特木科的严寒天气里那样流血。

我挣扎着侥幸活下来，前往政府大厦。政府大厦在布伊滕佐格①，坐落在极其美丽的植物园内。官僚们好不容易才把他们的蓝眼睛从洁白的文件上移开。他们拿出也在出汗的铅笔，写我的名字时滚下几滴汗珠。

我出来了，比进去时更不舒服了。我沿着林荫道往前走，终于坐

①印度尼西亚爪哇岛西部城市茂物的旧称。

在一棵大树下。这里一切都是健康清新的；生活散发出宁静而强烈的气息。在我面前，巨人般的大树笔直而光滑的银色树干拔地而起，直插百米高空。我在搪瓷牌子上看到了这些大树的分类说明，都是我不认识的各种桉树。从寥廓的高空飘下一股幽香，直送到我的鼻际。这棵树中之王对我怜悯有加，它的一阵幽香使我恢复了健康。

植物园内绿色的庄严气氛，各种各样的树叶，交织着的藤本植物，海星似的从叶丛间迸出的兰花，大海般深沉的林地，金刚鹦鹉的啼鸣，猴子的尖叫——也许就是这一切，使我恢复了对未来的信心和对生活的乐趣，它们一度像风中残烛般摇曳不定。

我精神振作地回到饭店，坐在平房走廊上，桌上放着稿纸和我的獠；我决定给智利政府发一封电报。我没有墨水。于是我叫来饭店侍者，用英语要他送一瓶墨水来。看来他丝毫没有听懂，只是叫来跟他一样穿着白衣服、赤着脚的另一个侍者，以帮助翻译我谜语般难懂的要求。毫无用处。我一边说 ink，一边将铅笔往一只想象的墨水瓶里蘸一下，而早已聚拢来为头一个侍者出主意的七八个侍者，从他们的衣袋里掏出铅笔，一起重复我的动作，而且激动地喊"ink，ink"，笑得前仰后合。他们像是在学一种新的仪式。我失望地奔往对面那幢平房，一队穿白衣服的侍者跟在背后。我从一张孤零零的桌子上拿起一个奇迹般放在那里的墨水瓶，在他们吃惊的眼睛前面晃了晃，对他们嚷道：

"This! This!"

这时他们全笑了，齐声说：

"Tinta! Tinta!"

我这才知道，马来语墨水也叫 tinta。[①]

①西班牙语"墨水"一词也是 tinta。

我恢复领事职权的时刻到了。我争夺的遗产是：一枚磨损了的橡皮图章、一个盖印用的印台、几个装有收益及其余额的账目文件夹。收益余额早已进了那个从巴黎远程操纵的滑头领事的腰包。那个受骗的荷兰人嘴里不停地咀嚼方头雪茄，脸上挂着一个失望的大笨汉所特有的冷笑，把那包毫无重要意义的东西交给我。

我时不时地签署领事发票，并在上面加盖磨损了的公章。美元就这样到了我手里，把美元换成盾①，紧巴巴地够维持我的生活需要——付房租和伙食费，付布拉姆皮的工钱，照料我那只叫作基里亚的獴的费用（它已明显长大，每日食三四个蛋）。此外，我还须买一件白色吸烟服和一件燕尾服，我已经保证分期按月付款。我几乎总是独自坐在紧挨着宽宽河道、顾客盈门的露天咖啡馆喝啤酒，或本地产的杜松子酒。就是说，我继续过我那绝望而平静的生活。

酒店餐厅里的 rice-table②盛大豪华。十到十五个侍者排成一长列进入餐厅，每个侍者都高高端着一个大盘子。每个大盘子都分成几格，每格都醒目地装着不可思议的食物。那些花色繁多的食物都以米饭垫底。我向来是个贪吃的人，且长久以来吃得很差，就在十七八个侍者端的每个大盘里都挑了一点儿，直挑到我的盘子里堆得像座小山，奇特的鱼、难以描绘的蛋、意想不到的蔬菜、说不明白的童子鸡、罕见的肉，像旗帜似的盖在我午餐山峰的顶上。中国人说，饮食须色、香、味三者俱佳。我们酒店的 rice-table 兼具这三个品质，而且还多一个：量多。

---

① 当时印度尼西亚通用的荷兰货币单位。
② 源自荷兰语"rijsttafel"，用来形容印度尼西亚美食，字面意思为"米饭烩餐"，指的是美食铺满餐桌、需要几个小时才能享用完的盛宴。

就在这段日子里，我的獴基里亚丢了。它有我到哪里就跟到哪里的危险习惯，步子又快又轻。跟着我，意味着窜到小汽车、大卡车、人力车和荷兰人、中国人、马来人来来往往的街上去。对一只在这世上只认识两个人的单纯的獴来说，世界太乱了。

不可避免的事发生了。我回到饭店，一见布拉姆皮，就知道发生了悲剧。我什么也没问他。但是，当我坐到走廊上的时候，獴没有跳到我膝上，它那毛茸茸的尾巴也没有伸到我头上。

我在报上登了一则寻獴启事："丢失獴一只，叫基里亚这个名字，它会有反应。"没有任何消息。邻居都没有看见它。它也许已经死了。它永远消失了。

负责照看獴的布拉姆皮羞愧难当，很久不在我跟前露面。我的衣服，我的鞋子，都由一个幽灵照料着。有几次，我觉得我听见了基里亚的尖叫声，夜间从一棵树上叫我。我开了灯，打开窗和门，仔细在椰子树上搜寻。那不是它。基里亚所认识的世界已经变成一个大骗局；它的信任在城市这个危险四伏的森林里被摧毁了。我度过了长久的伤感时光。

感到惭愧的布拉姆皮决定回国去。对此我很遗憾，不过，事实上那只獴是我们之间唯一的联系。一天下午，他来让我看看他新买的衣服，这样他就可以衣锦还乡。他穿着扣子直扣到脖子的白衣服突然出现。最令人惊奇的是，在他乌黑的头上端端正正戴着一顶很大的厨师帽。我忍不住哈哈大笑起来。布拉姆皮没有生气，反而对我甜蜜地微笑着——一种原谅我的无知的微笑。

我在巴达维亚的新住宅在一条叫普罗博林戈的街上。有一间客厅、一间卧室、一间厨房和一间浴室。我未曾有过小汽车，但我确实有一个永远空着的车库。在那幢小房子里，我的空间绰绰有余。我雇了一个爪哇厨娘，她是一位待人平和又讨人喜欢的老农妇。我还雇了一个仆人，也是爪哇人，他的工作是侍候我进餐、替我洗衣服。我在这幢房子里完成了《居留在大地上》那部诗集。

我的孤独愈加深重。我想结婚。我认识一位克里奥尔姑娘——更确切地说是一位有点儿马来血统的荷兰姑娘，我很喜欢她。她身材高挑，性情温柔，对文学艺术界毫无所知。（几年之后，我的朋友、传记女作家玛加丽塔·阿吉雷曾就我的这次婚姻写过如下一段文字："聂鲁达于一九三二年返回智利。两年前他在巴达维亚与定居爪哇的荷兰姑娘玛丽亚·安东涅塔·哈根纳尔结婚。她以成为领事夫人而十分自豪，并且认为美洲是极具异国情调的地方。她不懂西班牙语，但开始学了。然而，她没有学会的无疑不仅仅是语言。尽管如此，她对聂鲁达的依恋之情仍十分强烈，他们俩总是在一起。聂鲁达管她叫玛鲁卡，她身材高挑，动作迟缓，表情严肃。"）

我的生活相当单调。我很快就认识了另外一些可爱的人。古巴领事及其夫人由于与我语言相通，自然而然成为我的朋友。卡帕布兰卡①的这位同胞不停地说话，像个话匣子。他是马查多②这个古巴独裁者的官方代表。不过他告诉我说，政治犯们的财物——表、戒指，有时甚至金牙——会在哈瓦那湾捕获的鲨鱼腹中出现。

德国领事赫兹很喜欢现代造型艺术——弗朗兹·马尔克③的《蓝

---

①何塞·劳尔·卡帕布兰卡（1888－1942），古巴国际象棋大师，为1921年国际象棋世界冠军。
②赫拉尔多·马查多（1871－1939），古巴将军、政治家。1925年任共和国总统，实行独裁统治。后被推翻，死于国外。
③弗朗兹·马尔克（1880－1916），德国油画家、版画家，"蓝骑士"派创始人。

马》、维尔哈姆·伦布鲁克①拉长的人体雕像。他是个敏感而浪漫的人，是个拥有几百年文化遗产的犹太人。我有一次问他：

"名字不时见诸报端的那个希特勒，那个排犹和反共的头目，您认为他会上台吗？"

"不可能。"他对我说。

"怎么不可能呢？历史上荒唐至极的事应有尽有。"

"您真是不了解德国。"他断然说，"像他那么疯狂的煽动者，就是在一个村子掌权也完全不可能。"

我可怜的朋友，可怜的赫兹领事！那个疯狂的煽动者差点儿统治了全世界。天真的赫兹连同他的全部文化和高尚的浪漫主义，准已在一个不知名的恐怖的毒气室里完蛋了。

---

①维尔哈姆·伦布鲁克（1881－1919），德国雕塑家。

五　西班牙在我心中

费德里科其人

经过长达两个月的海上旅行，我于一九三二年回到智利。我遗失在稿纸里的《热情的投石手》和在东方写成的《居留在大地上》都在这里出版了。一九三三年，我被任命为智利驻布宜诺斯艾利斯领事，于当年八月到达那里。

费德里科·加西亚·洛尔卡为了指导洛拉·门布里韦斯剧团演出他的悲剧《流血的婚礼》，并出席该剧的首演，几乎和我同时到达布宜诺斯艾利斯。之前我们并不相识，但在布宜诺斯艾利斯结识，而且多次一起受到作家和朋友们的款待。确实也发生过一些小事件。费德里科有反对者；我也有，而且现在还有。这些反对者情绪激烈，为了使某人从公众视线里消失而企图把灯熄灭。那次就发生了这样的事。很多人希望出席笔会在广场饭店为费德里科和我举行的宴会，有人便整天打电话通知，说这次宴会取消了。他们是如此急不可耐，竟打电话给饭店经理、电话接线员和厨师领班，要他们不接待也不备餐。但是，他们的伎俩没有得逞，费德里科·加西亚·洛尔卡和我最终与上百位阿根廷作家会面了。

我们做了一件大为出人意料的事。我们事先准备了一篇双人致辞。你们大概不知道"双人致辞"是什么意思，我当时也不知道。费德里科永远是个满脑子新构想、新主意的人，他对我解释道：

　　"两个斗牛士可以同时斗一头牛，而且只用一件披风。这是最惊险的斗牛术表演之一，因此极为少见；在一个世纪之内最多只有两三次，而且两位斗牛士非得是亲兄弟或者至少是有血缘关系的人，才能进行这种表演。这就是所谓的'双人斗牛'。这也是我们发表致辞的方式。"

　　这就是我们要做的事，不过事前谁也不知道。我们起立感谢笔会主席设宴款待时，就像两个斗牛士那样同时站起来，以便发表仅有的一篇致辞。由于饭菜摆在一张张分开的小桌上，费德里科站在餐厅的一端，我站在另一端，于是有人以为我弄错，从旁拉了拉我的上衣，要我坐下，餐厅的另一端也有人在拉费德里科的上衣。这时我们开始同时致辞，我说完"女士们"，他就接着说"先生们"，我们轮流接替把我们的致辞说到最后一句，如同一个人那样顺畅。那篇致辞是献给鲁文·达里奥①的，加西亚·洛尔卡和我都不可能被怀疑为现代主义者，我们因而赞颂鲁文·达里奥，认为他是西班牙语最富创造性的伟大诗人之一。

　　那篇致辞全文如下：

　　　　聂鲁达：女士们……

　　　　洛尔卡：……先生们：斗牛表演中有一种叫作"双人斗牛"，

---

① 鲁文·达里奥（1867－1916），尼加拉瓜著名诗人、新闻工作者和外交官。拉丁美洲现代主义诗歌的主要代表人物。著有《亵渎的散文》《生命与希望之歌》《蓝……》《流浪之歌》等散文集和诗集。

两位斗牛士在斗牛中只拿一件披风来闪身避牛。

聂鲁达：费德里科和我由一根电线连在一起，我们将结成一对，回报这次十分执着的款待。

洛尔卡：在这类集会中，往往由诗人们来展示他们生动、耀眼、悦耳的语汇，由他们亲口向同志们和朋友们致意。

聂鲁达：而我们却要在你们中间为一位已故的人，为一位曾与你们同桌共餐的鳏夫设席，他比其他人死得更伟大，却被湮没在冥冥黑暗中；这位失去生命的鳏夫，也曾是生命令人目眩神迷的伴侣，我们要躲进他激昂的阴影之下，我们要一再呼唤他的名字，直到他的力量从被人遗忘中飞跃而出。

洛尔卡：在我们企鹅般温柔地拥抱过温文尔雅的诗人阿马多·比亚尔①之后，我们要把一个伟大的名字在宴席上抛出，我们敢肯定，这一定会把酒杯打碎，将叉子震飞，去追寻那双它们渴望的眼睛，一道巨浪还会把桌布弄脏。我们要说出的这位美洲和西班牙诗人就是：鲁文……

聂鲁达：达里奥。因为，女士们……

洛尔卡：先生们……

聂鲁达：在布宜诺斯艾利斯，鲁文·达里奥广场在哪里？

洛尔卡：鲁文·达里奥的雕像在哪里？

聂鲁达：他热爱公园。鲁文·达里奥公园在哪里？

洛尔卡：鲁文·达里奥玫瑰花店在哪里？

聂鲁达：鲁文·达里奥苹果树和鲁文·达里奥苹果在哪里？

洛尔卡：鲁文·达里奥的断手在哪里？

---

①阿马多·比亚尔（1899－1954），阿根廷诗人、剧作家。

聂鲁达：鲁文·达里奥的油、树脂和天鹅①在哪里？

洛尔卡：鲁文·达里奥长眠在他的"故国尼加拉瓜"，在一尊惊人的大理石狮子底下，而有钱人都把这种狮子安放在他们家大门口。

聂鲁达：将一头小铺里制作的石狮子献于雄狮之始祖，一头毫无光泽的石狮子献于光芒四射之人。

洛尔卡：他用形容词发出大森林的喃喃细语；他像语言大师刘易斯·德格拉纳达②修士那样，用柠檬、鹿蹄和无数吓人的软体动物做星形符号；他用三桅战船和我们眼睛瞳仁中的暗影把我们送往大海，在天空所经历过的那个最灰暗的傍晚，铺设一条宽阔的杜松子酒林荫道；他作为一个浪漫派诗人，与难以预测的西南风大声地用亲昵的话语互相问候；他怀着对一切时代嘲讽和悲哀的疑虑，把一只手放在科林斯柱式的柱头③上。

聂鲁达：在一些本质方面，他那光辉的名字连同他心中极度的痛苦，他强烈的犹豫不定，他步下地狱的螺旋台阶、攀上声誉的城堡的脚步，他伟大诗人的特质，这一切无可比拟，值得永远铭记。

洛尔卡：这位西班牙语诗人，拥有时下诗人们所缺乏的渊博和大度，在西班牙，从他身上获益的既有孩童，也有名家，例如

---

① 鲁文·达里奥追求"纯粹的美"，往往把天鹅、玫瑰花、孔雀、珍珠等作为美的象征。他的诗文中经常出现这些词以及油、树脂等词。

② 刘易斯·德格拉纳达（1504－1588），西班牙作家、哲学家、神学家。

③ 科林斯柱式起源于古希腊，是三种古典建筑柱式之一，发展最晚，也最华丽，包括檐部、柱头、细而有凹槽的柱身和有线脚的柱础。雕有爵床叶饰的柱头是其主要特征。科林斯柱式是古罗马人最常用的一种柱式，有各种变体。

巴列－因克兰①、胡安·拉蒙·希门尼斯②、马查多兄弟③等人，他的声音是我们可敬的语言垄沟里的水和肥料。从罗德里戈·卡罗④到阿亨索拉兄弟⑤和堂胡安·德阿吉霍⑥，西班牙语从未有过鲁文·达里奥作品中那样的辞藻的盛会、音符的撞击，那样的色彩和形式。从委拉斯凯兹⑦的风景到戈雅⑧的篝火，从克维多的忧郁到马略卡岛上农家姑娘们可爱的苹果般的脸庞，达里奥如同在自己的祖国一样，走遍了西班牙大地。

聂鲁达：潮水——北方那暖洋洋的大海——把他带到智利，把他留下，扔在坚硬的锯齿形海岸上，浪花飞溅、发出洪钟般响声的大洋撞击着他，瓦尔帕莱索黑色的风用声音悦耳的盐将他包裹。今夜，让我们用交织着烟雾、声音、环境和生活的空气为他塑像，一如他那交织着梦境与声音的绚丽诗篇。

洛尔卡：但是，我要给这尊空气塑像注入如被潮水摇撼的珊瑚枝那样的鲜血，装上他仿若相片中的光束似的神经，安上人身牛头怪的头颅——头颅上贡戈拉⑨式的白发是由蜂鸟的翅膀画上

---

①拉蒙·玛丽亚·德尔巴列－因克兰(1866－1936)，西班牙小说家。著有《四季奏鸣曲》等。
②胡安·拉蒙·希门尼斯（1881－1958），西班牙诗人、散文家、评论家，获1956年诺贝尔文学奖。
③曼努埃尔·马查多（1874－1947）与其弟安东尼奥·马查多（1875－1939）均为西班牙诗人、剧作家。
④罗德里戈·卡罗（1573－1659），西班牙诗人、作家、神甫、律师。
⑤巴托洛梅·莱昂纳多·德阿亨索拉（1562－1633）与其弟卢佩西奥·莱昂纳多·德阿亨索拉（1563－1613）均为阿拉贡诗人。
⑥胡安·德阿吉霍（1564－1628），西班牙诗人。
⑦迭戈·委拉斯凯兹（1599－1660），西班牙画家。
⑧弗朗西斯科·戈雅（1746－1828），西班牙画家。
⑨贡戈拉·阿尔戈特（1561－1627），西班牙诗人。宫廷神父。主要作品有长诗《孤独》等，提倡一种结合华丽语言与晦涩思想的文体，被称为"夸饰文体"或"贡戈拉文体"。

去的，再镶上他那对泪水盈盈的出神的迷离眼睛。当然也要加上他的一些缺点：在帚状砾芥吞没书架的地方，响起长笛空洞乐声的情景；使他沉湎醉乡的白兰地酒瓶；他那迷人的俗气；还有令他的大量诗歌充满人性的厚颜无耻的废话。他的伟大诗歌的丰富内涵超越于准则、形式和流派之外。

聂鲁达：西班牙人费德里科·加西亚·洛尔卡和我这个智利人，将今晚出席的朋友们赋予我们的这份荣光交于那个伟大的影子，因为他唱得比我们更激越，他曾用非同寻常的声音，向我们脚下的阿根廷大地致以问候。

洛尔卡：智利人巴勃罗·聂鲁达和我这个西班牙人，我们的语言相同，我们对待这位伟大的尼加拉瓜、阿根廷、智利和西班牙诗人的态度也相同。

聂鲁达和洛尔卡：让我们举杯为他的荣耀向他致敬！

米格尔·埃尔南德斯①

我担任驻阿根廷布宜诺斯艾利斯领事没有多长时间。一九三四年初，我被调往巴塞罗那，担任同样职务。我的上司——智利驻西班牙总领事——是堂图略·马凯拉。说真的，他是我认识的智利驻外使节中最尽职的官员。他是个有着孤僻名声的严肃男子，可是对我异乎寻常地亲切、宽容和热情。

堂图略·马凯拉很快就发现，我算减法和乘法错得一塌糊涂，而

---

① 米格尔·埃尔南德斯（1910－1942），西班牙诗人。

且不会算除法（我从来没有学会过）。他于是对我说：

"巴勃罗，您应该住到马德里去，那里才有诗意。巴塞罗那这儿，尽是些教人受不了的乘法和除法，您是不会喜欢的。我来对付这种事情足够了。"

过了一夜，第二天我就神不知鬼不觉地成了智利驻西班牙首都的领事，一到马德里，就认识了加西亚·洛尔卡和阿尔韦蒂的所有朋友，他们人数众多。没过几天，我也成了西班牙诗人的一员。西班牙人和美洲人自然是有差别的。差别永远产生于各自的骄傲或错误。

和我同辈的西班牙人比我的拉丁美洲同伴更富有兄弟情谊，更团结，也更愉快。我同时证实，我们更多才多艺，更醉心于钻研别的语言和文化。除了西班牙语，他们很少有人讲别的语言。德斯诺斯①和克勒维尔②来马德里时，为了能让他们与西班牙作家交流，我不得不当翻译。

青年诗人米格尔·埃尔南德斯是加西亚·洛尔卡和阿尔韦蒂的朋友。我认识他的时候，他刚从家乡奥里韦拉前来，穿一双草鞋和一条农民穿的灯芯绒裤子。他在家乡当过羊倌。我把他的诗发表在我编的《绿马》诗刊上，我非常喜爱他多产的诗篇迸发的光彩和蓬勃朝气。

米格尔是真正的农民，浑身都散发出泥土的清新气息。他的脸像是土块或刚从根上摘下还保持着地下凉意的马铃薯构成的。他在我家里居住并写作。我那些描绘了另一种地平线和平原景色的美洲诗篇打动了他，使他渐渐改变。

---

①罗贝尔·德斯诺斯（1900－1945），法国诗人，超现实主义运动的早期代表之一。第二次世界大战期间参加抵抗运动，被纳粹逮捕并送往集中营，1945年病故于集中营。著有《以悲伤还悲伤》《自由或爱情》等诗集。
②雷内·克勒维尔（1900－1935），法国作家，超现实主义运动的积极分子，著有《迂回》《困难的死亡》等。

他对我讲了许多关于鸟兽的土气十足的故事。这位作家来自大自然，如同一块未经雕琢的石头，拥有大森林的纯真和势不可挡的生命力。他告诉我，把耳朵贴在入睡的母山羊肚皮上是何等令人激动；这样能听见乳汁流到乳房的声音，除这位牧羊诗人之外，谁都不可能听见这种神秘的声响。

另外几次他跟我谈到夜莺的歌声。他来自西班牙东部沿海地区，这个地区到处有繁花满枝的甜橙树和夜莺。我的祖国没有这种鸟，这卓越的歌手，为之入迷的米格尔想尽其所能向我生动逼真地展现它的歌声。他爬上街头的一棵树，在高高的树梢吹着口哨，像他喜爱的家乡的鸟儿那样啼啭起来。

因为他生计无着，我替他找了份工作。诗人在西班牙找工作很困难。终于有位子爵——外交部的高级官员——关心这件事，而且给了我肯定的答复，他之所以同意，是因为他读过米格尔的诗，对其颇为钦佩，只需米格尔提出希望担任什么职务，就给他签发任命书。我兴高采烈地对这位诗人说：

"米格尔·埃尔南德斯，你终于有用武之地了，是那位子爵为你安排的。你将成为一名高级职员。告诉我你想做什么工作，他们才好给你任命书。"

米格尔陷入沉思。他那过早出现一道道深深皱纹的脸，罩上一重疑虑神色。几个小时过去了，直到下午他才给我答复。由于找到了解决生计难题的办法，他目光熠熠地对我说：

"那位子爵能不能让我在马德里附近管一群山羊呢？"

我无法从心底抹去对米格尔·埃尔南德斯的回忆。东部沿海夜莺的歌声——它们的啼鸣高塔似的矗立在沉沉夜色和橙花之间——对他来说是萦绕心际的往事，是他血液组成材料的一部分，是他充满乡土气息的粗犷诗歌的一部分；西班牙东部沿海地区各种各样浓烈的色彩、香气和声音，与阳刚青年盎然的生机和芬芳的气息，在他的诗歌里汇聚。

他的脸是西班牙的脸，由阳光雕刻而成，一脸皱纹，似一块播过种的土地，像面包和地球那样圆鼓鼓的。在他因风蚀日晒而变得坚韧的脸上，那双火辣辣的眼睛是两道有力而温柔的闪电。

从他说的话里，我看见，诗的元素源源涌现，却又因一种新的范畴、一种野性的光辉、一种陈旧的血液转化为新生儿的奇迹，从而发生了变化。在我成为诗人，成为漂泊天涯的诗人的岁月里，我可以肯定地说，生活从未给我机会去凝视一位如此有天赋、语言知识如此惊人的奇才。

《绿马》

我和费德里科、阿尔韦蒂（他就住在我家附近俯临一片小树林——那片"使人晕头转向的小树林"[1]——的顶楼）、雕刻家阿尔韦托（当时已成为抽象派雕刻大师的托莱多面包师）、阿尔托拉吉雷[2]、贝尔加明[3]、杰出诗人刘易斯·塞尔努达[4]、前途无量的诗人比森特·阿莱克桑德雷[5]以及建筑师刘易斯·拉卡萨等人，每天都一起或分成几拨在

---

[1] 拉斐尔·阿尔韦蒂《回忆录》第一卷的标题。
[2] 曼努埃尔·阿尔托拉吉雷（1905－1959），西班牙"二七一代"诗人。
[3] 何塞·贝尔加明（1895－1983），西班牙文学家。
[4] 刘易斯·塞尔努达（1902－1963），西班牙诗人。
[5] 比森特·阿莱克桑德雷（1898－1984），西班牙诗人，获1977年诺贝尔文学奖，著有诗集《毁灭或爱情》《天堂的影子》等。

家里、咖啡馆里聚会。

我们经常从卡斯蒂利亚纳林荫道或邮差啤酒店坐车去我在阿圭列斯区的家——鲜花之家。我们从一辆我的同胞——杰出的科塔波斯——称之为"低音大号"的巨型公共汽车的上层下车，分成喧闹的几拨去吃饭、喝酒、唱歌。在这些欢乐的年轻诗友中，我记得有诗人阿图罗·塞拉诺·普拉哈、才华横溢而又举止文雅的画家何塞·卡瓦列罗、从安达卢西亚直奔我家而来的安东尼奥·阿帕里西奥，以及其他许多人；他们有的已离我远去，有的已不在人世，但是他们的友情有如我躯体的一部分或我灵魂的原料，是我所迫切需要的。

当年的马德里哟！我和加利西亚女画家马鲁哈·马略一起到贫民区去寻找出售细茎针茅和草席的店铺，去寻找桶匠街、绳匠街，去寻找西班牙出产的各种干草——这些材料编成绳子，把她的心捆绑起来。西班牙气候干燥，地上又多岩石，太阳灼烤着它，在平原上拉起火花，用扬起的团团尘土建造起光的城堡。唯有诗人才是西班牙真正的河流：克维多流淌着涌起黑色浪花的幽深碧绿的河水；卡尔德隆[①]的河水唱着动听的音节；阿尔亨索拉兄弟的河水清澈透明；贡戈拉是流淌着红宝石的河。

我只见过巴列－因克兰一次。他非常瘦，蓄着奇长的白胡须，我觉得他仿佛是从自己的书页间钻出来的，受到书页挤压，有着发黄书页的那种颜色。

我是在拉蒙·戈梅斯·德拉塞尔纳[②]的庞博咖啡馆的地下室里见到

---

①佩德罗·卡尔德隆（1600－1681），西班牙剧作家、诗人，是洛佩·德维加之后当时西班牙最著名的剧作家，一生剧作极丰，著名的有《医生的荣誉》《空气的女儿》等。
②拉蒙·戈梅斯·德拉塞尔纳（1891－1963），西班牙作家。他的创作对欧洲和拉丁美洲的先锋派文学有深远影响。

他的，后来又在他家里见过他。我永远不会忘记拉蒙洪亮的嗓音，这嗓音从他在咖啡馆的座位上引导着谈话、笑声、各种想法和团团烟雾。在我看来，拉蒙是我们这个语种最伟大的作家之一，他像克维多和毕加索那样天资聪颖、博洽而又多才多艺。拉蒙的每一页作品都像流连于物质世界和抽象世界、痴迷于真相和幽灵的探索者，凡他所知所写的与西班牙有关的事物，除他之外，从未有人说过。他攒聚起一个神秘的世界。他亲手改变了语言的句法，在上面留下谁都抹不掉的深深的指纹。

我有几次看见堂安东尼奥·马查多身穿黑色的公证人服装坐在他的咖啡馆里，十分沉默谨慎，神情温和而又严肃，宛如西班牙的老树。对了，那位毒舌的胡安·拉蒙·希门尼斯——诗坛的恶魔老顽童——说过，堂安东尼奥这家伙总是弄得到处是烟灰，他的口袋里装的尽是烟头。

胡安·拉蒙·希门尼斯这位才华横溢的诗人，让我了解了著名的西班牙人的妒忌。在本世纪黑暗的初始时期，这位诗人的作品发出了璀璨的光芒，所以他无须妒忌任何人；而他却过着假隐士的生活，从他藏身的地方指责一切他认为使他黯然失色的事物。

胡安·拉蒙这个大胡子恶魔，对加西亚·洛尔卡、阿尔韦蒂、豪尔赫·纪廉[1]和佩德罗·萨利纳斯[2]几位年轻人紧追不舍，每天都对这个或那个放冷箭。他每周都写一些拐弯抹角的评论攻击我，这些文章每逢星期日刊载在《太阳报》上。但是，我选择的是自己活也让人家活的态度。我从未作任何回应。对于文学界的那些攻击，我过去从不回应，现在也是如此。

---

[1]豪尔赫·纪廉（1893－1984），西班牙诗人，著有诗集《诗歌》《呼声》等。
[2]佩德罗·萨利纳斯（1891－1951），西班牙诗人、评论家，著有诗集《预言》等。

诗人曼努埃尔·阿尔托拉吉雷有一个印刷厂，也有办印刷厂的才干。有一天，他到我家来，告诉我他要出版一本西班牙水平最高、质量最好的精美诗刊。

"只有一个人能主编这个刊物。"他对我说，"这个人就是你。"

我曾经是几份杂志颇有雄心的创办人，可我不是很快就撇下杂志，就是被杂志抛弃。一九二五年，我创办过《梅花牌中的马》这样的杂志。当时我们写作不打标点，通过乔伊斯[①]描写的街道认识了都柏林。温贝托·迪亚斯·卡萨努埃瓦[②]那时候常穿一件高领绒线衫，就那个时代的诗人而言，这是很大胆的着装；他的诗优美而高洁，且一向如此。罗萨梅尔·德尔巴列[③]从头到脚穿一身黑，仿佛诗人的衣着就该如此。这两位杰出的诗人是我的积极合作者，我对他们铭记不忘。别的许多人我都忘记了。然而，我们那匹绿马的那一阵奔驰，确实震撼了那个时代。

"好吧，曼诺利托[④]，我答应主编这个杂志。"

曼努埃尔·阿尔托拉吉雷是一位十分出色的印刷工，他亲手用漂亮的博多尼[⑤]活字字体丰富了字盘。曼努埃尔用自己的诗和一双勤劳的巧手，为诗坛增添了荣誉。他翻译了雪莱[⑥]为哀悼约翰·济慈[⑦]之死

[①]詹姆斯·乔伊斯（1882－1941），爱尔兰小说家，著有《都柏林人》、《尤利西斯》等。
[②]温贝托·迪亚斯·卡萨努埃瓦（1906－1992），智利诗人，著有《萨瓦的冒险家》等。
[③]罗萨梅尔·德尔巴列（1900－1965），智利诗人，著有诗集《白色和黑色的国度》等。
[④]曼努埃尔的昵称。
[⑤]博多尼（1740－1813），意大利著名印刷家，生于皮埃蒙特。曾设计几种现代活字字体，其中博多尼活字沿用至今。
[⑥]珀西·比希·雪莱（1792－1822），英国诗人、哲学家、散文家。《阿多尼斯》是他哀悼济慈之死的牧歌挽诗，是他自认为最完美的诗。
[⑦]约翰·济慈（1795－1821），英国诗人，著有诗集《心灵》《秋颂》等。

而作的《阿多尼斯》，而且印制得特别精美。他还印制了佩德罗·德埃斯皮诺萨[①]的诗集《赫尼尔河的神话》。在那个庄严的印刷厂里，金玉锦绣般的诗篇发出何等璀璨的光辉，那些醒目的铅字像在化铅炉里重新熔铸过一般。

我主编的《绿马》诗刊的头五期在街头出现了，这几期无疑都很精美。看到曼努埃尔总是开怀大笑和面带笑意，我很高兴；他捡起铅字放进字盘，然后用脚踩动小小的名片印刷机。有时他用女儿帕洛玛的婴儿车运送出版的刊物。过路人都赞叹道：

"多好的爸爸！带着这么个孩子走拥挤危险的路！"

这孩子就是诗，要骑着《绿马》去旅行。诗刊上发表了米格尔·埃尔南德斯的第一首新长诗，当然还发表了费德里科、塞努达、阿莱克桑德雷、纪廉（杰出的西班牙语诗人）的诗。胡安·拉蒙·希门尼斯这位二十世纪初的神经官能症患者，每星期日继续向我放冷箭。拉斐尔·阿尔韦蒂不喜欢这个刊名：

"为什么这匹马成了绿的？应当叫'红马'。"

我没给这匹马换颜色。不过，拉斐尔和我并没有为此闹翻。我们从来不为任何事情争吵。世上有足够的地方容纳彩虹般色彩各异的马匹和诗人。

《绿马》第六期堆在比里亚托街的印刷厂里，没有拼折页，也没有装订。这一期是胡利奥·埃雷拉-雷西格[②]（蒙得维的亚孕育的第二个洛特雷阿蒙[③]）专号，还刊载了几篇西班牙诗人写的纪念他的文

①佩德罗·德埃斯皮诺萨（1578－1650），西班牙诗人。
②胡利奥·埃雷拉-雷西格（1875－1910），乌拉圭诗人，是 20 世纪最具独创性的诗人之一，著有诗集《晚祷》《紫色的诗》等。
③洛特雷阿蒙（1846－1870），法国诗人，生于乌拉圭蒙得维的亚。他的散文诗集《马尔多罗之歌》极具特色，但初版时未被世人注意，十多年后被奉为超现实主义的经典。

章，这美好的一切被冻在了那里，流了产，无处可去。这期诗刊应在一九三六年七月十九日出版，但是这一天街头到处硝烟弥漫。一个叫弗朗西斯科·佛朗哥的名不见经传的将军，在非洲驻地发动了反共和国的叛乱。

发生在格拉纳达的罪行

我写下这几行文字的时候，西班牙官方正好在庆祝举事成功若干周年——竟有这么多年了！此时此刻在马德里，那个元首身穿镶金边的蓝色制服，被摩尔卫队簇拥着，同美国、英国及其他一些国家的大使一起，正在检阅军队。军队大部分是由不了解那场战争的小伙子组成的。

我对那场战争是有所了解的。数以百万的西班牙人死于非命！数以百万人被迫流亡！仿佛永远都无法从人类的良心上拔掉那根血淋淋的毒刺。尽管如此，现在在摩尔卫队面前列队接受检阅的小伙子们，也许对这一段恐怖历史的真相毫无所知。

对我而言，一切始于一九三六年七月十九日夜间。一位叫博比·德格拉内的和气而富于冒险精神的智利人，是马德里普赖斯大马戏场自由式摔跤赛的主办人。对于这一"体育运动"的严肃性，我向他表示过我的保留意见，他则说服我和加西亚·洛尔卡一起去马戏场，证实这种表演的真实性。我说服了费德里科，约定在那里会面的时间。我们打算去消磨一段时光，观看戴面具的野蛮人、阿比西尼亚扼杀者和凶险的猩猩的残暴表演。

费德里科没有赴约。他已经走上死亡之路。我们再也见不到面了。

他和其他一些扼杀者约会去了。改变了我的诗歌创作的这场西班牙战争，于我就这样以一位诗人的失踪而开始了。

他是个何等了不起的诗人啊！像他这样兼具美德与才华、才思敏捷、心灵明澈如清泉的人，我还从未见过。费德里科·加西亚·洛尔卡是个慷慨的精灵，是个播撒欢乐的离心器，把生活的热情收集在胸中，然后像行星那样将其放射出去。他既纯真又滑稽，既是国际人士又是乡巴佬，是独特的乐手，是出色的小丑，胆小而又迷信，欢乐而又潇洒，他是个概括了西班牙各个时代的人物，是人民的精华；他是阿拉伯人和安达卢西亚人的后裔，在当时西班牙的整个舞台上熠熠生辉，并像茉莉花那样散发出醉人的芬芳。令人哀痛的是，他永远消失了！

加西亚·洛尔卡运用隐喻的超凡能力深深吸引了我，他写的诗文我读来无不兴味盎然。他也往往要我为他朗诵我新写的诗，但在朗读中间，他又大声打断我说："别念下去，快别念下去，你都影响我了！"

无论在剧场里还是在寂静中，在群众间还是在庄严场合，他都是使美倍增的创造者。我从未见过双手具有如此魔力的人，我从未有过比他更快乐的兄弟。他欢笑，歌唱，弹奏，跳跃，创作，他把火花射向四面八方。我的这位不幸的朋友，世上的才能他无所不有，他简直是一位高超的金匠，是伟大诗歌蜂房里的一只雄蜂，是自己才华的挥霍者。

"听着，"他拽住我的一只手臂对我说，"你看见那扇窗子了吗？你没发现它有点 chorpatélica？"

"chorpatélico 是什么意思？"

"我也说不出来，不过，一个人应该感觉得到什么东西 chorpatélico，什么东西不 chorpatélico。不然就是个糊涂虫。瞧那条狗，真太

chorpatélico 了！"

他还告诉过我，他受邀去格拉纳达一所幼童学校参加一场《堂吉诃德》纪念活动的事，当他来到教室时，所有的孩子都在女校长带领下唱道：

> 从边疆到边疆，
> 堂 F. 罗德里格斯·马林^①
> 评注的这部书，
> 将永垂不朽。

加西亚·洛尔卡去世几年后，有一次我做了场关于他的演讲，一位听众向我提问：

"您在《费德里科颂》那首诗中，为什么说为了他'人们把医院都涂成蓝色'？"

"嘿，朋友，"我答道，"向诗人提这种问题，就跟问女人多大岁数一样。诗不是静态的物质，而是一种动态的水流，往往会从创作者自己手里溜走。诗的原料，是同时又不是由实际存在的和根本不存在的事物的种种元素构成的。无论如何，我要尽力坦诚地回答您。我认为，蓝色是最美的颜色。它使人联想到人类眼中的宇宙，有如通往自由和欢乐的苍穹。费德里科在场时，他的个人魅力，使他周围都弥漫着一种欢乐气氛。我的诗大概是想说，甚至医院，甚至医院里的悲伤，在他魅力的影响下都能改观，突然变成美丽的蓝色建筑物。"

费德里科对自己的死早有预感。一次，他参加戏剧巡演归来，把

---

① 弗朗西斯·罗德里格斯·马林（1855－1943），西班牙诗人、塞万提斯研究者、传记作家、民俗学者，是塞万提斯作品的杰出评注者。

我叫去，对我讲了一件非常奇特的怪事。他曾同"茅屋剧团"的演员们一起来到卡斯蒂利亚一个极偏远的村子，在村子附近安营。由于旅途劳顿，费德里科累得无法入睡。天刚破晓他就起床，独自到周围散步。天气寒冷，这种凛冽的严寒是卡斯蒂利亚专为他这个旅客、这个闯入者保留着的。晨雾渐渐消散为一团团白气，然后又全部化为一片茫茫的幻影。

一道锈迹斑斑的巨大铁栅。破碎的雕像和柱子倒在枯枝败叶中间。他在一块古老领地的大门前停步；这是一座封建庄园的大花园的入口。这么一个被弃置不顾的地方，在这样的时刻和如此严寒之中，使人感到刻骨铭心的孤独。费德里科突然心情沉重起来，隐约感到要出事，仿佛有什么东西即将从曙光中显现。他坐在一块倒下的柱头上。

一只小羊羔走来，在废墟之间吃嫩草。它像出现在云端的小天使，又像飘落在此地的孤独之上的一片柔嫩的花瓣，突然使孤独感缓和了。诗人感到有伴儿了。

忽然，一群猪也闯进这块地里来。那是四五头凶恶的野兽——饿疯了的半野的黑猪，长着石头般坚硬的蹄子。

费德里科当时目睹了令人惊骇的一幕。这几头猪扑向那只羊羔，把它撕碎吃掉，看得诗人不寒而栗。

这血淋淋的场面和孤独感，促使费德里科命令他的巡回剧团立即继续赶路。

西班牙内战开始前三个月，费德里科对我讲述这个可怖经历时，仍然心有余悸。

后来，我越来越清晰地看出，那个事件就是他死亡的预演，是他令人难以置信的悲剧的先兆。

费德里科·加西亚·洛尔卡不是被枪决的，而是被暗杀的。当然，谁也想不到有朝一日会有人要杀害他。在西班牙所有的诗人中，他最受爱戴，最招人喜欢；由于他出奇的欢乐性格，他最像一个孩子。谁能相信，在地球上，而且就在他的故土上，竟有能干出如此无可解释的罪行的凶狠之徒？

这一罪行，对我而言是在一场长期斗争中最教人痛心的一件事。西班牙永远是角斗士们的战场；是一块血迹斑斑的土地。斗牛场带着它的祭品和它那残暴的高雅，在虚夸的瑰丽场景中，在阳光和阴影之间①上演着古老的殊死格斗。

宗教裁判所监禁过路易斯·德莱昂修士②；克维多在它的地牢里受尽折磨；哥伦布曾戴着脚镣蹒跚而行。埃尔埃斯科里亚尔③的尸骨存放所是处伟大的景观，它现在是阵亡者纪念馆，有一个十字架竖立在千百万亡灵之上，竖立在无数暗设的监牢之上。

《黑暗爱情的十四行诗》

加西亚·洛尔卡极少在他的谣曲及抒情或叙述爱情诗里，阐释某些深刻情感产生的缘由。他的爱情生活可能经历了不同的阶段。我并不了解这些问题，自然无法解答。

不过，他在一首年代久远的十四行诗里似乎透露了一些细节。那恰恰是费德里科最好的几首诗之一。我总是让他背诵给我听，有一回，

①西班牙斗牛场观众席分为向阳席和背阴席两种，票价前者低于后者。
②路易斯·德莱昂（1527－1591），西班牙诗人、神学家、散文作家。1544年成为奥古斯丁教派修士。由于教派之争，被宗教裁判所监禁达五年之久，后被无罪开释。
③西班牙马德里西北的一个村庄，圣洛伦索王家隐修院所在地。这个隐修院是世界最大的宗教建筑之一，是查理五世以后西班牙历代君主的安葬地。

我们俩坐在一家餐厅里，他提笔把那首诗给我写了下来。他凭着记忆写完了，然后递给了我，对我说："我真的把它送给你了，仅此一份，绝无仅有。"

里面有一句这样写道：

> 白骨的阿波罗拭去了残忍的河床，
> 我的血液在此编织着春天的灯芯草。

结尾这样写道：

> 哦！皮肤黝黑的小个子姑娘腰肢纤细！
> 哦！遍地是金属，悲伤凄楚的秘鲁！
> 哦！西班牙！哦！坚硬石头上方死去的月亮！

诗人为一位秘鲁籍女性朋友写下了这些诗句，她是智利人阿尔弗雷多·康登的妻子。

我还记得在他被害几周前，他在曼努埃尔·阿尔托拉吉雷家里背给我听的那几首十四行诗，题目是"黑暗爱情的十四行诗"。我觉得那几首诗美极了，肯定是写给他最后的真爱的。

我听说，那整本书原封不动地跟被害诗人的其他文件放在一起。如果这是真的，如果加西亚·洛尔卡的家人出于虚伪的道德感而阻止那本书出版，那这便是无法被原谅的行为。但是我对此并不确定。几年前，我在圣保罗遇到弗朗西斯科·加西亚·洛尔卡①的时候，也没能

---

① 弗德里科·加西亚·洛尔卡的兄弟，西班牙作家、外交官、教师。

弄清楚这件事。

诗人费德里科最后的爱人

我认为有关费德里科·加西亚·洛尔卡同性取向的话题难以避免，而人们却用蒙昧主义的观点来看待这个问题。西班牙人和拉美人对待这个问题的方式是：把费德里科的这种个人倾向小心翼翼地隐藏起来。他们之所以采取这样的态度，是因为他们非常尊敬这位被害的诗人。但还有个原因，那就是人们忌讳性这个话题，这是西班牙殖民帝国的宗教遗留，是十九世纪的伪善。

另一方面，一些哗众取宠的人出现了，这些反动分子为了掩盖骇人听闻的政治罪行，把加西亚·洛尔卡可能的死因归咎于其独特的性取向。这只是烟雾弹罢了。西班牙法西斯政府跟德国、意大利法西斯政府一样，特别擅长毁灭知识分子。

纳粹在他们占领的地方屠杀作家、专家、艺术家和科学家。在波兰，他们只愿给几千名从事低端职业的波兰人留下生路，好让他们在这个血流成河的国家里承担抄写员的工作。

西班牙人干得也不赖。针对教师、专家、共济会成员、大学生的迫害行动在加利西亚凶残到了极致。抓捕行动在晚上进行，他们搜罗知识分子，把他们集中到巴达霍斯斗牛场，或者在天亮的时候随便找个地方枪毙他们。加利西亚女画家马鲁哈·马略告诉我，当时她天天都睡在旷野里，快被冻死了。她害怕被捉住，于是就这样担惊受怕地过了三个月。每天早上她都会偷偷溜回家。她在路上遇见过六具尸体，都是当天清晨被枪毙的人。

加西亚·洛尔卡必须被处决；如果阿尔韦蒂和马查多被逮住的话也会是同样的下场。对于他的死，佛朗哥只做过一次声明，他把这归结为内战初期的混乱无序。但这个谎言很容易被戳穿，因为他们长期囚禁、折磨并杀害了身陷囹圄的诗人米格尔·埃尔南德斯。而他们曾经有过很多释放他的机会。各国使馆、红衣主教和作家都曾出面与西班牙法西斯政府交涉，但都没能解救他，甚至反而延长了他的囚禁时间。他的死跟费德里科的死一样，都是令人厌恶的政治谋杀。

　　回到加西亚·洛尔卡的私人话题上，我认识、结交的同性恋者很少。一九三三年，我在布宜诺斯艾利斯和他朝夕相处了好几个月，但我并没有发现他这方面的特质，我觉得他身上并没有女性的魅力。智慧的光芒将他装点得绚烂夺目，仿佛宝石般闪闪发亮。他饱满黝黑的脸上没有任何女性化特征，充满自然而知性的魅力。他的同性恋倾向已被证实，而我后来才发现这一点。但或许也存在幸福的同性恋者和不幸的同性恋者，在悲伤中性向会更容易被察觉吧。费德里科浑身散发着幸福的气息，他身上洋溢的幸福大概表明他很满意他的爱情生活。

　　在布宜诺斯艾利斯，我才开始怀疑他的性取向。有一回，他告诉我，姑娘们——几乎都是些崭露头角的女诗人——把他旅店的房间挤得满满当当，都快让他喘不过气了。他玩笑着跟我说了这件事。就这样，我发现他在面对女性纠缠时会感到惊慌失措。于是，我立马表示愿意为他分忧。我们说好了，在紧急时刻，他只要打电话给我，我就会火速赶到旅店，承担起那令人愉快的任务，把他的某个仰慕者拉去别的地方。

　　我们非常愉快地遵守了这项约定，而且颇有成效，我收获了意想不到的合作成果。几只被费德里科的光芒吸引的白鸽最终落入了我的怀抱。

　　记得在一次异乎寻常的偷情冒险中，费德里科意外地给予我支持。

那是一次少年时期让人紧张的冒险，却在我的记忆中留下了浓墨重彩的一笔，现在想起来还令我莞尔。

　　一天晚上，我们受到一个百万富翁的邀请，这类人物只有阿根廷或美国才生产得出来。据说他是个有反叛精神的人，自学成才，办了一份专门登载耸人听闻的消息的报纸，发了大财。他的房子四周是一座巨大的花园—— 一个朝气蓬勃的暴发户的梦想。道路两侧挂着几百个鸟笼，笼里关的是从世界各国搜罗来的五颜六色的雉鸡。藏书室里全是古书，是在欧洲藏书家拍卖时打电报买下的；这个藏书室不但地方宽敞，而且藏书丰富。不过，最为壮观的是轩敞的阅览大厅满铺豹皮的地面，豹皮一张张缝合成一整块大地毯。我听说，此人在非洲、亚洲和亚马孙河地区都有代理人，专门为他收集豹、豹猫、巨猫的毛皮，此刻在这间豪华的藏书室里，毛皮上的斑点在我脚下闪闪发亮。

　　这就是实力雄厚的资本家、布宜诺斯艾利斯公众舆论的控制者——大名鼎鼎的纳塔略·博塔纳的家。席上费德里科和我紧挨主人就座，对面是一位身材颀长的金发女诗人，身穿料子很薄的衣服，进餐中她的碧眼总看着费德里科和我，不过更多的是看我。菜肴是一道烤全牛，连同炭火和炭灰一起放在一个大抬架上，由八个或十个高乔人①抬上来。那一夜天色湛蓝，满天星斗。带皮烤牛肉是阿根廷人的杰作，它的香味同大草原的气息，同三叶草和薄荷的芳香，同几千只蟋蟀和蝌蚪的窃窃私语声混成一片。

　　用餐毕，我同女诗人及对一切都报以微笑并表示赞赏的费德里科一齐起身离席，向灯火通明的游泳池走去。费德里科走在前面，不停地笑，还不停地说话。他很快活。他总是这样。快活是他的皮肤。

---

①阿根廷和乌拉圭大草原上的牧民，西班牙人和印第安人长期混血形成的人种。

一座高塔耸立在灯火通明的游泳池旁。塔身上的灰白色在夜晚的灯光下发着磷光。

　　我们缓缓登临塔上最高处的瞭望台。我们三个风格各异的诗人高高在上，远离尘寰。蓝眼睛似的游泳池在下面闪闪发光。舞会上的吉他声和歌声从更远的地方传来。在我们头顶，布满点点繁星的夜空是那么近，仿佛就要罩到我们头上，把我们淹没到它的深处。我把那位高挑的金发姑娘拥进怀里，亲吻她的时候发现她是个性感、结实、身材匀称、挺直的女子。令费德里科大吃一惊的是，我们竟当着他的面躺到瞭望台的地上，当我动手脱掉她的衣服时，我看到费德里科眼睛瞪得大大的在近处俯瞰我们，不敢相信正在发生的事情。

　　"走开！快去，留神点儿，可别让人上楼梯！"我对他嚷道。当祭祀星空和夜间的阿芙洛狄忒①仪式在塔顶举行时，费德里科高高兴兴地跑去执行撮合者和哨兵的任务，可是因为跑得太急，加上运气不佳，竟从高塔黑魆魆的楼梯上滚了下去。我和女友不得不费大劲去救他。他因此瘸了半月之久。

　　一九三四年，我去了马德里，认识了加西亚·洛尔卡和阿尔韦蒂所有的朋友。他们人数众多，没过几天，我已经是诸多西班牙诗人中的一员了。当然了，西班牙人和美洲人截然不同，总有人或傲慢或错误地对待这件事。

　　我发现，我这一代的西班牙人比我美洲的伙伴更加亲密团结。我还证实了，我们美洲人要更国际化一些，更愿意掌握其他语言，了解其他文化。而他们当中很少有人会讲外语。德斯诺斯和雷奈·克雷维来马德里的时候，得由我来做翻译，他们才能互相交流。费德里科会

---

①希腊神话中爱与美的女神。

说的法语单词不超过四个。当然也有例外:阿尔韦蒂、纪廉和萨利纳斯。他们四处旅行,他们的世界要更广阔一些。在我看来,一般来说,西班牙人就好比欧洲的乡巴佬。我从一开始就很喜欢这一点。后来我明白了,西班牙的主要优势——即西班牙的精神——在于它只关注尘世,而这或许也是它的悲剧所在。

我在西班牙生活的那些年,每天都会见到费德里科的朋友。在他的那些朋友里,几乎没有同性恋者。或许如同伟大的斗牛士一般耀眼的费德里科,是在和别的人恋爱吧。后来,在一次聚会上,一个身材魁梧、富有男子气概、非常俊美的男孩一直陪在他身边。我渐渐发现,这个男孩就是让费德里科钟情的爱人,也是他最后的爱人。他叫拉斐尔·拉平,来自工人阶级。他很羞涩,有一头长卷发,既不是很高,也不是很瘦,他有着西班牙流行的简约气质,散发着寻常的男子气概。我觉得在性这件事上,他与同他一起来咖啡馆的几个男孩都显得非常无助。于是,有一天,我像个称职的父亲那样,带着两三个男孩——其中就有费德里科的那个朋友——去了我们聚会的酒馆附近的妓院。他们竟然没尝过女人的滋味,作为一个早熟的美洲人,我觉得这简直难以置信。

西班牙人的性饥渴已经到了疯狂的程度。一天下午,我们经过灯泡公园附近的郊区,那是个专供人们消遣的地方,我们沿着一条尘土飞扬的小路往马萨纳雷斯河驶去,那条路两侧是白色的围墙,围墙延伸了好几公里。我发现整片石灰白墙都被涂鸦染黑了,漫无边际的白墙显得黯淡极了。

我下车观察那些古怪的文字。实际上所有的文字都有相同的格式,都用笨拙、硕大的字体写着:"佩佩到此一游,想要性交!""安东尼奥、阿贝尔托和何塞·玛丽亚到此一游,想要性交!!!""七月三日,

P. S. 与 R. 到此一游，想要性交！！"

这种疯狂的性欲已成为西班牙的一部分，成为它闭关锁国的一部分，成为它死寂的一部分，成为它坚硬武器的一部分。这让我大吃一惊。我刚步入青春期，就已经在床笫和女性的身体之间流连了。虽然西班牙语美洲的人们也得忍受殖民时期留下的贞操观念的束缚，但大家都在想方设法地摆脱它。

对于带那几个男孩去冒险这件事，我并不当一回事。可我跟费德里科讲这件事的时候表现得非常笨拙，他笑得不行。我讲这些事，是为了让大家明白，费德里科的性取向一点也不重要。

因为在我看来——正如他创作的有关纽约的诗歌里写的那样——加西亚·洛尔卡愤怒地抨击邪恶扭曲的势力，他是非常纯洁的人。因为他的本性，因为他无法违抗的本性，他的温柔显得异乎寻常。

战争时期，反动势力的起义军终结了那位幸福诗人的生命。

他去世没几周，那场奇妙恋情的主角拉斐尔·拉平也遭遇了死亡的厄运。

他在特鲁埃尔阵亡。他是个炮兵。敌人的机关枪恰恰好打中了他所在的炮位。

这个男孩什么也没有留下。在西班牙的土地上，在那片每日都得吞下上千具无名尸体的土地上，他的骨血飞散成细小的碎片，留下了几乎看不清的痕迹。

我写的关于西班牙的书

时光流逝。我们开始在战事中失利。诗人们和西班牙人民并肩战斗。费德里科在格拉纳达被暗杀。米格尔·埃尔南德斯由牧羊人变成军人，他身穿士兵制服，在战火纷飞的火线上朗诵自己的诗。曼努埃尔·阿尔托拉吉雷仍在经营他的几个印刷厂；他把其中一个开设在赫罗纳附近的东部战线的一座古老的修道院里。我写的书《西班牙在我心中》就在那里以特殊方式印制。我认为，在浩如烟海的书籍的奇异历史上，没有几本书有过如此不平常的诞生和命运。

前线的士兵学会了排版；但是当时缺纸。他们找到一台旧粉碎机，便决定就地造纸。在炸弹落下的间隙，在战斗中间，调制出奇特的纸浆。他们把所有的东西——从敌人的旗子到一个摩尔士兵染血的大褂——都扔进了那台粉碎机。用的虽然是些不寻常的材料，制造者又毫无经验，造出的纸却非常好。这本书幸存下来的为数很少的几册，其排印技术和制作得妙不可言的书页都令人惊叹不已。多年后，我在华盛顿国会图书馆里看到一册这一版的书，作为我们的时代最罕见的书之一，陈列在一个玻璃柜里。

我的书刚刚印好并装订成册时，共和国就突然溃败了。由西班牙通往国外的各条大路上，挤满了几十万逃亡的人。这是西班牙人的大规模出逃，是西班牙历史上最令人悲痛的事件。

东线军队的幸存者也加入这些队伍走向流亡地，其中有曼努埃尔·阿尔托拉吉雷，有造纸和印制《西班牙在我心中》的士兵。我的书是这些人的骄傲，在向死神挑战时他们还努力让我写的诗面世。我得知，他们有许多人宁愿用自己的袋子搬运这批印好的书，而不是携带自己的食物和衣服。他们扛上这些袋子，开始了奔赴法国的长征。

这支向流亡地进发的庞大队伍遭到几百次轰炸；许多士兵倒下了，他们肩上的书散落在大路上。余下的人则继续进行无休无止的逃亡。在边界以外，已到达流亡地的西班牙人遭到粗暴对待。在激战中诞生和毁灭的那本热情洋溢的书的最后几册，在一堆篝火中化为祭品。

米格尔·埃尔南德斯到智利大使馆寻求保护，使馆在战争期间曾允许多达四千的长枪党徒避难。这时候卡洛斯·莫拉·林奇大使却拒绝为这位杰出的诗人提供保护，尽管声称是他的朋友。几天之后他就被捕了，并被监禁起来。过了三年多，他患肺结核病死在关他的地牢里。夜莺是受不了囚禁的。

我的领事职责早已告终。因为我参加保卫西班牙共和国的抗争，智利政府决定撤掉我的职务。

战争和巴黎

我们安抵巴黎。我同拉斐尔·阿尔韦蒂及其妻子玛丽亚·特雷沙·莱昂①，在钟表堤岸——一个极好的安静街区——租了一套房子。我们房子对面可以望见新桥②、亨利四世雕像和遍布塞纳河两岸的垂钓的渔人。我们的房子后面是德内瓦尔③描写过的多芬广场，弥漫着枝叶的清香和饭馆的气味。"法国作家"阿莱霍·卡彭铁尔④就住在那里，他是我所认识的最中立的人士之一。他对任何事情都不敢发表意

①玛丽亚·特雷沙·莱昂（1903－1988），西班牙作家，"二七一代"诗人。
②横跨巴黎塞纳河的一座年代久远的桥。
③热拉尔·德内瓦尔（1808－1855），法国文学中最早的象征派和超现实主义诗人之一。
④阿莱霍·卡彭铁尔（1904－1980），古巴小说家、音乐研究者、记者。曾留学法国，后又因反对马查多独裁统治，亡命法国十余年。他的创作深受法国文学影响，且喜爱用法语词汇。聂鲁达这里谑称他为"法国作家"，可能即因此之故，也可能是以此表示对他政治立场的不满。

见，甚至对饿狼般扑向巴黎的纳粹分子也不敢说一句话。

从我的阳台右边探出身去，可以隐约望见巴黎裁判所附属监狱的许多黑魆魆的岗楼。监狱的金色大钟，在我看来就是这个街区最后的边界。

在法国的许多年月里，我有幸成为法国文坛上两位杰出人物——保罗·艾吕雅①和阿拉贡②——最要好的朋友。无论过去和现在他们都是游刃有余、极其真实、有强大生命力、世人瞩目的经典作家，在法国作家之林中占据不同凡响的地位；他们同时又是捍卫名垂青史的道德的真诚而坚定的身体力行者。也少有人像他们两个那样彼此间如此不同。有许多次，我同保罗·艾吕雅一起在谈诗论文的欢乐中享受消磨时光的乐趣。如果诗人们如实回答民意调查，就会亮出这么一个秘密：没有比消磨时光更美好的事了。对待这种古老的追求，每个人都有自己的方式。跟艾吕雅在一起，不知不觉就过了一整天或一整夜，更不会在意我们谈的事情有无重要意义。阿拉贡是一台有才智、有知识、言辞尖刻、文思敏捷的电子机器。从艾吕雅家里出来，我总是会无缘无故地笑起来。而同阿拉贡一起度过几小时之后，出门时我会感到精疲力尽，因为这个人中怪杰迫使我去思考。这两位都是我无法抗拒的忠实朋友，他们身上最吸引我的也许就是他们截然不同的伟大才华。

---

①保罗·艾吕雅（1895－1952），20世纪法国抒情诗人，超现实主义运动创始人之一，他的诗主要描写人们的痛苦和兄弟情谊，第二次世界大战期间曾秘密流传，鼓舞了抵抗运动的士气。
②路易·阿拉贡（1897－1982），法国作家、诗人、文学评论家、政治家。法共党员，一生活动与法共的斗争紧密相连。

南希·丘纳德

我和南希·丘纳德决定创办一本诗刊，我将其命名为《世界诗人捍卫西班牙人民》。

南希在法国外省的乡间住所有一台小印刷机；那里的地名我记不起来了，只记得离巴黎很远。我们到达她的住所时，已是明月当空的夜里了。雪花和月光帘幕般在田庄周围飘动。我无比激动地出门散步。归途中，大片大片冰冷的雪花执拗地在我头上盘旋；我完全迷路了，在白茫茫的夜里摸索着走了半小时。

南希有印刷经验。以前还是阿拉贡的女友时，她出版过阿拉贡和她翻译的《斯纳克之猎》。刘易斯·卡罗尔①的这首长诗确实是无法翻译的，我认为只有在贡戈拉的作品里，才能找到类似的荒诞的马赛克。

我头一次动手排版，还自以为绝不会是太差的排字工。由于我在排印方面拙手笨脚，把字母 P 排倒了，印出来成了 d。有一行诗文里，两处出现 Párpados②这个词，结果两处都成了 dárdapos。以后好几年，南希都用这个词叫我，以示惩罚。她从伦敦来信，开头经常是这样的："我亲爱的 Dárdapo……"不过，这本诗刊倒是广受关注，我们设法印制了六七期。除冈萨雷斯·图尼翁、阿尔韦蒂和几位法国战斗诗人的作品之外，我们还发表了 W.H. 奥登③、S. 斯彭德④等诗人热情洋溢

---

① 刘易斯·卡罗尔（1832－1898），英国数学家、逻辑学家。著有童话《爱丽丝漫游奇境》和《镜中世界》等。他写的《斯纳克之猎》把荒诞文学提到了极高水平。

② Párpado，意为"眼睑"，此处为其复数形式。

③ W.H. 奥登（1907－1973），美籍英国诗人，是艾略特之后最重要的英语诗人。他的诗收在《短诗结集 1927－1957》和《长诗结集》两个集子里。

④ 斯蒂芬·斯彭德（1909－1995），英国诗人、文艺评论家。

的诗篇。这几位英国绅士绝不会知道，在排印他们的诗作时我迟钝的手指所吃的苦头。

不时从英国前来一些纨绔诗人——南希的朋友，他们在扣眼上插着白花，也写些反佛朗哥的诗行。

在人类发展史上，从来没有过像西班牙内战这样内容丰富的题材。抛洒在西班牙的鲜血是一块磁铁，使一个伟大时代的诗坛为之战栗。

我不知道这本诗刊的出版有无成效，因为这时西班牙内战已经悲惨地告终，另一次新的世界大战已经悲惨地开锣了。这次世界大战尽管规模空前，极其残酷，英雄壮举到处可见，却绝不可能像西班牙内战那样，抓住诗歌界集体的心。

不久之后，我不得不从欧洲回国。南希也马上在一名斗牛士的陪伴下来智利旅行；这名斗牛士在圣地亚哥抛了斗牛和南希·丘纳德，跑去做香肠买卖。但是，我最亲密的朋友——这位出身高贵、爱赶时髦的女人，是不肯认输的。她在智利找了一个游手好闲、不修边幅的诗人做情人，这个巴斯克裔智利人不乏才能，缺的是嘴里的牙齿。此外，南希的这个新相好还是个嗜酒如命的酒鬼，夜间经常毒打这位贵族出身的英国女人，使她在社交场合露面时不得不戴上一副巨大的墨镜。

她确实是个禀性难移、勇敢而又惹人怜悯的堂吉诃德式的人物，是我所认识的最奇特的人物之一。南希是丘纳德家族的唯一继承人，是丘纳德夫人的女儿；一九三〇年，她因为干了出丑的事——同一个黑人私奔——而使伦敦舆论大哗；这个黑人是萨沃伊饭店引进的最早一批爵士乐队的一名乐师。

丘纳德夫人发现女儿人去床空，还找到一封女儿写的信，信中骄傲地通知她，自己已与黑人共命运。这位贵族夫人当即去找她的律师，办理了剥夺女儿继承权的手续。我所认识的这位在世界上到处漂泊的女子，就这样成了那个英国女公爵在遗嘱中不予提及的继承人。经常出入她母亲的沙龙的，有乔治·穆尔①（他私下总说自己是南希的亲生父亲）、托马斯·比彻姆爵士②、年轻的奥尔德斯·赫胥黎③以及后来的温莎公爵——即当时的威尔士亲王。

南希·丘纳德予以回击。在她被母亲赶出家门的当年十二月，所有的英国贵族都收到一本名为《黑人和白人小姐之间的关系》的红皮小册子作为圣诞礼物。其言词之尖刻是我见所未见的，有些地方的恶毒挖苦程度绝不比斯威夫特④逊色。

她为黑人辩护的论据，是对丘纳德夫人及英国社会的当头一棒。她的话极具说服力，所以我还记得她对贵族们说的话，现凭记忆引述如下：

"您这位白人夫人，或者更确切地说是您的那伙人，万一被更强大的部落绑架、殴打并戴上锁链，然后运到远离英国的地方，把你们当作奴隶贩卖，当作人类丑恶的可笑标本予以展示，强迫你们在皮鞭抽打和食物短缺的条件下干活，你们的种族将留存下些什么呢？黑人们忍受过这种种的以及更为粗暴残酷的虐待。然而，在经受了多少世纪的苦难之后，他们现在已成为最出色、最高雅的竞技者，还创造了一种较之其他任何音乐都更普及的新音乐。您，跟您一样的白人们，能否在这样不公正的境遇中取胜？如此说来，哪一种人更优秀呢？"

---

①乔治·穆尔（1873－1958），英国有影响力的实在论哲学家、教授，著有《哲学研究》等。
②托马斯·比彻姆（1879－1961），国际闻名的英国指挥家。
③奥尔德斯·赫胥黎（1894－1963），英国作家，《天演论》作者托马斯·亨利·赫胥黎之孙，著有小说《美丽新世界》等。
④乔纳森·斯威夫特（1667－1745），英国杰出的讽刺作家，最著名的作品是寓言小说《格列佛游记》。

这样的内容足有三十页之多。

南希不可能回英国定居了，从此她献身于受迫害的黑色人种的事业。在埃塞俄比亚遭受侵略期间，她前往亚的斯亚贝巴；后来到美国，以声援斯科茨伯勒①的几个黑人男孩，他们因为没有犯过的罪行而被指控。这几个黑人青年被美国的种族主义法院判了刑，南希·丘纳德也被民主美国的警察驱逐出境了。

一九六九年，我的朋友南希·丘纳德在巴黎逝世。在临终的危急时刻，她几乎赤身裸体乘旅馆的电梯下楼。她倒毙在电梯里，永远地闭上了她那双美丽的天蓝色眼睛。

她亡故时体重三十五公斤，只剩下一副骨头架子。她的身体在与世上的不公正进行的漫长斗争中垮掉了。除了生活日益孤独和无助地死去，她没有得到一丝一毫的报偿。

马德里的一次代表大会

西班牙内战的战况越来越凶险，然而西班牙人民的抵抗精神却感动了全世界。国际志愿者军团已在西班牙参战。早在一九三六年，我就看见他们身穿军服到达马德里了；这是不同年龄、不同发肤的一群了不起的人。

现在是一九三七年，我们在巴黎，主要任务是筹备一场世界各地

①美国阿拉巴马州东北部城市。20世纪30年代，该城有九名黑人青年被控强奸两名白人妇女，在没有证据的情况下，都被判处死刑。这一判决引起除南方以外各地的责难。后来在民权团体的压力下，四名年龄较小的被告被无罪释放，剩下的除一人越狱外，其余四人最终均获保释。

区反法西斯作家代表大会。这次代表大会要在马德里召开。就在这时候，我开始对阿拉贡有了认识。他身上最先使我惊奇的东西，是他那难以置信的工作能力和组织才干。所有的信件都由他口授，修改，并被他记在脑子里。最微末的细节他都不放过。他经常在我们小小的办公室里长时间连续工作。众所周知，他在工作之余，还写了几本大部头的散文作品，而他的诗是最美的法语。我见过他校改译自俄语和英语的译作的校样，我还见过他在印刷稿样上重新改写。他确实是个非凡的人，而我从那时起才开始觉察到这点。

我早已卸去领事职务，因此也就身无分文。为了一个月四百旧法郎的进项，我到阿拉贡领导的保卫文化协会工作。我当时以及以后多年的妻子德丽亚·德尔卡里尔始终有个富有的庄园主的名声，其实她比我还穷。我们住在一家可疑的下等旅馆里，旅馆的第一层全部专供来去匆匆的露水情人住宿。在好几个月里，我们吃得又少又差。不过，这个反法西斯作家代表大会倒是开成了。世界各地纷纷寄来可贵的答复。有一封复信是爱尔兰民族诗人叶芝①寄来的；另一封是瑞典的伟大女作家塞尔玛·拉格洛夫②寄来的。这两位作家都太老迈，不能前往马德里这样一座受围困和轰炸的城市；但是，他们两人都支持捍卫西班牙共和国。

我得知，在奥赛堤岸③有一份关于我个人情况的报告，内容大致如下："聂鲁达及其妻德丽亚·德尔卡里尔时常去西班牙旅行，携带并

---

①威廉·巴特勒·叶芝（1865－1957），爱尔兰诗人、剧作家。
②塞尔玛·拉格洛夫（1858－1940），瑞典女作家。1909 年获诺贝尔文学奖。
③法国巴黎塞纳河畔一条街道的名字，法国外交部就在这条街上。因此，奥赛堤岸也被用以代指法国外交部。

传递苏联的指令。这些指令，他们是从俄罗斯作家伊利亚·爱伦堡那里领受的，聂鲁达也曾同他一起多次秘密前往西班牙。聂鲁达为了与爱伦堡建立更私密的接触，就在该苏联作家居住的同一座公寓楼内，租住一套单元房。"

这是一派胡言。让·里夏尔·布洛克交给我一封转致他朋友的信，后者是在外交部任要职的官员。我对这位官员说，怎么可以根据胡乱猜测，就要把我赶出法国。我告诉他，我热切盼望结识爱伦堡，不过，不幸的是直到那天，我还没有这样的荣幸。这位大官有点儿不好意思地看着我，答应进行切切实实的调查。然而调查从未进行，荒谬的指控依然如故。

于是我决定亲自去见爱伦堡。我知道他每天傍晚去拉库波勒餐厅，享用俄式餐。

"我是诗人巴勃罗·聂鲁达，智利人。"我对他说，"据警察说，我们是密友。他们硬说我跟您住在同一座公寓楼里。因为您的缘故，他们要把我赶出法国。所以我希望，至少要亲自认识您，还要跟您握手。"

我不认为爱伦堡对世上发生的任何怪事都会感到惊讶。然而我却看到，从他一绺绺怒冲冲白发遮挡的浓眉下，射出一道显得相当吃惊的目光。

"我也希望认识您，聂鲁达。"他对我说，"我喜欢你的诗。现在先来尝尝这道阿尔萨斯泡菜吧。"

从那一刻起，我们成了莫逆之交。看来就在那天，他开始翻译我的诗集《西班牙在我心中》。我必须承认，未经推荐，法国警察促成了我毕生最倾心的一份友谊，还为我提供了一位极其优秀的俄文译者。

我一向认为自己是个无足轻重的人，在所有的具体事务和重大使命方面都是如此。因此，当我收到一张银行支票时，简直惊呆了。这张支票是西班牙政府送来的，是一大笔款子，足够支付代表大会的全部费用，包括从别的大洲来的代表的旅费。已有几十位作家陆续到达巴黎。

我不知道怎么办才好。我拿这笔款子能做什么呢？我决定把它转交代表大会筹备机构处理。

"我从不追求金钱，而且，我恐怕也没有掌管钱财的本事。"我对当时路过巴黎的拉斐尔·阿尔韦蒂说。

"你是个大傻瓜。"阿尔韦蒂答道，"你为西班牙丢了领事职位，还穿着破鞋到处奔走。为了你的工作和最起码的开销，难道你就不会给自己留几千法郎吗？"

我把鞋细看一番，果然是破了。阿尔韦蒂买了一双新鞋送给我。

过几小时我们就要同全体代表一起动身前往马德里了。为了替从世界各地来到法国的作家们办理各种手续，我、德丽亚和安帕罗·冈萨雷斯·图尼翁忙得团团转。在办理法国的出境签证时，我们遇到许多难题。我们实际上占领了巴黎警察局，人们戏称为"récépissé①"的证件，就是那里签发的。有时，在护照上加盖叫作"tampon②"的法国最高证明标志的，竟是我们自己。

在挪威人、意大利人、阿根廷人中间，有来自墨西哥的诗人奥克塔维奥·帕斯③，他在旅途中经历了无数艰险。能说服他来参加，我在一定程度上感到自豪。他仅仅出版过一本书，两个月前我就收到了。

①法语，"回执、收据"之意，是一种临时签证。
②法语，"印章"之意。
③奥克塔维奥·帕斯（1914－1998），墨西哥诗人、散文家。是20世纪拉丁美洲最重要的诗人之一，对新一代作家有很大影响。1981年获西班牙塞万提斯文学奖，1990年获诺贝尔文学奖。著有长诗《太阳石》、文艺评论《缘木求鱼》等。

我认为这本书蕴含着一种真诚的萌芽。那时还没有人认识他。

我的老朋友塞萨尔·巴列霍阴沉着脸来找我。他生气是因为没有给他的妻子配发火车票——除他之外没有人受得了她。我很快给她弄到一张。我把车票送交巴列霍，他离开时脸还像来时那么阴沉。他准是有事，几个月后我才弄明白是什么事。

事情的原委如下：我的同胞比森特·维多夫罗早已到达巴黎，以便出席代表大会。维多夫罗和我是对头，见面都不打招呼。可他是巴列霍的好友，利用在巴黎的这几天，往我这位单纯朋友的脑子里灌输了种种攻击我的无中生有的事情。我和巴列霍经过一次激动的交谈之后，一切都真相大白了。

驶离巴黎的列车从来没有像这次这样满载这么多作家。在车厢过道里，我们有的互相认了出来，有的彼此并不认识。有些人睡着了；还有一些在一支接一支地抽烟。在许多人眼中，西班牙既是个谜，又是那个历史时期的谜底。

巴列霍和维多夫罗不知在列车上的什么地方。脸部习惯性抽动的安德烈·马尔罗[①]肩上披着风衣，停步跟我聊了一会儿。他这次是独自旅行；以前我总是看见他与飞行员科尔东－莫格利尼埃尔同行，这位飞行员是他在西班牙被丢失和被发现的城市上空冒险时，或把飞机紧急送交共和国时的左膀右臂。

记得这列火车在边境停留了很久。维多夫罗像是丢失了一个手

---

① 安德烈·马尔罗（1901－1976），法国作家。在考古、艺术、政治活动等方面也颇有成就。到过印度、中国等东方国家。西班牙内战爆发后，他组织了一支国际飞行中队，自任指挥，多次参加飞行。第二次世界大战爆发后入伍当坦克兵，一度被俘，逃脱后在法国南部参加抵抗运动。著有《西方的诱惑》《人类的命运》《沉默的声音》等。于1999年入选法国先贤祠。

提箱。大家都在为列车延误奔忙或担心，因此谁也没有闲心去关注他的事。这位智利诗人在很不恰当的时刻到站台上去找他的手提箱，当时这次远征的领队马尔罗就在站台上。马尔罗天生容易激动，又有许多难题压在身上，已经达到他所能承受的极限。也许他没听说过维多夫罗的名字，也没见过面。当维多夫罗走到他跟前，向他诉说丢失手提箱的事时，马尔罗失去了剩下的最后一点耐性。我听见他对维多夫罗嚷道："您要把大家打搅到什么时候！一边去！Je vous emmerde！①"

我偶然目睹了这位智利诗人虚荣心受挫的一幕。我倒宁愿那一刻我在离那里十万八千里远的地方。但是人生无常。在那列火车上，我是维多夫罗唯一憎恶的人；成为那件事唯一目击者的，竟是跟他同是智利人的我，而不是和我们一起旅行的上百位作家中任何一个别的人。

我们再次出发了，这时已是夜阑人静，列车正在西班牙的土地上奔驰；我想到维多夫罗，想到他的手提箱，还有他度过的倒霉时刻。于是，我对朝我隔间走来的中美洲某个共和国的几位青年作家说道："你们也去看看维多夫罗吧，他准是独自一人，而且心情沮丧。"

二十分钟后他们回来了，个个笑容满面。刚才维多夫罗对他们说，"你们别跟我讲丢手提箱的事了，这不是什么了不得的事。严重的事情是，当芝加哥、柏林、哥本哈根、布拉格等地的大学早已授予我各种荣誉头衔的时候，你们那个小国的小小大学，是仍然对我毫无所知的唯一学府。甚至没有邀请我去举行一次关于神创论的讲座。"

我这位伟大的诗人同胞肯定是无可救药了。

---

①法语，意为："见鬼！"

我们终于到达马德里。在接待客人和安排住处的时间里，我想再去看看我近一年来一次也没回过的家。我的书和东西全都扔在那里了。那是在叫作"鲜花之家"的大楼里的一个套间，大楼就坐落在大学城的大门口。佛朗哥的先头部队已经到达大学城周围，这里的住宅区早已多次易手。

　　身穿军装、背着枪的米格尔·埃尔南德斯弄到一辆斗车，用来搬运家里我最心爱的书籍和用具。

　　我登上五楼，颇为激动地打开我那套房间的门。霰弹炸坏了窗子，炸塌了几段墙。书籍被从书架上抛到地上。要从这一堆堆瓦砾中理出头绪来，绝对不可能。无论如何，我还是匆匆忙忙地找寻一些东西。奇怪的是，那些多余的、毫无用处的衣服都不见了，想必是被入侵或守卫的士兵们拿走了。锅、缝纫机、盘子零乱地散落一地，但都完好无损；我的领事礼服，我的波利尼西亚面具，我的东方刀子，都已荡然无存。

　　"米格尔，战争就跟梦境一样变幻不定。"

　　米格尔在散落一地的纸张中找到一些我的作品的原稿。这样杂乱无章的场景是我生平所仅见。我对米格尔说：

　　"我什么东西也不想拿了。"

　　"什么东西都不拿？连一本书也不拿吗？"

　　"一本书也不拿了。"我答道。

　　我们推着空车走了。

面具和战争

……我的家恰好处于两个战区之间……一侧，摩尔人和意大利人在前进；另一侧，马德里守卫者在前进，退却，或者停步不前……大炮打穿墙壁……窗子被炸得粉碎……我在散落地上的书本之间找到几颗子弹头……但是我的面具不见了……我的面具是在暹罗、巴利、苏门答腊、马来群岛、万隆收集来的……我金色、灰色、番茄红的面具有着银灰色的、蓝色的、凶恶的、沉思的眉毛，它们是我第一次东方之行的唯一纪念品，那些地方曾以茶叶味、粪便味、鸦片烟味、汗臭味、浓郁的茉莉香味、鸡蛋花香味、街头的烂水果味迎接我的到来……那些面具使我想起最纯粹的舞蹈，在神庙门前跳的舞……蒙上神话色彩的木质吊饰，花的神话的残余物，在空中描绘出与我美洲人的天性格格不入的梦想、习惯、鬼怪和玄义……后来……士兵们也许在互相射击的间隙，戴上面具从我家的窗口探出身去，以此吓唬摩尔人……扔在那里的好几个面具成了碎片，而且染有血迹……另外几个被枪炮打落，从我住的五楼滚下去……佛朗哥的进攻路线就在这几个面具前面……一大群目不识丁的雇佣军在它们面前乱喊乱叫……三十个亚洲神祇的面具，在最后一次舞蹈——死亡之舞——中从我家里升天了……那是休战时刻……形势起了变化……我坐着凝视那些瓦砾，凝视草席上的斑斑血迹……通过新开的窗口，即霰弹打穿的洞……我极目远眺，凝望大学城以外的远方、平原、古堡……我忽然觉得西班牙空无一人……觉得我邀请的最后一批客人已经永远地走了……有的戴着面具，有的没戴，在枪林弹雨中唱着战歌，欣喜若狂，进行不可思议的防守，有的死去，有的活着，对我来说这一切都已结束……这是节日之后最后的宁静……度过这最后的节日之后……有的戴着面具走了，有的戴着面具倒下了，有的跟随不请自来的士兵，为了我的西班牙，走了……

六 出发寻找阵亡者

我选定了一条路

尽管很久以后我在智利正式入党时才拿到党证，但我认为，早在西班牙内战期间，我就明确以共产党员的标准要求自己了。有很多事情加深了我的信仰。

与我思想对立的朋友、信仰尼采哲学的诗人莱昂·费利佩[①]，是个很有人缘的人。他最吸引人之处就是对待纪律的无政府倾向，以及难以对付的爱开玩笑的性格。在内战正酣的时候，伊比利亚无政府主义者联合会引人入胜的宣传很容易使人上当。他经常到无政府主义者阵线去，在那里阐述自己的想法，朗诵自己反传统的诗篇。这些想法和诗歌反映了无政府主义者、反教权主义者的思想意识，既有祈祷又有咒骂。他的话使那些无政府主义小组入迷；这种小组在马德里异乎寻常地大量增加时，那里的居民正纷纷奔赴日益逼近的前线。无政府主义者给有轨电车和公共汽车刷上油漆，一半漆成红色，一半漆成黄色。他们留着乱蓬蓬的长发和胡子，戴着子弹做的项链和手镯，在西班牙

---

① 莱昂·费利佩（1884－1968），西班牙诗人，反法西斯主义者，著有诗集《残酷的美》等。

垂死时的狂欢节中扮演主要角色。我看到他们有些人脚穿有象征意义的鞋子，一半用红皮，一半用黑皮，制作这种鞋子使鞋匠费了很大的劲。可别以为他们演的是无害的滑稽戏。他们每个人都带着刀子、笨大的手枪、步枪和卡宾枪。他们一般都盘踞在大楼的入口，一边扎堆吸烟吐痰，一边炫耀他们的武器。他们主要关心的是，向受恐吓的大楼住户收钱；或者强迫大楼住户自愿放弃自己的珠宝、指环和手表。

莱昂·费利佩深夜开完一场支持无政府主义的报告会回家，途中我们在我家拐角处的咖啡馆里相遇了。这位诗人身披一件西班牙斗篷，与他那拿撒勒①人式的胡子非常般配。走出咖啡馆时，他那件浪漫气派衣服的雅致褶子蹭上了一个心胸狭窄、与他政见相同的人。我不知道是不是莱昂·费利佩老派绅士的举止惹恼了那个后卫队"英雄"，我们刚走了几步，确实就被一群由一个对咖啡馆反感的人领头的无政府主义分子拦住了。他们要检查我们的证件，瞟了一眼证件之后，两个武装人员就把诗人架走了。

他们把他带往我家附近的枪决行刑场——那里夜间传来的枪声往往搅得我无法入睡，这时我看见有两个从前线回来的武装民兵经过。我向他们说明莱昂·费利佩是什么人，他遭受了什么样的伤害，多亏他们，我的朋友才得以获释。

这种思想意识的混乱和无缘无故的破坏气氛使我陷入深思。我知道某位奥地利无政府主义者的业绩，他又老又近视，满头乱蓬蓬的亚麻色长发，以送人去"散步"见长。他组织过一个名为"黎明"的小组，因为他们都在日出时刻发起行动。

"您是不是有时感到头疼？"他问受害者。

---

① 今以色列北部城市，居民以阿拉伯人为主；另据《圣经》记载为耶稣基督的故乡，因而有"拿撒勒人耶稣"的说法。

"是的，有时感到头疼。"

"那么，我要给您一种很有效的止痛药。"这位奥地利无政府主义者一边对受害者说，一边用他的左轮手枪瞄准对方的前额，开了一枪。

当诸如此类的匪帮在马德里漆黑的夜晚群集横行的时候，共产党人是建立起一支抵抗意大利人、德国人、摩尔人和长枪党的军队的唯一有组织的力量。同时，他们又是坚持抵抗和进行反法西斯斗争的精神力量。

简而言之，那时我必须选定一条路。这就是我在那些日子里做过的事，对于在那个悲惨时代的黑暗和希望之间做出的决定，我永不后悔。

拉斐尔·阿尔韦蒂

诗歌创作永远是一种和平行为。诗人诞生于和平环境，正如面包是由面粉制成的。

纵火者、好斗的武夫、狼，都在搜寻诗人，要烧死他，杀害他，咬死他。在一座阴森的公园的树林中，一名好斗的剑客使普希金受了致命伤。一群烈马疯狂地从裴多菲的尸体上践踏过去。拜伦在希腊为反战而牺牲性命。西班牙的法西斯分子以暗杀西班牙最杰出的诗人发动战争。

拉斐尔·阿尔韦蒂是这种屠杀的幸存者之一。他有上千次几乎丧命。有一次也是在格拉纳达。另一次，死神在巴达霍斯等他。在阳光普照的塞维利亚，在他小小的故乡，在加的斯和圣马利亚港，有人在找他，要用刀子捅死他，要吊死他，要通过杀害他以扼杀诗歌。

但是，诗歌没有死，它像猫一样有九条命。他们折磨诗歌，把它拖在街上，啐它，嘲弄它，一心要吊死它，流放它，把它投入监狱，向它射击；然而，它逃脱了所有这些谋害，把脸洗得干干净净，并且露出米粒一样灿烂的微笑。

我是在马德里街头认识拉斐尔·阿尔韦蒂的，那时他身穿蓝衬衣，打着红领带。我了解他早就是一名人民战士了，当时投身这项艰难事业的诗人还不多。警钟还未曾为西班牙敲响，但他早已知道会发生什么。他是南方人，生长在涛声朗朗的海边和储存黄玉般葡萄酒的酒窖旁。于是，葡萄的热情和海涛的喧哗形成了他的心。他一直是个诗人，尽管早年他自己对此毫无所知。后来全西班牙都知道了，再往后是全世界。

对于我们这些会讲并熟谙卡斯蒂利亚语的人来说，拉斐尔·阿尔韦蒂是西班牙语诗歌的一个璀璨的高峰。他不仅是个天生的诗人，还是位形式大师。他的诗有如神奇地盛开在冬日的一株红玫瑰，有贡戈拉的雪花似的团絮，有豪尔赫·曼里克[1]的根，有加尔西拉索[2]的花瓣，有古斯塔沃·阿道弗·贝克尔[3]的忧伤的芬芳。就是说，在他晶莹剔透的酒杯里汇合了西班牙诗的精华。

这株红玫瑰为西班牙那些力图阻止法西斯主义的人照亮了道路。世人都知道这段英勇而悲惨的历史。阿尔韦蒂不仅写过壮丽的十四行诗，不仅在兵营和前线朗诵过这些诗，还创造出诗的游击战，创造出反战的诗的战争。他创作的诗在大炮的轰鸣中长出双翼，后来在全世

①豪尔赫·曼里克（1440－1479），西班牙诗人，所著《悼亡父》被认为是15世纪西班牙抒情诗的杰作之一。
②加尔西拉索·德拉维加（1503－1536），西班牙文学史上"黄金时代"的第一位重要诗人。
③古斯塔沃·阿道弗·贝克尔（1836－1870），西班牙诗人、浪漫主义后期的散文和传记作家，主要作品有《诗韵集》、散文《传说集》等。

界上空翱翔。

这位至纯至真的诗人展示出在全世界生死攸关的时刻，诗歌对公众的巨大影响。在这一点上，他与马雅可夫斯基[①]相似。诗歌公众影响力的基础，是力量，是柔情，是欢愉，是人的真实品质。缺乏这些，诗歌虽会发出悦耳的响声，却不会歌唱。阿尔韦蒂的诗永远在歌唱。

浓雾的赠礼

战争爆发前不久，我在马德里送给拉斐尔·阿尔韦蒂一只狗。是公狗还是母狗，我一直都不太清楚。

对一个给予我许多东西的人，这却是我给予他的唯一东西。

我先谈谈自己的本领，然后再谈谈他的。

一天夜里，我从鲜花之家出来，往拉斐尔家走去。他家位于一处位置绝佳的露台上，正对着乌尔基霍侯爵大街和树木繁茂、人声嘈杂的公园。这座房子曾经属于一位摧毁了独立军的残暴将军。门前有一只巨大的砗磲贝壳，那是我见过的最大的贝壳，或许是他从菲律宾带回来的。

我喜欢步行过去，穿越六七个街区，然后上楼，走进拉斐尔令人愉悦的家里。从前，我总会留下纪念品，以此搅乱那位殖民地上校的回忆，就像我总是往古人用来盛放圣水的巨大贝壳里放点什么那样。我在昏暗和寂静的包围中走上螺旋楼梯，走进一片光亮里，拉斐尔就在那儿，耀眼的卡斯蒂利亚金发女郎玛丽亚·特蕾莎在他身边，她让

---

①马雅可夫斯基（1893－1930），苏联诗人，早期诗作揭露资本主义制度，十月革命后创作进入新阶段。创作了《列宁》《穿裤子的云》等长诗。最终自杀。

那片开阔的空间显得愈发明亮。拉斐尔跟我一样，每晚都参加派对，因为他每天都辛勤工作。

我跟那只小狗一起到了他家。我不知道它的性别、品种以及它叫嚷的语言，它的毛发蓬松杂乱，眉毛胡子非常浓密，这团浓雾从我家那儿就开始跟着我。

那是数九寒天，少见的浓雾在马德里的街道上沉淀下来，久久不能散去。在这样的浓雾里，我勉强能前进，可是几乎什么也看不见。不过，我能听见声响，我听见有东西在跟着我。那东西肯定是幽灵、乌鸦，肯定是绝无仅有的东西。我独自一人，在浓雾里快要迷路了。在那个时刻，我是绝对孤独的行人，没有人经过，我只能听见身后奇怪的嗒嗒声，仿佛是鬼怪的脚步声。我停下来的时候，那勤快的脚步也会停下。我刚抬起脚步，那东西也跟我一块儿走。浓雾里，这一切让我觉得非常不舒服。直到来到阿尔韦蒂家门前，一只极其可爱的小狗才从迷雾里钻出来，跟我一起走上了楼梯。郊区的小狗，一半是雾，一半是梦，它看着我们，银色的毛发宛如杂乱的灌木丛，浑身沾染了街道的颜色，仿佛一只在城市里迷路的小山羊。从它的眼神里能看出，它依然保持着野生的纯洁。

我和小狗进门之后，拉斐尔马上就给它起名叫"小雾"，因为它看起来仍被那种神秘的物质浸润着。它在客厅中间坐了下来，享受诗人们的喜爱。从那时起，在阿尔韦蒂和莱昂夫妇的家里，在诸多阿尔贝托·桑切斯的抽象石铁雕塑作品中间，那只奇异的小狗似乎变成了自然而不可或缺的一部分。

小雾凭借它特殊的名字和充满丛林气息的毛发，成了拉斐尔最让人难忘的小狗。它常常陪伴他，带领他上街散步，甚至引导他写诗，这样一条现身于黑夜中的小狗是万能的。直到战争爆发，他们才分开。

战争夺走了我们许多东西，夺走了拉斐尔的西班牙，夺走了他那条名叫小雾的小狗。

或许，这是我这辈子给予圣玛利亚水手港诗人、马德里英雄诗人、多产的流亡诗人拉斐尔·阿尔韦蒂唯一的东西。

在漫长的岁月里，拉斐尔给予我的东西太多了，我亏欠他的也太多了，不过这是另一码事了。我曾经在许多诗句里提到过这件事。

我欠他的只有这些了吗？不，还有很多。不过，我原本会亏欠他更多。而这本是我心甘情愿的。

现在，他先我一步过了七十岁生日，不过我也快了，因为我们俩年龄相仿。很多人应该知道，我带着他和他心爱的妻子移民到了美洲，目的地是我的祖国，但他们被布宜诺斯艾利斯的光芒俘获了。

多年来，我亏欠了拉斐尔和他妻子许多东西。他们有生活的天赋，比任何人都擅长给我们带来幸福。

拉斐尔非常耀眼。在和他亲密相处的那些年里，我亏欠了他很多，他非常善于释放快乐。我是个固步自封的人，沉溺于故乡的黑色光芒、极地般的南方、广阔森林的冷雨和熔铸祖国冰冷王冠的火山。对我而言，拉斐尔是通往甜蜜，通往绚丽开阔世界的窗户。

没人能像拉斐尔·阿尔韦蒂那样让我高兴。或许费德里科·加西亚·洛尔卡可以，他是我们共同的兄弟，也像拉斐尔那样常常让我开怀大笑。纯洁的笑容就像面包和水果那样必不可少。他们俩截然不同，但他们一直在我心里，从未离开。直到其中一个被另一个的敌人杀害。

但现在，我谈论的是活着的那个，是拉斐尔·阿尔韦蒂，他依然光芒四射，依然快乐，依然充满斗志。因为他的完美人格和艰难战斗，永远都是他纯洁而不朽的诗歌的一部分。

智利的纳粹分子

我又一次乘坐三等舱返回我的祖国。拉丁美洲虽然没有塞利纳[①]、德里欧·拉罗舍尔[②]和埃兹拉·庞德[③]之流的著名作家变成为法西斯主义效劳的叛徒这种事例，但不能因此就认为不存在一股受希特勒主义势力渗透的强大暗流，其中有人是本性使然，有人却是受到金钱的驱使。到处都有小团体成立，他们举臂行法西斯礼，穿戴得像纳粹的冲锋队。不过涉及的不仅是一些小团体。本大陆的老牌封建寡头政治集团同情任何一种反共形式，不管它是来自德国还是来自极左的克里奥尔人。此外，不要忘记在智利、巴西和墨西哥的许多特定地区，居住着大批德国人后裔。希特勒昙花一现的登台和日耳曼千年强盛不衰的神话，轻而易举就能将这些人俘虏。

在希特勒获得大肆张扬的胜利的那些日子里，在智利南方的荒村或城镇，我真的不止一次不得不在如林的纳粹军旗下穿过街道。有一次，在南方的一个小镇，为了用当地的一台电话机，我被迫向"元首"行了一个无意识的礼。店铺的德国老板拥有小镇里唯一一台电话，他设法把电话机放在某个位置，使要摘下听筒的人不得不抬高手臂，向同样抬高手臂的希特勒的肖像行礼。

我当时是《智利曙光》杂志的主编。这门文学大炮（我没有其他

---

① 路易-费迪南·塞利纳（1894－1961），法国作家。处女作《茫茫黑夜漫游》引起强烈反响。后来成为狂热的反犹太主义者，在作品中表现出明显的亲希特勒倾向，煽动种族主义。

② 皮尔·德里欧·拉罗舍尔（1893－1945），法国小说家、散文家，曾为纳粹德国在第二次世界大战中的行为辩解。法国解放后不久自杀。

③ 埃兹拉·庞德（1885－1972），美国诗人、评论家，对英美现代文学的发展有重要贡献，曾于第二次世界大战前后在罗马电台发表数百次讲话，抨击美国参战。

武器）的全部炮弹，都射向正在把别国一个一个吞下的纳粹。希特勒驻智利大使向智利国立图书馆赠送所谓新德意志文化的书籍。我们进行反击，要求我们的所有读者把被希特勒禁止的、真正忠于德意志的德国书籍寄给我们。这是一次很重要的经历。我接到死亡威胁。许多包得整整齐齐的装有抹上污秽的书籍的包裹也寄到了。我们还收到收集齐全的宣扬色情、施虐狂和排犹思想的报纸《前锋报》，这份报纸是由数年后在纽伦堡被正义地绞死的尤利乌斯·施特赖谢尔①主编的。但是，海因里希·海涅、托马斯·曼、安娜·西格斯②、爱因斯坦、阿诺德·茨韦格③等人的德语版作品，也渐渐怯生生地寄来了。我们收到将近五百册图书时，便把它们交给国立图书馆。

太令人吃惊了，国立图书馆竟对我们锁上了大门！

我们于是组织游行，列队举着尼默勒牧师④和卡尔·冯·奥西埃茨基⑤的肖像开进大学礼堂。我不知道当时礼堂里正在举行的由外交部部长堂米格尔·克鲁查加·托科纳尔主持的仪式以何为主旨。我们把书籍和肖像小心地放在主席台入口。这一仗打赢了，那些书被接受了。

---

① 尤利乌斯·施特赖谢尔（1885—1946），纳粹政客，30 年代残酷迫害犹太人的纳粹分子之一，1946 年 10 月 1 日，纽伦堡国际军事法庭以违犯人道罪将他判处绞刑。
② 安娜·西格斯（1900—1983），德国女作家，著有小说《第七个十字架》等。
③ 阿诺德·茨韦格（1887—1968），德国犹太作家，著有《格里沙中士案件》等。
④ 马丁·尼默勒（1892—1984），德国基督教牧师、神学家、反纳粹人士。他反对歧视犹太裔教徒，反对希特勒政权控制教会。1938 年 3 月被送入集中营，第二次世界大战结束时才由盟军释放。
⑤ 卡尔·冯·奥西埃茨基（1888—1936），德国记者，1935 年获诺贝尔和平奖。希特勒上台后，他于 1933 年被押送至集中营，1936 年病故狱中。

黑岛

我想更加尽心尽力地专注于文学创作。在西班牙的切身经历使我坚强了，也成熟了。我诗歌创作中讴歌苦情的阶段应该告终了。我的《二十首情诗和一首绝望的歌》中忧郁的主观性，或者《居留在大地上》中痛苦的哀伤行将结束。我仿佛找到一条矿脉，它不是埋藏在地底岩层之下，而是蕴藏在书页下面。诗歌能为我们人类服务吗？能配合人的种种斗争吗？我在无理性的和消极的领域里已经跋涉得太久了。我应该停下脚步，去寻找那条人道主义的路，它虽然已被现代文学摈弃，却深深植根于人类的愿望中。

我动笔创作我的《漫歌》。

为此，我需要一个写作的地方。我在一个无人知晓的地方——黑岛，找到一幢面对太平洋的石屋。房主堂埃拉迪奥·索夫里诺是个年迈的西班牙社会主义者、海军上校，这幢石屋本是他为自己一家建造的，不过他现在愿意卖给我。我怎么买呢？我把写作《漫歌》这本诗集的计划提交当时出版我的著作的埃尔西利亚出版社，但是遭到拒绝。一九三九年，别的出版商向我伸出援手，直接付款给房主，使我终于得以买下我在黑岛的房屋，供写作之用。

我深感迫切需要写一部内容集中的长诗，把众多的历史事件、不同的地理条件、人民的生活和种种斗争结合到一起。黑岛的荒凉海岸以及太平洋的汹涌澎湃，使我能够怀着满腔热情，心无二用地投身于我的新诗创作。

把西班牙人给我带来

可是，生活立刻迫使我离开黑岛。

有关西班牙移民的骇人听闻的消息传到了智利。五十多万男人和女人，战士和平民已经越过法国边界。在法国，被保守派势力施加压力的莱昂·布鲁姆①政府把这些西班牙移民成群赶进集中营，分散送进要塞和监狱，把他们集结在撒哈拉沙漠附近的非洲地区。

智利政府已经更迭。西班牙人民的兴衰变化给智利人民带来了新鲜的力量，现在我们才有了一个进步的政府。

这个智利人民阵线政府决定派我去法国，执行我毕生承担过的最崇高的使命，也就是把西班牙人从法国监狱里营救出来，并把他们送到我的祖国。这样，我的诗会像来自美洲的一盏明灯，在承受非人的痛苦和表现得前所未有地英勇的人群中放射出光芒。这样，在迎接西班牙人的时候，我的诗会和来自美洲的物质援助混在一起，去偿还一笔久远的债务。

我刚刚做过手术，一条腿打着石膏——这就是我当时的身体状况，几乎是身带残疾地离开我的隐居所，去谒见共和国总统。堂佩德罗·阿吉雷·塞尔达亲切地接见了我。

"对，你把成千上万的西班牙人给我带来。我们有工作给他们做。你把渔夫给我带来；你把巴斯克人、卡斯蒂利亚人、埃斯特雷马杜拉人给我带来。"

---

①莱昂·布鲁姆（1872－1950），法国第一个社会党的总理，也是第一个任法国总理的犹太人，社会党右翼领袖，曾两度依靠人民阵线组阁，但公然违反该阵线的纲领，采取纵容法西斯国家侵略的不干涉政策，1940年被伪政府逮捕，并送德国囚禁，战后为重建法国做出一定贡献。

没过几天，我仍打着石膏，就动身前往法国，去把西班牙人接到智利来。

我有具体职务，是负责西班牙移民的领事——委任书上就是这么写的。我毫不含糊地向智利驻巴黎大使介绍了自己的头衔。

在我的祖国，政府和政治形势都已有所不同，然而驻巴黎大使却没有换人。把西班牙人送往智利的可能性使衣着光鲜的外交官大为光火。他们把我安置在厨房附近的一间办公室里，用各种方法干扰我的工作，连信纸都不肯给我。受伤的战士、律师、作家、失去了诊所的医生、有各种技能的工人——这些不受欢迎的人，开始潮水般向使馆大楼的大门口涌来。

他们须不顾一切才能走到我的办公室来，又因为我的办公室在四楼，使馆的人出了个鬼主意：让电梯停开。许多西班牙人是战争中的伤员和非洲集中营的幸存者，看见他们费九牛二虎之力才登上我所在的四楼，我的心都碎了；然而那些凶恶的官员却以我遇到的困难取乐。

一个阴险狡诈的家伙

智利人民阵线政府给我传来一位代办到达巴黎的消息，结果却使我的生活复杂化了。我当时非常高兴，因为派到大使馆来的新负责人，也许能扫清那个旧外交官在西班牙移民工作上给我设置的大量障碍。一个瘦削的年轻人在圣拉扎尔火车站下车，戴着夹鼻眼镜，让人觉得他像个獐头鼠目的老公务员；年纪大约二十四五岁。他的嗓音尖细，带娘娘腔，激动得结结巴巴地对我说，他要把我当作他的领导；还说，他此行只有一个目的，就是在把那些"光荣的战败者"

送往智利的伟大任务中当我的助手。我虽然因为得到一个支持工作的新合作者而高兴,可此人让我打心里感到不舒服。他对我大加恭维,而且言之其实,我却隐隐觉得他为人有点虚伪。后来我才知道,随着智利人民阵线的胜利,他突然来了个一百八十度大转弯,由耶稣会组织的哥伦布骑士团成员摇身一变成为共产主义青年团团员。在招募人员的全盛时期,这一类人因其智力上的诸多优点而颇具吸引力。阿雷亚诺·马林写过几出喜剧和若干篇文章,是位学识渊博的演讲家,似乎无所不知。

世界大战迫在眉睫。巴黎每天晚上都可能挨德国人轰炸,各家各户都接到躲避空袭的通知。我每天傍晚回到塞纳河畔维伦纳镇临河的一幢小房子,每天早上怀着沉重的心情返回大使馆。

在短短几天里,这个新来的阿雷亚诺·马林就受到我从未得到过的重视。我曾介绍他认识内格林[1]、阿尔瓦雷斯·德尔巴约[2]和几位西班牙的政党领袖。一周过后,这个新任官员跟这些人亲近得都快要称兄道弟了。一些我素不相识的西班牙领袖人物经常出入于他的办公室。他们之间的长谈对我来说是秘密。他不时叫我去,有时让我看看他给母亲买的钻石或翡翠,有时则跟我说有关一个风骚的金发女人的私房话;这个女人使他花了不少钱,比他该花在巴黎夜总会的多得多。我们曾让阿拉贡,尤其是他的夫人埃尔莎,躲在大使馆里,保护他们免受反共分子的迫害,阿雷亚诺·马林马上成为他们的朋友,对他们关怀备至,还送给他们一些小礼物。这个人的心理准是激起了埃尔莎·特里奥莱的兴趣,因为她曾在她写的一两部小说里议论过他。

---

①胡安·内格林 (1894—1956),西班牙共和派政治家。在西班牙内战期间于1937年5月任总理,1939年辞职,流亡巴黎、英国和美国。曾任共和国流亡政府总理,1945年辞职。
②阿尔瓦雷斯·德尔巴约 (1891—1975),西班牙作家、政治家,著有小说《红色小路》等。

尽管我的眼光向来不敏锐，通过这一切也渐渐看出他对奢侈品和金钱的胃口越来越大。他玩儿似的就把一种牌子的小汽车换成另一种牌子的；他还租用豪宅。那个风骚的金发女人似乎每天都提出要求，让他越来越疯狂。

　　为了解决一个紧急的移民问题，我不得不前往布鲁塞尔。我走出下榻的十分简陋的旅馆时，意外地遇到我新上任的合作者——那个风度翩翩的阿雷亚诺·马林。他大声打着亲切的招呼向我走来，还请我当天去吃饭。

　　我们在他住的酒店里见面，那是布鲁塞尔最昂贵的一家酒店。我们的餐桌上摆着兰花。他当然要了鱼子酱和香槟酒。用餐时，听着东道主大谈特谈他的奢侈计划、最近几次享乐的旅游和弄到手的珠宝，我感到忧心忡忡，一言不发。我像是在听一个有点儿疯癫的暴发户的胡言乱语；他锐利的目光、自负的言谈，这一切都使我感到脑袋发涨。我决定彻底予以解决，把我的忧虑坦率告诉他。我提议去他房间里喝咖啡，因为我有话对他说。

　　我们上楼谈话时，有两个我不认识的人在楼梯口走到他身旁。他用西班牙语让他们等他，说他过几分钟就下来。

　　一走进他的房间，我就把咖啡放到一旁。我们的谈话很紧张。我对他说：

　　“我觉得，你走到邪路上去了。你正在变成一个财迷。可能你还太年轻，不懂这一点。但是，我们的政治责任是很重大的。数千移民的命运都握在我们手里，我们可不能视同儿戏。你的事，我一点儿也不想知道；但我真心想提醒你。有很多人在生活中遇到不幸时就说：‘没有人劝过我；没有人提醒过我。’你不能说这样的话了。这就是我要说的。现在我走了。”

我告辞时看着他。泪水从他眼里直流到嘴角。我突然后悔了。我莫不是说过头了？我走上前去，拍了拍他的肩膀。

"别哭了！"

"我是气哭的。"他答道。

我没再说一句话就离开了。我返回巴黎，从此没有再见过他。那两个等他的人一见我下楼梯，就赶紧上楼到他房间去了。

这段历史公案很久以后在墨西哥才有了结局，当时我是智利驻墨西哥领事。一天，我应一个西班牙流亡者团体之邀去吃饭，他们中有两个人认出了我。

"你们是在哪儿认识我的？"我问他们。

"我们就是在布鲁塞尔上楼找您的同胞阿雷亚诺·马林谈话的那两个人，当时您正从他的房间下楼来。"

"当时出什么事了？我一直都很想了解。"我对他们说道。

他们告诉我一件不可思议的事。他们走进阿雷亚诺·马林的房间时，他哭得像个泪人儿，异常激动。他抽抽搭搭地对他们说："我刚刚遭受了生平最大的一次打击。聂鲁达已经离开这里，去向盖世太保告发你们是危险的西班牙共产党员。我没能说服他推迟几小时。你们逃命的时间只有屈指可数的几分钟了。把你们的手提箱交给我，我替你们保管，以后再设法送还你们。"

"太蠢了！"我对他们说，"好在你们到底还是从德国人手心里脱险了。"

"可是，那几只箱子里装的是西班牙工人联合会的九万美元。手提箱没有还回来，我们连见也没有再见到。"

稍后我才知道，那个阴险狡诈的家伙曾经带上他的巴黎情妇，到近东去旅游了一次，不但时间长，而且极尽享乐之能事。那个有着层出不穷的要求的风骚的金发女人，原来是巴黎大学的一名金发女大学生。

后来有一天，他在智利公开宣告脱离共产党。这家伙在致各报的信中写道："深刻的思想分歧使我不得不做出这一决定。"

一位将军和一位诗人

每个经历过失败和进过监狱的男人，都是一部有其章节、哭泣、笑声、孤独和爱情的小说。这些故事有的使我大为惊叹。

我认识一位空军将军，长得又高又瘦，是军事学院毕业的军人，有各种头衔。行走在巴黎街头，俨然一副西班牙土地上堂吉诃德的影子，如同卡斯蒂利亚地区的杨树，苍老而挺拔。

佛朗哥的军队把共和地区一分为二的时候，这位埃雷拉将军必须在漆黑中巡航，视察防御设施，向被分隔的两个地区发出命令。在漆黑的夜里，他驾驶着灯光完全熄灭的飞机飞越敌区。佛朗哥军队的炮火不时从他的飞机旁掠过。但是，这位将军在黑暗中感到厌倦。他于是学起了布莱叶盲文①。他掌握了盲文之后，立刻在执行危险使命的航程中用手指阅读起来，而飞机下边是内战的漫天烽火和伤痛。这位将军对我说，他读完《基督山伯爵》，接着开始读《三个火枪手》的时候，他的盲人夜读便因战败而中断，他随即流亡国外。

安达卢西亚诗人佩德罗·加菲亚斯的经历是我想起来就心情激动的又一个故事。他流亡后落脚在苏格兰一个贵族的城堡里。城堡里总是只有加菲亚斯孤单一人，这个不安生的安达卢西亚人便天天到伯爵

---

① 当今国际通用的盲文符号，法国人路易·布莱叶(1809－1852)于1829年设计的"点字"。

领地的酒馆去，一声不响地独自喝闷酒，因为他不会讲英语，而他讲的吉卜赛西班牙语我本人也几乎听不懂。这位默不作声的常客引起酒馆老板的注意。一天晚上，所有的酒客都已离去，酒馆老板请他留下，他们就一起对着壁炉的炉火，继续默默喝酒，炉火不时爆出火星，像是在对他们二人倾吐心曲。

这种邀请成为一种习惯。加菲亚斯每天晚上都受到酒馆老板款待；酒馆老板没有妻室，没有家，跟他一样孤单。他们的话渐渐多了。加菲亚斯对他讲述西班牙内战详情，说话间有感叹，也有咒骂——最典型的安达卢西亚人的咒骂。酒馆老板肃静地听着，当然，一句话也听不懂。

轮到那位苏格兰人诉说他的不幸：也许是他妻子抛弃他的经过，也许是他几个儿子——他们穿军装的相片就摆在壁炉上——的壮举。我说"也许"，是因为在他们进行奇特交谈的漫长的几个月里，加菲亚斯也是一句话都听不懂。

然而，这两个孤独的男人，在用互不相通的语言热烈互吐衷肠中建立的友谊却愈来愈坚固；夜夜见面并畅谈达旦成为两人不可缺少的需要。

后来加菲亚斯不得不前往墨西哥，辞行时他们喝酒，谈心，拥抱，潸然泪下。将他们深深连接在一起的情感，乃是两个孤单的人的离别。

"佩德罗，"我多次问诗人道，"你认为他对你说了什么？"

"巴勃罗，他的话我一句也听不懂，不过，我一听见他说话，总是感到，我确实明白他的意思。我讲话的时候，我敢肯定他也明白我的意思。"

温尼伯号轮船

一天早餐我来到大使馆的时候，职员们交给我一封很长的电报。他们微笑着——这是件怪事，因为他们早就不跟我打招呼了。电文中准有什么教他们开心的消息。

是一封发自智利的电报。签发这封电报的是堂佩德罗·阿吉雷·塞尔达总统本人，而输送西班牙逃亡者的明确指令，我就是从他那里领受的。

电文说，我们的好总统堂佩德罗今晨惊讶地获悉，我正在安排西班牙移民前往智利，他要求我立即对如此奇怪的消息予以否认。看了这封电报，我简直惊呆了。

总统的这封电报令我感到奇怪。组织、审查和挑选移民的工作不仅困难重重，还要孤军奋战。幸亏西班牙共和国流亡政府理解我的使命的重要性。但是，每天都会冒出许多新的意外障碍；同时，成千上万拥挤在法国和非洲集中营里的流亡者，有几百人已经或正准备离开那里，前往智利。

西班牙共和国流亡政府已设法买到一艘船——温尼伯号。这艘船已经过改装，以便扩大载客容量，并期望在波尔多附近的小港特隆佩卢普停靠。

怎么办？在第二次世界大战一触即发的关头，对我来说，这项紧张急迫的工作就是我生平最重大的事。我向那些被追捕的战士伸出援手，就意味着他们的得救，也向他们展示了我那好客和正义的祖国的真正品质。所有这些梦想，都随着总统电报的到来而破灭了。

我决定去跟内格林商量这件事。我曾有幸与胡安·内格林总统、阿尔瓦雷斯·德尔巴约部长以及其他几位共和国的最后执政者建立了友谊。最让人有好感的是内格林。我过去总觉得，西班牙高层的政治家有些狭隘、土气、眼光短浅。而内格林则是世界的——至少是欧洲的——政治家，曾就学于莱比锡，在大学享有声望。他极尊严地在巴黎维持着无形的影子似的西班牙共和国流亡政府。

我们进行了交谈。我对他说了相关情况和总统那封奇怪的电报——它使我成为骗子，成为向逃亡的人民提供不存在的避难所的招摇撞骗者。可能的解决办法有三：其一，简单地通知西班牙人，移民智利的计划已经取消；这个办法令人憎恶；其二，公开宣告我的抗议，结束我的使命，并对准我的胸口开一枪；这个办法颇具戏剧性；其三，让轮船满载移民，不经许可径自开赴瓦尔帕莱索，我登船与他们同行，看看会出什么事；这个办法颇具挑战性。

内格林向后靠到椅背上，抽着他很粗的雪茄烟。然后，他凄然微笑着回答我：

"您不能利用一下电话吗？"

在那些日子，欧洲和美洲之间打电话要等上好几个小时，困难得让人难以忍受。在震耳的杂音和突然中断之间，我终于听到了远方传来的外交部部长的声音。通过一阵断断续续的对话——每句话都得重复几十次，对着电话大喊大叫，听到电话里传来海洋的喇叭似的鸣声——虽然不知道彼此是否都听清了，但我认为，我已经让奥尔特加部长明白，我不服从总统发出的与原命令相悖的命令。我认为，我也听清他要求我等到第二天。

不用说，我在巴黎的小旅馆里度过了不安的一夜。第二天下午，我获悉外交部部长已在当日上午提交了辞呈。他也不赞成撤回对我的授权。内阁震惊了，一时间被政治压力弄糊涂了的我们的好总统，恢复了他的权威。于是我收到一封新的电报，指示我继续进行移民工作。

我们终于要把移民送上温尼伯号。长期分离的丈夫和妻子、父母和子女，从欧洲或非洲遥遥相隔的不同角落纷纷汇集到登船地点来。等候的人群涌向每一列到达的火车。在奔跑、哭泣和呼喊中，他们从窗口伸出的一簇簇脑袋中认出他们亲爱的人。所有的人都上船了。当中有渔夫、农民、工人、知识分子，他们是力量、英雄气概、勤劳的样本。我的诗得以在斗争中为他们找到祖国，我深感自豪。

我买了一份报纸。我在塞纳河畔维伦纳镇的一条街上漫步，从一座城堡前走过，攀缘植物爬上浅红色城堡的废墟，一直爬到石板建造的高高的塔楼上。龙萨①和七星诗社②的诗人们往昔曾在这座城堡里聚首，城堡以其石块和大理石的魅力，以用古体金色字母书写的十一音节诗句的魅力，令我神往。我打开报纸。第二次世界大战就在这一天爆发了。从我手中掉落到那被人遗忘的古老小镇街头的那份报纸，用脏污的黑油墨印刷的巨大铅字报道了这个消息。

人人都料到会有这个消息。希特勒已经吞并了许多疆土，英国和法国的政治家们却带着雨伞忙不迭地跑去，把更多的城池、王国和人口拱手奉送给他。

可怕的战乱乌云笼罩在人们心头。从我巴黎住所的窗口径直向巴黎荣军院望去，看得见第一批应征兵员——尚未学会穿士兵制服的小伙子们——出发去投入死神的血盆大口。

他们的出发是悲凉的，这是无可掩盖的事实。这像是一场事先就已败北的战争，无法定义。沙文主义势力在街头追捕进步的知识分子。

---

①皮埃尔·德·龙萨（1524－1585），16世纪文艺复兴时期法国的杰出诗人，"七星诗社"的成员之一。主要诗集有《颂歌集》《给爱兰娜的十四行诗》等。
②16世纪文艺复兴时期法国诗歌的一个流派，由龙萨、杜·贝莱、若代尔、狄亚尔、巴依夫、贝罗、多拉七位诗人组成。该诗社发扬人文主义思想，推动了法国民族诗歌的发展。

在他们看来，他们的敌人不是希特勒的徒子徒孙，不是拉瓦勒①之流，而是法兰西思想的精华。智利大使馆里已经形势大变，我们收留了伟大诗人路易·阿拉贡。他在大使馆住了四天，日夜疾书，与此同时暴徒们正在找他，要把他干掉。他在智利大使馆完成了他的长篇小说《汽车顶层的乘客》。第五天，他穿上军装，奔赴前线。这是他第二次对德作战。

在那些风雨如晦的日子里，我习惯了欧洲的犹豫不定。它不能容忍持续的革命，也承受不了地震，却任凭致命的战争毒化空气，渗透面包。因为害怕轰炸，壮丽的法国首都夜里暗无灯光，那七百万人共享的黑暗，那曾经灯火辉煌的城市中心区的一团漆黑，牢牢地留在我的记忆中。

①皮埃尔·拉瓦勒（1883－1945），法国政治家，第二次世界大战期间与纳粹德国合作。

在这个时代之末，我又独自驻足在新发现的土地上，似乎这次长途跋涉全属徒劳。就像处在初生的阵痛里，处在我早期的诗歌从莫名的恐惧中喷涌而出时那令人惊惶不安的开始，就像处在我自己的创作所激发的一个新的黎明，我陷入了极度痛苦和第二次孤独中。我何去何从？我应回归哪里，应投往何方，应在何处沉默或激动？我向光明和黑暗的所有方向看去，除了我亲手精心创作的空虚之外，一无所见。

然而，最靠近的、最根本的、最广泛的、最出人意料的事物，直到此刻才在我前进的道路上出现。我思虑过整个世界，却没有想到人；我残忍而痛苦地探索过人的心灵；我看见了城市——不过是空荡荡的城市，却没有想到人；我看见了外表悲惨的工厂，却没有看见屋顶下的、大街小巷里的、车站中的、城市里和村野中的苦难。

最初射穿西班牙吉他的子弹没有使它发出乐音，却使它鲜血横流，这时我的诗歌幽灵般死气沉沉地停留在人类受苦受难的街心，直到一股血和根的激流从其体内奔涌而过。从此以后，我的道路与大众的道路会合了。我突然觉察到，人民需要我从孤独的南方向北方进发，人民期望我卑微的诗歌能成为剑和手帕，去擦干深重的痛苦使他们淌下的汗水，赋予他们一件争取面包的武器。

于是，空间拓宽了，变得深厚而且持久。我们已稳稳站立在大地上，我们要进入现实存在的无限空间。我们无须探寻奥秘，我们就是奥秘。我的诗开始成为某一无边无际特殊空间——既存在于海下又存在于地下——的物质部分，开始进入奇异植物的长廊，在大白天与太阳的幽灵谈话，勘察藏在大地隐秘处的矿坑，使秋天和人建立起已被遗忘的联系。天空暗淡下去，而发出的磷光和令人恐惧的闪电不时将其照亮；一座用远非最直露、最陈旧的语言建造的建筑物，隐约出现在天边；一片新大陆从我的诗歌最秘密的原料中升起。我定居在这片土地上，将这个王国进行分类，触摸它所有的神秘海岸，平息它的浪花，探索它的生态，走遍它的地理经度，就这样度过了许多黑暗、孤独和渺茫的岁月。

七　多花又多刺的墨西哥

我国政府派我去墨西哥

我因世上层出不穷的苦难和动乱而感到极度痛苦；一九四〇年，我来到阿方索·雷耶斯^①所称道的空气最明净的地区——阿纳瓦克高原，呼吸那里的清新空气。

墨西哥有仙人掌和蛇；墨西哥多花又多刺，干旱又常受飓风袭击，轮廓分明又色彩绚丽，有着强烈的爆发力和强大的创造力，以其魅力和令人惊异的阳光使我心满意足。

我年复一年地跑遍墨西哥的一个个市场，因为墨西哥就存在于它的各个市场中。不在喉音很重的电影插曲里，也不在小胡子和手枪这些不自然的俗气装饰中。墨西哥是一块猩红大披肩和闪着磷光的蓝绿色大披肩的土地。墨西哥是一块陶罐和陶坛子的土地，是水果上爬满成群昆虫的土地。墨西哥是一片顶上长满黄刺的钢青色龙舌兰的无边原野。

这一切都呈现在全世界最美的市场上。水果和羊毛，陶土和织布

---

①阿方索·雷耶斯（1889—1959），墨西哥诗人、作家、教育家、外交家。诗作有《足迹》等，《阿纳瓦克景观》是他最优美的散文之一，文艺评论有《美学问题》等。

机，显示出墨西哥人多产、结实的手指那惊人的能力。

我在墨西哥漫游，沿着它高高的陡峭海岸线——这里不断闪着绿幽幽的电光——走遍它所有的海岸。我从墨西哥锡那罗亚州的托波洛万波，沿着本半球那些土著地名下行，这些刺耳的地名是比神明略欠残暴的人们侵入其疆土进行统治时，神明留给墨西哥的遗产。我走过所有那些神秘、壮丽的旷古音节。走过索诺拉和尤卡坦；阿纳瓦克像座冷却的炉灶般矗立着，从纳亚里特到米却肯，各种混杂的香气向它飘过来，从那里能隐约看到小小的哈尼齐奥岛上升起的烟雾，能闻到哈利斯科飘来的玉米和龙舌兰的香味，能闻到帕里库廷新火山飘来的硫黄味，夹杂着帕茨夸罗湖散发的鱼的芳香潮气。墨西哥是最后一个神奇国度；它的神奇就在于它的古老和历史，在于它的音乐和地理。当我像个流浪汉一样在那些长年累月受流血折磨的岩石中，在鲜血和苔藓交织的岩石中费力前行时，我感到自己高大而古老，配得上在如此年代久远的天地万物之间迈步行进。陡峭的山谷被巨大的岩壁阻断；不时出现的高高的山丘像被刀削过似的平整；无边无际的热带大森林里挤满了木材、蛇、鸟和传说。这片辽阔的疆土，甚至它最边远的地区，在人们世世代代的斗争中变得适于居住。我在这片巨大的空间里发现，我们智利和墨西哥乃是两个完全不同的美洲国家。日本大使见到智利的樱桃树，英国人见到我们海岸上的雾，阿根廷人或德国人见到我们的雪，就说发现我们是相似的，所有的国家都非常相似，这些老一套的外交辞令从来都不能感动我。我喜欢人间的多姿多彩，喜欢每一个纬度上的土地结出的多样果实。我并不是要贬低墨西哥这个我所热爱的国家，疏远它和我五谷丰登的沿海故土的距离，而是想强调它们的种种差异，以使我们的美洲显示其各个层面，显示其高度和深度。在美洲，甚至也许在这个星球上，没有哪个国家比墨西哥及其人民具有更深厚的人情味。通过他们的杰出智慧，也通过他们的重大失误，人们看到宽宏大度、深厚的活力、内涵丰富的历史和无尽的生机之间的联系。

我经过渔村，见到织得像大蝴蝶似的极透明的渔网，它们被撒回到水里去捞取漏网的银色鳞片；我经过矿区中心，见到金属一出来就变成亮闪闪的几何形坚硬铸块；道路上涌现出许多仙人掌般密集而又多刺的天主教修道院；我经过市场，见到各种蔬菜排列成花朵的样子，其缤纷的色彩和各异的风味令人心醉。我们在穿越这样的墨西哥时迷了路，有一天竟来到世界上最古老的民族——崇拜偶像的玛雅人——被湮没的摇篮尤卡坦。历史和种子曾经震撼这里的土地。在龙舌兰纤维近旁，越来越多智慧和牺牲的遗迹被发掘。

在最后几条路的交汇处，我们到达一片广袤的地域，古代墨西哥人在那里的大森林中藏留下他们刺绣的历史。我们在那里见到一种新的水——地球上最神秘的水。不是大海，不是小溪，不是河流，不是任何我们所知道的水。在尤卡坦，水都在地下，土地会突然裂开，出现一些巨大的天然水井，水井边长满热带植物，井底可以见到一泓绿汪汪的极深的井水。玛雅人发现了这种叫作沼穴的地裂，用他们的奇特仪式膜拜这种井。所有的宗教起始时都是为了需要和丰收而祭神，在那片土地上也是如此，大地为隐藏于地下的水而裂开，干旱也就被战胜了。

于是，在神圣的沼穴之上，千百年来原始宗教和入侵者的宗教加强了这种神秘的水的神秘性。在沼穴岸边，举行婚礼之后，成百饰花戴金的处女戴着珠宝从高处跳进那流动的深不见底的水中。花朵和处女花冠从深处浮上水面，少女们却被戴着的金链子留在水底的污泥中。

几千年之后，只有极少部分珠宝被取回，陈列在墨西哥博物馆和美国博物馆的玻璃橱里。我到那片荒野去，不是去寻觅黄金，而是去寻觅那些溺死的少女的呼喊。在鸟儿那难以入耳的怪叫声中，我仿佛听到了处女们嘶哑的痛哭声；当它们在迅疾的飞翔中掠过永恒的海洋那阴暗的海面时，我隐约看到了那些死去的年轻女子黄色的手。

有一次，我看见一只鸽子停息在一尊雕像上，那雕像亮闪闪的石手伸向永恒的水上永恒的空气中。也许只有老鹰追击过它。它不是那里的鸟，那里只有结巴的走鹃、羽毛神奇的格查尔鸟、青绿的蜂鸟，以及猛禽——它们占领大森林是为了杀戮，也是为了展现它们动人的美丽。那只停息在雕像手上的鸽子，白得像落在热带岩石上的一团雪。我凝望着它，因为它来自另一个世界，来自一个平静和谐的世界，来自毕达哥拉斯①的圆柱或是地中海的数字。它停在黑暗边缘，当我已经成为这个原始美洲血染的古老世界的一部分时，它尊重我的沉默。它从我眼前展翅高飞，渐渐消失在长空中。

墨西哥的画家们

绘画对墨西哥知识分子的生活有决定性影响。

墨西哥城内到处都可看到墨西哥画家们以历史和地理、国内动乱、激烈争论等为题材作的画。何塞·克莱门特·奥罗斯科②这位瘦弱的独

---

①毕达哥拉斯（前580至前570之间－约前500），古希腊哲学家、数学家。据传曾用数字研究乐律，指出弦长的比数越简单其音越和谐。
②何塞·克莱门特·奥罗斯科（1883－1949），墨西哥画家，作品多为革命题材的壁画。

臂巨人，在他变幻莫测的祖国占有类似戈雅那样崇高的地位。我和他交谈过多次。他本人似乎并不像他的作品所表现的那样暴烈。他有陶工的柔和，在转盘里失去了一只手，却用另一只手继续创造多样的天地。他画的士兵及随军女商贩、被监工枪杀的农民、装着钉死在十字架上的可怖尸体的石棺，见证了我们的残忍，是我们美洲绘画中永垂不朽的作品。

迭戈·里维拉①在那些年里创作了许多绘画，也与大家争论了那么多年，现已成为绘制神话故事的巨擘。我望着他，觉得奇怪的是没有发现他长着有鳞片的尾巴或分开的蹄。

迭戈·里维拉永远是善于创作的人。第一次世界大战前，伊利亚·爱伦堡在巴黎出版过一本名叫《胡利奥·胡列尼托及其门徒奇遇记》的书，记述里维拉的奇异事迹和欺骗勾当。

三十年后，迭戈·里维拉仍然是个了不起的画家和讲荒诞故事的大师。他曾经劝人吃人肉，认为人肉是讲究饮食的美食家们青睐的健康食品。他把食谱分发给各种年龄的烹饪者。有时他又不遗余力地从理论上阐述女同性恋，坚持认为这是唯一正常的关系，在他指导下发掘出来的极古老的历史遗迹就证明了这一点。

有时他与我长谈数小时，转动着他那双眉紧锁的印第安人的眼睛，向我介绍他的犹太人身世。有时他忘了以前的谈话，向我起誓说他是隆美尔将军的父亲，但这一席私房话须严格保密，因为一旦泄露，就可能引起严重的国际纠纷。

他说话的声调极具说服力，他从容不迫地用最微不足道、最出人意料的细节编造谎言的方式使他成为一个绝妙的江湖骗子，凡是认识

---

①迭戈·里维拉（1886－1957），墨西哥画家，作品有《沃土》等。

他的人，永远都忘不了他的魅力。

戴维·阿尔法罗·西凯罗斯①当时在狱中。有人使他卷入一宗武装闯入托洛茨基住宅的事件。我在监狱里——实际上也在监狱外——认识了他，因为我们曾同监狱长佩雷斯·鲁尔福少校一起外出，到一处不为人注意的地方去喝几杯。夜间很晚的时候我们才回监狱，我同戴维拥抱告别，他就留在铁窗里边。

我曾多次同西凯罗斯一起从街上返回监狱，其中一次我认识了他的兄弟赫苏斯·西凯罗斯，他是个极不寻常的人。用"诡秘"一词的褒义来形容他，较为贴切。他沿着墙边潜行，没有任何声响，也没有任何觉察得出的动作。你会突然发觉，他就在你后面，或者就在你身旁。他少言寡语，说起话来声音还没有耳语高。这并不妨碍他带着一个小提箱，同样静悄悄地转运四五十支手枪。有一次，我凑巧不经意打开了那个提箱，我惊呆了，发现那是一箱子黑枪把、螺钿枪把和银枪把的手枪。

这一切表明不了什么，因为与他脾气暴烈的兄弟戴维截然相反，赫苏斯·西凯罗斯爱好和平。赫苏斯也有艺术家和演员的才能，是个哑剧丑角。他不用动身体，不用动手，也不用发出一点儿声音，只需活动面部，随心所欲地改变面部线条，就能生动地表现出恐惧、愤怒、高兴、温柔等一系列表情。他带着那张幽灵似的苍白面孔在他生活的迷宫中穿行，不时提着他那一箱从未使用过的手枪露一露面。

那些脾气火爆的画家总是引起公众的注意。他们有时发生激烈的争论。其中有一次，在辩论得词穷时，迭戈·里维拉和西凯罗斯便拔出大手枪，几乎同时扣动扳机，不过是对着剧院天花板上石膏天使的

①戴维·阿尔法罗·西凯罗斯（1896－1974），墨西哥油画家、壁画家，作品有油画《只有我们这条路》、壁画《从波菲里奥的独裁到革命》等。

翅膀射击。当沉重的石膏翅膀开始朝观众头上落下时，他们纷纷逃离剧院，辩论于是在空荡荡的大厅里一阵浓烈的火药味中告终。

鲁菲诺·塔马约[①]当时不住在墨西哥。他那些既复杂又热情的画从纽约而来。这些画就像市场上的水果或编织品，具有墨西哥特色。

迭戈·里维拉的画和戴维·阿尔法罗·西凯罗斯的画没有相似之处。迭戈是个线条的古典主义者，他用极富动感的线条，用一种历史家的书法，慢慢将墨西哥的历史连接起来，并使它的事件、风俗习惯和悲剧鲜明地显示出来。西凯罗斯则是火山般炽烈气质的喷发，其中结合了他的惊人技巧和长期探索。

西凯罗斯多次偷偷从监狱出来与我谈天说地，其间我同他一起为他获得彻底自由谋划。我准备好一份签证，亲自在他的护照上盖印，他带着妻子安赫利卡·阿雷纳莱斯去了智利。

墨西哥曾在智利的奇廉城设立一所学校——该校已被地震摧毁，西凯罗斯在那所"墨西哥学校"里画了他的一幅不同凡响的壁画。智利政府对我为我国文化所做贡献的回报，是让我这个领事停职两个月。

拿破仑·乌维科[②]

我决定访问危地马拉。我坐汽车出发。我们穿过墨西哥的黄金地区特万特佩克地峡，那里的妇女穿得像花蝴蝶，空气中飘着一种蜜和

---

① 鲁菲诺·塔马约（1899 - 1991），墨西哥画家，萨波特卡族印第安人，作品有《歌唱与音乐》《人体》《墨西哥人与世界》等。
② 豪尔赫·乌维科（1878 - 1946），危地马拉将军、政治家。1931 年当上共和国总统，1944 年被一次人民运动推翻。这里称他"拿破仑"，是一种讽刺。

糖的香味。随后我们进入恰帕斯大森林。夜间森林中打电报般的噪音把我们吓坏了，我们便把汽车停下来。千万只蝉发出震动全球的令人难以置信的强烈响声。神秘的墨西哥把它的绿荫铺展在古建筑上，在年代久远的绘画、珠宝和纪念碑上，在巨大的头像上，在石刻的动物上。所有这一切，妙不可言的墨西哥数不清的财富，就这样躺在大森林中。越过边界，在中美洲最高处，危地马拉狭窄的道路上使我眼花缭乱的有藤本植物和巨大的枝叶；然后是高山上平静的湖泊，像古怪的神灵们遗忘的眼睛；最后是松树林和宽阔的原生河流，河里有一群群海牛之类的动物，像人一样从水里探出头来。

我同米格尔·安赫尔·阿斯图里亚斯①一起度过了一星期，当时他还没有因几部成功的长篇小说而崭露头角。我们感觉，我们生来就是弟兄，几乎一天都没有分开过。晚上我们会一起做游览计划：去云雾缭绕的山上一些遥远的地方，或者去联合果品公司的热带港口。

危地马拉人没有随便讲话的权利，他们谁都不在别人面前谈论政治。隔墙有耳，而且有人告密。有时我们要把车停在高地顶上，确信任何一棵树后都没有人埋伏之后，才会如饥似渴地谈论形势。

那个暴君名叫乌维科，已经统治好多年了。他身材魁梧，冷漠的眼睛一直是严酷的。他说的话就是法律，在危地马拉，没有他的明确同意什么事也办不成。我认识他的一个秘书——现在是我的朋友，一位革命者。他为了一件细微的小事跟乌维科顶了句嘴，乌维科就在总统办公室里把他绑在一根柱子上，用鞭子狠狠抽他。

青年诗人们要我举行一场我的诗歌朗诵会。他们给乌维科发去一封电报，恳求准许。大厅里坐满了我的朋友，还有许多年轻的学生。

①米格尔·安赫尔·阿斯图里亚斯（1899－1974），危地马拉诗人、小说家。1967年获诺贝尔文学奖。作品有长篇小说《总统先生》《玉米人》等。

我很高兴朗诵我的诗，因为我觉得，我的诗仿佛在那座大监狱的窗子上打开了一道缝。警察头子显眼地坐在第一排。后来我才知道，有四挺机枪一直瞄准我和听众，警察头子一旦公然离座来打断我的朗诵，这四挺机枪就会开火。

但是什么事也没有发生，那家伙没有离座，而是坐着听我的诗，直到朗诵结束。

后来有人想把我介绍给那个独裁者——一个被拿破仑的狂热所左右的人。他让一绺头发垂在额头，经常摆出波拿巴的姿势拍照。我被告知，拒绝这样的建议是危险的，但我宁愿不与他握手，于是急忙返回墨西哥。

手枪总汇

在当时的墨西哥，持枪者比用枪杀人者要多。有一股对四十五毫米口径左轮手枪的崇拜热。那种大手枪经常会被亮出来。议员候选人和报社曾发起"收枪"运动，但是他们很快就明白，摘下一个墨西哥人最钟爱的手枪，比拔掉他的一颗牙齿要难得多。

有一次，一群诗人招待我乘一条有鲜花装饰的小船出游。有十五到二十位诗人在索奇米尔科湖聚会，邀我在湖水与鲜花间泛舟，穿过阿斯特卡时代起就用于泛花舟的一条条渠道和迷宫般的沼泽地。船上到处装饰着形态繁多、色彩艳丽的鲜花。墨西哥人的双手跟中国人的一样，无论用石头、银子、黏土还是康乃馨，都不可能创造出任何丑陋的东西来。

泛舟时，一位诗人在喝了大量龙舌兰酒之后坚持说，为了向我表示非同一般的敬意，我要用他那支柄上装饰有金银图案的漂亮手枪朝天射击。离他最近的诗人连忙从枪套中拔出自己的手枪，激动得忘乎所以，一巴掌把第一位诗人递过来的枪打到一边去，请我用他的枪射击。其余的诗人都向我一哄而上，个个都坚决地拔出枪来，举在我的头周围，要我选用他的枪而不要别人的。交叉在我鼻子前边或是从我腋下递过来的手枪，形成一个晃动的华盖，情况变得越来越危险；这时我才突然想出一个主意，就拿过一顶典型的墨西哥大草帽，以诗与和平的名义，请这一大群诗人把所有的枪都放到草帽里去。大家都听从了，就这样我没收了这些武器，在我家里存放了好几天。我认为，我是唯一一个靠诗人的荣誉编成一部手枪总汇的诗人。

为什么取名聂鲁达

世上的精英都曾云集在墨西哥。当早已占领法国、意大利的希特勒军队连连取胜，战争在欧洲形成长期迁延之势时，各国流亡作家都集合到墨西哥的自由旗帜下边来。他们中间有安娜·西格斯和现已失踪的捷克幽默大师埃贡·埃尔温·基施[1]。基施留下几本使人着迷的书，我非常赞赏他的杰出才能、孩子般的好奇心和变戏法的本领。他一走进我家，就从耳朵里掏出一个鸡蛋，或是一枚接一枚地吞下七枚之多的硬币，这些硬币是这位一贫如洗的流亡大作家所相当需要的。我们早在西班牙时就已相识，他对我为什么使用聂鲁达这个并非生而有之的姓氏，表现出追根究底的好奇心，于是我对他开玩笑说：

---

[1]埃贡·埃尔温·基施（1885－1948），捷克－奥地利作家，擅长写文艺政论。1918年加入奥地利共产党。

"了不起的基施，你发现过雷德尔上校的秘密（一九一四年发生在奥地利的著名间谍案）^①，但你永远也别想弄清我的姓氏之谜。"

事情果真如此。他大概死于布拉格，享有他解放了的祖国所能给予他的全部荣誉，但是这位爱管闲事的专家却永远查不出聂鲁达为什么取名聂鲁达。

答案十分简单，而且毫无惊人之处，所以我小心翼翼地保持沉默。我十四岁时，我父亲总是不遗余力地反对我的文学活动。他不愿意有个诗人儿子。为了不让他知道我发表最早写的那些诗，我找了一个他完全找不到线索的姓氏。我在一本杂志上看见一个捷克名字，当时并不知道它是一位受整个民族爱戴的大作家的名字，是优美的叙事诗和抒情诗的作者的名字；他的纪念碑竖立在布拉格的马拉·斯特拉纳区。许多年后，我一到捷克斯洛伐克，就去他那留着大胡子的雕像脚下放上一朵鲜花。

珍珠港事件前夕

萨拉曼卡来的文塞斯劳·罗塞斯，毛拉公爵的亲戚、共和党人士、美国畅销书《在光辉的地方》的作者康斯坦西亚·德拉莫拉，诗人莱昂·费利佩、胡安·雷哈诺、莫雷诺·比利亚、埃雷拉·彼得雷，画家米格尔·普列托、罗德里格斯·卢纳等人常到我家来。他们全是西班牙人。以第五团卡洛斯少校知名的维托里奥·维达莱和马里奥·蒙塔

①阿尔弗雷德·雷德尔（1864－1913），1907 年至 1912 年间奥地利陆军情报首脑，同时充当沙俄在奥地利的重要间谍，1913 年被当局发觉后自杀身亡。文中的 1914 年应为 1913 年。

尼亚纳这两位意大利流亡者，满脑子都是回忆和惊人的故事，而且掌握一种不断变化的文化。雅克·苏斯戴尔和吉尔贝·梅迪奥尼也常来；他们是戴高乐派的领导人，是自由法兰西的代表人物。从中美洲的危地马拉、萨尔瓦多、洪都拉斯等国来的自愿或被迫的流亡者也都云集墨西哥，使之充满一种多国情趣，有时我的家——位于圣安赫尔区的一幢旧别墅——仿佛跳动着世界的心脏。

那位苏斯戴尔当时是个左翼社会主义者，多年后成为阿尔及利亚政变者的政治首领，给戴高乐总统惹了不少麻烦。我跟他打过一次交道，这件事我得说一说。

早在一九四一年，当时纳粹已经围困了列宁格勒，并长驱直入苏联领土。加入柏林－罗马－东京轴心的狡猾的日本军国主义者们，预感到一旦德国打赢这场战争，他们就有丢失参战应得的那份利益的危险。世界上流传着各种谣言。到了关键时刻，强大的日本军事力量就将在远东动手，而这个时刻正在暗暗逼近。与此同时，日本的一个和平使节团正在华盛顿向美国政府大献殷勤。不容置疑，日本人必将发动一场快速的突然进攻，因为"闪电战"已成为当时血淋淋的时尚。

为了让读者听明白我说的事，我必须提到，早就有一条日本轮船航线连接日本和智利。我曾多次乘坐这条航线上的船，因而非常了解它们。这些轮船停靠在我们的港口，它们的船长花时间购买旧铁器并进行摄影。这些轮船沿智利、秘鲁、厄瓜多尔的海岸航行并中途停靠，甚至远达墨西哥的曼萨尼略港，从该港掉转船头越过太平洋，开往横滨。

于是有一天——当时我还是智利驻墨西哥总领事，我接待了七个来访的日本人，他们急于得到前往智利的签证。他们来自美国西海岸的旧金山、洛杉矶和其他港口。他们流露出忐忑不安的神色。他们衣着考究，证件齐备，个个都像工程师或企业管理人员。

我当然问他们，他们刚刚到达墨西哥，为什么就要乘最近的一趟班机去智利。他们答道，他们想乘坐停泊在智利北部装卸硝石的托科皮利亚港的一艘日本轮船。我反驳说，为此没有必要到本大陆另一端的智利去，因为那些日本轮船也要在墨西哥的曼萨尼略港停靠，他们如果愿意，可以步行前去，准能及时到达。

他们对看一眼，尴尬地笑了，又用日语交谈了一阵儿。他们同陪伴他们的日本大使秘书商量。

这个秘书决定对我打开天窗说亮话，他说道：

"您看，同行，这艘船凑巧改变了航线，不再在曼萨尼略港停靠。所以，这些优秀的专家必须在智利港口乘船。"

我的脑海里闪过一个模糊不清的想法：我遇上什么非常重要的事了。我要了他们的护照、相片、在美国的工作资料等等，并叫他们第二天再来。

他们不同意。他们必须立刻得到签证，为此要付多少钱，他们都愿意。

我力图争取时间，便对他们郑重表明，我无权立即发签证，我们第二天再商谈。

只剩下我一个人了。

我在脑子里把这件费解的事反复思索一番。他们为什么仓皇逃出美国，又如此急切地要得到签证？日本轮船为什么三十年来第一次改变航线？这意味着什么？

我豁然开朗。不用说，这是一群消息灵通的要人。身为日本间谍的他们，要赶在某一严重事件发生之前安全地从美国溜走。而这一事件只能是日本要有所行动。我说到的这几个日本人一定知道内情。

我得出的结论，使我的心情十分紧张。我能有什么作为？

同盟国驻墨西哥的英国代表和美国代表，我都不认识。我仅仅和官方委派的戴高乐将军的代表们有直接联系，他们能与墨西哥政府进行接触。

我很快就和他们联系上了。我对他们说明局势。我们手里有这些日本人的名字和有关资料。如果法国决定干预，日本人准会落入我们手中。我在戴高乐的代表们面前先是热心地争辩，后来也就不耐烦了。

我对他们说："年轻的外交官们，揭露那几个日本间谍的秘密，你们是会获得荣誉的。至于我，我将不给他们签证。但你们得立刻做出决定。"

这种软硬兼施的交涉持续了两天多。苏斯特尔对此事毫无兴趣。他们不想采取任何行动。而我，仅仅是个智利领事，不可能有更多作为。由于我拒绝给予签证，日本人迅速办好外交护照赶到智利大使馆，并及时抵达托科皮利亚港登船。

一周以后，轰炸珍珠港的消息把全世界惊醒了。

我，软体动物学家

数年前，智利一家报纸发表过一篇报道，说我的好友、著名的朱利安·赫胥黎①教授到达圣地亚哥时，在机场打听我。

----

①朱利安·赫胥黎（1887－1975），英国生物学家、科学哲学家，《天演论》作者托马斯·亨利·赫胥黎之孙，著有《生命科学》等。

"您问的是诗人聂鲁达吗？"新闻记者问他。

"不是。我不认识什么诗人聂鲁达。我想跟软体动物学家聂鲁达谈谈。"

Malacólogo 这个希腊词的意思，就是指研究软体动物的专家。

我很喜欢这篇故意惹我不高兴的报道。这不可能是真的，因为赫胥黎和我相识多年，不过他确实是个机灵的家伙，比他有名的弟弟奥尔德斯要活泼、真诚得多。

在墨西哥，我常到海滩上漫步，潜入清澈温暖的水中，捡拾美妙的贝壳。后来，在古巴和别的地方，通过交换、收购、接受馈赠和偷盗（再没有如此诚实的收藏家了），我收藏的海中珍宝渐渐增多，直至摆满了我家的一个又一个房间。

我拥有来自中国海、菲律宾海、日本海和波罗的海的稀有标本；南极的海螺、贝类和古巴的杂色螺；像加勒比海的跳舞女郎那样披着红色、橘黄色、蓝色、紫色外衣的彩绘海螺。说实话，有一种罕见的标本我没有，那就是巴西马托格罗索的蜗牛壳。有一次，我见到一个，但买不了，又没能力到大森林里去找。这种蜗牛浑身碧绿，有如一粒美丽崭新的翡翠。

这种发狂似的收藏海螺的癖好，竟使我跑到遥远海域去。我的朋友们也搜寻起海螺来，有的连头发也梳成螺髻式了。

我收集到的海螺超过一万五千个，我所有的架子、桌子和椅子也开始被海螺占满。我的藏书室里到处是贝类学或软体动物学——随你爱叫它什么——的书。于是有一天，我把全部收藏品装进几口大箱子，送往智利大学，作为我给母校的第一次捐赠。在当时，那是一批著名的收藏品。跟南美洲的其他任何一所优秀学校一样，我的母校赞不绝口地收下它们，而后把它们藏到了一间地下室里。从此再也没有人见过它们。

《阿劳卡尼亚》

我曾经被派到遥远群岛中的几个岛屿上去，身处远方，大海低声絮语，静谧的世界里万物都在诉说我的孤独。但是冷战和热战腐蚀着领事职务，使每个领事都成为一台没有个性的机器，不能作任何决定，其工作无疑与警察的工作十分接近。

外交部强令我查明移民的种族血统；任何非洲人、亚洲人和犹太人，都不许进入我的国家。

这种蠢事达到登峰造极的程度，连我都成了它的受害者，当时我没花智利国库一分钱，创办了一本精美的杂志。杂志定名为《阿劳卡尼亚》，我用一位笑得露出一排皓齿的阿劳科美女的肖像作它的封面。当时的外交部部长仅凭这点便严肃地要我注意我的冒犯行为；尽管那时的共和国总统是堂佩德罗·阿吉雷·塞尔达，从他那和蔼可亲而又高贵的脸上可以看出我国混血人种的一切特征。

大家都知道，阿劳科人被击溃了，并最终被遗忘或被征服了，历史是由战胜者和那些享有胜利果实的人书写的。但是在这片大地上没有几个种族比阿劳科人更值得尊敬。总有一天，我们会看到阿劳科大学，看到阿劳科文字印的书；那时我们就会发现，我们失去的是他们的光明磊落，他们的纯洁，他们火山般充沛的精力。

某些南美洲国家本身便是多重杂交和混血的产物，而他们荒谬的"种族主义"要求却是殖民主义者的遗毒。他们想划定附庸风雅者的社交圈子，只推荐皮肤纯白或灰白的人进入，在纯种雅利安人或老于世故的旅游者面前挤眉弄眼打手势。幸亏这一切都已成为过去，联合国已经有很多黑人代表和亚洲人代表；也就是说，由于智慧的浆液增加了，各种族的枝叶都展现出各自的缤纷色彩。

我终于厌倦了，便在某一天永远地辞去了我的总领事职务。

魔法和神秘

此外，有人告诉我，在前哥伦布时期的礼仪掩饰下，存在压迫、暴力和民族主义的墨西哥社会，即使没有我在场，没有我的见证，也照样会发展下去。

当我决定回国时，我所了解的墨西哥生活，比我刚到墨西哥时还要少。

艺术和文学在竞争的圈子里产生，但可悲的是，如果有人想从圈外支持或反对某人或某团体，那么双方都会起而攻之。

当我已经准备动身时，有人特意为我安排了一场盛大集会：约有三千人参加的餐会，插不进来的好几百人还不计在内。共和国的好几位议长发来了支持信。

墨西哥仍然是美洲的试金石，古代美洲的太阳石历在那里雕刻出来不是偶然的，那是光线、智慧和神秘交汇而成的圆形物。

在那里，一切都可能发生，也确实发生了。反对派的唯一报纸得到政府的补贴。这是可以想象得到的最独裁的民主政体。

记得有一个令我异常震惊的悲惨事件。一家工厂发生了一次旷日持久的罢工，毫无解决的可能。罢工者的妻子们聚集在一起，一致同意去找共和国总统，也许是想把她们的贫困和痛苦告诉他。她们当然没有携带武器。路上她们弄来一些鲜花，以便敬献给统治者及其夫人。当她们正要进入政府大厦时，一名士兵拦住她们。她们要往前一步都不可能。总统先生不接待她们。她们只能到相关的部门去。此外，她们必须撤离那个地方。那是不容违抗的命令。

妇女们为自己的理由辩护。她们决不添任何麻烦。她们只想送鲜花给总统，求他尽快解决罢工问题。她们没有食物给孩子们吃；她们不能这样下去了。警卫军官拒绝传达任何口信。妇女们也不肯撤走。

这时传来了政府大厦卫兵的密集枪声。六七个妇女当场被击毙；还有许多人受了伤。

第二天举行了仓促的葬礼。我以为会有人数众多的送葬队伍跟在被害妇女的灵柩后边；但是来的人寥寥无几。对了，那位著名的工会领导人倒是讲了话；众所周知，他是位杰出的革命者。他的墓地演说在文风上无懈可击。次日我在报纸上读了演说全文。没有一行是抗议的文字，既没有一个愤怒的字眼，也没有提出任何将那些对这一暴行负有责任的人交付审判的要求。两周以后，已经没有人谈论这次大屠杀了。后来我也从未见过有人在文章中回忆起这件事。

这位总统简直是个阿兹特克皇帝，比起英国王室来，他千百倍地碰不得。不管是开玩笑还是郑重其事，任何报纸都不能批评高官显贵，否则就会立即遭到致命打击。

墨西哥发生的种种不幸事件，都会被披上一层华丽外衣，悲剧过后留下令人惊骇的寓言。而这寓言与生命必不可缺的搏动、与洒满鲜血的骨骼日渐远离。哲学家们变成细腻风雅的作家，在火山旁探讨生存问题，显得十分可笑。平民的行动时断时续，而且十分艰难。王权周围形成的各阶层的不同流派，都顺服了。

但是，魔法操控的一切事物，总是在墨西哥一再出现，诸如：一个农民正在自己贫瘠的菜园里播种菜豆，他身边突然出现火山。甚至发生搜寻科尔特斯①尸骸的狂热，据说这个征服者就下葬在墨西哥，几个世纪来他的头上一直戴着他的黄金头盔。追寻阿兹特克皇帝夸乌特莫克遗物的行动，其热烈程度也毫不逊色；这些遗物四个世纪前就已失踪，现在突然到处出现，由神秘的印第安人守护着，不料却一次又一次地消失在深不可测的黑夜中。

墨西哥仍然活在我的生命中，如同流淌在我血管里的一只迷途的小鹰；只有死神才能在我这个长眠的战士心上折断它的翅膀。

---

①埃尔南多·科尔特斯（1485－1547），16世纪初征服墨西哥的西班牙殖民者。

八　黑暗中的祖国

马丘比丘[①]

外交部部长连忙接受了我的辞职要求。

我自行结束外交生涯使我得以返回智利，这给予我莫大的快乐。我认为，一个人应该生活在他自己的祖国；我还认为，人类背井离乡，就会不同程度地阻挡灵魂之光，从而导致失败。我只能生活在故土；我要把手、脚和耳朵紧贴着它，我要感受地上河流的流淌和树荫的移动，聆听我的根扎进泥土觅取母亲养分的声音，否则我就无法活下去。

但是，在回到智利以前，我又发现应该给我的诗的发展增加一个新的领域。

我在秘鲁盘桓，登上马丘比丘遗址。当时还没有公路，我们是骑马上去的。我从高处看见了苍翠的安第斯山群峰围绕的古代石头建筑。急流从多少世纪以来被侵蚀、磨损的城堡处飞泻而下。一团团白色

[①] 古代印加帝国要塞城市，在秘鲁中南部安第斯山中，高踞于两个峭壁间的一个马鞍形悬崖上。这个遗址面积约 13 平方公里，内有神庙和堡垒，是 1911 年由美国耶鲁大学的 H. 宾诺姆发现的。

薄雾从维尔卡马约河升起。站在那个石脐的中心，我觉得自己无比渺小；那是一个荒无人烟的、倨傲而突兀的世界的肚脐，我不知为什么觉得自己属于它。我觉得在某个遥远的年代，我的双手曾在那里劳动过——开垄沟，磨光岩石。

我感到自己是智利人，是秘鲁人，是美洲人。在那难以到达的山顶，在那光辉、分散的遗址之间，我发现了继续写诗的信念。

我的诗《马丘比丘高地》就诞生在那里。

硝石大草原

一九四三年年底，我又来到圣地亚哥，定居在自己的房子里，这房子是我分期付款购置的。我把所有的书都堆放在这所四周树木葱茏的房子里，又过起艰苦的生活。

我再次寻觅我的祖国的美丽之处——大自然的壮丽，女人的魅力，我的同伴们的作品，我的同胞们的智慧。

这个国家没有改变。田野和村庄昏昏沉睡，矿区一贫如洗，乡村俱乐部里挤满了高雅人士。我必须做出决定。

我的决定使我遭受烦扰，也给我带来短暂的光荣。

有哪个诗人会对此感到懊悔？

我现在来讲讲数年后与我会晤的库尔齐奥·马拉帕尔泰[①]，他在他的文章中讲得好："我不是共产党人，但我如果是智利诗人，就要做

---

①库尔齐奥·马拉帕尔泰（1898－1957），意大利记者、剧作家、小说家。意大利最有影响也最具争议的作家之一。著有长篇小说《毁灭》《皮肤》，剧本《女人们也打了败仗》及《中国游记》等。

像巴勃罗·聂鲁达那样的诗人。你必须做出选择，不是站在卡迪亚克[①]们一边，就是站在那些没受过教育、没有鞋子穿的人一边。"

这些没受过教育、没有鞋子穿的人，在一九四五年三月四日选举我为参议员。千千万万来自智利最艰苦地区，来自最大的铜和硝石矿区的人们投了我的票，这一事实我将永远引以为豪。

在大草原上步行艰苦而费力。那些地区有半个世纪没有下雨了，沙漠赋予矿工们以外貌。他们是些脸色焦黑的汉子；他们的孤独和懒散，全部凝聚在他们乌黑的眼眸里。从沙漠登上群山，走进每户穷苦人家，了解种种非人的劳动，感到这些与世隔绝、陷于不幸的汉子把希望托付给你，可不是什么轻松的责任。但是，我的诗打开了交流的通道，使我有可能作为那些生活艰辛的同胞们永远的兄弟，在他们中间走动并受到款待。

我不记得是在巴黎还是在布拉格，我忽然对当时在场的我那些朋友的渊博知识产生了些许怀疑。他们几乎全是作家，至少也是大学生。

"我们谈了一大堆智利的事，"我对他们说，"这肯定因为我是智利人。但是，你们真的了解我那十分遥远的祖国吗？例如，我们使用的交通工具是什么，是大象、小汽车、火车、飞机、自行车、骆驼，还是雪橇？"

他们大多数人一本正经地回答：大象。

智利没有大象，也没有骆驼。但我明白，一个从冰封的南极延伸到常年不下雨的盐碱、沙漠地区的国家，多么令人困惑不解。作为荒山僻野的居民选出的议员，作为从未戴过硬领、打过领带的无数硝石

---

① 卡迪亚克（1658－1730），法国军人、探险家，曾任法国在北美的行政官。美国有几个城市以他的名字命名。此处泛指帝国主义者。

矿和铜矿工人的代表，多年来我当然要在那一带人烟稀少的地区奔波。

进入那片平原，面对荒沙，有如登上月球。但是，在这空荡荡的星球般的地方，蕴藏着我国的巨大财富。白色肥料和红色矿石恰恰就是从这片干旱的土地和石山上开采出来的。生活如此艰苦，又如此缺乏生的欢愉，这在世界上是少有的。为了保住一棵能开出最不起眼的花朵的植物，为了饲养一条狗、一只兔子或一头猪，都要付出难以言状的牺牲运来淡水。

我来自共和国的另一端，我降生在布满大片密林的绿色土地上。我有一个雨雪交加的童年。仅仅面对月球般荒凉的沙漠，便使我的人生发生了转折。在议会中代表那些人，代表他们的孤立无助、他们的广袤土地，也是一项艰难的任务。那片光秃秃的土地，没有一棵草，没有一滴水，是一个巨大的、难以捉摸的谜。在河边，在森林里，一切都会对人类诉说。然而，沙漠却是难以沟通的；我不懂它的语言，它的语言就是沉默。

多年以来，各硝石矿业公司在南美草原上建立了许多真正的领地、采邑或王国。英国人、德国人以及形形色色的入侵者圈占了产地，并在那里标上公司的名字。他们在这些地区强制使用自己的货币，制止一切集会，查禁政党和人民的报纸。未经特别准许不能进入他们的势力范围，而能得到准许的人当然少之又少。

一天下午，我在玛丽亚·埃莱娜硝石矿业公司的机车车辆厂中与工人们交谈。那巨大车间的地面总是被水、油和酸弄得泥泞不堪。几位陪伴我的工会领导人和我走在一块把我们与泥泞隔开的大木板上。他们告诉我：

"这些大木板曾让我们花费了连续十五次罢工、八年的请愿和七个人的生命。"

死亡发生在一次罢工中，当时公司的警察带走了七名罢工领导人。警察们骑在马上，而被绑在一根绳索上的工人们却跟随其后步行在荒凉的沙漠上。只开了几枪就杀害了他们。他们的尸体横卧在沙漠的阳光下和严寒中，直到被他们的伙伴找到并予以安葬。

在这些事件发生之前，情况还要糟得多。例如一九〇六年在伊塞克，罢工者们从各硝石矿业公司进城，直接向政府提出他们的要求。因长途跋涉而累得筋疲力尽的数千工人聚集在学校对过的广场上休息。他们打算第二天上午去找地方长官，呈送他们的请愿书，但是他们永远也办不到了。拂晓时，由一名上校率领的军队包围了广场，不声不响地开枪杀人。在那场大屠杀中，六千多人倒下了。

一九四五年，情况有所好转，但有时我觉得那种大屠杀的日子好像又回来了。有一次，我被禁止向工会所在地的工人们发表演说。我把他们从工会的会场叫出来，在沙漠里开始向他们讲解形势，讲解从冲突中寻求出路的办法。我们大约有两百人，我忽然听见发动机的噪音，接着便看见军队的一辆坦克，开到靠近我讲话的地方四五米处。坦克的盖子打开了，从出入口探出一挺机枪瞄准我的脑袋。机枪旁站起来一名军官，装扮得很光鲜，但神情十分严峻，我继续讲话时，他就盯着我。这就是全部情况。

那群工人很多是文盲，他们对共产党人的信任产生于刘易斯·埃米利奥·雷卡瓦伦[①]在这片沙漠地区发动的斗争。雷卡瓦伦从一个单纯的工人鼓动者，一个旧时的无政府主义者，变成一个意想不到的了不

---

①刘易斯·埃米利奥·雷卡瓦伦（1876－1924），拉丁美洲共产主义运动活动家、智利社会劳工党（1912年成立，1922年改组为智利共产党）创建者和领导人之一。

起的人物。他使这个国家到处都有工会和联合会。最终他出版了十五种以上的报纸，专门用于捍卫他所创建的各种新组织。他筹办这一切时身无分文，所需款项全凭工人们有了新觉悟才得以筹措。

我碰巧参观过雷卡瓦伦的几处印刷厂，这些厂曾英勇地服务过，而且四十年后仍然在工作。其中有几台印刷机曾被警察砸得破损不堪，后来才得到精心修理。认真焊接过的机器运转如初，但在焊接处仍看得见巨大的疤痕。

在多次长途旅行中，我习惯于住在沙漠居民十分简陋的房屋、小木屋或茅舍里。几乎总有一群举着小旗的人在各个公司门口等我，然后把我带到留宿的地方。男男女女一整天鱼贯来到我的住处，诉说他们对劳动条件的不满，诉说他们内心或大或小的矛盾。有时他们发牢骚表露出的那种性情，在外国人看来也许是滑稽、任性，甚至是可笑的。例如，茶叶短缺就可能引发一场后果严重的罢工。在如此荒凉的地区怎么会有这种典型的伦敦人的需求？然而智利人如果一天不喝几次茶，确实就活不下去。有些光脚的工人苦恼地问我，这种少不了的外国饮料为什么短缺，还跟我辩解说：

"我们要是不喝茶，就头疼得要命。"

在荒凉的土地上和冷清的天空下，封闭在肃静的高墙之内的人们永远有一种活跃的政治好奇心。他们想知道在南斯拉夫和中国发生了什么事情。他们关心各社会主义国家遇到的困难和发生的变化，关心意大利大罢工的结局，关心战争传闻，关心遥远地方发生的革命。

在几百次彼此相距遥远的集会上，我总是听到不变的要求：朗诵我的诗。他们往往要求朗诵他们指定的诗。当然，我从来也不知道，他们是否全都懂我的某些诗句或许多诗句。当他们在那种绝对沉默和毕恭毕敬的气氛中听我朗诵时，要对此作出判断是困难的。但是，这有什么关系？我是有文化知识的傻瓜之一，荷尔德林①和马拉美②的不少诗句我也永远听不懂。然而我确实曾经同样毕恭毕敬地读过他们的诗。

无论何时吃砂锅鸡都会带来节日的气氛——鸡是大草原上十分稀罕的禽类。送到我盘中来的往往是我咬不动的食品——做好的豚鼠。环境使这种为死于实验室而生的小动物变成一道受欢迎的菜。

在我住宿过的无数房子里，给我睡的床，总是有两个修道院式的特征。床单洁白如雪，而且浆得发硬，自己都能支棱起来。床硬得可以和沙漠地面相比。他们不知道床垫，只睡过一些光滑的硬木板。

尽管如此，我还是睡得很香，像个有福气的人。即使同众多朋友住在一起，我也会毫不费力地进入梦乡。白天总是又干又热，像一团炭火，但沙漠的夜晚却在精致地缀满繁星的穹苍下把凉爽扩散开来。

我的诗和我的生活宛如一条美洲大河，又如发源于南方隐秘的山峦深处的一条智利湍流，浩浩荡荡的河水持续不断地流向出海口。我的诗绝不排斥其丰沛水流所能携带的任何东西；它接受激情，展现神秘，冲开进入人民心灵的通道。

我必须去经受痛苦和进行斗争，去爱和讴歌；我分享过世上的胜利和失败，也品尝了面包和血的滋味。一个诗人还能要求什么？一切抉择——从流泪到亲吻，从孤独到人民——都还活在我的诗中，还在

---

① 弗里德里赫·荷尔德林（1770－1843），德国抒情诗人，诗作有《许泊里翁》等。死后约100年才被重新发现，并在欧洲声名远播。
② 斯特凡·马拉美（1842－1898），法国象征派著名诗人、理论家。作品有诗剧《牧神的午后》等。

发挥作用，因为我是为我的诗而活着的，而我的诗也支持了我的斗争。虽然我得过许多奖，但那些奖像采集花粉的蝴蝶那样瞬息即逝，而我获得的一项最高奖，一项受许多人蔑视的奖，实际上却是许多人难以获得的。我通过对美学的艰苦学习和探索，通过文字表达的迷宫，终于成为我的人民的诗人。这就是我所得的奖，不是那些已被翻译的书和诗，也不是那些为阐述或剖析我的文字而写的书。在智利洛塔煤矿深处，在烈日下炽热的硝石矿层上，一名男子从一条狭窄的坑道上来，如同从地狱中出来一般；繁重的劳动使他的脸脱形，灰尘使他的眼睛发红，他向我伸出粗糙的手，这手上的胼胝和掌纹如同大草原的地图，眼睛炯炯有神地对我说："兄弟，我早就认识你了。"我人生的这个重要时刻就是我所得的奖。从可怕的大草原上那条坑道中走出来一名工人，智利的风、夜晚和星星常对他说："你并不孤单；有个诗人在想着你受的苦。"这就是我的诗所得到的荣誉。

一九四五年七月十五日，我加入了智利共产党。

冈萨雷斯·魏地拉[①]

我和我的朋友们所代表的苦难，历经种种困难才到达议会。那舒适的议会大厅似乎装有衬垫，以免不满的群众的喧闹声对它有所影响。在发表长篇大论爱国演说的技巧方面，我的反对派同事们都是学院派专家，在他们展开的假丝绸花毯下面我感到透不过气来。

我们很快又有了希望，因为，总统候选人之一的冈萨雷斯·魏地

---

①加夫列尔·冈萨雷斯·魏地拉（1898－1980），智利政治家，1946年至1952年任智利总统。

拉发誓要伸张正义，他生动的口才使他大得人心。我被任命为他竞选活动的宣传负责人，并把这一好消息带往全国各地。

人民以压倒性多数选他为总统。

但是，在我们克里奥尔人的美洲，总统们往往会发生一种令人惊异的转向。在我陈述的这个事例中，这个新的统治者很快就换了朋友，使他的家庭与"贵族"结亲，渐渐从一个蛊惑人心的政客变成一个权贵。

冈萨雷斯·魏地拉事实上进不了南美典型独裁者的圈子。玻利维亚的梅尔加雷霍①和委内瑞拉的戈麦斯将军都有全球公认的群众基础。这两个人确有其伟大之处，并且似乎是受一种无可缓解的悲剧力量的驱使。当然，他们都是亲历过枪林弹雨的首领。

冈萨雷斯·魏地拉则与此相反，他是政治小饭馆的产物，是一个顽固的浅薄之徒，一个故作坚强的弱者。

在我们美洲动物志里，那些不可一世的独裁者都不过是巨蜥目动物，是史前陆地上庞大封建主义的幸存者。那个智利的犹大只不过是暴君的学徒，而且在蜥蜴目的等级上恐怕至多只能是一只毒蜥蜴。但是，他做足了损害智利的事，至少使这个国家出现了历史大倒退。智利人难为情地面面相觑，无法确切弄明白这一切是如何发生的。

这家伙是个走钢丝的人，是个议会中的杂技演员。他得以在轰动一时的极左派运动中占据一席之地。在这出撒谎喜剧中，他是名副其实的冠军，没有人对此有异议。在一个国家里，如果政治家们往往（或似乎）摆出一副严肃的神态，人们便对这种肤浅表现感激备至。等到这个跳康加舞的家伙退出队列时，已经为时太晚。监狱关满了政治犯，

---

① 马里亚诺·梅尔加雷霍（1820－1871），玻利维亚将军、政治家。参加过几场各不相同的革命，于1864年篡夺共和国总统职务。1871年被另一场革命推翻，逃往秘鲁，后被刺身亡。

甚至设立起好几个集中营，比如皮萨瓜的那个。警察国家就这么建立起来了，这是智利前所未见的新鲜事。除了忍耐，除了为恢复尊严而进行地下斗争，没有别的路可走。

冈萨雷斯·魏地拉的许多朋友，那些在竞选活动中追随他到底的人，只因对他的转向有异议，就被送到设在高山或沙漠中的监狱里去。

实际上，簇拥着他的上流社会像以前常干的那样，靠他们的经济实力再次把我国政府一口吞下。但是，这次却没有那么好消化，智利于是患了一场重病，在惊厥和奄奄一息间摇摆。

我们投票选出的这个共和国总统，在美国保护下变成了残忍卑鄙的吸血鬼。尽管他在总统府附近用地毯和镜子布置了眠花宿柳的私宅，以供寻欢作乐之用，内疚必会使他无法入睡。这个卑鄙的家伙有一种可鄙而邪恶的思想。就在他发动大规模反共镇压的那天晚上，他邀请两三位工人领袖吃晚饭。饭毕，他同他们一起走下总统府的楼梯，在拥抱他们时，他一边抹掉几滴眼泪，一边对他们说："我哭，是因为我已经下令监禁你们。你们走出大门时将被捕。我不知我们能否再见面。"

野心家的画像

加夫列拉·米斯特拉尔在那不勒斯指责我选了冈萨雷斯·魏地拉当智利共和国总统。女诗人的声音不高，但毫不留情，她当面数落我，仿佛这是个人行为，仿佛这是我和其他共产党员的过错。我们做错了什么？错在不会预测未来吗？

可是，加夫列拉，您当时怎么不说呢？这些迟来的建议就像是抽打死驴的棍棒。就算我们这些共产党员非常关注政治，但我们也没有预言的才能呀。

她睁着那双平静的大眼睛听我说话。一切都落入她的眼中，就像人们偶尔投进水里的石头，石头被吞没了，水面却依然平静。我给加夫列拉讲了一些事。在智利社会民主主义怯懦、不温不火的环境下，冈萨雷斯·魏地拉是唯一一个看起来勇敢、老练的人。反佛朗哥主义者、反庇隆主义者、想要建立希伯来国家的犹太人，以及所有高喊民族斗争口号的团体都选了他做总统。在他所属的政党里，再没有第二个人关注民族事业、土地改革、工人诉求以及反抗美帝国主义的斗争了。当然，他一当上总统，就压制了反佛朗哥主义者和工人领袖，很快背叛了犹太复国主义者，关闭了工会的报纸，用惨绝人寰的手段解散了大批罢工的矿工。但这种变化不是突然发生的。如今，政府出版了当年担任美国大使的克劳德·鲍尔斯的报告。

这个诚实的人了解冈萨雷斯·魏地拉当年要做的所有事情，而且他知道得非常早。他知道自己提前得知的这些事意味着什么——他如此写道——他知道叛徒会背叛谁，知道出卖者会出卖谁，知道背弃者会得到什么。

认识他的时候我还在巴黎工作。我的工作是召集战败的西班牙共和派人士，把他们送去智利。他们在智利使馆给我安排了一间卧室。有一天，新任大使来到了我的房间。他就是将来的总统。当时我并不认识他。

那是个小个子男人，衣着极其普通。他露出两排新换的大牙，掩盖了自己真实的想法。

他自我介绍的时候，跟我说了自己的理想，这让我对他有了好感。他告诉我，他想进巴黎大学学习，觉得自己懂的太少了，他学生时代的课业还没完成就匆匆结束了。他想展现出少见的学习型大使的形象。

"太好了。"我回答他。

他根本没有去巴黎大学报到，只是报名参加了接待会而已。

分散的身体

我的演讲变得激烈起来，议会大厅里总是坐满了听我讲话的人。很快便有人提出要对我采取非常行动，并下令警方逮捕我。

但是在构成我们诗人身体的原始材料中，大都还有火与烟。

我要用烟写作。与我的经历并行的历史事件，同古老的美洲主题惊人地接近。在那东躲西藏的危险的一年里，我完成了我最重要的诗集《漫歌》。

我几乎每天都在更换住处，到处都有一扇门为庇护我而打开。用某种方式表达收容我的愿望的，永远都是我素不相识的人。他们想要为我提供保护，哪怕只是几小时或者几周。我走过田野、港口、城市、营地，我到过农民、工程师、律师、水手、医生和矿工的家。

有一个古老的主题，在我们所有国家的民歌里一再出现，那就是"分散的身体"。民歌手想象自己的双脚在一处，肾脏在另一处，继而描述他的全部身体器官已撒遍田野和城市。这就是我在那段日子里的感受。

在我留宿过的许多温暖人心的地方，我忘不了隐藏在瓦尔帕莱索贫穷群山中的一所两居室的房子。

我的活动被限制在其中一个房间的角落里，且只能从窗子的一角去观察港口的生活。从那个简陋的瞭望台上，我只能看到街道的一小部分。夜里，我看到人们来去匆匆，这是个贫穷的郊区，这里的全部灯火都集中在窗下那条百米小街上。街两旁尽是小商店和小酒馆。

被限制在那个角落里，我的好奇心强烈得没有边，但疑问却始终得不到解答。比如，不管是神情漠然还是急匆匆的过路人，为什么总要在同一个地方驻足？那个橱窗里陈列的是什么神奇的商品？全家人带着骑坐在肩头的孩子们，在那里久久流连不去。我看不见他们盯着神奇的橱窗时那副心醉神迷的神色，但我想象得出来。

过了六个月，我才知道那是一家不起眼的鞋店的橱窗。我于是得出结论，鞋是人们最感兴趣的东西。我发誓要研究调查这件事，并把它写出来。我始终没有时间实现这个目标，履行我在如此奇特的境况中许下的诺言。不过，我的诗里倒是有了不少鞋。这些鞋咯噔响着走进我的许多诗里，虽然我从未打算使自己成为一名鞋子诗人。

会突然有客人到这所房子来，而且聊得很久，想不到近在咫尺，就在用纸板和旧报纸做的隔墙那边，躲着一个被天知道多少职业捕手追捕的诗人。

星期六的下午，还有星期日的上午，这家一个姑娘的未婚夫总到这里来。他属于不该了解内情的人。他是个青年工人，已经得到了姑娘的心，可惜大家还不能完全相信他。我从窗子的窥视孔中看见他从他那辆往整个居民区送鸡蛋用的自行车上下来。过不久，我就会听见他哼着小曲走进房子。他是我平静生活的敌人。我称他为敌人，是因为他总是坚持在离我脑袋仅几厘米的地方，不停地用甜言蜜语向姑娘求爱。她邀请他去公园或去电影院谈柏拉图式的恋爱，但他极力抗拒。我暗暗咒骂这个无辜的送鸡蛋工人，只因他固执地守在家里。

这家其余的人——包括守寡的妈妈、两个迷人的女儿和两个当水手的儿子——都参与了收留我的秘密。两个儿子在港口卸香蕉，时常为没有船雇用他们而生气。我从他们那里得知，有一条老船正被拆卸。我从隐藏的角落里指挥拆船行动，他们从船头卸下那尊美丽的人像，把它藏在港口的一个仓库里。过了好几年，当我的逃匿和流亡已成为往事，我才得以认识"她"。当我现在在海边写这部回忆录时，那尊俏丽的木雕女像——它像所有古帆船船头饰那样有着一副希腊面孔，正以其伤感的秀目凝视着我。

计划是让我秘密上船，藏在其中一个小伙子的船舱里，等到了瓜亚基尔，我就在卸香蕉时登岸。那位水手对我说，船在厄瓜多尔港口抛锚时，我要像个穿着考究的旅客，嘴里叼着我从来不抽的雪茄，突然出现在甲板上。既然我动身在即，这家人决定为我赶做一身合适的衣服——既高雅又适合在热带地区穿着，为此他们还给我量了尺寸。

我的衣服三两下就做好了。我从未像收到这套衣服时那样乐不可支。这家的几个女人构思衣服式样时，受的是当时的一部著名电影《乱世佳人》的影响。至于那两个小伙子，把从纽约哈莱姆区的舞厅以及加勒比地区的酒吧和大众化舞场里看到的双排扣、紧腰身的上衣，当作高雅的典范。这套束腰的斜纹布衣服，上衣长及我的膝盖，裤脚紧箍住我的脚踝。

我收藏起如此善良的人们缝制的漂亮衣服，始终没有机会穿它们。我从未乘船离开我的隐匿处，也从未穿戴得像个假克拉克·盖博[①]，在瓜亚基尔同香蕉一起登岸。相反，我选择了那条寒冷的路。我动身前往智利最南方，也就是美洲的最南方，准备越过安第斯山脉。

---

①克拉克·盖博（1901－1960），美国著名演员，曾在电影《乱世佳人》中扮演男主角。

大森林中的一条路

　　里卡多·丰塞卡直到那时都还是我们党的总书记。他是个笑眯眯的坚定的人，跟我一样是南方人，来自气候寒冷的卡拉韦。丰塞卡照管过我的地下生活、我的隐匿处、我的秘密转移、我的小册子的出版，但是，最重要的是他严守我的停脚处的秘密。在我隐匿的一年半时间里，唯一真正知道我每天晚上将何处吃饭、睡觉的人，就是我们年轻而杰出的领袖和总书记里卡多·丰塞卡。但是在他双眼冒出的绿色火焰里，他的健康渐受损害，他的微笑日渐消失，一天，我们这位好同志终于永远离开了我们。

　　就在党处于地下状态的时候，一个健壮的人——瓦尔帕莱索的码头装卸工——被选为新的最高领导人，他名叫加洛·冈萨雷斯。他是个复杂的人，外表像个欺诈之徒，又显得异常坚定。我应该说，我们的党从未有过个人迷信，但它却是一个有过种种意识形态弱点的老组织。不过，智利人的觉悟，一个用自己的双手完成一切的民族的觉悟，永远处于优势地位。在智利的历史中，地方政治势力首领不多，我们的党也反映出这种情况。

　　但是，在党处于地下状态的条件下，斯大林时代的金字塔政策在智利也产生了些许个人迷信的气氛。

　　加洛·冈萨雷斯无法同党的大组织保持联系。迫害愈演愈烈，囚犯有好几千，在皮萨瓜荒无人烟的海岸上设有一个特殊的集中营。

　　加洛·冈萨雷斯过着一种革命活动密集的地下生活，但是领导层和党的主体缺乏联系的情况日益明显。他是一个了不起的人，一位民间智者，一名英勇斗士。

　　我的新逃亡计划送到了他手里，而且这次必须严格执行。我要被转移到距首都一千公里的地方，然后骑马越过安第斯山脉。阿根廷的同志们将在某地迎候我。

我们幸运地弄到一辆车，在傍晚乘车离开。我的朋友劳尔·布尔内斯博士当时在骑警中当医生，他驾驶他那辆不会受攻击的汽车，把我带到圣地亚哥郊外，党组织在那里接过我这个担子。在另一辆专为长途旅行而装备的汽车里，一位党的老同志，司机埃斯科瓦尔在等我。

我们日夜兼程。白天，尤其是当我们通过乡镇和城市或停在汽车加油站时，为了增强胡子和眼镜的化装效果，我把自己裹在套头毯式披风里。

午间我通过特木科。我没在任何地方停留，没人认出我来。只是凑巧，我的老家特木科成了我出逃的途径。我们过了桥，又过了拉斯·卡萨斯神甫村。我们在离城相当远的地方停下，坐在一块石头上吃东西。一条小河在斜坡下面潺潺流过。我的童年在向我告别。我是在这座城里长大的，我的诗就在这个山冈和这条小河之间诞生，从雨水中获得声音，像木材那样把自己浸在森林中。而现在，在走向自由的大道上，我在靠近特木科的地方稍事停留，听一听教过我歌唱的流水声。

我们继续赶路。仅仅一次我们有过片刻担心。公路当中站着一个态度坚决的警官，向我们的车高声喊叫。我一句话都不敢说，结果却是一场虚惊。这名警官要我们开车载他到一百公里开外的地方去。他坐在司机埃斯科瓦尔同志旁边，同他亲切闲聊。我为了不讲话，就假装睡觉。我这个诗人的声音，连智利的石头都认得出来。

我们平安到达目的地，没有遇到什么大意外。那里看上去是个无人居住的木材庄园，四面临水。首先得横渡浩瀚的兰科湖，然后在灌木丛和巨树中登陆。从那里骑马继续走一段路，这次要一直走到迈韦湖，乘上行驶于该湖的船。庇护人的房屋掩隐在广阔的丘陵地带低处，掩隐在大树的枝叶间，掩隐在大自然深沉的喧闹声中，几乎看不出来。总听人说智利是世间最后一片僻静之地，覆盖着原始大森林，环抱皑皑白雪和粼粼湖水，确是这个星球上最后几个适于居住的地点之一。

　　为我提供一间寝室的那所房屋，同这个地区的一切事物一样，都是临时安排的。一个铸铁炉子里，塞满了像是刚从林子里砍来的劈柴，不分昼夜地烧着。南方的大雨不停地敲击着窗子，仿佛竭力要闯进这所房子。大雨主宰着阴沉沉的大森林、湖泊、火山、夜晚，对那个人类的藏身处大发雷霆，因为那里遵循不同的法则，而且不认可它的胜利。

　　等候我的那位朋友豪尔赫·贝列特的情况，我所知甚少。他原是飞行员，既讲实际又富于冒险精神，脚蹬长筒靴，身穿很厚的短夹克，具有天生的指挥官风度，一种充分适应周围环境的军人的举止，虽然那里队列整齐的军队仅仅是大森林里的参天大树。

　　房子的女主人是个神经官能症缠身的女人，身体虚弱，又爱抱怨。那个地区令人厌烦的孤寂、无休无止的雨水、寒冷，她都认为是对她个人的冒犯。一天的大部分时光她都在哭泣，不过一切活动都进行得十分准时，吃的是产自森林和河流的有益食品。

　　贝列特经营一家木材厂，只加工供瑞典或丹麦使用的铁路枕木。切割大树干的锯子整天吱吱地发出尖声哀鸣。首先传来的是大树倒地时来自地下的深沉撞击声。每隔五到十分钟，由于高大假山毛榉、落叶松、智利罗汉松等倒地时的猛烈撞击，大地就像黑皮鼓似的颤抖起来。这些树是千年前风播种到那里的，是大自然的伟大作品。然后锯又高声哀鸣，把大树树干破成板材。锯的这种如同粗野的小提琴所发出的金属高亢而尖锐的声音，紧随大地迎接诸神的黑皮鼓声之后，形成一种神话般的紧张气氛，一种无限恐怖的神秘之境。大森林正在消亡。我惊恐地听见了它的哀怨，仿佛我来就是为了倾听那从未引起过反响的最古老的声音。

大老板——那片森林的主人——是个我不认识的圣地亚哥人。他要到这里来的令人担心的消息，是在夏末宣布的。他名叫佩佩·罗德里格斯。别人告诉我，他是个新派资本家，拥有织布厂和其他工厂，是个灵活、精力充沛的实干家。此外，他是个有家族传统的保守分子，是智利极右翼党派的特殊成员。我在他不知道的情形下路过他的领地，他的这些个人情况，对我是有利的。谁也不会到这儿来找我。地方当局和警方是这个大人物的忠实奴仆，而我正在享受他的热情款待，也几乎不可能碰上他。

我起程的日子日益迫近。山上就要下雪了，跟安第斯山可不能开玩笑。我的朋友们每天都在研究这条路。所谓的"路"，只是说说而已，事实上是在很久以前就被雪和腐殖质掩盖了的小径上探险。等待使我感到焦灼。此外，我在阿根廷那边的朋友们想必也已在找我了。

当一切看来都准备就绪时，豪尔赫·贝列特这位木材厂的总指挥，告诉我发生了新情况。他说这件事时面带愁容。他说大老板已经宣布要来，再过两天想必就到了。

我不知所措。我们的准备还没有完全就绪。经过漫长的努力，如今我面临的最大危险竟是老板可能会发现我就待在他的土地上。人人都知道他是迫害我的冈萨雷斯·魏地拉的密友。人人也都知道冈萨雷斯·魏地拉已悬赏要我的首级。怎么办？

贝列特一开始就主张跟大老板罗德里格斯当面谈谈。

"我非常了解他。"他对我说，"他是个真正的男子汉，绝不会告你的密。"

我不同意。党的指示是要求绝对保密，贝列特却企图违反党的指示。我把这个意见对他说了。我们争论得很激烈。权衡了政治上的利弊之后，我们决定让我住到一位马普切酋长家去，那是建造在大森林边的一间茅屋。

我搬进茅屋，在那儿我的境况变得非常不安定。因此在多次反对之后，我终于同意会见企业、锯木厂和森林的拥有者佩佩·罗德里格斯。我们确定在一个中间地点会面，既不在他的住宅，也不在酋长的茅屋。傍晚时分，我看见开来一辆吉普车。一个既成熟又年轻、一头灰白头发、神色坚定的人，同我的朋友贝列特一起从吉普车上下来。他一开口就对我说，从那一刻起要担负起守卫我的责任。在这样的情形下，谁也不敢来危害我的安全。

我们谈得并不十分热情，但是这个人逐渐使我信服。由于天气十分寒冷，我邀请他到酋长家去。我们在那儿继续交谈。遵照他的吩咐，一瓶香槟、一瓶威士忌以及些许冰块被送来。

在喝第四杯威士忌时，我们大声争论起来。此人自信得像个专制主义者。他谈了许多趣事，而且无所不晓，但是他傲慢无礼的口气激怒了我。我们两个都在酋长的桌子上拍得砰砰响，直到在和好的氛围中喝光了那瓶酒。

我们的友谊持续了很久。一个习惯于大权在握的男子汉的无可争辩的直率，是他的品格之一。但他也会以一种不寻常的方式朗诵我的诗，他用以朗诵的声音是如此富有智慧和阳刚之气，使我觉得我的诗得到了新的再现。

罗德里格斯回首都，回他的企业去了。行前他做了最后的指示。他把部下召集到我跟前，用他特有的声音命令他们说：

"今后一周莱加雷塔先生通过走私犯的那条路前往阿根廷，如果遇到障碍，你们就要打通到达边境的另一条路。停下你们所有的木材活儿，去打通那条路。这就是我的命令。"

莱加雷塔是我当时用的名字。

这个专横的封建主佩佩·罗德里格斯，两年后由于破产和受迫害而死于非命。他因一宗大规模走私受到指控，在监狱里关了好几个月。这对于一个生性高傲的人来说，该是一种难以言传的痛苦。

我确实从来也不知道，对于人们指控他的那些罪行，他到底有罪还是无辜。我却知道，几年前为获得慷慨的罗德里格斯的一张请帖而难以入眠的我们的寡头政治集团，一看见他破产并受审就抛弃了他。

至于我，我仍然站在他一边，无法把他从记忆中抹掉。对我来说，佩佩·罗德里格斯是个小皇帝，他曾下令在原始大森林中打通六十公里道路，为了让一个诗人获得自由。

安第斯山

安第斯山上有几条从前走私犯们走的鲜为人知的小路，这些小路险情迭出且崎岖难行，乡村警察因而不愿费心守卫。河流和悬崖会阻断旅行者的去路。

我的同伴豪尔赫·贝列特是我们的探险队队长。护送我的五个人都是出色的骑手和向导，参加护送队的还有我的老朋友维克托·比安基，他是作为几个土地诉讼案的土地测量员来到这个地区的。刚开始他没有认出我来，度过一年半隐居生活之后，我长了胡子。他一知道我穿越大森林的计划，就为我们献出一个老探险家无法估价的热忱。

从前在一次悲惨的探险中他攀登过阿空加瓜峰，而且几乎是那次探险的唯一生还者。

我们在黎明庄严气氛的笼罩下列队前进。自童年起我已许多年没有骑马了，但在这儿，我却骑马走向那条通道。南方的安第斯山大森林是由一棵棵分开的参天大树组成的，其中有巨大的落叶松、智利美登木、特帕树和针叶树，那些高大的假山毛榉的树干粗得令人吃惊。我停下来量一棵树，它的直径有一匹马那么长。上面看不见天空。下面马蹄陷进几百年来飘落的树叶形成的一层腐殖土中。我们正在悄悄通过那座蛮荒大自然的宏伟教堂。

我们走的路是隐秘和被禁止通行的，因而我们不放过最微小的导向标志。没有足迹，没有小径，我同四位骑马的伙伴组成一支松散的马队，克服粗壮大树、不可逾越的河流、巨大的岩石、荒野里的积雪等障碍，寻觅——更确切地说是猜测——使我获得自由的道路。我的同伴们知道方向，知道繁茂枝叶间可能性最大的出路，不过，当他们把我独自留下时，为了万无一失起见，他们总用砍刀在各处大树的树皮上留下能指引他们回到原处的刀痕。

每个人都在前进，沉醉在那无边的孤独中，沉醉在那绿色和白色的寂静中：那些树，那些长长的蔓藤，那堆积了千百年的腐殖土，那些突然变成我们行进中新路障的歪斜树干。令人眼花缭乱、神秘莫测的大自然就是一切，同时寒冷、雪和追捕的威胁又在不断增长。孤独、危险、寂静和我的使命的紧迫性，全都交织在一起了。

有时我们沿着也许是走私犯或逃跑的刑事犯留下的模糊足迹走，不知道这些人有多少曾遭到冬天严寒之手的突然袭击，遭到安第斯山中刮起的暴风雪的突然袭击而死于非命。暴风雪会把旅人包围起来，并把他们埋葬在厚厚的白雪底下。

在那些足迹的两边,在那莽莽荒野里,我看见一种人工建筑,那是经过许多个冬天堆积在一起的一段段树枝,那是千百个旅行者献出的草木祭品,那是用以追忆死者、用以使我们想起那些没能够走下去而永远留在那里的皑皑白雪下面的人们的高高的木坟。我的同伴们也用他们的砍刀把碰到我们头部的枝丫砍掉;把从巨大的针叶树树顶、从最后的叶子在冬天的暴风雪来临前颤抖着的橡树上垂下的树枝砍掉。我也在每一座木坟上留下一个纪念物,一块木制的名片,一根从森林中砍下的树枝,用以装饰那些陌生的旅行者的木坟。

我们必须渡过一条河。发源于安第斯山群峰的一条条小河飞泻而下,释放出令人目眩的、无所顾忌的力量,变成了瀑布,以其由惊人的高度积聚而来的力量和速度冲破了土地和岩石:不过这次我们遇到一条缓流,一片镜子般的水面,一个涉渡口。马儿走进去,踩不到水底,便游往对岸。我骑的马很快就几乎整个儿被淹没,我因为失去支撑而摇晃起来,当那匹马挣扎着把头露出水面时,我的双脚尽力使它不偏离方向。我们就这样渡了过去。我们刚到达对岸,那些陪伴我的农民向导就笑着问我:

"您很害怕吧?"

"很怕。我以为我的大限到了呢。"

"我们都拿着套索跟在您后面呢。"他们对我说。

"我父亲就是在那里落水的,"他们中有一个补充说,"水流把他卷走了。您可不会出这种事。"

我们继续赶路,走进了一条天然隧道。这条我们正在进入的在花岗岩上凿出来的石头渠道,也许是一条已经消失的丰沛河流在雄伟的岩石上凿出来的,也许是本星球的一次地震在山上创造出来的。马匹往前没走几步就打滑,竭力在高低不平的岩石上站稳脚,可还是失蹄跪下了，蹄铁上迸出火花。我不止一次从马上摔下来，仰面倒在岩石上。我的马的鼻子和腿都出血了，但是我们仍然坚定地在我们那条广阔、壮丽而又艰辛的路上迈进。

在那片莽莽的大森林里，有什么东西在等我们。突然，仿佛奇妙的幻觉，我们来到了蜷缩于丛山怀抱中的一块美不可言的小草地上，那里泉水清澈，碧草如茵，野花争妍，溪流潺潺，上面是湛蓝的天空，阳光穿过树的枝叶普照大地。

我们像是驻足于一片奇幻仙境，像一块神圣之地的宾客；而更为神圣的是我在那里参加的一种仪式。牧牛人下马。在那块地中央，像为举行仪式那样摆着一具牛的头骨。我的同伴们一个跟着一个肃静地走上前去，往头骨洞里投下几枚钱币和一些食物。我同他们一道给迷路的粗鲁的尤利西斯①们和形形色色的逃亡者们送上礼物，他们也许会在死牛的眼窝里找到面包和资助。

但是那令人难忘的仪式并没有到此为止。我的农民朋友们脱下帽子，跳起一种奇特的舞蹈，沿着其他人以前经过该处转圈跳舞时留下的足迹，绕着摆在那里的头骨单脚蹦跳。在这些难以捉摸的旅伴身旁，我当时隐约意识到，陌生人之间也是相通的，即便在世上最遥远、人迹罕至的荒山僻野，也存在着关切、请求和回应。

我们是在夜里到达群山间最后几道山谷的，再往前走，就到达越过边界的地点，从此我将远离祖国许多年。我们突然看见燃烧的火光，那是有人居住的确切迹象，走近时我们发现几间东倒西歪的房屋和几乎空无一物的杂乱棚舍。我们走进其中一间棚舍，借着火光看见巨大

---

①即希腊神话中的英雄奥德修斯。他在特洛伊战争中献木马计，使希腊联军获胜。归国途中历经艰险，经过 10 年时间才得以回到故乡，与家人团聚。聂鲁达在这里借以指迷路的旅人。

的树干在棚舍中央燃烧，巨大的树身日夜在那儿燃烧，烟从棚顶的缝隙逸出，有如一面深蓝色帷幕在黑暗中飘荡。我们看见了成堆的干酪，是人们在那么高的山上制成后存放在那里的。火堆近旁有几个人像一堆布袋似的躺着。寂静中我们听到吉他乐声，听到歌声从炭火和黑暗处传来，这是我们在旅途中第一次听到人的声音。那是一首有关爱情和离别的歌，是对遥远的春天、对我们离开的城市、对无限宽广的生活爱和怀念的怨叹。他们不知我们是谁，他们对逃亡者一无所知。他们既不知道我的诗，也不知道我的名字。就算他们知道我的诗和名字，他们知道我们是谁吗？实际情况是，我们在火堆旁一起唱歌，一起吃东西，然后一起在黑暗中走进几间简陋的房舍。有一股温泉流经那里，我们泡到温泉里，从山里冒出的热气把我们拥进它的怀里。

我们畅快地在水中扑腾，洗浴，把骑马长途跋涉带来的疲乏一扫而光。曙色初现时，我们就踏上了将与我暗无天日的祖国分别的最后几公里路程。这时我感到神清气爽，精力充沛，像受过洗礼一般。我们骑马唱着歌离去，浑身充满新鲜气息，充满把我们推上通往等待我的世界的那条康庄大道的勇气。为了那些歌、食物、温泉、屋顶和床，也就是，为了我们所受到的意外接待，我们要给山民们一些钱——此事我记忆犹新——他们却不动声色地拒绝了我们的馈赠。他们只不过帮了我们一点儿忙；而在那个"只不过"里，在那个无声的"只不过"里，有许多不言而喻的含义，也许是一种认可，也许是共同的梦。

安第斯山的圣马丁

一所无主的茅屋为我们指明了边界。我自由了。我在茅屋墙上写道："再见，我的祖国。我走了，但我把你带在心上。"

　　一位智利朋友准是已经在安第斯山的圣马丁等我们了。那个阿根廷小山镇非常小，别人只对我说了一句指示性的话："到最好的旅馆去。佩德里托·拉米雷斯会到那儿找你。"

　　但是世事难料。在安第斯山的圣马丁，最好的旅馆不是一家，而是两家。我们该选哪一家？由于看不上在小镇美丽的广场上看到的第一家旅馆，我们决定挑选坐落在小镇近郊较昂贵的那家。

　　结果我们挑选的这家旅馆太过高档，不愿意接待我们。我们几天来骑马长途跋涉，肩上背着行囊，胡子拉碴，风尘仆仆，引来充满敌意的目光。谁都害怕接待我们。

　　旅馆经理更是如此，这样一家旅馆接待的都是从苏格兰来阿根廷钓鲑鱼的英国贵族。我们没有丝毫贵族派头。经理要我们走开，用演戏似的表情和手势说，最后一间空客房十分钟前已经被人预订了。就在这时，一位显然是军官的高雅绅士出现在门口，陪伴他的是个金发女演员；他在门口用雷鸣般的声音喊道：

　　"停下！哪儿都不该把智利人赶出去。他们就住这里！"

　　我们于是住下了。我们的保护人非常像庇隆，他的情人也像伊娃，我们都想：就是他们！但是后来，等我们梳洗完毕穿好衣服，坐在桌旁享受一瓶可疑的香槟酒时，才知道这人是当地警备队的指挥官，女的则是从布宜诺斯艾利斯来看他的一位女演员。

　　我们被认为是几个智利的木材商人，准备去做一笔赚钱的买卖。那位指挥官把我叫作"山里人"。出于友谊和对冒险的热爱而一直陪伴我到那里的维克多·比安基发现了一把吉他，用他挑逗性的智利歌曲引得阿根廷的男女如醉如痴。但是三天三夜过去了，佩德里托·拉米雷斯仍旧没来找我。他音信全无，我很担心。我们已经没有一件干净衬衣，也没有钱去买新的。维克托·比安基说，一个出色的木材商人至少应该有干净衬衣。

同时，这位指挥官在他的警备队请我们吃了一顿午饭。他的友谊使我们更亲密了，他向我们直率地说，虽然外貌像庇隆，他却是反庇隆的。我们花了很长时间争论哪个总统更坏，智利总统还是阿根廷总统。

一天早晨，佩德里托·拉米雷斯突然走进我的房间。

"你这个倒霉蛋！"我对他喊道，"你怎么迟到了这么久？"

原来发生了不可避免的事。他一直在广场那家酒店里耐心等待我的到来。

十分钟以后，我们乘车驶过无边无际的大草原。我们日夜奔驰。阿根廷人不时停车喝一杯巴拉圭茶，然后我们继续穿越那片连绵无尽的单调大地。

在巴黎，有了护照

当然，在布宜诺斯艾利斯我最操心的是要弄到一个新的身份证。如果我想横渡大西洋并在欧洲各处走动，我用以通过阿根廷边境的假证件恐怕是不行了。我怎么得到新的证件呢？收到智利政府的通报，阿根廷警方正在想方设法搜捕我。

在如此窘迫的境况中，我回忆起深藏在记忆中的一些事情。我的中美洲老朋友，小说家米格尔·安赫尔·阿斯图里亚斯当时担任危地马拉驻布宜诺斯艾利斯的外交官。我们的相貌略有相似之处。我们达成共识，把我们归入 chompipe 一类，危地马拉和部分墨西哥地区用这一土话来叫火鸡。长鼻子、丰满的面部和身体，使我们两个看上去都像这种美味的家禽。

他到我的藏身处来看我。

"chompipe 老兄，"我对他说，"把你的护照借给我。请给予我变成米格尔·安赫尔·阿斯图里亚斯到达欧洲的乐趣。"

我应该说，阿斯图里亚斯始终是个自由主义者，与政治活动家相去甚远。但是，他对此毫不犹豫。几天之后，我就在"阿斯图里亚斯先生，请这边走"和"阿斯图里亚斯先生，请那边走"的招呼声中，冒充杰出的危地马拉小说家渡过分隔阿根廷和乌拉圭的那条宽阔河流①，进入蒙得维的亚，通过机场和警察的戒备队列，终于安抵巴黎。

但在法国，我的身份又成为一个问题。我那本崭新的护照肯定经不起保安局的严格检查。我只好不再冒充阿斯图里亚斯，恢复为巴勃罗·聂鲁达。但是，既然聂鲁达从未到达巴黎，我怎能恢复身份呢？到达巴黎的可是阿斯图里亚斯呀！

我的顾问们硬要我住在乔治五世饭店。

他们对我说："在那儿，在国际权势人物中间，谁也不会向你要证件。"

我在那里住了几天，没有过多担心我的山里人装束在那个富有而高雅的世界里是多么不协调。之后，毕加索来了，他为人善良，堪与他的天才媲美。他高兴得像个孩子，因为他刚刚发表了他生平第一篇演讲。这篇演讲谈到我的诗，谈到我的受迫害，谈到我的缺席。这下好啦，这个现代绘画的人身牛头怪天才，怀着兄弟般的情谊，对我的困境及其细枝末节都关心到了。他去找当局谈话，他给许多人打电话。

---

① 指拉普拉塔河。

由于我的缘故，我不知道他有多少杰出的作品没能去创作。我为使他浪费了宝贵时光而打心眼里感到遗憾。

那几天，一个和平大会正在巴黎召开。我于最后时刻在会场露面，仅仅为了去朗诵我的一首诗。全体代表向我鼓掌并拥抱了我。许多人以为我死了。他们想象不出我竟能躲过智利警察的残暴追捕。

第二天，《法兰西快报》的老资格记者阿尔德雷特到我住的饭店来了。他对我说：

"当报纸报道你在巴黎的消息时，智利政府声明这个消息是假的；认为来到这儿的是你的替身；说聂鲁达还在智利，他们正在紧紧跟踪你。逮捕你只是个时间问题。我们该怎么回敬他们？"

我记起一次有关莎士比亚写没写过作品的讨论，那次讨论烦琐而且荒谬。马克·吐温插话道："写出那些作品的确实不是威廉·莎士比亚，而是生于同一天、同一时辰，也死于同一天的另一个英国人，而更大的巧合是这个人也叫威廉·莎士比亚。"

我对这位记者说："你就回敬说，我不是巴勃罗·聂鲁达，而是另一个写诗的智利人，为自由而斗争，也叫巴勃罗·聂鲁达。"

办理我的证件可不是件容易的事。阿拉贡和保罗·艾吕雅在帮我办。与此同时，我必须在一种半地下状态中生活。

很多人家收留过我，弗朗索瓦丝·吉鲁夫人的家就是其中之一。我绝不会忘记这位如此独特而富有才智的夫人。她的住宅在皇家大厦，在科莱特①隔壁。她收养了一个越南小孩。法国军队正在干的也就是

①科莱特（1873－1954），法国20世纪上半叶的杰出女作家，著有小说《克洛迪娜》《吉吉》等。

后来美国人接手干的勾当：在遥远的越南土地上杀害无辜的人民。所以她收养了这个孩子。

记得这个住宅里挂着一幅我所见过的最美的毕加索作品。这是他前立体派时期的一幅很大的画。画的是一张桌子，上方垂下来一副像两扇窗户般闭合的红色长毛绒帘子。桌子上从一端到另一端横放着一条法国长面包。这幅画使我肃然起敬。桌上的大面包有如古代圣像画的中心人物，或像格列柯①在埃斯科里亚尔画的《圣莫里斯的殉教》。我给这幅画安上一个我的标题：《圣面包的升天》。

在那些日子里的一天，毕加索亲自到我的藏身处来看我。我把他带到他多年前画的那幅画跟前。那幅画他全忘了。他非常认真地端详它，沉浸在一种异乎寻常又透出淡淡忧伤的全神贯注中，他极少这样。他沉默了十多分钟，在这幅被忘却的画跟前进进退退。

"我越看越喜欢。"他凝视完毕后，我对他说，"我打算建议我国的博物馆买它。吉鲁夫人准备把它卖给我们。"

毕加索又把他的头转向那幅画，目光盯着那条绝妙的面包，他仅有的一句评论是："不错。"

我找到一所出租房屋，觉得它似乎有点奇怪。它坐落在第二区的皮埃尔·米勒街，就是说，连魔鬼在那里都会丢失外套。那是一个工人和极穷困的中产阶层居住的街区。你必须坐数小时地铁才能到达那里。我喜欢这所房屋是因为它像个笼子。总共三层，有几条过道和几间小房间；它是个难以描述的大鸟笼。

一层最宽敞，有一个烧锯末的火炉。我拿这一层做书房和不定期

_____

①格列柯（1541－1614），西班牙画家。作品多为宗教画，如《基督治愈商人》《圣莫里斯的殉教》等。

聚会的客厅。上边的两层由我的几位朋友居住，他们几乎全都来自智利。那里住着何塞·万徒勒里和内梅西奥·安图内斯两位画家，还有别的人我记不得了。

在那些日子里，我接待了苏联文学界三位知名人士的来访，他们是诗人尼古拉·吉洪诺夫①、剧作家亚历山大·柯涅楚克②（他同时也是乌克兰政府官员）和小说家康斯坦丁·西蒙诺夫③。我以前从未见过他们。他们拥抱我，好像我们是久别的兄弟。除了拥抱，每个人都响亮地吻了我，那是斯拉夫男人间表示深厚友谊和尊敬的吻，对此我是很不容易习惯的。几年之后，当我懂得了那种兄弟般的、男人味的吻的含义之后，我有机会以这句话开始讲一段我的故事：

"第一个吻我的男人是捷克斯洛伐克的领事……"

智利政府不喜欢我。我在智利国内，不喜欢；在国外，也不喜欢。不管我到哪里，在到达之前总有照会或电话要求当地政府对我采取敌对行动。

一天，于勒·苏佩维埃尔④来看我。当时我已经有写着我自己名字并延期的有效智利护照。这位年迈、杰出的乌拉圭诗人那时很少上街。他的来访使我又感动又惊奇。

"我给你带来一个重要口信。我女婿贝尔托要见你。我不知道是什么事。"

贝尔托是警察局长。我们来到他的办公室。老诗人和我在靠近他

---

①尼古拉·吉洪诺夫（1896—1979），苏联诗人、小说家，著有《两股激流》等诗作。
②亚历山大·柯涅楚克（1905—1972），苏联剧作家，著有《翅膀》等剧作。
③康斯坦丁·西蒙诺夫（1915—1979），苏联作家、诗人，著有《日日夜夜》等小说。
④于勒·苏佩维埃尔（1884—1960），法国诗人、剧作家、短篇小说家。生于乌拉圭首都蒙得维的亚，拥有双重国籍。作品有诗集《不相识的朋友》、小说《大海的孩子》等。

的桌边坐下。我从未见过哪张桌子上摆着比这里更多的电话机。有多少？我认为不少于二十部。他一脸的聪明和精明，越过如林的电话机看着我。我想到巴黎所有地下生活的线路都会通向那个安保重地。我想起方托马斯[1]和麦格雷警长[2]。

这位警察局长读过我写的书，而且出人意料地理解我的诗。

"我收到智利大使吊销您护照的请求。大使说您用外交护照，那是不合法的。这个信息真实吗？"

"我用的不是外交护照。"我答道，"只不过是公务护照。我是我国的议员，因此有权持有这种证件。另外，我这就交给您检查；可是您不能吊销它，因为它是我的私人财物。"

"到期了吗？谁给延期的？"贝尔托先生拿着我的护照问我。

"当然到期了。"我对他说，"至于是谁为我延期的，我不能说。智利政府会撤那位官员的职。"

警察局长仔细检查了我的证件，然后拿起他许多电话中的一部，吩咐接通智利大使的电话。

这次电话会谈是当着我的面进行的。

"不，大使先生，我办不到。他的护照是合法的。我不知道是谁给延期的。我再说一遍，没收他的证件是不对的。大使先生，我不能照办。我很抱歉。"

看得出来大使仍在坚持，贝尔托显然也有点儿生气了。他终于挂上话筒，对我说：

"他像是您的死敌。不过，您想在法国待多久，就可以待多久。"

我同苏佩维埃尔一起离开那里。老诗人弄不明白是怎么回事。就

---

①法国 20 世纪初系列侦探小说中的罪犯。
②比利时法语小说家乔治·西默农（1903－1989）系列侦探小说中的主人公。

我而言，只觉得一种胜利感和另一种厌恶感交织在一起。那个骚扰我的大使，那个智利迫害者的帮凶，就是那个自吹和我有交情、从不放过机会奉承我的华金·费尔南德斯，就在那天早晨他还通过危地马拉大使给我送来一个亲切的口信。

根

爱伦堡读过也译过我的诗，他抱怨我：你的诗里"根"太多，实在太多。为什么写这么多根呢？

确实。边境的土地把它的根长入我的诗里，而且再也没能把它们拔出去。我的一生乃是漫长的漂泊，始终在来回奔波，总要回到南方的树林，回到那已被毁损的大森林。

在那里，参天大树有时在健壮地活了七百年之后，竟倒下了，有时被洪流连根拔起，有时被大雪冻伤，有时被大火焚毁。我听到过巨人般的大树在森林深处倒下的声音——栎树沉重地倒下时发出悲恸欲绝的压抑闷响，有如一只巨手在敲大地的门，要敲开一个墓穴。

但是，根露出来了，暴露给怀有敌意的时间、潮湿、苔藓和接连不断的摧残。

再没有比那些受伤或被烧的张开的巨手更美的了，它们横在林间小径上，向我们诉说埋在地下的树木的秘密，诉说供养植物王国的枝叶和深厚肌肉的奥妙。那些悲惨的粗硬的巨手，向我们展示一种崭新的美：他们是大地深处的雕刻，是大自然的神秘杰作。

一次，我同拉斐尔·阿尔韦蒂在奥索尔诺附近的瀑布、灌木丛和树木间散步，他使我注意到每一根枝条都各具特点，所有的叶子也似乎都在以千姿百态争奇斗妍。

"看上去就像是植物风景画家为一个美不胜收的公园收集的。"他对我说。

几年以后在罗马,拉斐尔还忆起那次散步和我国森林里绚丽多姿的自然景色。

先前是这样,而今却不然。我伤心地想起我在童年和青少年时期在博罗亚和卡拉韦之间的旅行,或是到托尔滕沿海山冈的漫游。有多少发现啊!肉桂树的清丽身姿及其雨后散发的芬芳,苔藓及其挂在森林的无数"脸"上的冬天的胡子。

我把落叶拨到一边,试图找到几只闪光的鞘翅目昆虫——那种披着彩色外衣、在树的根部跳小型芭蕾舞的步行虫。

后来,我骑马越过那座山脉,奔向阿根廷那边,在参天大树形成的绿色拱顶下,碰上一个障碍:其中一棵树的根,比我们的马还要高,阻断了我们的去路。我们费了大劲,还动用了斧头,才得以过去。那些根就像坍塌的大教堂,其宏伟一经展现,便慑服了我们。

九　流亡始末

在苏联

　　一九四九年，我刚刚摆脱流亡状态，便应邀第一次前往苏联，去参加普希金诞辰一百五十周年纪念会。黄昏时分，我按预定时间到达波罗的海的寒珠——古老、崭新、高贵、英勇的列宁格勒。这座彼得大帝和伟大列宁的城市，和巴黎一样有着"守护天使"。一个灰色天使：铁灰色的大街、铅灰色石头宫殿和灰绿色的大海。世界上最美妙的博物馆，沙皇们的财宝，他们的藏画，他们的军服，他们令人眼花缭乱的首饰，他们的礼服，他们的武器，他们的餐具，全部展现在我眼前。还有一些新的不朽的纪念物："奥罗拉号"巡洋舰上与列宁思想相结合的大炮，轰垮了往昔的围墙，打开了历史的大门。

　　我是来赴一百多年前辞世的诗人、许多不朽的传奇和小说的作者亚历山大·普希金之约的。这位人民喜爱的杰出诗人征服了伟大苏联的心。为了举行他的百年纪念会，俄国人一砖一瓦地修复了沙皇的宫殿。每一堵被纳粹枪炮化为瓦砾的墙垣，都已按昔日的模样从瓦砾中拔地而起。为了安装新的五彩斑斓的彩色玻璃窗，为了修造带花边的檐口，为了建造华丽的柱顶，他们参考了旧的宫殿平面图和当时的文献。他们要建造一座纪念馆向昔日的一位杰出诗人致敬。

在苏联，我首先感受深刻的是它的辽阔，是它地域上的统一性，是草原上摇曳的白桦树，惊人洁净的广大森林，长河大川，在麦田里起伏奔驰的骏马。

一看到苏联大地，我就爱上了它，并意识到它不仅给人类生存的各个角落提供道德方面的教益，提供不同的可能性，促进生产和分配的不断增长，而且表明，从这片保持着大自然纯朴景色、草原绵亘的大地上，将出现一次巨大的飞跃。全人类都知道，这里正在创造出一个巨大的真实，整个世界都在焦急地等待着将要发生什么。有些人心惊胆战地等待着；另一些人只是等待着；还有一些人则相信他们预感到了将要来临的事情。

我在一片树林中遇到数千身穿古老节日盛装的农民，他们在聆听普希金的诗。那里的一切——人，叶子，新麦开始生长的广袤大地——都生气勃勃。大自然与人形成了一个欢欣鼓舞的整体。飞往其他星球的那个人，必定是从米哈依洛夫斯基村树林里普希金的诗中诞生的。

正当农民们出席纪念会的时候，下起了滂沱大雨。一道闪电落在离我们很近的地方，烧焦了一个人和他躲雨的那棵树。我觉得一切都像是大自然雨景画卷的一部分。此外，那种有雨为伴的诗，已经融进我的诗集里，与我息息相关。

苏联在持续不断地变化。规模庞大的城市和运河正在建设中；连地理面貌都在发生变化。然而，在这第一次访问中我就明确，我与这个国家已经建立了亲密关系；同时我又觉得这个国家的一切都难以理解，或是与我的心离得很远。

在莫斯科，作家们永远过着情绪激昂的生活，总在无休无止地辩论。我在那里了解到，帕斯捷尔纳克[①]和马雅可夫斯基同是苏联第一流的诗人，很久以后到处散播丑闻的西方人才发现这一点。声若洪钟、面如铜铸、心胸开阔的马雅可夫斯基是大众诗人，他打破语言陈规，迎着政治诗的难题勇往直前。帕斯捷尔纳克是个观念迟暮的伟大诗人，思想上形而上学，政治上是个正派的保守分子，对于自己祖国的改造，并不比一个有见识的教堂司事看得更远。无论如何，那些对其一成不变的政治主张进行最严苛批判的评论家们，都多次向我背诵引用过帕斯捷尔纳克的诗。

苏联文艺界长期存在教条主义，这是不可否认的；但也应该说，这种教条主义向来被看作缺点，与之面对面的斗争从未停止。在高明的教条主义者日丹诺夫发表了那几篇文章后，个人迷信造成了苏联文化发展的严重僵化。不过，各方面都对那几篇文章提出许多反驳，况且人们懂得，生活本身比教条更有力，也更顽强。革命就是生活，教条则在寻找它自己的坟墓。

爱伦堡年事已高，但仍然是苏维埃文化最真诚、最有活力的杰出鼓动者之一。他已成为我的挚友；在他坐落于高尔基大街、挂满毕加索的绘画和版画的公寓里，有时在莫斯科附近他的别墅里，我多次拜访过他。爱伦堡酷爱植物，几乎永远在他的花园里一边拔草，一边对周围发生的事思考自己的结论。

稍后，把我的诗出神入化地译为俄文的诗人基尔萨诺夫成为我的

[①] 鲍里斯·帕斯捷尔纳克（1890－1960），苏联诗人、作家，著有诗集《在街垒上》、长篇小说《日瓦戈医生》等。1958年获诺贝尔文学奖，但他在一定的压力下拒绝受奖。

至交。基尔萨诺夫和所有的苏联诗人一样，是个满腔热忱的爱国者；美丽的俄语赋予他的诗以璀璨的光彩和悦耳的音韵，在他的生花妙笔下瀑布般倾泻而出。

我经常在莫斯科城里或乡间造访另一位诗人——土耳其人纳齐姆·希克梅特①，一位被他祖国莫名其妙的政府囚禁过十八年的传奇作家。

希克梅特被控企图煽动土耳其海军叛乱，因而受到地狱般的刑罚。这一案件是在军舰上审理的。他告诉我，他被迫在舰桥上走到筋疲力尽，然后被关到厕所的一个地方，那里的地板上有半米深的粪便。我这位诗人兄弟感到浑身瘫软；恶臭熏得他站立不稳。这时他想道：刽子手们正在什么地方监视我，他们想看见我倒下去，想观赏我的不幸。他从骄傲中重获力量。他唱起歌来，先是低声唱，后来把声音提高，最后竟引吭高歌。他什么歌都唱，唱他记得的所有情诗，他自己的诗，农民的抒情曲，他的人民的斗争颂歌。他唱了他知道的一切东西。就这样，他战胜了污秽和折磨。他告诉我这些事情的时候，我对他说："我的兄弟，你是为我们大家唱的。对于我们必将做的事情，我们无须怀疑和顾虑。我们大家都知道，我们应该在什么时候开始歌唱。"

他还对我说起他的人民的苦难。农民们受土耳其封建领主的残酷迫害。希克梅特只能眼睁睁地看着他们进监狱；眼睁睁地看着他们拿发给他们当口粮的仅有的面包片去换烟草。他们先是失神地看着院子里的烟草；后来注意地瞧，几乎是贪婪地盯着。有那么一天，他们掰下几片叶子塞进嘴里。再往后，他们便拔起整株草狼吞虎咽地吃下去。最后，他们竟像马匹似的，趴在烟草上吃起来。

---

①纳齐姆·希克梅特（1902–1963），20世纪土耳其最重要、最有影响的诗人之一，著有诗集《贝德勒丁长老的史诗》《我的同胞们的群像》等。

热烈反对教条主义的希克梅特，在苏联度过了许多年流亡生活。他热爱接纳他的那片国土，他倾吐出这样几句心里话："我相信诗的未来。我之所以相信，是因为我生活在一个诗歌已成为灵魂最不可或缺的需要的国度。"在这些激动人心的话里，有许多秘密还远远未被窥见。苏联人民受到作家们最大的关怀，所有的图书馆、课堂、剧院的大门都向他们敞开。在探讨文学活动的目的时，这一点是不应遗忘的。一方面，新的形式，对现存一切的必要更新，必须超越并打破文学的模式；另一方面，又怎能不跟着一场深刻而广泛的革命的步调走呢？怎能把胜利、矛盾、人类的问题，即面临政治、经济、社会制度全面改变的广大人民的繁衍、进步和成长这些中心主题抛诸脑后呢？怎能不声援这个受残暴侵略，受无情的殖民主义者、形形色色的蒙昧主义者包围的民族呢？文学或艺术对如此重大的事件能采取一种虚无缥缈的独立态度吗？

　　天空是白色的；傍晚四点钟天就黑了。从这个时刻起，夜色已经笼罩了这座城市。

　　莫斯科是一座冬天的城市；是一座美丽的冬天的城市。无限重复的屋顶上盖满积雪。永远洁净的路面闪闪发亮。空气冻得有如坚硬透明的水晶。柔和的钢铁色调、羽毛般的片片雪花盘旋飞舞，成千的行人来来往往，好像感觉不到寒冷，这一切把我带进这样的梦境：莫斯科是一座巍峨的冬之宫殿，宫里到处是幻影般的和栩栩如生的奇特装饰。

　　零下三十摄氏度气温的莫斯科，像一颗火和雪的星辰，像大地胸膛里的一颗燃烧的心。

　　临窗眺望，街上有士兵站岗放哨。出什么事了？连雪都不下了。

要举行维辛斯基^①的葬礼。街道畅通无阻，庄严地让送葬队伍通过。为了这个伟大的战士，四下里一片深沉的肃穆，冬天的心也暂停了跳动。维辛斯基这团火回归到苏维埃祖国的根基中去。

送葬队列经过时，士兵们行持枪礼。其中不时有人举起戴手套的手跳一小步，并重重跺一下穿着高筒靴的脚。此外都像是一动不动的。

一位西班牙朋友告诉我，在第二次世界大战中，在严寒的日子里，在敌机轰炸之后，立刻就能见到莫斯科人在大街上吃冷食。我的朋友对我说："当我见到他们在一场可怕的战争中，在零下的寒冷天气里如此平静地吃冷食的时候，我就知道他们一定能战胜。"

公园里的树木都已披上霜花，看去一片雪白。冬日莫斯科公园里的这种晶莹的花瓣，任何东西都无法与之媲美。太阳使它们变得半透明、发出白色的光焰，但花朵般的结构没有一滴被融化。这是一个树状的天地，透过它雪的春天可以隐约看到古老的克里姆林宫塔楼，看到千年的细尖塔，看到圣巴西里奥教堂的金色圆顶。

穿过莫斯科郊区，我在前往另一城市途中看见几条宽阔的白色通道。那是几条结了冰的河。静止的河床上，不时出现一个沉思默想的渔夫的身影，像停在耀眼桌布上的一只苍蝇。渔夫停在开阔的冰原上，选定一个地点，把冰钻透，直至能看到隐藏在下面的水流。这时还不能立刻捕到鱼，因为鱼害怕钻洞铁器的声音，都逃走了。渔夫撒下一些食物做鱼饵，以便把逃走的鱼引回来。他放下鱼钩守候着；在那恶魔似的严寒里，几小时几小时地等下去。

我认为，作家的工作和那些北极区的渔夫干的活有许多共同点。

---

① 安德烈·雅奴阿列维奇·维辛斯基（1883－1954），苏联法学家、外交家，对东欧、亚洲的社会主义国家法学影响深远。

作家必须去找那条河,如果遇到河结了冰,就得在冰上钻洞。他必须极有耐心,禁得起严寒天气和逆耳批评,受得了嘲笑,找到深流,放下合适的鱼钩,在经受一番艰辛之后,捕到的只是一条很小的小鱼。可是,他还得顶着严寒、冰雪和批评再去捕鱼,直至每次都能捕到一条大鱼。

我应邀参加过一次作家代表大会。大会主席台上坐着伟大的渔夫们——伟大的苏联作家们。一头银发的法捷耶夫面带苍白的笑意;费定长着一副又瘦又尖的英国渔夫的面孔;爱伦堡的头发乱蓬蓬的,他的衣服即使是刚刚上身的,也让人觉得已经被穿着睡过一觉了;还有吉洪诺夫[①]。

主席台上,也有中亚、北亚的代表和他们刚出版的书籍,他们是最遥远的一些苏维埃共和国的文学代言人,我从前甚至都没有听说过这些人的名字,他们来自没有文字的游牧国家。

致普希金

亲爱的朋友:

你一百五十周年诞辰时,几位作家邀请我去给你庆生。就这样,我第一次来到苏联。不知为何,我觉得你才是邀请者,是你邀请了我们。从那时起,我就觉得自己和你痛苦的人生产生了关联,觉得自己是你的朋友。在你生活过的地方,在你诗歌中描绘过的风景里举办的庆祝活动非常圆满。春天满是普希金的味道。你的作品仿佛

---

①尼古拉·亚历山德罗维奇·吉洪诺夫(1905-1997),冷战时期乌克兰政治人物。

一条清澈的河流，河水不断上涨，从我们身边流过。你的诗句在树枝上绽放。

有一些文学大师，他们超越了文学，不仅改变了书本的语言，还改变了日常生活的语言。他们改变了词语的组合方式，赋予它们全新的节奏和自由的空气。一位国民诗人打开了窗户，让那寂静和大地之声，历史激情的足音，大海的轰鸣声，鸟儿的歌声，一齐涌入。这都是你伟大的遗产。

既然如此，我想在这场隆重的会议上证明，五十年来苏联文学保护并传承了这项遗产。这群作家是深入人心的国民作家，与此同时，他们对外国文化也极其包容。革命孕育了他们的祖国，这群作家和苏联人民一起建造楼房、创作作品，直到人们热爱、尊重书籍为止，直到书籍成为新社会的中心为止。在变革的时代，在前所未有的斗争时代，他们艰难地实现了这一切。苏联作家不仅是苏联人民的英雄，也是人类的希望。

当可怕的战火烧至雕像脚下，当侵略者想要摧毁这群人民与他们的文化，苏联作家屡败屡战、屡战屡胜。他们用鲜血、语言、爱与愤怒捍卫你宝贵的遗产，捍卫十月革命崇高的人道主义精神。

书籍的地位得到了巩固，它们进驻了城市、田间、村庄，占领了图书馆、街道、房屋、医院、工厂，抵达了偏远黑暗的地区，各个地方的苏联人都在一边工作一边看书。他们将带着书本登上月球。

他们捍卫了你灿烂的遗产，将它发扬光大。这是来自遥远的地方，来自南美洲的诗人告诉你的。如果你在场的话，如果你在我们中间的话，我会和你说："普希金同志，你可以安心了。"

重访印度

一九五〇年，我突然必须去趟印度。在巴黎，约里奥-居里①派人委托我一项使命。这次新德里之行是要与不同政见的人进行接触，就地估计加强印度保卫和平运动的可能性。

约里奥-居里是世界保卫和平委员会的主席。我们进行了详尽的交谈。尽管印度向来作为爱好和平的杰出国家受到尊敬，和平主义者的意见在印度却没有得到应有的重视，这使他感到不安。印度总理潘迪特·尼赫鲁本人就是以倡导和平这一由来已久并深深植根于该国的事业的领袖而著称于世的。

约里奥-居里交给我两封信。一封信是致孟买科学家的；另一封信则要亲手递交总理本人。我觉得奇怪的是，为什么非得派我去进行如此长途的旅行，并完成看来如此简单的任务。也许是考虑到我青年时代在该国度过几年时光，对它有着持久的爱。也许是由于这个事实：因为《伐木者醒来吧》那首长诗，我获得了当年的和平奖。毕加索和纳齐姆·希克梅特也被授予这项殊荣。

我乘飞机前往孟买。三十年之后，我重返印度。它现在已经不是争取解放的殖民地，而是一个独立的共和国了——这是甘地的梦想，一九二八年我参加过他召开的最早几次代表大会。我当时结识的朋友——待我亲如兄弟并把自己的斗争经历信任地告诉我的大学生革命者们，也许一个在世的都没有了。

一下飞机，我就直奔海关。我从海关要转往一家酒店，把信件交给物理学家拉曼，然后继续向新德里进发。我遇到了意想不到的麻烦。

①弗雷德里克·约里奥-居里（1900-1958），法国物理学家，物理学家居里夫妇的女婿，对核物理学有重要贡献。

我的手提箱长时间出不了受检区；一帮想必是海关检查员的人，把我的行李像用篦子篦似的查了个遍。我见过许多次检查，可没有一次能与这次相比。我的行李件数不多，只有一个装衣服的中型手提箱和一个装盥洗用具的小皮包。我的长裤、内裤、鞋都被高高举起，用五双眼睛查看。衣服口袋和线缝都被仔细检查过。为了不弄脏衣服，我在罗马时用酒店房间里找到的一张皱巴巴的报纸把鞋子包了起来。那张报纸大概是《罗马观察家报》。他们把这张报纸摊在桌上，对着光看，又当作秘密文件仔细折起来，最后把它跟我的其他文件一起放到一旁。我的鞋也被里里外外研究过，如同两件独特而神奇的化石标本。

这次难以置信的搜查持续了两小时。他们把我的文件（护照、通讯录、必须面交总理的信件和那张《罗马观察家报》）细致地捆成一包，当着我的面郑重其事地用火漆封好。这时才告诉我，我可以到酒店去了。

我竭力不失去智利人的耐心，提醒他们说，没有身份证件哪家酒店也不会接待我；而且，我这次到印度来，目的是向总理递交信件，由于他们把信件封存，我无法向总理递交。

"我们将通知酒店接待你。至于那些文件，我们会及时退还给你的。"

我想，难道这就是我青年时代曾关心过其独立斗争的国家？我关上手提箱，同时也闭上嘴。我心里想的只有一个词："狗屁！"

我在酒店里遇到了巴埃拉教授，就把这些烦心事告诉了他。他是个宽厚的印度人，认为那种事没什么了不起。他对自己的国家是宽容的，认为它还处于成长阶段。我则相反，从那场混乱中觉察到某种不正常的东西，某种与我期望得到的一个新独立国家的欢迎大相径庭的东西。

约里奥－居里的朋友——我要递交介绍信的人，是印度核物理研究所所长。他邀请我去参观他们研究所的设备，还告诉我，我们当天将应邀和总理的妹妹共进午餐。我的运气一向如此，而且一辈子都如此：一面往我肋骨上揍一棍子，一面又献给我一束花表示歉意。

核研究所是个洁净、光线充足、色彩鲜明的地方，里边的男男女女身穿很薄的白色衣服，流水般经过走廊，穿行于仪器、大黑板和方盘之间。尽管科学解说我听懂的很少，那次参观对我无异于一次涤荡邪祟的圣浴，为我洗去偶然遭受警察侮辱留下的污迹。我模模糊糊地记得，在其他一些东西之间见过一种水银喷泉。最使我惊奇的是，这种金属竟显示出有生命的动物那样的能量；它的运动性，它那液态、球形的神奇变化激发了我的无限想象。

那天我们与之共进午餐的尼赫鲁的妹妹的名字，我已忘记了。在她面前，我的恶劣情绪烟消云散。她是一个非常俏丽的女人，打扮得像个异国的女演员。她穿的纱丽闪现斑斓的色彩。她戴的金银珠翠彰显着她的华贵。我对她极有好感。这么一个文雅之至的女人，将戴着珠宝的纤细手指插进拌有咖喱调味汁的米饭里，用手抓饭吃，看起来有某种反差之感。我告诉她，我要去新德里，去看望她的兄长和保卫世界和平的朋友们。她对我说，她认为印度的全体人民都应当参加到这一运动里去。

当天下午，有人在酒店里把我的那包文件交还我。那些装腔作势的警察曾经当着我的面亲自把文件打包、封好，如今火漆封印已经被弄碎了。他们肯定连洗衣店的账单都拍过照了。我后来渐渐明白，凡是在我的通讯录里记有地址的人士，警察都找过并问过话。其中有里卡多·吉拉尔德斯的未亡人，她当时是我的小姨子。这位夫人是个肤浅的神智学者，没有其他爱好，只醉心于亚洲哲学，居住在印度一个偏远的村子里。只因我的通讯录有她的名字，她遇到了很多麻烦。

在新德里，在我到达当天，我就坐在一座花园里的遮阳伞下，见到了六七位印度首都的名流。他们是作家、哲学家、印度教徒和佛教徒，这些人都单纯得十分可爱，毫不傲慢自大。他们一致认为，拥护和平的人组织的运动，和他们古老国家的精神，和他们所坚持的仁慈和理智的传统是一致的。他们明智地补充说，他们认为任何宗派和霸权倾向都必须纠正：无论是共产主义者、佛教徒还是资产阶级，谁都不应擅自控制这个运动。重要的是各党派都应有所贡献，这才是问题的关键。我同意他们的意见。

智利驻印度大使胡安·马丁博士，作家兼医生，是我的老朋友，他在吃饭时间来看我。他绕了好几个弯子才对我说，他会晤过警方首脑。印度警方首脑以当局对待外交官那种独特的冷静态度通知他，我的活动使印度政府感到不安。他们希望我尽快离开该国。我对大使说，我的活动只不过是在酒店的花园里，与六七位著名人士会晤，他们的思想我想是尽人皆知的。至于我，我对他说，等我把约里奥－居里致印度总理的信一交，就没有兴趣再待在这个国家了，尽管我支持其事业的感情已有事实为证，它却毫无道理地以十分不礼貌的态度对待我。

我们的大使虽然曾是智利社会党的创建者之一，可能由于年龄和外交特权，他成了一个和稀泥的人。面对印度政府的这种愚蠢态度，他竟丝毫不表愤慨。我没有请求他给予任何支持，我们便和和气气地告别了。他确实在人家硬要他来找我的沉重压力下松了一口气，而我期望得到他的同情和友谊的梦想却永远破灭了。

尼赫鲁约我第二天在他的小会客室见面。他起身和我握手，脸上毫无欢迎的笑意。他的家已经被拍过许多相片，我就无须再费笔墨描绘了。他那双冰冷的黑眼睛毫不动情地看着我。三十年前，在一次印度独立支持者的大型集会上，有人把我介绍给他和他父亲。我对他提起这件事，他的脸没有因此而发生变化。无论我对他说多少话，他都只用三言两语作答，同时用他那一成不变的冷冰冰的目光盯着我。

我把他的朋友约里奥－居里的信递给他。他对我说，他非常敬重这位法国学者，说着从容不迫地读起那封信来。约里奥－居里在信中提到我，还要求尼赫鲁对我的这次使命给予支持。读毕，他把信装回信封，一言不发地看着我。我忽然想到，我的出现一定引起他某种抑制不住的反感。我的脑海里又闪过一个想法：这位面色微黄的男人一定有过肉体上、政治上或感情上的不幸经历。他的举止显示出一种高傲和习惯于发号施令的人的坚定，但是没有领袖人物的威力。我记得他的父亲——古老领主家族的地主潘迪特·莫蒂拉尔·尼赫鲁——是甘地的司库，他不仅以自己的政治智慧，还以自己的大量财产帮助国大党。我想，也许这个沉默寡言的人在我面前已经微妙地变成一位"地主"，以他对他的一名赤脚农民会有的态度，冷漠而轻蔑地凝视我。

"我回到巴黎时，该对约里奥－居里教授说什么呢？"

"我会给他复信的。"他干巴巴地对我说。

我沉默了几秒钟，我觉得这几秒钟极其漫长。我认为，尼赫鲁已经不想再跟我谈任何事情了，不过他丝毫没有表示不耐烦，似乎我可以毫无目的地坐在那里，由此产生使一位如此重要的人物浪费时间而惶惶不安的感觉。

我认为，我少不得要对他说几句有关我的使命的话：冷战随时都有白热化的危险；一场新的灾难会把人类吞没；我对他讲到核武器的可怕危险。现在重要的是，要把绝大多数期望避免战争的人团结到一起。

他仍然在沉思，似乎没有听我说话。过了几秒钟，他说道：

"结果是两派都以和平为理由互相攻击。"

"依我看，"我答道，"所有谈论和平或愿意为和平做贡献的人，可能都属于同一派，属于同一个运动。除了鼓吹复仇和战争的人之外，我们不愿意排除任何人。"

持续的沉默。我明白，谈话已经结束。我起身伸手和他握别。他一言不发地握了握我的手。我向房门走去时，他略为亲切地问我：

"我能为您做点什么？您什么都不需要吗？"

我这个人反应相当迟缓，而且不幸的是，我没有坏心眼。但是，我平生就这一次采取了攻势：

"哦，当然！我给忘了。我从前虽然在印度待过，可从来没有机会游览离新德里极近的泰姬陵。如果警察没有通知我不能离开市区并且必须尽快返回欧洲，这次也许是参观这个令人赞叹的古迹的好机会。我明天回去。"

朝他开了这一枪，我感到很开心；我对他匆匆行了个礼，就离开了他的小会客室。

酒店经理在接待处等我。

"我要转达一个口信给您。政府刚刚来电话通知，您如果愿意，可以去游览泰姬陵。"

"请把我的账单准备好。"我答道，"很遗憾，我不去游览了。我现在马上去机场，要赶上飞往巴黎的第一班飞机。"

五年后，我在莫斯科出席了一年一度的列宁和平奖评委会会议，我是国际评委会的成员之一。到了提名并表决该年的候选人时，印度代表提出了尼赫鲁总理的名字。

我微微一笑，别的委员谁也不明白是什么意思；但我投了赞成票。尼赫鲁由于被授予该国际奖而成为保卫世界和平的斗士之一。

初访中国

革命胜利后我两次访问中国。第一次是在一九五一年，这一年碰巧由我和别人一起，承担把列宁和平奖授予宋庆龄女士——孙逸仙的遗孀——的使命。

她获得那枚金质奖章是中国当时的副总理兼作家郭沫若提议的。此外，郭沫若和阿拉贡一同是评奖委员会的副主席。安娜·西格斯、电影工作者亚历山德罗夫、爱伦堡、我，还有一些我已记不得的人，都是这个国际评委会的成员。我和阿拉贡、爱伦堡结成一个秘密联盟，通过这个联盟，我们争取以后几年要把这个奖授予毕加索、贝尔托尔特·布莱希特和拉斐尔·阿尔韦蒂。当然，这是不容易的。

我们乘坐横贯西伯利亚的火车前往中国。踏进这趟传奇式的列车，就像登上一艘在大海上驶往无边而神秘空间的轮船。从车窗望去，我周围遍地都是金黄色的。在西伯利亚的仲秋季节，举目所见全是布满花瓣似的黄叶的银色白桦树；继而是无边无际的大草原、冻原或者西伯利亚针叶林带。不时出现新城市的车站。我同爱伦堡下车去舒展一下麻木的肢体。车站上，农民们带着包袱和手提箱，挤在候车室里等火车。

我们几乎来不及到这些小城去走走。这些城市都很相似，都有一尊斯大林的水泥塑像；塑像有些涂成银色，有些涂成金色。我们见到的几十尊塑像都像是一个模子里浇出来的，我不知道是银色的还是金色的更难看。回到火车上，爱伦堡在整整一周时间里，用他那充满怀疑色彩的妙趣横生的谈话使我开心。尽管爱伦堡是个非常爱国的苏联人，他还是面带笑意轻蔑地向我谈论了那个时代生活中的方方面面。

爱伦堡曾经跟随红军到过柏林。毫无疑问，他是有史以来所有战地记者中最出色的一位。红军战士非常喜欢这位孤僻的怪人。前不久在莫斯科，他给我看过战士们从德国的废墟里挖出来送给他的两件礼物：比利时军械师为拿破仑·波拿巴制造的一支步枪和一六五〇年法国印制的龙萨著作的微型两卷本；这两册小书有烤焦的地方，有雨和血留下的污痕。

爱伦堡把拿破仑的那支漂亮的步枪赠给了法国博物馆。他摩挲着装饰加工过的枪管和擦得发亮的枪托对我说："我要它有什么用？"至于那两卷龙萨的小书，他毫不含糊地给自己留下了。

爱伦堡是个非常热爱法国的人。在火车上，他对我朗诵了一首秘密的诗。那是一首歌唱法国的短诗，他在诗中像是对他爱恋的女子倾吐衷肠。

我之所以称这首诗为"秘密的"，是因为在当时的俄罗斯，世界主义是受谴责的。报刊上经常刊载蒙昧主义拥护者的检举材料。所有的现代艺术，他们都认为是世界主义的。有的作家或画家受到这种谴责，马上名誉扫地并被人遗忘。所以，必须把爱伦堡这首热爱法国的诗中所表达的柔情，像一朵秘密的花儿那样保护起来。

爱伦堡向我展示的许多东西，不久就在斯大林的黑夜里无可弥补地绝迹了，我宁愿把这种消失归于持不同意见的、爱反驳的个性。

爱伦堡长着一绺绺乱蓬蓬的头发，脸上皱纹很深，牙齿上有烟碱沉积，灰眼睛冷冰冰的，带着忧郁的微笑，在我看来他是个年迈的怀疑论者和十分绝望的人。我对伟大的革命刚刚有所了解，还没有看清某些不幸的细节。我对当时普遍的低级趣味，对那些涂成金色和银色的塑像，几乎没有什么异议。时间将证明我是错的，不过我认为，连爱伦堡也不能充分了解这场悲剧的深广程度。其严重性将由苏共二十次代表大会向大家揭示出来。

我觉得，火车日复一日在金黄色旷野上前进得非常缓慢，白桦树一棵连着一棵。我们就这样紧挨着乌拉尔山脉穿过西伯利亚。

一天，我们在餐车吃午饭时，一名占用一张餐桌的士兵引起我的注意；他是个脸色红润、笑眯眯的青年，喝得醉醺醺的。他不停地向服务员要生鸡蛋，把蛋打破，然后兴冲冲地把蛋倒在盘子里。立刻又要几个蛋。从他喜滋滋的微笑和孩子般的蓝眼睛看来，他是越来越开心了。这种游戏他一定玩得很久了，因为蛋黄和蛋清都快要溢出盘子流到车厢地板上了。

"同志！"士兵兴奋地喊服务员，又向他要鸡蛋以增加自己的财富。

我兴致勃勃地看着在西伯利亚大海般孤寂的环境中发生的如此天真、如此意外的一幕超现实主义场景。

惊慌的服务员终于叫来了乘警。武装精良的警察居高临下严肃地看着这个士兵。士兵对警察毫不理会，仍然起劲地打着鸡蛋。

我料想警察就要硬把这个挥霍的人从梦境中拖出来了。然而我却大吃一惊。那位大力神般的警察竟坐到他身旁，用手温柔地抚摸他长满金发的头，低声对他说起话来，笑吟吟地说服他。终于警察忽然轻轻地把他从座位上扶起来，像哥哥那样拉着他的手臂走向车厢门，走向车站，走向小城的大街小巷。

我难过地想到，一个不幸的印度醉汉要是在跨越热带的火车里打鸡蛋，真不知道会发生什么事情。

在穿越西伯利亚的那些日子里，一早一晚都听得见爱伦堡在使劲敲打字机机键的声音。他在火车上完成了《第九个浪头》，这是他发表《解冻》之前写的最后一部长篇小说。至于我，仅仅偶尔写下了《船长的诗》中的几首，这是我为玛蒂尔德①写的情诗，后来以佚名方式发表于那不勒斯。

我们在伊尔库茨克下火车。在乘飞机前往蒙古之前，我们游览了著名的贝加尔湖，它位于西伯利亚边界，在沙皇时代被称为通向自由之门。囚徒和流放者所思所梦都是前往那个湖，它是独一无二可供逃生的通道。如今在歌唱古老的民谣时，俄国人低沉的声音还在一再呼喊："贝加尔湖！贝加尔湖！"

湖泊研究所邀请我们吃午餐。学者们向我们透露了他们的科学秘密。那个湖——乌拉尔山脉的儿子和眼睛——的深度，从来无法确定。在两千米深处可以采集到一些奇特的鱼——从它黑夜般的深渊里捕获的盲鱼。我当即胃口大开，问科学家们我可不可以在吃饭时品尝几条这种奇特的鱼。我是世界上品尝过深渊生长的鱼并佐以上好的西伯利亚伏特加酒的少数几个人之一。

我们从此地飞往蒙古。那块月球般荒凉的疆土在我脑海里留下模糊的回忆，当那里建立起第一批印刷厂和大学的时候，那里的居民仍然过着游牧生活。乌兰巴托周围尽是无边无际的贫瘠土地，很像我们智利的阿塔卡马沙漠，只有骆驼群会打破它的孤寂，却使这孤寂显得更加古老。对了，我用精致得令人惊叹不已的银杯品尝过蒙古人酿造的威士忌酒。每个国家的人民都尽其所能地酿酒。这种威士忌酒是用

①即玛蒂尔德·乌鲁蒂亚，聂鲁达的第三任妻子。

发酵的骆驼奶酿造的。每次想起它的味道，我仍会浑身打战。不过，在乌兰巴托度过的时光何等美好！对于生活在美丽名字中的我，更是如此。生活在它们中间，如同生活在它们为我构筑的梦幻般的华厦中。我曾在新加坡的名字中，在撒马尔罕的名字中度过这样的时光，吟味着每一个音节。我希望，我死后能埋葬在一个名字里，埋葬在某个精心挑选的响亮的名字里，这样它的音节便能在我海边的骨骼上方歌唱。

中国人是世界上最爱笑的人。他们笑着经历过无情的殖民主义，经历过革命、饥饿和屠杀，没有任何一个民族比他们更懂得笑。中国孩子的笑是这个人口大国收获的最美的稻谷。

不过，中国人的笑有两种。一种是麦色的脸上自然灿烂的笑；这是农民和广大人民的笑。另一种是瞬息万变的虚伪的笑，可以在鼻子底下随时贴上，也可以随时撕下。这是官员们的笑。

我同爱伦堡第一次到达北京机场时，我们费了不少心思来辨别这两种笑。真诚美好的笑陪伴了我们许多日子。这是我们的中国作家朋友们的笑，他们是给予我们尊贵款待的小说家们和诗人们。就这样，我们认识了作家协会副主席、斯大林奖获得者、小说家丁玲，还有茅盾、萧三，以及老共产党员和中国诗人中的佼佼者——令人心醉的艾青。他们会说法语或英语。几年之后，文化大革命把他们全都埋没了；但在当时，在我们到达北京时，他们都是文艺界的要人。

第二天，列宁奖（当时称为斯大林奖）授予仪式结束之后，我们在苏联大使馆吃饭。出席宴会的除获奖人之外，有周恩来、年迈的朱德元帅以及其他几个人。大使是个保卫斯大林格勒的英雄，典型的苏联军人，一而再地唱歌、敬酒。我被安排坐在宋庆龄女士旁边，她很高贵，也依然很美，是那个时代最受尊敬的女性。

我们每人都有一个装满伏特加酒的玻璃瓶，供自斟自饮。频频听到"干杯"的声音；这种中国式的敬酒迫使你将杯中的酒一饮而尽，一滴不剩。年迈的朱德元帅坐在我对面，频频把他的酒杯斟满，像农民那样大声笑着，不停地招引我干杯。席终我趁那位老军事战略家不注意的时候，尝了一口他那瓶伏特加酒。我的怀疑得到证实，我发现那位元帅席间喝的是白水，我却灌下了大量烧酒。

喝咖啡时，我的邻座宋庆龄——孙逸仙的遗孀，我们为之授勋的非凡女士，从她的烟盒里取出一支香烟；然后，高雅地微笑着，另递一支给我。我对她说："不，我不抽烟，非常感谢。"我向她赞美她的烟盒，她对我说；"我保存它，因为它是我生活中非常重要的一件纪念品。"那是一件亮闪闪的金物件，镶了钻石和红宝石。我仔细看了看，又赞美几句，然后还给它的主人。

她马上忘了归还烟盒的事，当我们起身离席时，她转身郑重其事地对我说：

"请问，我的烟盒呢？"

我肯定已经把烟盒还给她了，然而还是尽力在桌上桌下寻找一番，却没有找到。孙逸仙的夫人脸上的笑意消失了，只有她那两只黑眼睛，对我射出两道严厉的寒光。这件圣物哪儿都找不到，我开始荒谬地觉得，自己对它的遗失负有责任。那两道黑色的寒光几乎使我相信，我就是个偷窃珠宝的贼。

幸好，在极度难过的最后时刻，我远远看见那个烟盒又出现在她手上。很简单，那烟盒当然是在她自己口袋里找到的。微笑又出现在她脸上，可我在若干年里再也笑不出来。现在我想，也许文化大革命最终使她放弃了那个十分美丽的金烟盒。

在一年的那个季节，中国人都穿蓝衣服，一种不分男女的蓝工作服，使他们具有统一的天蓝色外观。没有破衣烂衫；但是也没有小汽车。四面八方聚拢来的密集人群，挤满了所有的空间。

那是革命胜利后的第二年，各地肯定都遭遇了物质匮乏和困难，然而在北京城走马观花时却看不到这些情况。特别使爱伦堡和我烦恼的是一些细枝末节的事。我们要买一双袜子、一块手帕，都会变成国家大事。中国同志为此进行了讨论。经过紧张商量之后，我们浩浩荡荡地从酒店出发了：打头的是我们坐的车，后面是保卫人员、警察、翻译坐的车。车队飞快启动，在永远拥挤的人群中间开路前进。我们在众人让开的一条狭窄通道中一阵风似的开过去。一到百货公司，中国朋友急忙下车，把店里的顾客飞快赶走，阻断交通，用他们的身躯构成路障，爱伦堡和我低着头从一条由人拦出的通道穿过，并在十五分钟之后同样低着头出来，手里拿着一个小包，同时十分坚决地决定，绝不再出来买袜子了。

诸如此类的事情弄得爱伦堡恼火。我来说说在餐厅里发生的一件事。酒店里给我们上的是中国从殖民者那里继承来的糟糕透顶的英国菜。我是个中国烹饪的热烈崇拜者，便对我的年轻译员说，我极想享受一下驰名的北京烹饪艺术。他回答说他要去商量一下。

我不知道他是否真的商量过，而事实是，我们还得咀嚼酒店里那种难以下咽的烤牛肉。我又对他说了这件事。他沉默片刻才对我说：

"同志们已经开了几次会了解情况。这个问题马上就能解决了。"

第二天接待组的一位要员来看我们。他摆出一副彬彬有礼的笑容之后，问我们是否真的爱吃中国菜。爱伦堡断然对他说爱吃，我补充说，我从少年时代起就知道广东菜了，我渴望品尝闻名遐迩的北京佳肴。

"这件事有困难。"这位中国朋友忧心忡忡地说。

他摇摇头沉默了，然后下结论道：

"几乎不可能。"

爱伦堡笑了，是顽固的怀疑论者那种苦笑。我却大为光火。

"同志，"我对他说，"请替我准备好回巴黎的证件。既然我不能在中国吃到中国菜，我就到拉丁区去吃，那里是不会有任何问题的。"

我的生硬言辞起了作用。四小时后，我们在一大群随行人员的引导下，来到一家著名餐馆，这里烹制烤鸭已有五百年历史。那是一道令人难忘的美味佳肴。

这家餐馆日夜营业，距我们下榻的酒店不足三百米。

《船长的诗》

在行踪不定的流亡旅程中，我到过一个我当时尚不了解的国家，还学会了去热爱它，这就是意大利。这个国家的一切都让我觉得难以置信。特别是意大利的纯朴：纯朴的橄榄油、纯朴的面包和纯朴的葡萄酒。甚至是警察……警察从不虐待我，但一刻也不放松地盯着我。到处都会碰到他们，甚至在做梦和喝汤的时候。

作家们邀请我去朗诵我的诗。我到处——在大学，在圆形剧场，为热那亚的码头工人，在佛罗伦萨的拉拉纳艺术宫，在都灵，在威尼斯——真诚地朗诵它们。

在座无虚席的大厅里朗诵，我感到无限舒畅。我身旁的一个人跟着用纯正的意大利语把我的诗句复述出来，这种美妙的语言为我的诗增添了光彩，我听了很高兴。但是，警察却非常不喜欢这么办。用西班牙语朗诵，可以通过；但是，译成意大利语则须删节。赞颂和平这个已被"西方"放逐的词，尤其是我的诗倾向于人民的斗争，是很危险的。

人民政党在选举中获胜的那些市的政府，都在雄伟的市政府大厅里像欢迎贵宾那样欢迎我。我多次成为荣誉市民；我是米兰市、佛罗伦萨市、热那亚市的荣誉市民。在我的朗诵会之前或之后，市议员们授予我荣誉称号。名流、贵族和主教们聚集在大厅里。我喝下一小杯香槟酒，以我遥远祖国的名义表示感谢。又是拥抱，又是吻手，我终于走下了市政府大厦的台阶，警察就在大街上等我，他们从早到晚一刻也不放过我。

在威尼斯发生的事简直就像一部惊险电影。我在礼堂里举行了惯常的朗诵会；我再次被授予荣誉市民称号。但是，警察却要我离开这个苔丝狄蒙娜①出生并遇害的城市。警探们日夜在我下榻的酒店布暗哨。

我那位诨号"卡洛斯少校"的老朋友维托里奥·维达莱，从的里雅斯特②赶来听我朗诵诗。他陪我在河道里游览，从威尼斯平底船上观览灰溜溜的高楼大厦，让我感到无限舒畅。至于警察，对我更加纠缠不休；他们一直紧跟在我们背后，相距只有两米远。于是我决定像卡萨诺瓦③那样，逃脱企图幽禁我的威尼斯。我同维托里奥·维达莱和在威尼斯邂逅的哥斯达黎加作家华金·古铁雷斯④一起，在街上飞跑。威尼斯的两个警察在我们背后猛追，我们很快就上了威尼斯仅有的一条装了马达的平底船，这条船是共产党员市长的。这条市政府的平底船在河道里飞速航行，而另一派的人则像鹿一样跑去找船。他们弄到

---

① 莎士比亚悲剧《奥赛罗》的主人公之妻，因受伊阿古陷害，被其夫扼死。《奥赛罗》的故事发生在威尼斯，故有此说。
② 意大利的里雅斯特省省会，濒临亚得里亚海。
③ 卡萨诺瓦（1725－1798），意大利教士、作家、外交官。1755年，因威尼斯有人告发他是巫师，被判刑五年，关在总督宫监狱，1756年10月31日越狱。
④ 华金·古铁雷斯（1918－2000），哥斯达黎加作家、记者，著有《丛林》等。

的是许许多多颇具浪漫情调的划桨船之一，这种漆成黑色并有描金花饰的船是威尼斯情侣们乘坐的。他们在很远的地方追赶我们，像鸭子追海豚一样毫无希望。

所有这种追踪，一天早上在那不勒斯达到顶点。警察来到我住的酒店时不算太早，因为在那不勒斯没有人赶早上班，警察也不例外。他们借口护照有错，要我同他们去市政府。在那里他们给我一杯速溶咖啡，并通知我必须在当天离开意大利领土。

我对意大利的热爱，帮不了我什么忙。

"一定是搞错了。"我对他们说。

"绝对没错。我们都非常尊敬您，但您必须离开这个国家。"

然后他们拐弯抹角地告诉我，是智利大使要求把我赶走的。

火车在当天下午发车。我那些前来送别的朋友，早已在火车站上了。亲吻，鲜花，叫喊。保罗·里奇，阿利卡塔兄弟，还有许多别的人都来了。Arrivederci①！再见，再见！

在我乘火车前往罗马的旅途中，监视我的警察对我殷勤备至。他们把我的手提箱提上火车，安放妥帖。他们替我买来《团结报》和绝非右派报纸的当地的《晚报》。他们要求我签名，有的是他们自己要，有的是替他们的亲友要。我从未见过比他们更有礼貌的警察。

"阁下，我们很遗憾。我们都是穷困的一家之长。我们必须服从命令。令人厌恶……"

罗马火车站到了，我得在这里转车，以继续前往边境的旅程。我从窗口看见一大群人；还听到叫喊声，看到你推我挤的场面。大把大

---

① 意大利语，意为"再见"。

把的鲜花高举在人头形成的河流上向火车涌来。

"巴勃罗！巴勃罗！"

当我走下被严密监视起来的车厢的台阶时，我立刻成为一场不可思议的混战的中心。男女作家们、记者们、议员们，约有上千人，把我从警察手中抢去好几秒钟。警察也冲上来把我从朋友们的手臂里夺回。在这激动人心的时刻，我看见了几位名人的面孔。阿尔贝托·莫拉维亚①及其妻子埃尔萨·莫兰特，她和他同是小说家。著名画家雷纳托·古图索。还有别的诗人，别的画家。《耶稣停留在埃博利》的著名作者卡洛·莱维②递给我一束玫瑰花。就在这时，花掉到了地上，帽子和雨伞飞起，爆炸般的拳击声响起。警察处于劣势，我又被朋友们抢去。在这场混战中，我见到十分温和亲切的埃尔萨·莫兰特用自己的绸伞打一名警察的头。突然有几辆运行李的手推车经过，我看见一个胖胖的搬运工在警察背上揍了一棍子。这些都是罗马人民对我的支持。这场冲突越来越复杂化，警察在一边对我说：

"您跟您的朋友们说说吧。请您让他们安静下来……"

群众喊道：

"聂鲁达留在罗马！聂鲁达不要离开意大利！让诗人留下！让智利人留下！奥地利人滚蛋！"

（"奥地利人"指当时的意大利总理德加斯贝利③。）

---

①阿尔贝托·莫拉维亚（1907－1990），意大利新闻记者、小说家，著有小说《冷漠的人们》《罗马故事》等。

②卡洛·莱维（1902－1975），意大利作家、画家。曾因参加反法西斯活动，被流放意大利南部。他的《耶稣停留在埃博利》被评为文学杰作。

③阿尔奇德·德加斯贝利（1881－1954），意大利政治家。1911 年，他作为意大利人的代表被选入奥地利国会，同其他意大利籍议员一道谋求把特伦蒂诺并入意大利。特伦蒂诺归属意大利后，他于 1921 年被选为意大利议员。1945 年任意大利总理，执政达七年之久。

打斗了半小时之后，传来一道上级命令，允许我留在意大利。我的朋友们纷纷拥抱我，吻我，我沉痛地踩着在打斗中撒落一地的花朵，离开了火车站。

第二天拂晓，我来到有议会豁免权的议员家，是画家雷纳托·古图索带我去的，他不相信政府的诺言。我在那里收到一封发自卡普里岛的电报，署名的是著名历史学家欧文·切里奥，我并不认识他本人。对于他所认为的糟蹋、不尊重意大利传统和文化的做法，他表示愤慨。他决定在卡普里当地为我提供一座别墅，让我在那里居住。

一切都像一场梦。当我和我的玛蒂尔德——玛蒂尔德·乌鲁蒂亚——一起到达卡普里岛的时候，梦幻般的不真实感有增无已。

我们是在一个冬日的夜里到达这座秀丽岛屿的。发白的峭拔海岸陌生而又沉默，矗立在夜色中。会发生什么事呢？我们会遇到什么事呢？一辆精巧的马车在等我们。马车在夜间荒凉的街道上不断往高处行驶，所经之处白色的房子寂然无声，小巷又窄又直。马车终于停下。车夫把我们的手提箱搬进那所也是白色、似乎空无一人的房子。

走进房子，我们看见大壁炉内炉火熊熊。在枝形烛台点燃的烛光里，站着一位身材颀长的男人，他的头发、胡须和身上穿的衣服都是白色的。他就是半个卡普里岛的所有者、历史学家和博物学家埃德温·切里奥先生。他屹立在阴影里，仿佛童话中描写的一位神明爷爷。

他年约九十岁，是岛上最有名望的人。

"这座房子归您使用。您在这儿会很安宁的。"

他离开我们好多天，出于礼貌，他在这些日子里没有来找我们，只叫人送来写有一些消息或建议的短简，笔迹工整漂亮，还附有他花园里生长的树叶或花朵。在我们看来，欧文·切里奥代表了意大利那颗宽厚、慷慨和温馨的心。

后来我了解了他的工作，他写的书虽然没阿克塞尔·蒙特①的那么有名，却比后者更真实。这位年高德劭的切里奥一再用挖苦的幽默语气说道：

"卡普里的广场就是上帝的杰作。"

我和玛蒂尔德在我们的爱情里蛰居。我们在阿纳卡普里镇上远足。这座被分隔成上千个小果园的小岛有着大自然的壮丽景色，有关评论虽嫌过多，却绝对可信。在饱受日晒风吹的岩石之间的小块旱地上，矮小的草木和鲜花茂盛生长，组合成精致又规模宏大的园林。这个深藏不露的卡普里岛到处是岩石和小葡萄园，岛上居民谦和、勤劳、朴实，只有在此长途跋涉之后，当衣服上的游客标签脱落的时候，才能领略到它的独特魅力。当你和这里的事物和人有了共同点，当你认识了这里的车夫和渔夫，当你成为隐蔽、贫困的卡普里岛的一部分的时候，你就会知道哪里有廉价的好葡萄酒，哪里能买到卡普里人食用的橄榄油。

我们在书里读到过的那些离奇的恶行，可能在王宫的高墙内都发生过。可是，我在无边的孤独中，或是在世上最纯朴的人们中间，却享受着幸福的生活。难忘的时光！我整个上午都在写作，下午玛蒂尔德把我写好的诗用打字机打出来。我们第一次一起生活在一座房子里。在那个美得令人陶醉的地方，我们的爱情越来越浓。我们永远也不能分开了。

我在那里完成了一本关于爱情、迷恋和痛苦的书，这就是后来在

①阿克塞尔·蒙特（1857～1949），瑞典医生、精神病学家、作家。曾是卡普里岛圣米歇尔庄园的所有者，著有《圣米歇尔的故事》等。

那不勒斯匿名出版的《船长的诗》。

这本书是我最有争议的书之一，现在我来说说它的经历。这本书的封面上很久都没有印我的名字，这在很长时间里都是一个秘密，好像是我不承认它，又好像是这本书自己都不知道谁是它的父亲。和私生子、非婚生子女一样，《船长的诗》也是一本私生的书。

这本书所收的诗，都是我流亡欧洲期间在许多地方写的。它一九五二年在那不勒斯匿名出版。这本书字里行间都充满了对玛蒂尔德的爱、对智利的怀念和一个公民对祖国和家乡的强烈感情，可惜它好几个版本的封面上都没有署作者名字。

画家保罗·里奇弄到优质纸张、古老的博多尼活字和从庞贝水杯上拓下的版画，以供该书第一次印刷之用。保罗怀着兄弟般的热情，还编制了订购者名单。那本精美的书很快就出版了，这一次只印了五十册。我们用摆满一桌子的鲜花、海贝、清水般透亮的葡萄酒——卡普里岛葡萄园的独子，为这件事举行了长时间的庆祝会。还有爱我们的爱情的朋友们的欢呼。

几个多心的批评家提出，出版这本没有署名的书有政治动机。他们说："党是反对的，党没有批准出版这本书。"但这不是真的。幸运的是，我们的党不反对任何美的表现。

唯一的真相是，在很长时间里，我不愿让这些诗伤害已经同我分手的德丽亚。德丽亚·德尔卡里尔是个非常温柔的女子，在我写出最动听的诗歌的岁月里，她是捆住我双手的钢和蜜编成的绳子，是我十八年间的模范伴侣。这本充满突发的和炽烈的激情的书，会像一块扔出去的石头击中她柔弱的身躯。这些，也只有这些，才是我怀着深情的、值得尊重的匿名的个人原因。

后来，这本书仍然无姓无名地长大成人，成长为一个私生的勇士。它在生活中闯出一条路，我终于不得不承认它。现在，署上船长真名的那些"船长的诗"，已经在大路上——也就是在书店和图书馆——阔步前行。

流亡的结束

我的流亡生活即将告终。那是在一九五二年。我们经瑞士到达戛纳，以便乘上一艘将把我们带往蒙得维的亚的意大利轮船。这次在法国，我不想见任何人。我仅仅把路经法国的事告知了艾利斯·加斯卡尔，他是我最忠实的译者和结识多年的朋友。但是，我们在戛纳遇到了意外的事。

我在轮船公司附近的街上，遇到了保罗·艾吕雅和他的妻子多米尼克。他们知道我已到达，等在那里请我去吃午饭。毕加索也在场。后来我们遇到了智利画家内梅西奥·安图内斯和他的妻子伊内斯·菲格罗亚，他们也要一同去吃午饭。

那次大概是我与保罗·艾吕雅见的最后一面。我还记得他在戛纳的阳光下，穿一身睡衣似的蓝衣服。我永远忘不了在戛纳耀眼的街道上非洲般炙热的阳光下，他那张黝黑、红润的脸，他那双湛蓝湛蓝的眼睛，他那无限年轻的笑意。艾吕雅特地从圣特罗佩赶来和我告别，他带来了毕加索，而且安排了午饭。盛宴已经准备好了。

一件意料不到的蠢事，把我的那一天给毁了。玛蒂尔德没有乌拉圭的签证；她必须立刻赶到该国领事馆去。我陪她坐出租车去，就在领事馆大门口等她。当领事出来接待玛蒂尔德时，她乐观地笑了。领事看上去像个和气的小伙子，嘴里哼着《蝴蝶夫人》的曲子。他身穿一件汗衫和一条短裤，这种装束在领事中极为少见。玛蒂尔德万万没有想到，这家伙在谈话间竟变成一个粗俗的勒索者。他想利用平克顿[①]的外貌收取加班费，还设置了种种障碍。他让我们奔忙了整整一上午。午饭吃的普罗旺斯鱼汤，我只觉得味苦如胆汁。玛蒂尔德花了好几小时才拿到签证。平克顿每时每刻都在要她办更多的手续：她得照张相，她得把美元换成法郎，她得为打到波尔多的长途电话付款。本应免费的签证，竟花了高达一百二十多美元。我甚至以为，玛蒂尔德恐怕要误船了，我大概也上不了船。很久一段时间里，我都把那天当作我一生中最痛苦的一天。

零零碎碎的海洋学

我是个海洋业余爱好者。几年来我收集的有关海洋的知识对我用处不大，因为我总是在陆地上奔忙。

如今我正在返回智利，返回我濒临大洋的祖国，我乘坐的轮船正在驶近非洲海岸。轮船已经通过两根古老的赫拉克勒斯石柱[②]，它们现在披上了坚甲，成为倒数第二个帝国主义的仆从。

我凝望大海，胸中毫无杂念；真正的海洋学家既熟悉海面情况，也熟悉海洋深处；不是带着文学的趣味，而是以鲸鱼的味觉，深入品味。

---

①意大利歌剧作曲家普契尼所作歌剧《蝴蝶夫人》中的男主人公，美国海军军官，骗取蝴蝶夫人巧巧桑的爱情后又遗弃了她，使她在绝望中自杀。
②指直布罗陀海峡最窄处南北两岸的哨壁。据希腊神话，古希腊英雄赫拉克勒斯曾在这里立起两根石柱，故有此说。

我向来喜爱海洋故事，我的书架上还放着一个渔网。我更多查阅的是威廉·毕比①写的一本书，或是描述南极海海涡螺的一本精彩专著。

我对浮游生物感兴趣；那种有营养的、分子构成的、带电的水，给大海染上紫色闪电般的色彩。因此我才知道，鲸鱼几乎只靠吃这种无尽繁殖的海洋生物获得营养。极微小的植物和不真实的纤毛虫布满了我们颤动的大陆。鲸鱼在游动中张开大嘴，把舌头抬到上颚，将这种有生命的、填充内脏的水吞下，汲取营养。经过我的黑岛窗前游往南太平洋各温暖岛屿的蓝鲸，就是这样摄食的。

智利猎捕最多的抹香鲸或称齿鲸的洄游路线，也经过那里。智利的水手们往往用抹香鲸来形象地说明民间传说中的海上世界。他们用刀在鲸鱼齿上刻出心和箭、爱情的小小信物、他们帆船或未婚妻的稚拙画像。但是，我们的捕鲸者，海半球上最勇敢的捕鲸者，渡过麦哲伦海峡和合恩角，穿过北极区及其风暴，不只是为了取下凶恶的抹香鲸的牙齿，而是为了掠夺它们的油脂宝藏，尤其是只被这种怪物藏在它们高高隆起的腹部的分泌龙涎香的小囊。

我现在从别处来。我已把地中海的最后一个蓝色圣殿、几个洞穴、卡普里岛周围的海面和海底区域抛到了身后；美人鱼在那里登上礁石，去梳理她蓝色的头发，因为大海的翻腾浸染弄湿了她散乱的秀发。

在那不勒斯水族馆可以看到原始有机物的导电分子，可以看到仿佛蒸气或白银制成的水母在上下浮沉，漂动着跳起轻柔而庄严的舞蹈；水母体内只有一个导电环，然而这种环是迄今海底深处其他任何贵妇都没有戴过的。

---

① 威廉·毕比（1877—1962），美国生物学家、探险家、博物学作家。曾因科学研究和著作多次获奖。著有《热带海底》《和毕比一起冒险》等。

许多年前我还年轻时，在令人沮丧的印度的马德拉斯参观过一个神奇的水族馆。至今我还记得那些闪闪发光的鱼，有毒的海鳝，身披火焰和彩虹的鱼群，尤其是那些异常严肃、行动谨慎、具有金属颜色的章鱼，像有无数眼睛、腿、吸盘和知觉器官的计算机。

我们最初都是从维克多·雨果的长篇小说《海上劳工》中认识那种大章鱼的（维克多·雨果也是一只有触手的、多形态的诗歌的章鱼），我在哥本哈根自然历史博物馆只看到了这种章鱼一条胳膊的一部分。这一定是古代传说中的海妖，是古代大海里的霸王，抓住一条帆船便把它压在身底，紧紧缠住。我见过保存在酒精里的这种章鱼的一部分，看来它的长度当在三十米以上。

不过，我坚定不移地要寻找的是独角鲸的踪迹，或者不如说是它的躯体。由于我的朋友们对欧洲北海庞大的独角鲸太缺乏了解，以至于我觉得自己是独角鲸的专门信使，甚而觉得我自己就是独角鲸了。

到底有没有独角鲸呢？

在异常平静的海洋里，可能有一种动物，前额上长着一根四五米长的象牙般的长矛，长矛上有螺旋形凹纹，一直延伸到尖端；也许千百万人都忽略了它和关于它的传说，甚至忽略了它奇特的名字？

独角鲸这个名字，可以说是最美的海洋生物的名字，是会歌唱的海洋酒杯的名字，是水晶马刺的名字。

那为什么没人知道它的名字呢？

为什么没有姓独角鲸的家族，没有漂亮的独角鲸宅邸，甚至没有独角鲸·拉米雷斯或独角鲸·卡瓦哈尔？

都没有。海洋独角兽仍然是个谜，仍然隐藏在水流间，在横越海洋的阴影中，它那长长的象牙剑潜伏在未知的浩渺大洋里。

在中世纪，捕猎各种独角兽是一项神秘的审美运动。陆地上的独角兽永远闪耀地生活在一张张挂毯上，雪花石膏般白皙和高雅的贵妇围在它四周，各种啼啭的或扑闪着绚丽羽翼的鸟儿在它头上组合成庄严的光环。

至于独角鲸，中世纪的君王把它神奇的躯体一块一块地当作极贵重的礼物赏赐出去，从其上刮下的碎末用白酒冲服，就能使人健康、年轻、精力充沛——人类永恒的梦啊！

一次，在丹麦的什么地方漫步，我走进一家古老的自然历史博物商店——这种买卖我们美洲还没人知道，然而却是世上最令我着迷的。在店铺的角落里，我发现了三四根独角鲸的角。最大的几根有五米长。我长久地挥舞、摩挲这些角。

年老的店主看着我拿起那根象牙长矛，当作想象的矛枪，刺向看不见的海洋漩涡。随后我把每一根角放回原来的角落。我只能买下从一头初生的小独角鲸上取下的很小的角，这头小独角鲸是带着自己天真的刺，到北极冰水中去探索的独角鲸中的一员。

我把这根角藏在我的手提箱里，在瑞士我居住的面对莱蒙湖的小膳宿公寓里，我必须看看并摸摸属于我的这件海洋独角兽的神奇宝贝。我要从手提箱里把它拿出来。

然而这件宝贝却找不到了。

我也许把它忘在贝塞纳斯膳宿公寓里了，也许它在最后时刻滚到床底下去了？也许它真的已经神秘地在夜间返回极圈去了？

我在新的一天凝望着大西洋上漾起的一朵朵小浪花。

船头把海水劈开，形成两道白色、蓝色和黄绿色的泡沫激荡的深沟。

这抖动着的是海洋的大门。

银色透明的小飞鱼在海洋大门的上方飞跃。

我正从流亡中归国。

我久久凝望着海水。我正在这片海水上驶向别的水域，驶向我祖国的苦难波涛。

漫长白昼的天空覆盖在整个海洋上。

夜色将临，要再次用它的黑影把这神秘庞大的绿色宫殿隐藏起来。

十　归航

我家里的一只羊羔

　　我有个当参议员的亲戚，在新近几次选举获胜后，都来我在黑岛的家盘桓数日。羊羔的故事就是这么开始的。

　　于是，特别热心支持这位参议员竞选的人纷纷前来道贺。庆贺活动的第一天下午，人们在空地上生起一个大火堆，把整只羊羔穿在一根烤肉棍上，按智利乡间方式烤羊。这叫"木棍烤羊羔"，庆贺时还要喝许多酒，并由如怨如诉的克里奥尔吉他伴奏。

　　另一只羊羔留作第二天庆贺之用。就在它命数将尽之际，有人把它拴在我窗下。它整夜呻吟、哭泣、咩咩叫，为它的孤独哀怨。羊羔忽高忽低的怨诉，听了令人心碎。我当即决定天一亮就起床，把它劫走。

　　我把羊羔塞进汽车，带它到一百五十公里外我在圣地亚哥的家，在那里屠刀就够不着它了。它一进门，就贪婪地吃起我花园里最美花木的嫩叶来了。它最喜欢的是郁金香，吃得一株不剩。玫瑰有刺，它不敢碰，却兴高采烈地把紫罗兰和百合吃得精光。我只好再把它拴住。它立刻又咩咩叫起来，显然是想像先前那样感动我。我很烦恼。

　　现在，华尼托的故事将要和那只羊羔的故事交织在一起了。当时智利南方发生了一次农民罢工。那个地区的大庄园主们每天只付给佃农二十分工钱，他们要用棍棒和判处入狱的办法解决那次罢工。

一个乡下小伙子非常害怕，马上爬上一辆火车。这小伙子名叫华尼托，是个虔诚的天主教徒，却不谙世事。列车员查旅客票时，他说他没有车票，他要去圣地亚哥，以为火车是给人坐的，谁要旅行就可以上车。列车员当然要他下车。不过，三等车的乘客——他们是老百姓，一向慷慨——凑钱为他付了车票款。

华尼托腋下夹一包衣服，彳亍在首都街头和广场。他谁也不认识，不愿跟任何人说话。在乡下听说圣地亚哥盗贼比居民还多，他怕腋下夹着的包在报纸里的衬衣和麻鞋被偷走。白天他在最繁忙的街上闲荡，这种地方人们总是来去匆匆，总是把这个从其他星球落下的卡斯帕尔·豪瑟尔①撞到一边去。夜间他又找到人多热闹的街区，但是白种地方都是载歌载舞过夜生活的大街，他出现在这里——脸色苍白的牧羊人在宵小堆里迷了路——就更显得古怪了。他身无分文，吃不上饭，所以有一天终于晕倒在地，不省人事。

一群好奇的人团团围住这个晕倒街头的小伙子。他正好倒在一家小餐馆门前，人们把他抬进餐馆，放在地板上。有些人说："他是心脏病发作了。"另一些人说："他是肝昏迷。"餐馆老板走近一看，便说："他是饿的。"刚吃上几口东西，这个昏死的人就活过来了。餐馆老板让他洗碗盘，还对他极有好感。这自有道理。这个乡下小伙子总是笑眯眯地洗涮堆积如山的碗盘。一切都顺顺当当的。比起乡下来，他有更多东西吃。

城市的魔法以一种特殊的方式，使这个牧羊人和那只羊羔很偶然

①卡斯帕尔·豪瑟尔（1812－1833），德国少年，他的身世曾是19世纪西方最有名的传说之一，出现了许多以他的身世为题材的文学作品。

地聚集到我家来了。

　　牧羊人忽然想去城里看看，便迈步离开堆积如山的餐具，到更远一点的地方去。他热切地走上一条街，穿过一个广场，一切都使他着迷。可是，到他想回去时，他已经回不去了。他因为不会写字，没有记下餐馆的地址；他徒劳地寻找那个接纳过他的好客的大门。他再也找不到了。

　　一位过路人同情他的窘困处境，对他说他应该来找我，找诗人巴勃罗·聂鲁达。我不知道人家为什么给他出这个主意。可能因为智利人有一种癖好：脑子里一有什么离奇想法，就让我来承担；之后出了什么事，就把过错推给我。这是很奇怪的民族习性。

　　这小子有一天就这样真的到我家来，并认识了那只被拴起来的羊羔。我既然照管了那只谁也不需要的羊羔，再增加一份照管这个牧羊人的负担，并不困难。我派他专门看管那只美食家羊羔，不让它只吃我的花，也要不时让它用我花园里的草填肚子。

　　他们一见如故。开头几天，他举行仪式似的拿一根绳子套在羊羔脖子上——看着就像绶带，牵着它到处走。羊羔不停地吃，牧羊人也是如此。他们俩走遍整座宅子，也走进我的房间。他们彼此情投意合，简直像是由一根大地母亲的脐带连在一起，像是由人的权威指令连在一起。这样过了好几个月。牧羊人和羊羔的体形都变圆了，尤其是那只羊，它的个头都快赶上它那胖墩墩的牧羊人了。他们有时不慌不忙地走进我的房间，无动于衷地看看我就又走了，在地板上给我留下一串黑色小念珠。

　　当这个乡下小伙子害思乡病，告诉我他要返回遥远的故乡时，一切便结束了。这是最后一刻做出的决定。他必须去向本村的圣母还愿。他没法带走那只羊羔。他们情意绵绵地告别。牧羊人上了火车，这次手里拿着车票。这场离别是令人伤感的。

留在我花园里的不是一只羊羔，而是一个严重的或更确切地说是肥胖的问题。怎么处理这只羊才好？现在谁能照料它？让我心烦的政治问题太多了。我因为写战斗诗篇招致迫害之后，我家里乱成一团。那只羊羔又如怨如诉地咩咩叫起来。

我闭上眼睛，要我妹妹把它带走。唉！这次我敢肯定，它是逃不脱烤肉棍了。

一九五二年八月至一九五七年四月

一九五二年八月至一九五七年四月这几年发生的事，我将不在回忆录里详尽记述，因为这段时间我几乎都在智利度过，既没有什么新奇经历，也没有遇到能吸引读者的惊险事件。不过，在这段时间里，倒是有几件要事值得一提。我早已写好的诗集《葡萄与风》出版了。我加紧写作《元素颂》《新元素颂》和《颂歌第三集》。我组织了一次美洲大陆文化代表大会，在圣地亚哥召开，全美洲的杰出人士都来了。我的五十岁生日也是在圣地亚哥庆祝的，全世界的重要作家都来了：艾青和萧三来自中国；伊利亚·爱伦堡从苏联飞来；德尔达[1]和库特瓦列克来自捷克斯洛伐克；到场的拉美人当中，有米格尔·安赫尔·阿斯图里亚斯、奥利韦里奥·希龙多[2]、诺拉·兰赫[3]、埃尔维

---

①扬·德尔达（1915－1970），捷克斯洛伐克作家、记者、编辑。著有小说《更高原则》、童话《捷克童话》等。
②奥利韦里奥·希龙多（1891－1967），阿根廷极端派诗人，作品有诗集《我们的原野》等。
③诺拉·兰赫（1905－1972），阿根廷极端派诗人、小说家，作品有诗集《傍晚的街》、小说《两帧肖像》等。

奥·罗梅罗[①]、玛丽亚·罗莎·奥利弗、劳尔·拉腊以及许多别的人。我把自己的藏书及其他财产捐赠给智利大学。我作为列宁和平奖评委会成员去了一趟苏联；在这段时期里，我也获得了这个奖——当时还叫斯大林奖。我同德丽亚·德尔卡里尔永远分开了。我建造了那幢叫作"查丝蔻纳"的房子，同玛蒂尔德·乌鲁蒂亚一起搬进去居住。我创办了杂志《智利专刊》，主编了几期。我参加竞选并参与了智利共产党的其他活动。布宜诺斯艾利斯的洛萨达出版社出版了我作品全集的圣经纸版本。

年轻诗人巴尔克罗[②]

二十岁的诗人埃弗拉因·巴尔克罗来到我家的时候，我想起了三十年前抵达首都的自己，那时我胳膊底下还夹着一本乡巴佬写的诗集。我跑了数家出版社，都找不到人出版我的第一本诗集。

然而在一九二二年，还是有人出版浪漫主义作品的。现在根本就没有这种书了。我不知道巴尔克罗的诗集该如何出版。现在纸张的价格更贵了，通货膨胀使印刷成本变成了天文数字，编辑们根本不想出版年轻作家的作品，他们只勉强敢印老牌作家的书。

然而，拉美读者的数量却在增长。文化的发展显而易见，动荡的规模前所未有，美洲的各大城市里充满了各种思潮、论战，到处都是画作、故事和诗歌。人民在努力争取曾经因为背叛和贪婪而落空的民族独立，与此同时，一扇扇大门被打开，世界的空气随着凝结了新老

---

① 埃尔维奥·罗梅罗（1926－2004），巴拉圭诗人。作品有诗集《开垦的日子》等。
② 埃弗拉因·巴尔克罗（1931－ ），智利诗人，曾获智利国家文学奖。

智慧的书籍一起，扩散到各个角落。

在从前的殖民时代，法国百科全书派的著作被装订成宗教书籍，被人们偷偷传阅。今天，在拉美的许多地区，在危地马拉、智利、秘鲁、哥伦比亚，现代的美国式宗教法庭搜寻、处置、烧毁、禁止各类书籍和杂志。然而，真理、自由和文化在今天的美洲大陆生根发芽，在所有经受苦难的拉美国家开花结果。

后来，巴尔克罗用尽全力出版了他的第一本书，我在序言里预测了他在诗坛的未来，那都是些显而易见的事实："埃弗拉因·巴尔克罗的诗歌是有躯体的。它们是丰富的材料。他根据生命的规律，用词语和句子将它们重构。那些词句原本毫无用处，但在他的笔下，它们会像刀剑那样发亮，像美酒那样闪亮；它们会变成石头，会再次提升诗歌的尊严。"

不管我如何在他的第一本书里夸赞他，我还是担心他的新书无法出版。

我的青春已经逝去了这么多年，年轻作家的出路不仅没有变得更清晰，反而愈发困难重重。

西方社会并没有解决这些问题，它们以各种让人痛心的方式呈现出来。智利人巴尔克罗的天赋本可以保证他拥有不错的前程。可是，一九五六年，瘦弱苍白的他告别家乡的河流，离开芬芳的故土，来到首都，手里拿着一摞新诗，迷失在了两百万首都居民中间。

早秋将圣地亚哥的街道染成了金色，我看见他在那里四处穿梭，仿佛看见了三十年前的自己走在那寒冷的街道上。

战斗那双冷酷的手没有熄灭我诗歌的光芒，反而在我的血液深处将那光芒点亮。

我想到了巴尔克罗和许许多多美洲的年轻诗人：尽管他们无依无

靠，但诗歌的魅力和光明的印记仍然留在他们心中。

他们的战斗将再次拯救荣耀，拯救诗歌。

在布宜诺斯艾利斯被捕

在这段时期末，我应邀参加在锡兰岛科伦坡——许多年前我在这里生活过——召开的和平大会。这是一九五七年四月的事。

遇上秘密警察似乎并不危险，然而要是遇上阿根廷的秘密警察，那就是另一回事了——这种事虽然不乏幽默，其后果却难以逆料。那天夜里，我们刚从智利来，在前往几个更遥远的国家的路上。我浑身疲乏地躺倒在床上，刚要入睡，就有几个警察闯进房来。他们慢腾腾地将所有的东西都进行登记；他们没收了书本和杂志，搜查了衣橱，连内衣都翻过。他们在房子尽头的房间里发现我们时，留我们住宿的那位阿根廷朋友已经被带走了。

"这人是谁？"他们问。

"我叫巴勃罗·聂鲁达。"我答道。

"他病啦？"他们问我妻子。

"对，他病了，又舟车劳顿。我们今天刚到，明天一早要坐飞机去欧洲。"

"很好，很好。"他们说着走出房间。

一小时后他们回来了，开来一辆救护车。玛蒂尔德提出抗议，但毫无用处。他们是奉命行事。不管我是疲倦还是精神饱满，是健康还是有病，是活的还是死的，他们都要把我带走。

那天夜里在下雨。布宜诺斯艾利斯阴沉的天空下大雨如注。我感到迷糊。庇隆已经倒台;阿兰布鲁将军①以民主的名义推翻了专制统治。可是，疲乏不堪还生着病的我却被捕了，既不知道原因和时间，也不知道目的和地点;莫名其妙，不明就里。四个警察用来抬我下楼的担架，在下楼梯、进电梯、穿过走廊时成了棘手问题。四个抬担架的人吃尽苦头，喘着粗气。为了加重他们的痛苦，玛蒂尔德和颜悦色地告诉他们，我的体重是一百一十公斤。我身上穿着绒线衫和大衣，蒙头盖着几条毯子，使他们觉得真有这么重。像奥索尔诺火山那样的一个庞然大物，躺在阿根廷式民主为我提供的担架上。我想象在我体重下挣扎、出汗的不是那几个抬我的可怜魔鬼，而是阿兰布鲁将军本人，这么一想，我就感到自己的静脉炎症状好多了。

我是按入狱的例行手续被收监的，办了犯人登记，个人财物也被收走。他们不许我留下为解闷带来的有趣的侦探小说。事实上我根本没时间烦闷。铁栅栏打开又关上;担架穿过一个个院子和一扇扇铁门，在叫门声和上闩声中越来越往监狱的深处走。我突然来到一大群人中间;他们是夜里被抓来的，有两千多人。我被隔离开了，谁也不能靠近我。但是，还是有人在毯子底下和我握手，也有士兵把枪放在一旁，递过纸来要我为他签名。

最后，他们把我关到上面最远处的一间单人牢房去，牢房里很高的地方有一个小窗。我很想休息，很想很想很想睡一会儿。可我睡不了，因为天已破晓，阿根廷犯人发出震耳的嘈杂声，如同观看大河队和河口队比赛时那雷鸣般的叫喊声。

几小时后，阿根廷、智利和更多国家的作家和朋友们发出了声援。警察让我从单人牢房下来，带我到医务室去，还我财物，把我释放了。

---

① 佩德罗·欧亨尼奥·阿兰布鲁（1903－1970），阿根廷将军、政治家，1955年至1958年任阿根廷总统，后被刺身亡。

我即将离开监狱时，一名身穿制服的警卫向我走来，把一张纸片交给我。那是一首献给我的诗，写得很拙劣，像民间器物那样满是瑕疵和稚拙的构思。我深信，没有几个诗人曾从看守自己的人那里得到过一份用诗表达的敬意。

诗和警察

在黑岛时，有一次女仆对我们说："夫人，堂巴勃罗，我怀孕了。"后来她生了个男孩。我们根本不知道谁是孩子的父亲。她不在乎这个；她在乎的是要我和玛蒂尔德当孩子的教父教母；可是这事行不通，我们当不了。最近的教堂在埃尔塔沃镇，我们经常开小型卡车到这个可爱的小镇去加汽油。教士一听此事，立刻毛发倒竖，活像一只豪猪。"一个共产党员教父？绝对不行。聂鲁达不能进教堂大门，也不能抱你的孩子。"那姑娘回到家里就低头走进自己的卧室。她不能理解。

另外一次，我看见堂阿斯特里奥遭受痛苦。他是个老钟表工，已有一大把年纪，是瓦尔帕莱索最高明的精密钟表匠，给舰队修过各种精密计时器。他相依为伴的老妻就要死了。他们是五十年的夫妻。我当时想，我应该写一篇关于他的诗文，在他十分难过时能给他少许安慰的一篇诗文，让他可以念给他气息奄奄的妻子听。我当时是这么想的；可不知道是否想得对。我把这首诗写出来了，诗中我对这位工匠及其技艺，对在各种旧钟表的嘀嗒声中度过的十分纯洁的生命，发出由衷的赞叹，倾注了赤诚的激情。萨里塔·比亚尔把这首诗送到一家报纸去。这报纸叫《团结报》，由帕斯卡尔先生主编。帕斯卡尔先生是个教士，他不愿意发表，这首诗也就发表不了了。诗的作者聂鲁达是个被革出教门的共产党员。他不愿意发表。那位老太太，那位堂阿斯特里奥的老伴去世了。那个教士就是不发表那首诗。

我要生活在没有人被革出教门的世界上；我绝不会把任何人革出教门。将来我也绝不会对这个教士说："您不能给任何人施洗，因为您是反共分子。"我也不会对别人说："我不发表您的诗，您的创作，因为您是反共分子。"我要生活在这样一个世界上：人就只是人，除此没有其他头衔；人们不会为一条戒律、一句话、一个标签而苦恼。我希望人人都可以走进所有的教堂，进入所有的印刷厂。我希望再不会有人守在市长办公室门口阻拦和赶走别人。我希望人人都能笑逐颜开地进出于市政府大楼。我希望没有人被迫坐威尼斯平底船逃走，没有人被人骑着摩托车追击。我希望绝大多数人，也是唯一的大多数人，所有的人，都可以说话、阅读、聆听、茁壮成长。我从来不赞同斗争，除非为了使一切斗争告终。我从来不赞同严酷，除非为了使严酷不复存在。我已选定一条要走的路，因为我认为这条路会把我们大家引到永远相亲相爱的境界。我在为这种普遍存在的、宽广的、没有穷尽的善意而奋斗。尽管我的诗曾和警察多次对峙，尽管有这么多的插曲及其他一些我为避免重复而没有讲述的故事，还有别的一些我没有亲身经历而许多经历过的人又不可能诉说的事情，我仍然对人类的命运怀有绝对信心，越来越明确地相信我们正在向美好的脉脉温情接近。我意识得到悬在我们大家头上的炸弹的危险，不会放过地球上任何人和物的核灾难的危险。然而，这改变不了我的希望。在这危急关头，在这垂死挣扎的一刹那，我们知道，决定性的阳光定能射进尚未完全闭上的眼睛。我们定能彼此理解。我们定能共同进步，这种希望绝不会破灭。

与锡兰重逢

对抗核毁灭这项全球性事业，使我再次来到科伦坡。我们乘坐专门调来运送我们庞大代表团的 TU-104 这种了不起的喷气式飞机，飞越苏联，前往印度。我们仅在靠近撒马尔罕的塔什干稍事停留；飞机经两天飞行，将把我们载到印度的心脏。

我们在一万米高空飞行。为了飞越喜马拉雅山，我们的巨鸟还要爬升得更高，大约升到一万五千米高度。从这么高的地方看到的景物几乎是不动的。最初的几道屏障——喜马拉雅山的几条蓝色和白色的支脉——出现了。那里有令人畏惧的雪人在可怕的孤寂中行走。随后，在左侧，在众多的雪冠中巍然耸立着珠穆朗玛峰，它像一顶更为突兀的小雪冠。太阳直射在奇异的景物上，光线削出轮廓，削出锯齿形的岩石，削出寂静雪山的凛凛威风。

我不禁想起多次翻越的美洲安第斯山脉。这里没有我们那个山脉那么杂乱，没有那独眼巨人般的暴烈性格，没有那易动怒的沙漠。我觉得亚洲的山脉更典雅，更有条理。它们冰雪砌成的圆顶有如矗立在无垠空间的寺院或宝塔。孤寂浓得更添愁绪。阴影没有像可怕的石墙那样竖起，而像宏伟寺院中神秘的蓝色花园那般铺展开来。

我告诉自己，我正在呼吸世界最高处的空气，正在从地球最高处的上空向下俯瞰。这是一种独特的感受，其中混合着光明和骄傲，速度和雪花。

我们在飞往锡兰。我们在印度炎热的疆土上空稍稍降低了高度。我们在新德里离开苏联飞机，转乘这架印度飞机。这架飞机的机翼在风暴云间吱嘎作响并抖动。在不停的抖动中，我的思绪已经飞到那座繁花似锦的海岛。二十二岁时，我曾在锡兰度过孤独的时光，还在岛上天堂似的大自然中写出我最为苦涩的诗。

经过漫长的岁月，我回到这里来参加这次给人留下深刻印象的和平大会，这次集会得到了该国政府的支持。我注意到，有为数众多的僧侣——也许有多达几百人——出席这次大会，他们聚集在一起，身穿藏红色僧袍，沉陷于佛教僧众特有的庄严和沉思中。这些僧侣在反对战争、破坏和死亡的斗争中，坚持悉达多·乔达摩王子即释迦牟尼所宣扬的平和与和谐的古老观念。我想到，他们这种表现，与我们美洲各国的教会，即官办和好战的西班牙式教会，相去何其遥远。真诚的基督徒如果看到天主教士在布道坛上反对最严重、最恐怖的罪行：杀害千百万无辜生灵并在人类身上永远留下生物污染的核战争，一定会感到莫大的欣慰。

我试着到韦拉瓦特郊区的小巷去寻找住过的房子，好不容易才找到。树木都已长大，街道的面貌也已发生变化。

我在其中写过许多苦涩情诗的那幢旧平房，马上就要拆除了。平房的门都被蛀蚀了，热带的潮湿损坏了平房的墙，但是，它们还挺立在那里，等待这个与我最后告别的时刻。

一个老朋友都没遇见。不过，这个海岛又用它那尖锐的声响和强烈的光彩来召唤我的心。椰枣树下，大海仍然哼着同一首古老的歌与礁石对抗。我又到森林里去漫步，又看到踏着豪迈步伐的大象把林间小径阻塞；我又闻到令人陶醉的浓郁芳香，又听到林中生物生长和活动的声音。我来到狮子岩，一位疯狂的国王在这块岩石上建造了一个要塞。我瞻仰宏伟的佛像，人群在佛像影子里小虫似的来来去去，此情此景宛如就在昨天。

我又该走了，现在可以肯定，我这一走是永远不会再来了。

再访中国

开完科伦坡和平大会，我和若热·亚马多[①]及其妻子泽莉亚一起飞越印度。印度的飞机上总是坐满包着头巾的旅客，衣着鲜艳且都带着篮筐。一架飞机似乎装不下这么多人。一大群人在第一个机场下机，马上就有另一群人进来坐满他们腾出的空位。我们必须继续飞到马德拉斯以远的加尔各答去。飞机在热带风暴中颤抖。漆黑的大白天，比夜晚还要黑的黑暗突然笼罩我们，然后又让位于一片耀眼的天空。飞机又晃动起来；闪电照亮了瞬间出现的黑暗。我看见若热·亚马多的脸色如何由白变黄，又由黄变绿。他同时看见，被恐惧扼住喉咙的我脸色也发生同样的变化。飞机内下起雨来。漏进来的大滴雨水使我想起冬天时我在特木科的家。然而，在一万米的高空，这些雨滴一点儿也不能使我感到有趣。有趣的倒是坐在我们后面的一位僧侣，他打开雨伞，以东方人特有的宁静继续诵读他那充满古代智慧的经文。

我们平安抵达缅甸仰光。这时正好迎来了我"居留在大地上"，亦即居留在缅甸的三十周年，我这个十足的无名之辈曾在这里写下了我的那些诗。准确地说，一九二七年我二十三岁，这一年我在仰光登岸。这是一片色彩斑斓、语言难懂、热情、迷人的土地。这块殖民地深受英国统治者的剥削和欺凌，但是这个城市却很洁净、明快，大街小巷都洋溢着生活的乐趣，玻璃橱窗里展示着殖民地的诱惑。

现在我见到的仰光，却是个半空的城市，玻璃橱窗里空空如也，大街小巷垃圾成堆。人民争取独立的斗争是一条艰难的路。人民觉悟、

[①]若热·亚马多（1912－2001），巴西小说家，1932年加入巴西共产党，著有小说《无边的土地》《加布里埃拉，丁香与肉桂》等，传记《希望的骑士》等。

高举起自由旗帜之后，必须在艰难险阻中开辟一条前进的道路。深深隐匿在浩浩荡荡的伊洛瓦底江江畔和许多座金塔脚下的独立缅甸的历史，我至今都不了解；但是，透过远处大街小巷里的垃圾堆和起伏荡漾的哀伤，还是可以隐约看见所有那些撼动新成立的共和国的悲惨事件。往事仿佛仍然沉重地压着它们。

我的追踪者乔丝·布莉斯毫无踪影，她就是我那首《鳏夫的探戈》诗中的女主人公。她是死是活，没有人能告诉我。住在同一个街区的我们的邻居，都已不在人世了。

我们现在正从缅甸飞越把它与中国分隔开的一道道山脊。那是田园诗般安谧的一幅简朴景色。飞机从曼德勒起飞后，在稻田、外形怪异的宝塔、千万株椰枣树、缅甸人兄弟相残的战场上空飞过，接着就飞进肃穆的中国风景线中去。

越过边界后的第一座中国城市是昆明，我的老朋友，诗人艾青，已在那里迎候我们。他黝黑的宽脸膛，他流露狡黠和善良的大眼睛，他敏捷的才思，又一次预示这次漫长的旅途将是愉快的。

艾青和胡志明一样，是在东方殖民压迫下和巴黎艰苦生活中造就的出身古老东方的诗人。这些声音柔和、自然的诗人一旦从监狱出来，就出国成为穷学生和餐馆侍者。他们对革命充满信心。在诗中柔情似水、政治上却坚韧如钢的他们都及时回国以完成自己的使命。

昆明公园里的树木都动过整形手术。形状都是矫揉造作的，时常可以见到敷泥的截除部位，或者像绑着绷带的受伤手臂那样扭曲的树枝。我们被带去看望园丁，那位统治着古怪花园的居心不良的天才。粗壮的老枞树长得不超过三十厘米，我们还看到矮小的橘树，枝头挂满小得如金色谷粒般的橘子。

我们还游览过壮美的石林。岩石有的伸长如整根钢针，有的翻腾起伏如凝然不动的海涛。我们得知，这种观赏怪石的爱好，已有许多世纪之久。古城的广场上装饰着许多外形令人费解的巨石。古代地方官员要向皇帝进贡时，就派人送去几块这种巨石。这种庞大的贡品由上百名奴隶推着走数千公里路，需要几年才能送抵北京。

　　我觉得中国并不神秘。相反，我甚至在它冲天的革命干劲中看出它是一个已经建立了几千年的国家，而且永远在巩固，在改进管理。它是一座巨塔，普通民众和传奇人物、武士、农民、极受崇拜的人物等在其古老的结构间轮番出现并消失。这里没有任何自发的东西，连微笑都不是。要是有人想到各处寻找朴拙的民间小艺术品，即那种不按透视原理制作而又往往接近于奇迹的艺术品，那是白费气力。中国的小玩偶：陶瓷娃娃、石雕娃娃、木刻娃娃，都是按上千年的模式复制的。一切事物都有按同一精美标准进行复制的印记。

　　我在农村集市上见到一种用细竹条编成的小蝉笼，感到万分惊奇。它妙就妙在按建筑学的准确度把一只笼子安在另一只上方，每只笼子里都装一只捉来的蝉，直至形成一座一米高的城堡。看着那连接竹条的一个个结和竹茎上的嫩绿色，我觉得具有能创造奇迹的天真品格的人民的手，已经恢复了活力。农民们看出我的赞叹之意，不想把那发出响声的城堡卖给我；他们要赠送给我。在中国腹地，宗教仪式般单调的蝉鸣就这样陪伴了我好几周。记得只有在童年时代，我才收到过如此难忘如此质朴的礼物。

　　我们乘坐一艘运载上千名旅客的轮船，开始沿长江旅行。船上旅客都是富有活力的农民、工人、渔夫。这条烟波浩渺的大河，帆樯如织，劳务繁忙，千千万万生灵、忧虑和梦想往来穿梭其中，我们沿河朝南京方向航行了好几天。这条河是中国的主干道。这条非常宽阔平静的长江，有的地方变得很狭窄，行船艰险万分，如同通过巨人的喉咙。两岸高耸的峭壁几可摩天，天空中不时出现一小片云彩，像是用毛笔娴熟地抹上去一般；在断崖峭壁间，有时隐约可见一间小屋。

这美得教人透不过气来的景色，人间少有，也许只有艰险难行的高加索隘道或我们荒凉静穆的麦哲伦海峡可与之媲美。

我发觉，在我远离中国的五年间，这里发生了引人注目的变化，随着这次深入这个国家，这种变化更为显著。

这种印象开始时是模糊的。在大街小巷，在人们身上，我能看出什么变化呢？啊，我发现蓝色不见了。五年前，在同一季节里我游览了中国的街道，那里永远挤满朝气蓬勃的人群。而当时不分男女老少，人人都穿蓝色工作服——一种用斜纹布或薄棉布做的工作服。我很喜欢这种不同色调的蓝色简便服装。看着无数蓝点穿过大街小巷，是很美的景观。

现在这种情况变了。发生什么事了？

只不过在这五年里，纺织工业已经发展到能够让千千万万中国妇女穿上用各种颜色，各种花卉、条纹、点的图案印的料子和各种绸缎制作的服装；甚至也可以让千千万万中国男人穿上其他颜色和质地更好的料子。

现在，许多街道已经变成一道道具有中国高雅情趣的美妙彩虹，这个民族根本不会造出任何丑陋的东西，这个国家连最原始的草鞋，都像是稻草制作的花朵。

沿长江航行时，我觉出了古老的中国画的真实性。在长江，隘道高处一株小塔似的盘曲松树，立刻使我想起富于想象力的古代版画。比凌驾于长江之上的这些隘道更不真实、更富于幻想色彩、更出人意料的地方实不多见；它们高入云霄，令人惊异，而在任何一处岩石裂缝间都会出现非凡人民年代久远的踪迹：五六米宽新种的植被，或是供人观赏、引人遐想的有五层顶的小庙。在更高处，在光秃秃的巉岩顶上，我们仿佛见到古老神话中描述的那种如纱如雾的烟气；那正是世上绝顶聪明的极老的微型画画家描画过无数次的云彩和应景的飞鸟。一首隽永的诗便产生于这种壮丽的自然景色；一首白描的短诗有如鸟的疾飞，又如岩壁间近乎静止地流淌着的河水发出的银白色闪光。

不过，这种景色中最奇特的莫过于看到在小方格里、在岩石间的小绿块里劳动的人。在极高处，在壁立的岩石之巅，一个褶皱里只要有点儿生长植物的土壤，就有中国人在那里耕种。中国的大地母亲是广阔而坚硬的。她训练并塑造了这里的人，使之变成不知疲劳的、细致的、坚韧的劳动工具。辽阔的土地，人的非凡劳动，一切不公正现象的逐步消除，这三者的结合一定能促进中国人美好、宽厚而深挚的人性兴旺发展。

在航行长江的整个旅程中，我觉得若热·亚马多显得紧张不安、心情抑郁。船上生活的许多方面使他和他的伴侣泽莉亚感到不快。不过，泽莉亚性情平和，火烧眉毛也不急。

在船上事与愿违地成为享有特权的人物，是引起我们不快的原因之一。船上几百个中国人到处挤成一团，我们在他们中间却睡在特等舱，吃在专用餐厅，使人感到很不自在。这位巴西小说家用嘲弄的眼睛看着我，甩出一句句冷峻而俏皮的评论。

对斯大林时代的揭露，确实把若热·亚马多心灵深处的一根弦给扯断了。我们是老朋友，我们一起度过了流亡岁月，我们始终拥有共同的信念和希望。但是，我认为我的宗派情绪已经减弱；我的天性和我的祖国的气候条件，使我倾向于去理解他人。若热则相反，始终是坚定的。他的良师益友路易斯·卡洛斯·普雷斯特斯曾度过将近十五年铁窗生活。诸如此类无法忘却的事实使他的心肠变硬。尽管我不赞同这点，却打心里为他的宗派情绪辩解。

苏共二十次代表大会的秘密报告是一股巨浪，把我们革命者全部推到新的处境中去，迫使我们做出新的结论。我们有些人感到，我们从一场又一场严酷的革命所制造的痛苦中得到了再生。我们从黑暗和恐怖中得到了净化的再生，准备继续踏上掌握真理的征途。

然而，似乎就在那里，就在长江两岸难以置信的隘道之间的那艘轮船上，若热的生活中一个完全不同的阶段已经开始。从此以后，他平静多了，他的态度和言论更是克制了许多。我不相信他已失去革命信念，但是他的作品更趋内向，失去了他此前作品中那种直截了当的政治性特点。仿佛他心中的享乐思想骤然挣脱开来，以《加布里埃拉，丁香与肉桂》——洋溢着声色与欢乐的杰作——为始，陆续写出他的几部最好的作品。

诗人艾青是我们这个接待组的组长。每天晚上，若热·亚马多、泽莉亚、玛蒂尔德、艾青和我，都在一间分隔开的餐厅内用餐。桌上摆满了金黄和翠绿的蔬菜、糖醋鱼、用特别方法烹制的永远可口的鸭和鸡。天天吃这种异国风味的饭食，几天下来，我们再爱吃也咽不下了。有一次，我们找到一个摆脱如此鲜美食物的机会，但是这是一条艰难的开创之路，且越来越曲折，像那些受折磨的树的一个枝丫。

当时恰巧碰上我的生日；玛蒂尔德和泽莉亚计划给我们换换口味，用西餐为我祝寿。那将是再俭朴不过的一席寿宴：用我们的方法烤一只鸡，配上智利式的番茄洋葱沙拉。两位女士对这一惊喜计划秘而不宣，悄悄去找我们的好兄弟艾青。诗人略显不安，回答她们说，他在答复之前须和接待组的其他成员商量。

他们的决定出人意料。一股节俭浪潮正席卷全国^①；毛泽东拒绝了对他的祝寿活动。在如此威严的先例面前，我怎么可以为自己庆祝生日呢？泽莉亚和玛蒂尔德辩解道，我们的想法恰好相反：我们要把那一大桌佳肴（其中有我们动都不动的鸡、鸭、鱼）换成按我们的方法用炉子烤的极俭朴的一只鸡。艾青和那些不露面的成员又开了一次会，他们第二天严肃地答复说，我们乘坐的船上没有炉子。泽莉亚和玛蒂尔德早已跟厨师沟通过，便对艾青说，他们搞错了，船上一个极好的炉子已经烧热，正等着我们可能得到的一只鸡。艾青眯起眼睛，把目光投向奔流不息的长江。

那年的七月十二日，我生日那天，餐桌上摆了我们的烤鸡——那场辩论的金奖。两个番茄加切碎的洋葱在一个小托盘里闪闪发亮。不远处有一张大桌，上面跟每天一样摆着用亮晶晶的盘子盛放的丰盛的中国佳肴。

我在一九二八年到过香港和上海。当时中国处在殖民者的铁蹄之下；是赌棍、鸦片烟鬼、妓院、夜间出没的盗贼、假俄国公爵夫人、海陆强盗等的天堂。在这两个大都会的银行大楼前面，八九艘灰色装甲舰的出现，暴露了危险和恐惧，暴露了殖民者的掠夺，暴露了一个开始散发死亡臭味的世界的垂死挣扎。得到卑鄙的领事们的准许，中国和马来罪犯的海盗船上飘扬着许多国家的国旗。妓院附属于国际公司。在本回忆录的第三章我曾记述，有一次我受到了袭击，他们剥去我的衣服，抢光了我的钱，把我扔在中国的一条街上。

当我来到革命的中国时，这些记忆全都浮现在我脑海里。这已是

---

①指 1957 年开展的反右派分子运动。

一个崭新的国家,其道德之纯洁令人惊奇。种种缺陷、小矛盾和不理解,我说过的许多事,都是微不足道的小事。我的主要印象是看到世界上最古老的文化在广大土地上胜利地发生了变化。无数实验在全国各地开始进行。封建农业就要经历一场变革。道德风气如旋风过后般透明。

使我与中国的进程疏远的不是毛泽东,而是毛泽东主义。我所指的毛泽东主义,是重演神化一个社会主义者的个人迷信。谁能否定毛泽东这个政治人物是伟大的组织者和一个民族的解放者呢?我怎能不受他那壮丽光环和他那如此富有诗意、如此悲天悯人、如此古老的纯朴的影响呢?

但是,我在旅行期间,见到无数贫苦农民。收工回家,没等放下手中的农具,就去向延安那位谦虚的游击队员——现在已变成神——的肖像敬礼。我见到无数人挥动手中的小红书这个万应灵药,就能在乒乓球赛中获胜,就能治疗阑尾炎和解决各种政治问题。阿谀奉承的话每天都从每张嘴、每份报纸和每本杂志、每帧插图和每本书、每本历书和每出戏、每件雕刻和每幅画中喷涌出来。

在斯大林事件中,我在个人迷信方面有我应负的责任。不过,当时我们都把斯大林看作打败希特勒军队的战胜者,看作世界人道主义的救星。他个人的蜕变是个神秘的过程,迄今对我们许多人来说,仍然是个谜。

而现在,就在光天化日之下,在新中国的辽阔天地里,一个被奉为神话的人物又树立在我眼前。这个神话注定要垄断革命意识,要把一个属于大家的世界的创造紧紧握在一个人手中。我不可能再次咽下这样的苦果。

在重庆,我的中国朋友带我到该市的桥上去。我一生都爱桥。我父亲是铁路工人，他使我对桥产生莫大的敬意。他从不把桥叫作桥，那是对它的亵渎。他把桥叫作艺术品，而不许把这个称号授予绘画、雕刻，当然也不许授予我的诗。他只许把这个称号授予桥。他曾多次带我去观赏智利南部神奇的马列科高架桥。至今我仍然认为那是世上最美的一座桥，它伸展在南方山峦的万绿丛中，高大、细长，而且纯洁，像一把绷紧琴弦的钢铁小提琴，只待科伊普伊①的风来演奏。横跨长江的那座大桥却是另外一种。它是中国最宏伟的工程建筑，是在苏联工程师的参与下完成的。此外，它还代表着长达一个世纪之久的斗争的结束。千百年来，重庆城被那条河分隔开，这种隔绝意味着落后、发展缓慢和孤立。

领我观览大桥的中国朋友的热情，远远超过我的腿脚的承受能力。他们让我登上高塔，又让我爬到桥下低处，去观看奔流了几千年的那条河，今天，这条河被这件几公里长的钢铁作品跨越了。一列列火车将从铁轨上通过；公路路面供自行车骑行；大道供人步行。如此雄伟的景观把我镇住了。

晚上，艾青带我们到一家餐馆去吃饭，这是一家极具传统烹饪特色的老字号；我们品尝了樱桃肉、麻辣明笋丝、松花蛋、鱼唇。中国烹饪在其复杂性、惊人的品种、离奇的创造、不可思议的形式等方面，都不是笔墨所能描述的。艾青给了我们一些指点。一道美味必须达到的最高标准有三：色、香、味；三者均极重要。味道须鲜美，香味须浓郁，颜色须鲜艳和谐。艾青说："我们用餐的这家餐馆又添了一项绝妙的特点：声响。"一个大瓷盘四周摆一圈菜肴，在最后一刻才加上一道小虾尾浇汁，倒到一块烧红的铁板上，使之发出一种吹笛似的悦耳声

---

①智利马耶科省一个县的首府。

音——以同样方式一再重复的一个乐句。

在北京，我们受到丁玲的接见，她是被指派接待若热·亚马多和我的作家协会负责人。我们的老朋友诗人萧三及其德国妻子也在场，后者是位摄影家。一切都显得欢乐愉快。我们在开阔的人工湖的荷花之间泛舟，这个湖本是修造来供末代皇后游乐的。我们参观了工厂、出版社、博物馆和宝塔。我们在皇族后裔经营的一家世界上最专一的餐馆（专一得只有一张餐桌）里吃过饭。如同一定会在我们大陆任何地方所做的那样，我们两对南美洲夫妇一同在中国作家协会饮酒，抽烟，欢笑。

我每天把报纸递给我姓李的年轻译员。我用手指指给他一栏栏费解的中国字，对他说：

"请译给我听！"

他立刻开始用刚学会的西班牙语译出来。他给我念有关农业的社论、毛泽东的游泳壮举、毛泽东－马克思主义者的评论、军事新闻；但是，他一开始我就厌烦了。

"停！"我对他说，"最好把另外一栏念给我听。"

就这样，有天当我用手指触及一个痛处时，我大吃了一惊：这一栏谈的是一个政治案件，其中指控的就是每天与我们见面的那几位朋友。这些人仍然是我们的接待组成员。看来这个案件早些时候就已发生，尽管如此，他们从没有对我们说过一句他们正在接受调查的话，也从没有谈到危及他们命运的事。

时过境迁。百花都凋谢了。当这些花朵遵从毛泽东的指令开放时，各工厂和作坊、各大学和政府部门、各农场和村庄，出现了铺天盖地的大字报，揭发某些首长和官僚的不公正、巧取豪夺以及不道德行为。

如先前遵从最高指令停止向苍蝇和麻雀开战一样——因当时发觉其毁灭会导致种种意外后果，"百花齐放"也被紧急刹车了。上头下达了一个新指令：揭发右派分子。中国的每一个机构、每一个工作场所、每一个家庭，立刻开始揭发他人，并坦白交代自己的右派思想。

我的朋友女小说家丁玲被指控曾与蒋介石的一名士兵有恋爱关系。那是发生在伟大革命运动以前的事实。她为革命抛弃了情人，抱着刚出生的儿子，从延安开始了英雄年代的万里长征。然而，这对她毫无用处。她被撤掉作家协会副主席职务，被罚在她领导多年的作家协会食堂里像勤杂工那样端饭端菜。但她做勤杂工的活时那么自豪自尊，后来就给送到一个偏远的农村公社食堂去劳动。这是我得到的关于这位杰出的共产党员作家、中国文学的头号人物的最后消息。

我不知道萧三发生了什么事。至于那位陪伴我走遍各处的诗人艾青，他的命运十分悲惨。他先是被送往戈壁沙漠；后来允许他写作，但永远不再让他在自己的作品上署真名——一个在中国内外早已闻名的名字。他就这样被判处文学自杀的刑罚。

若热·亚马多已动身回巴西。稍后，我将带着一嘴苦涩的滋味离去。这苦味我至今还感觉得到。

苏呼米的猴子

我已回到苏联，应邀到南方去旅行。当飞越辽阔的疆土之后下飞机时，我把大草原、工厂和公路、苏联的大城市和乡村，通通抛到了后边。我来到布满枞树和栖息着野兽的威严的高加索群山。在我脚下，黑海为迎接我们而披上蓝色衣装。遍地是盛开着浓香扑鼻的花朵的橙树。

我们正在阿布哈兹——一个小小的苏维埃共和国——的首都苏呼米。这是传奇式的科尔基斯①，是公元前六世纪伊阿宋②前来觅取金羊毛的地方，是狄俄斯库里兄弟③的希腊故土。稍后在博物馆里，我看到了新近从黑海水中取出的一件巨大的希腊大理石浅浮雕。古希腊诸神在海边举行过他们的神秘祭礼。现在，神秘祭礼已被苏联人民简朴而勤劳的生活所取代。列宁格勒的人与这里的人是不同的。这片阳光明媚、长满小麦、到处是大葡萄园的土地上说的是另一种方言——一种地中海口音。这里的男人走路的风度不同，这里的女人有意大利女人或希腊女人的眼睛和手。

我在小说家西蒙诺夫家里住了几天，我们在黑海温暖的海水里游泳。西蒙诺夫带我观赏了他果园里美丽的树木。我认识这些树，他每告诉我一种树的名称，我就像个爱国的农民那样答道：

"智利有这种树。另外这种树，智利也有。那种树也有。"

西蒙诺夫面带打趣的微笑看着我。我对他说：

"我感到遗憾的是，你大概从来没见过我圣地亚哥家里的葡萄园，也没见过智利秋天金灿灿的杨树；别处绝对没有那么灿烂的金黄色。

---

①古代地理学中黑海东端高加索南部呈三角形的地区。在古希腊神话中，是美狄亚的故乡，阿耳戈英雄们的目的地，一块非常富饶的地方。在历史上，是米利都希腊人的移民地。

②古希腊神话中阿耳戈英雄的领袖，伊奥尔科斯国王的儿子。为了要求叔父归还所篡夺的王位，答应叔父的条件到科尔基斯去取金羊毛。他建造大船阿耳戈号，率众英雄出海觅取金羊毛。后来，他在科尔基斯王的女儿美狄亚的帮助下，终于达成所愿。

③指卡斯托尔和波吕丢刻斯。古希腊神话中的孪生兄弟，后来成为双子星座。

要是你能在春天看到繁花盛开的樱桃树并且闻到智利波耳多树的清香，那该多好。要是你能看到沿着通往梅利皮亚①的那条路，农民们怎样把金色的玉米穗铺在屋顶，那该多好。要是你能把脚浸到黑岛那样清冷洁净的水里，那该多好。可是，我亲爱的西蒙诺夫，各国却在设置障碍，彼此为敌，在冷战中互相射击，人们也彼此隔绝。我们可以乘飞速的火箭触及天空，却不能在人类的友爱中握起手来。"

"事情也许会发生变化。"西蒙诺夫笑着对我说，向黑海诸神潜没的地方扔去一块白色的石头。

种类繁多的猴子是苏呼米的骄傲。一个实验医学研究所利用亚热带的气候条件，在那里养殖世界上所有品种的猴子。我们进了研究所。在许多大笼子里，我们看到烦躁的猴子和呆头呆脑的猴子，巨型猴子和小型猴子，光秃秃的猴子和多毛的猴子，表情若有所思的猴子和目光炯炯的猴子；还有忧郁的猴子和横暴的猴子。

有灰猴子，有白猴子，有三色臀部的猴子，有严肃高大的猴子，还有一雄多雌的猴子，这种猴子不让它的任何一只雌猴未经允许就吃食，只有在它庄严地吃完食物之后，才允许雌猴进食。

这个研究所在进行最先进的生物学研究。猴子的机体被用来研究神经系统、遗传，并用以精心探索生命奥秘和长寿之道。

带领两只幼猴的一只小母猴引起我的注意。一只幼猴时刻跟着母猴，而母猴以人类那样的柔情抱着另一只。所长告诉我们，母猴宠爱的那只幼猴不是它的亲生孩子，而是养子。它刚分娩完，另一只也刚生下幼猴的母猴死了。它立刻收养了这只孤儿。从此以后，它把自己

---

①智利圣地亚哥地区一个县的首府。

的母爱，把自己时刻怀有的温情投注在养子身上，比给亲生孩子的还要多。科学家们想，它有如此强烈的母性，也许可以带几只其他母猴的孩子，然而它一只只都拒绝了。因为，它的态度不单服从于生命的本能，更服从于母亲们要团结一心的意识。

亚美尼亚

我们正飞往一片勤劳而又充满传奇色彩的土地。我们抵达亚美尼亚。在遥远的南方，阿拉拉特山雪峰俯视着亚美尼亚的历史进程。据《圣经》记载，这里是诺亚方舟停靠的地方，以便重新在陆地上垦殖。这是一项艰巨的事业，因为亚美尼亚多石，而且有火山。亚美尼亚人为耕种这块土地做出了无法描述的牺牲，还把他们的民族文化提高到古代世界的最高程度。社会主义社会使这个历尽苦难的优秀民族取得惊人的发展和繁荣。土耳其侵略者屠杀并奴役亚美尼亚人达数世纪之久。荒野上的每一块石头、修道院里的每一块石板，都洒有一滴亚美尼亚人的鲜血。这个国家的社会主义复兴是个奇迹，也有力地戳穿了所谓苏维埃帝国主义的恶意谎言。我参观过有五千工人的亚美尼亚纺纱厂、巨大的水利和电力工程，以及其他规模宏大的产业。我走遍了城市和乡野牧场，所到之处看到的都是亚美尼亚人——亚美尼亚男人和女人。我只遇见过一个俄罗斯人，皮肤黝黑的人的千万双黑眼睛中间单独一个蓝眼睛的工程师。这位俄罗斯人在管理塞凡湖的一座水电站。这个湖仅由一条河道排水，湖面相当开阔。缺水的亚美尼亚无法把这一资源集聚起来加以利用，宝贵的水就这样蒸发了。为了延缓蒸发速度，那条河被拓宽了。这么一来，湖的水位降低了，同时，随着河流水量增加，将建设八座水电站，几个新的工业企业、巨型铝厂，供应全国的电力和灌溉系统。我永远不会忘记参观过的那座耸立在湖畔的水电站，那里无比清澈的湖水映照出亚美尼亚令人难忘的蓝天。当新闻记者们问我对亚美尼亚古老的教堂和修道院的印象时，我夸张地答道：

"我最喜欢的教堂是那座水电站——立在湖边的那座庙宇。"

我在亚美尼亚观看了许多东西。我认为，用火山凝灰岩建造的、像一朵红玫瑰那么和谐悦目的埃里温，是最美丽的城市之一。参观比纳坎天文台是难忘的经历，在那里我生平第一次看到了星星的文字。天体发出的颤动的光被接收了；极精确的机械正在记下宇宙中星体的搏动，像是一种天空心电图。在那些图表上，我观察到每颗星都各有不同的、迷人的、搏动的字形，虽然我这个尘世诗人的肉眼看了莫名其妙。

在埃里温动物园，我直奔南美神鹰的笼子，可是我的老乡并不认识我。这只绝望的神鹰，这只思念故乡山峦的大鸟，停在笼子的一个角落，头秃着，两眼带着疑虑重重的绝望神色。我伤感地看着它，因为我就要返回祖国了，而它却要永远被囚禁在笼子里。

我和貘的奇遇则是另一回事。埃里温动物园是少数拥有一只亚马孙貘的动物园之一；这种奇怪的动物身躯像牛，脸上鼻子很长，眼睛很小。我应该承认，貘长得很像我。这不是什么秘密。

埃里温那只貘睡在它紧挨池塘的圈里。它一见到我，就向我投来理解的一瞥，也许我们在巴西曾有一面之缘。动物园园长问我想不想看它游水，我答道，我走遍世界就因为喜欢看貘游水。他们给貘打开一扇小门；它高兴地看我一眼，就跳进水里去，像海马又像长毛的蝾螈那样吁吁喘气。它把整个身体浮出水面；它猛地潜入水中，掀起一阵激浪；它浮出水面，高兴得如醉如痴，喷着响鼻，喘着粗气，随后就以飞快的速度表演起它那不可思议的游泳特技来了。

动物园园长对我说："我们从来没见过它这么高兴。"

中午，在作家协会宴请的午餐席上，我在致感谢词时对他们说到亚马孙貘的绝技，还告诉他们我对动物的热爱。我从不放弃参观动物园。

亚美尼亚作家协会主席在答词中说：

"聂鲁达有必要参观我们的动物园吗？他只要到作家协会来，各种动物就都能见到了。我们这里有狮子和老虎、狐和海豹、鹰和蛇、骆驼和鹦鹉。"

葡萄酒和战争

归途中，我在莫斯科稍作停留。对我来说，这座城市不仅是社会主义的壮丽首都，不仅是实现许多梦想的地方，还是我的几位至交好友的居处。对我来说，莫斯科是个节日。我一到莫斯科，就独自上街，舒畅地呼吸，用口哨吹起奎卡舞曲①。我打量着俄国男子的脸，俄国女子的眼睛和发辫，街角出售的冷食、民间纸花、玻璃橱窗，我寻觅着新事物，寻觅着使生活变得崇高的小事物。

我再次去拜访爱伦堡。这位好友首先让我看一瓶挪威烧酒。商标上是一艘彩色大帆船。另一处印有那艘船将这瓶酒带往澳大利亚、带回斯堪的纳维亚原产地的起航及回港日期。

---

①智利、秘鲁和阿根廷北部的一种民间舞曲。

我们谈起酒来。我想起在我青年时代，我们智利世袭酿造的酒由于市场需要和品质卓越，开始销往国外。对我们这些身穿铁路员工制服、过着吉卜赛式动荡不定生活的人来说，酒永远过于昂贵。

在世界各国，我都会生发对酒的生产过程的兴趣——从它由"人的脚板"下产生起，直至装入绿玻璃瓶或雕花水晶瓶为止。在西班牙的加利西亚，我爱喝里贝罗葡萄酒，用陶杯喝，杯子里会留下鲜血似的浓浓的酒迹。我记得匈牙利有一种叫作"牛血"的醇厚的葡萄酒，它的冲击会使吉卜赛人的小提琴发颤。

我的高祖拥有几个葡萄园。我的出生地帕拉尔村是葡萄原汁产地。我从父亲和叔父们——堂何塞·安赫尔[1]、堂霍埃尔、堂奥塞亚斯、堂阿莫斯——那里学会辨别粗制酒和过滤后的酒。他们偏爱从酒桶里倒出来的粗制酒，这种酒有着一颗原始的、不会收缩的心脏，要我跟随这种偏爱十分困难。同其他任何事情一样，在提高了品位、尝过盛宴的酒香之后，要我"归真返璞"实在费力。艺术也有同样情况：与普拉克西特利斯[2]的阿芙洛狄忒一起诞生的人，到头来却要与大洋洲野蛮人的雕像生活在一起。

从前在巴黎，我在一户尊贵人家品尝过一种尊贵的酒。是穆通－罗斯柴尔德牌的酒，其浓度无可指责，香味难以言传，口味极佳。这就是阿拉贡和艾尔莎·特丽奥莱的家。

"这几瓶酒是我刚收到的，现在特意为你打开。"阿拉贡对我说。

---

[1] 此处人名疑有误。作者在本书第一章中说，何塞·安赫尔·雷耶斯是他的祖父，而不是叔父。他另有一位叔父名"阿瓦迪亚斯"，此处未提。
[2] 普拉克西特利斯，雅典雕刻家，古希腊最有创造力的艺术家之一，作品有《赫尔墨斯》《阿芙洛狄忒》等。

他接着对我讲了有关该酒的故事。

德军当时长驱直入法国领土。法国最有才智的士兵——诗人兼军官路易·阿拉贡来到一个前哨据点。他率领一支男护士分队。给他的命令是到达这个据点后，继续前进，到坐落在三百米外的一座楼房去。法国阵地上有一位连长阻止了他。这位连长就是阿尔丰斯·德罗斯柴尔德伯爵，比阿拉贡更年轻，性子却跟阿拉贡同样急躁。

"从这儿你过不去。"连长对他说，"德国人的火力太猛。"

"给我的指示是到那座楼房去。"阿拉贡激动地说。

"我命令你不要往前走，留在这里。"连长答道。

我敢肯定他跟我一样，是在像手榴弹那样火花乱迸的争论中、在唇枪舌剑的对答中认识阿拉贡的。不过，争论持续不到十分钟。在罗斯柴尔德和阿拉贡大睁的眼睛前面，一颗德军的迫击炮弹突然落到那座楼房上，它刹那间烟雾弥漫，化为一片瓦砾和灰烬。

就这样，由于一位罗斯柴尔德的固执，法国头号诗人幸免于难。

从此以后，每逢这一事件的周年纪念日，阿拉贡都会收到几瓶穆通－罗斯柴尔德牌佳酿；这酒正是上次世界大战中当过他连长的那位伯爵的葡萄园出产的。

我现在在莫斯科，在伊利亚·爱伦堡家里。这位杰出的文坛游击队员是纳粹主义的死敌，其威力如同一支有四万兵员的雄师，但他又是个十足的享乐主义者。我从来弄不清他是更了解司汤达，还是更了解肥鹅肝。他欣赏豪尔赫·曼里克的诗，跟品尝格勒诺布尔苹果酒一样兴味盎然。他热爱整个法国——鲜美而芬芳的法国的灵魂和躯体。

战后，莫斯科曾谣传将出售一批神秘的法国瓶装酒。红军在进军柏林途中，攻克一座有地窖的要塞，要塞里到处是戈培尔①癫狂的宣传品和他从温柔的法国酒窖里抢夺来的葡萄酒。文件和瓶装酒被送往获胜军队的总司令部；红军收下文件以供研究，却不知道如何处理那些瓶装酒。

用优质玻璃精制而成的瓶子上醒目地贴着印有出产日期的特制标签。瓶装酒全部出自著名产地和最有名的酿制年份。其中有布尔哥尼葡萄酒、博纳葡萄酒、帕普新堡葡萄酒，都可以与金黄的普伊酒、琥珀似的武夫里酒、天鹅绒似的香贝丹酒媲美。全部藏酒皆以重要的收获年份标签引人注目。

社会主义的平均主义思想使他们把法国酒坊酿制的高级战利品送进酒店，以与俄国酒同等的价格出售。作为限制措施，规定顾客只能购买数量有限的几瓶酒。社会主义的主张是最好的主张，但是我们这些诗人，不管哪儿的全都一样。我文学界的朋友人人都让亲戚、邻居、熟人去购买如此价廉物美的瓶装酒。这些瓶装酒一天之内就被争购一空。

进入纳粹主义不共戴天的敌人爱伦堡家的瓶装酒数量，我将不予披露。正因如此，我们此时才得以相聚一处，边评说边喝下戈培尔地窖里的一部分酒，以庆祝诗和胜利。

收复的宫殿

工商界巨子从没有邀请我到他们的豪宅去，其实我对此也始终少

---

① 约瑟夫·戈培尔（1897–1945），希特勒德国的宣传部长，一贯鼓吹战争，宣传种族主义，向德国人民灌输法西斯思想。1945 年 5 月 1 日杀死全家后自杀。

有兴趣。智利的民族消遣就是拍卖。许许多多人急匆匆赶去参加具有我国特点的、每周一次的拍卖活动。举行这种拍卖的深宅大院各有其命运。一经拍板成交，最高出价人便不让我们平民通过栅栏，于是，扶手椅、血淋淋的受难耶稣像、老派肖像画、盘子、勺子、在其中养育过多少懒散生命的被单，连同栅栏一起换了主人。智利人喜欢进去摸摸，瞧瞧，末了买东西的却很少。后来，建筑物给拆了，房子的碎片也拍板成交了。买主带走了眼睛（窗）、肠子（楼梯）、脚（地板）；最后，连棕榈树也被瓜分了。

欧洲则相反，这种大房子都被保存下来。我们有时能看到房主公爵及公爵夫人的画像，只因有一位幸运的画家目睹过他们一丝不挂的肉身，我们现在才得以欣赏到这些画和曲线。我们也才能窥见种种秘密，那些值得探究的罪行，那些戴假发的人，以及那些令人惊讶的密室，室中挂壁毯的墙吸收了那么多谈话，以后注定会成为电子娱乐室。

我应邀前往罗马尼亚，如期到达。作家们把我带到他们集体的乡间别墅去休息，别墅坐落在特兰西瓦尼亚的美丽树林中。罗马尼亚作家之家当时设在卡罗尔①的王宫里，这个没头脑的人不符合王室法度的婚恋成了全球的笑料。这座王宫现在用它的新式家具和大理石浴缸来为罗马尼亚的思想和诗歌服务。我在王后陛下的床上睡得很香；第二天，我们到改作博物馆和疗养院的其他城堡去参观。陪我参观的有诗人叶贝雷阿努②、贝纽克③和拉杜·博雷亚努。在绿色的上午，在古

①卡罗尔二世（1893－1953），1930年至1940年在位的罗马尼亚国王。1914年被立为王储，由于婚姻等问题，1925年被迫放弃王位继承权，流亡国外。1930年回国，夺得王位。第二次世界大战期间被迫退位，再次流亡国外。
②欧根·叶贝雷阿努（1911－1991），罗马尼亚诗人，著有诗集《汉尼拔》等。
③米哈伊·贝纽克（1907－1988），罗马尼亚诗人，著有诗集《新歌》《旗中战》等，长篇小说《一个平民的失踪》等。

老的王家花园内枞树林深处的树荫下，我们唱得跑了调，笑得像打雷，用各种语言把诗句喊出来、在法西斯君主制度下有过长期苦难经历的罗马尼亚诗人，是世上最勇敢也是最快乐的人。那群游吟诗人，那群像他们布满森林的疆土上的鸟儿似的罗马尼亚人，他们的爱国心不可动摇，他们的革命精神坚定不移，他们对生活爱得痴迷，对我来说这是个新发现。我能这么快就结交如此多弟兄，这在别处是少有的。

为了博罗马尼亚诗人们开怀一乐，我对他们谈起从前参观过的另一座了不起的宫殿。那就是马德里的利里亚宫，是在西班牙内战方酣的时候。当时佛朗哥这个敌人正带着意大利人、摩尔人和纳粹军旗向前挺进，献身于屠杀西班牙人的神圣事业。在一九三四年和一九三五年间，我每次走过阿圭列斯街，总看到民兵攻占那座宫殿的场面。我从公共汽车上投去景仰的一瞥，不是出于我对新的阿尔瓦公爵①和公爵夫人的依附——我是个不可救药的美洲人和半野蛮的诗人，他们压制不了我——而是被宫殿那肃穆的白色石墓似的庄严强烈地吸引了。

战争爆发时，那个公爵留在了英国，因为事实上他的姓是贝里克②。他带着最好的藏画和极珍贵的珠宝留在英国。想起公爵的这次出逃，我对罗马尼亚人提起，中国解放时，靠孔庙和哲人遗骨发了财的孔夫子的最新一代子孙，也带上藏画、全套桌布和餐具逃往台湾；此外，还带走了遗骨。他们在那里想必已经舒服地安顿下来，靠展览圣物获取进项。

在那段日子里，"阿尔瓦公爵富有历史意义的宫殿遭赤党党徒洗劫"，"卑鄙的破坏场面"，"让我们都来拯救这件历史瑰宝吧"之类耸人听闻的消息，从西班牙传往世界各地。

---

①阿尔瓦公爵是利里亚宫曾经的主人。
②英国姓氏。

我去看那座已允许我进去的宫殿。那些所谓的劫匪，当时身穿蓝色工装裤，拿着枪站在大门口。第一批炸弹早已从德军飞机上落到马德里。我请求民兵让我进去。他们仔细检查了我的证件。当我已经准备迈步进入那几间豪华的大厅时，他们猛然拦住我，因为我没有在入口处的大踩垫上把鞋蹭干净。地面确是亮得像镜子；我把鞋蹭干净才进去。墙上的方形空白显示画被带走了。民兵对这一切了如指掌；他们告诉我，公爵在几年前就已把这些画带往伦敦，存放在一家银行的一个牢靠的保险柜里。大厅里仅有的重要东西是猎物陈列品——无数带角的兽头和各种小动物的口鼻部。最显眼的猎物陈列品是一头用两只脚站在房间当中的大白熊，两臂向两边大大张开，制成标本的脸龇着满嘴的牙在笑。这是民兵们的宠物，每天早晨都要用刷子刷。

我当然对那么多阿尔瓦公爵睡过的卧室感兴趣，因为马德里下层居民的鬼魂天天夜里会来胳肢他们的脚，弄得他们睡不安稳。他们的脚已经不在了，但我从来没有见过那么多的鞋。这个末代公爵从来没有扩充过他的画廊，可他搜罗的鞋却多得令人吃惊。有多层搁板的长玻璃橱柜高达天花板，摆放着成千双鞋子。有几个特制的像图书馆里使用的那种小梯子，也许是为了让人能拿住后跟把鞋小心地取下来。我仔细地看。有几百双十分精致的骑马靴，有黄色的，也有黑色的。还有一些高靿皮鞋，配有点缀着珍珠母纽扣的长毛绒鞋罩。还有大量的套鞋、便鞋和长筒靴，鞋里都塞着鞋楦，使它们看上去像是都有供驱遣的结实的腿和脚。如果把玻璃橱柜打开，这些鞋大概都会跟随公爵跑到伦敦去！你可以在摆满三四个房间的成排的鞋子中尽情享受乐趣；这是一种视觉的享受，也只能是视觉的享受，因为持枪的民兵绝不允许任何一只苍蝇去碰那些鞋。他们说："这是文化。"他们说："这是历史。"我想起那些穿麻鞋的可怜的小伙子，他们在索莫谢拉山可怖的峰峦上被法西斯捉住，被埋在白雪和烂泥里。

公爵的床旁有一帧镶在金框里的小画，画上的哥特体大写字母引起我的注意。哟！我想，这里印的一定是阿尔瓦家的世系图。我错了。那是拉迪亚德·吉卜林[①]的《如果》，这首平庸、虚伪的诗是《读者文摘》的先驱，据我判断，其智力水平超不过阿尔瓦公爵的那些鞋子。请英国国王原谅！

我想，公爵夫人的浴室准会令人激动。它让人想起那么多事情。尤其是普拉多博物馆[②]的那幅躺着的女人像[③]，戈雅把她的两个乳头画得彼此分得很开，使人想到这位革命画家在量距离时，如何在每一吻之后加上一吻，直至在两个乳房之间留下一串看不见的项链。但是，我又错了。先是那只熊，那个西班牙音乐剧中的鞋铺，那首《如果》，最后，我看到的不是女神的浴池，而是一个假冒的庞贝式圆形房间，里面有一口低于地面的浴缸，几只附庸风雅的雪花石膏制的小天鹅，几盏俗气可笑的落地灯；总之，是一部美国电影中供侍女使用的那种浴室。

我怀着阴沉扫兴的心情正要离开时，得到了一个补偿——民兵们邀请我吃午饭。我同他们一起下楼到厨房去。四五十名公爵的听差、仆人、厨师和园丁，继续为他们自己，也为守卫这座豪宅的民兵做饭。他们把我看作荣誉参观者。经过几番耳语，多次来回奔忙，在几张收

---

①拉迪亚德·吉卜林（1865－1936），英国小说家、诗人，作品多以驻扎在印度和缅甸的英国士兵的生活为题材，也撰写儿童故事。1907年获诺贝尔文学奖。主要作品有《吉姆》《丛林故事》等。
②艺术博物馆，在西班牙马德里，建成于1819年，藏有世界上最丰富、最全面的西班牙绘画及其他欧洲画派的杰作。
③指西班牙画家戈雅的名画《裸体的玛哈》或《着衣的玛哈》。

据上签字之后，他们取出一个尘封的瓶子。那是一瓶贮藏百年之久的"基督之泪"①，他们只让我喝几口。这是烧酒，是蜜和火的织体，酽厚而又醇和。阿尔瓦公爵的这种泪水，我是不会轻易忘记的。

一周后，德国轰炸机朝利里亚宫扔下四颗燃烧弹。从我家的平台上，我看见那两只不祥的鸟飞过。一片红光立刻使我明白，我正目睹那座宫殿的最后时刻。

"当天下午，我经过那片还在冒烟的废墟。"我对罗马尼亚作家们说了这段话，以结束我的故事，"在那里，我了解到一个动人心弦的事件的详情。在自天而降的燃烧弹下，在震撼大地的爆炸和越来越猛的火势中，那些高尚的民兵一心只想把那只白熊救出来。他们差点在这种尝试中牺牲。屋梁倒了，一切都烧着了，那只涂了防腐剂的大野兽就是通不过窗子和大门。我再一次，也最后一次在利里亚宫花园的草坪上见到它，它张着雪白的双臂，笑得合不拢嘴。"

宇航员时代

我又来到莫斯科。十一月七日上午，我出席观看苏联的人民、运动员、前途似锦的青年列队接受检阅。他们在红场上迈着坚定而自信的步伐前进。一位去世多年的人的犀利目光正注视着他们，这个人就是这种信心、这种欢乐、这种力量的奠基人——弗拉基米尔·伊里奇·乌利扬诺夫，不朽的列宁。

这次阅兵式中武器不多；但是，第一次展示了巨型洲际导弹。我

---

① 即麝香葡萄酒。

几乎可以伸手触及那几个巨大的雪茄，它们样子憨厚，却能把毁灭性的核武器带到这个星球的任何地点去。

那天给两位从太空返回的俄罗斯人授勋。我觉得自己离他们的翅膀很近。诗人做的事很大程度上就像捕鸟；正是在莫斯科的街道上，在黑海岸边，在苏维埃高加索的山隘之间，我萌生了写一本关于智利各种鸟的书的心思。当两只人鸟——两位苏联宇航员——升上太空，使全世界惊奇得目瞪口呆时，我这个特木科诗人却一心要去捕鸟，要去写如此遥远的故土上的鸟儿，写燕雀和鸫鸫、小嘲鸫和金翅雀、神鹰和小涉禽。我们仿佛感到两位宇航员就在我们头顶，正目睹他们在太空飞行，大家都屏住呼吸。

那天要给他们授勋。在他们身旁的是他们脚踏实地的亲属，是他们的本源，是他们的人民之根。老头子们留着农民的大八字胡；老太婆们将乡野独特的大披巾披在头上。那两位宇航员跟我们一样，是来自乡野、工厂、办公室的人。尼基塔·赫鲁晓夫以苏维埃国家的名义，在红场迎接他们。后来，我们在圣格奥尔基大厅见到他们。有人为我引见古尔曼·季托夫，他是二号宇航员，一个很亲切的小伙子，一双大眼睛炯炯有神。我突然问他：

"请告诉我，少校，当您在太空飞行并遥望我们的星球时，能看得清智利吗？"

这简直像是对他说："您该明白，您这次飞行中最重要的事就是从太空看看智利。"

他没有像我预期的那样发笑，而是沉思片刻，然后对我说："我记得南美洲有几条黄色的山脉，显然那几条山脉都很高。也许那就是智利。"

同志，那当然是智利。

恰好在社会主义革命四十周年那天，我乘坐开往芬兰的火车离开莫斯科。当我穿过莫斯科城前往火车站时，一大束一大束发出磷光的、蓝色的、红色的、紫色的、绿色的、黄色的、橙色的灿烂焰火，高高腾空而起，如同迸发的欢乐，如同胜利之夜发给全世界人民的相互交往和友谊的信号。

　　我在芬兰买了一颗独角鲸的牙齿，然后继续我们的旅行。在歌德堡①，我们登上将把我们送回美洲的轮船。美洲以及我们的祖国，也要随着生活和时间一起前进。当我途经委内瑞拉前往瓦尔帕莱索时，独裁者佩雷斯·希门尼斯这个美国国务院的宠儿、特鲁希略②和索摩查③的私生子，竟派了足够去打一场仗的兵力来阻止我和我的伴侣下船。但是，在我安抵瓦尔帕莱索时，自由已经把这个委内瑞拉暴君赶下台，这个威严专横的家伙已经像患梦游症的兔子那样，逃到美国迈阿密去了。第一颗人造地球卫星上天以后，世界的发展加快了。谁能预料，在瓦尔帕莱索敲响我卧舱的门来迎接我的第一个人，竟会是我原先将其留在黑海游泳的小说家西蒙诺夫？

---

①瑞典第二大城市、主要港口、歌德堡－布胡斯省省会。
②拉斐尔·特鲁希略（1891－1961），多米尼加独裁者。他通过政变掌权，以恐怖活动维持绝对统治，后被枪杀。
③阿纳斯塔西奥·索摩查（1896－1956），尼加拉瓜军人、政治家，在尼加拉瓜实行家族统治达 20 年之久，1956 年被刺身亡。

十一　写诗是一门手艺

诗的威力

我们这个时代,战争、革命和澎湃的社会运动层出不穷,可谓得天独厚,把诗歌推进到难以想象的繁荣程度。普通人无论是在孤寂中,还是在公众集会的广大人群中,都不得不面对诗歌,或是攻击他人,或是被人攻击。

当我写作最初几本抒发孤独感的诗集时,我从未想过随着岁月的流逝,我竟会在广场、街道、工厂、教室、剧院和花园等处朗诵自己的诗。我确已跑遍智利的各个角落,在人民群众中传播我的诗。

我要说说我在"维加中心"——智利圣地亚哥最大也是人们最爱去的市场——遇到的事情。黎明时,两轮运货马车、小货车、牛车、卡车络绎不绝,从饕餮的首都周围的小农场,把蔬菜、水果、食品运到这个市场来。搬运工——一个人数众多的行业,从业人员收入低,往往打赤脚——挤满了"维加中心"附近各街区的咖啡馆、廉价旅店和低级小餐馆。

一天,有人坐小汽车来找我。我还没弄清要去什么地方,去干什么,就上了他的车,口袋里揣了一本我的诗集《西班牙在我心中》。在车上,他们向我说明，我是被请到"维加中心"搬运工工会去做报告的。

我走进那个凌乱的大厅，感受到了何塞·亚松森·席尔瓦[1]在《夜曲》中形容过的那种寒意，这不仅仅因为时值隆冬，更因为那里的环境使我震惊。约有五十个人坐在箱子或临时搭的木板长凳上等我。有的人腰上系一条袋子当围裙，另外一些人身上穿的是打补丁的旧汗衫，还有的人不顾智利七月的严寒光着身子。我坐在一张把我和那些不寻常的听众隔开的小桌后边。他们全都用智利人特有的乌黑和凝然不动的眼睛看着我。

我记起那位老拉斐特[2]。对于脸上肌肉动也不动、目光呆滞、无动于衷的观众，拉斐特给他们起了个让我发笑的名字。有一次，他在盛产硝石的大草原上对我说："瞧，在那边大厅深处，有两个穆斯林靠在柱子上正看着我们。他们只要有一件带风帽的斗篷，就像是沙漠中无所畏惧的信徒了。"

对这些听众我该怎么办？我能对他们说什么？我生活中有什么事情能使他们感兴趣？我拿不定主意，却瞒下要跑出去的愿望，拿出揣在身上的那本书，对他们说：

"不久前我就在西班牙。那里斗争很激烈，枪炮声不断。请听听我写的有关西班牙的诗。"

我应该说明，我从不认为我的诗集《西班牙在我心中》是本好懂的书。我力求写得晓畅，但是，那些纷至沓来、刻骨铭心的悲痛充满字里行间。

我确实只想略微朗诵几节诗，再加上几句话，就跟他们告别。然

---

①何塞·亚松森·席尔瓦（1865－1896），哥伦比亚诗人，著名诗作有《夜曲》等。
②埃利亚斯·拉斐特（1886－1961），智利共产党人，曾三度被提名为智共中央委员会主席候选人。

而，事情的发展却不是这样。诗一首接一首念下去，我感到一片沉寂，我的诗句就像落入深水一样，当看到那一双双眼睛和黑眉毛如何紧随我的诗发生变化时，我明白我的书正在实现它的目标。我继续不停地念下去，我自己也被我的诗发出的声音所感染，被我的诗句和那些被抛弃的灵魂之间相互吸引的关系所震撼。

朗诵持续了一个多小时。当我正要离去时，那些工人中的一个站了起来。他就是腰上系着袋子的人之一。

"我要代表大家感谢您。"他大声说，"我还要说，从来没有什么东西让我们这么感动过。"

说完这些话，他突然抽泣起来；另外几个人也哭了。我是一边同热泪盈眶的人们紧紧握别一边走到街上去的。

一个诗人经过这种严寒和烈火的洗礼之后，还能一成不变吗？

每当我要回忆蒂娜·莫多蒂，总像想抓一把雾霭那样费力。那是易碎的，几乎是无形的。我到底是了解她，还是不了解她呢？

她依然俏丽动人：一张苍白的鹅蛋脸，镶嵌在两片黑翅膀似的卷发中间；一双天鹅绒般温柔的大眼睛，继续凝视着岁月的流逝。迭戈·里维拉曾在他的一幅壁画上留下她的容颜，给她戴上花草和玉米穗的头冠。

这位意大利女革命者、杰出的摄影艺术家，为了给苏联的平民百姓及有纪念意义的建筑物拍照，很早就来到苏联。但是，她在苏联卷进了社会主义全面进步的无法控制的洪流中，把照相机扔进莫斯科河，发誓将自己的一生献给共产党最平凡的工作。我在墨西哥认识她的时候，她正在履行自己的誓言，我为某天夜里她的去世深为痛惜。

那是发生在一九四一年的事。她丈夫是第五团著名的"卡洛斯少校"维托里奥·维达莱。蒂娜·莫多蒂在回家途中因心脏病发作死在出租车上。她知道自己心脏有毛病，但她不说，免得人家减少她的革命工作。她随时准备做没人愿意做的事，例如：打扫办公室；步行到很远的地方去；熬夜写信或翻译文章。在西班牙内战期间，她当过护理共和派伤员的护士。

她一生中有过一次悲惨的经历，那时她还是流亡墨西哥的古巴卓越的青年领袖胡利奥·安东尼奥·梅利亚的女友。古巴暴君赫拉尔多·马查多从哈瓦那派了几名职业杀手去杀害这位革命领袖。一天傍晚，蒂娜挽着梅利亚的胳膊走出电影院时，后者在手提机枪的扫射下牺牲了。他们一起倒在地上，被打死的男友的鲜血溅了她一身，此时那几个凶手却在严密保护下逃之夭夭。更有甚者，保护罪犯的那些警方官员竟企图把杀人犯的罪名安在蒂娜·莫多蒂头上。

十二年后，蒂娜·莫多蒂无声无息地耗尽了精力。墨西哥的保守派如同从前想把她卷进梅利亚之死那样，又力图给她本人的去世硬加上丑闻的恶名。这时，"卡洛斯少校"和我正在为她那小得可怜的遗体守灵。眼看一个如此勇敢强壮的男人遭受痛苦的煎熬，可不是一件好受的事。用丑闻的恶名玷污已故的蒂娜·莫多蒂的企图，有如撒在伤口上的腐蚀性药物，使那只雄狮流血了。"卡洛斯少校"圆睁着发红的眼睛怒吼。蒂娜躺在她那流亡者的小小灵柩里，像是蜡制成的。面对聚集在她房间里的、人所能有的全部哀痛，我只能无能为力地保持沉默。

报纸整版整版地刊登耸人听闻的污言秽语。他们把蒂娜叫作"莫斯科来的神秘女人"。有的报纸还说："她之所以死，是因为她知道得太多了。"我为"卡洛斯少校"剧烈的痛苦所感动，决心做点什么。我写了一首诗向所有诽谤我们亡友的人发出挑战，并把这首诗寄给所有的报纸，对于他们是否发表，我根本不抱希望。然而，真是出人意料！第二天，所有的报纸都没有像头天预告的那样，登出虚构的新揭露材料，而是在第一版刊载了我写的那首令人心碎而又悲愤的诗。

那首诗的标题是："蒂娜·莫多蒂已经死去"。当天上午，我在墨西哥公墓朗诵了它，她的遗体就留在了那里，永远安卧在一块墨西哥的花岗石下面。那块花岗石上镌刻着我的几行诗。

墨西哥的报纸从此再也没有写过一行反对她的文字。

那是许多年前发生在洛塔①的事。有一万名矿工参加集会。洛塔这个煤矿区，百年来贫困不堪，骚乱不断。那天，矿区的广场上挤满矿工。政治家们发表长篇大论的演说。中午闷热的空气里飘荡着煤炭和海盐的气味。大海近在咫尺，阴森森的采煤坑道在海水底下延伸十几公里，那些矿工就在这样的坑道里挖煤。

此刻，他们在当空的烈日下听演说。讲台很高，我从讲台上能看见那黑乎乎的一大片帽子和矿工头盔。最后一个轮到我讲话。当宣布我的名字和我的诗《唱给斯大林格勒的新情歌》时，出现了非同一般的反应———一种我永志不忘的礼貌举动。

一听到我的名字和那首诗的标题，密密层层的人群静悄悄地脱下帽子。他们脱帽，是因为继那种明确的政治性讲话之后，我的诗，诗自身，要发声了。我从高高的讲台上看到那规模浩大的摘帽动作———成千上万只手整齐地放下来，形成一片难以形容的滚滚浪涛、静悄悄的大海上的一道巨浪、一片表达无声敬意的黑色浪花。

于是，我的诗大受鼓舞，发出从未有过的战斗和解放的强音。

---

①智利比奥比奥地区康塞普西翁省的重要采煤中心。

另有一件事发生在我的少年时代。那时我是那种身披黑斗篷的学生诗人，同当时所有的诗人一样消瘦，缺乏营养。我刚刚出版了诗集《夕照》，重量比一根黑羽毛还轻。

　　我同我的朋友们一起走进一家不像样的夜总会。那是探戈舞风靡和流氓横行的时代。跳舞突然停止，探戈舞曲就像酒杯砸在墙上似的瞬间中断。

　　两个臭名昭著的流氓在舞池当中大动拳脚，互相辱骂。当一个上前攻击另一个时，对方就退却，桌子后边的一群乐迷也随着向后躲闪。那场面就像两个未开化的野人在原始森林的空地上跳舞。

　　我没有多加考虑，也不顾自己又瘦又弱，就走上前去叱责他们：

　　"不要脸的坏蛋，恶霸，卑鄙小人，别吵大家了，大家是来跳舞的，可不是来看你们演闹剧！"

　　他们吃惊地对看一眼，好像不相信他们听到的话。个子较矮的那个暴徒以前曾是拳击手，他朝我走来，想揍扁我。若不是打得极准的一拳猛地把这个猩猩般的汉子打倒在地，他准能达到目的。终于决定给他一拳的是他的对手。

　　当这个战败的斗士被人像搬麻袋似的抬出去时，当坐在桌旁的人向我们递来酒瓶时，当舞女们向我们投来热情的笑声时，那个打出制胜一拳的大汉理所当然想要分享胜利的欢乐。但是，我严词责骂道：

　　"滚出去！你跟他是一路货！"

　　我的荣光时刻很快结束了。我们穿过狭窄的过道之后，看见一个虎背熊腰的家伙堵住了出口。这是另一个来自黑社会的拳击手——那个被我申斥的胜利者，他堵住我们的去路，等着进行报复。

　　"我在等你。"他对我说。

他轻轻把我推往边上的一扇门，这时我的朋友们都慌忙跑了。我面对凶恶的对手，无依无靠。我急忙扫一眼，看看能抓到什么东西进行自卫。没有，什么都没有。沉重的大理石桌子、铁椅，我都举不起来。没有花盆，没有瓶子，连一根被忘记带走的不值钱的手杖都没有。

"咱们谈谈。"那人说。

我明白，任何反抗都是徒劳的；我还想到，他大概像面对一只小鹿的猛虎，在吞下我之前要打量我一番。我知道，我所能进行的全部自卫，仅仅是不让他察觉我的恐惧。我回手也推他一下，却动不了他一丝一毫。他简直是一堵石墙。

他忽然向后扬起头，那双凶恶的眼睛换了一种神色。

"您是诗人巴勃罗·聂鲁达吗？"他问。

"是的。"

他低下头，继续说道：

"我太不幸了！我现在就在自己衷心钦佩的诗人面前，而当面骂我坏蛋的竟是他！"

他两手抱着头，继续悲痛地说：

"我是个坏蛋，跟我打架的那个人是个毒贩。我们是世上再卑贱不过的人了。可是，在我的生活中有一件纯洁的东西。那就是我的未婚妻，我的未婚妻给予的爱。堂巴勃罗，您看看她。您看看她的相片。我一定要告诉她，您亲手拿过这张相片。这事儿准会使她高兴。"

他把那张笑吟吟的少女的相片递给我。

"她是由于您，堂巴勃罗，由于我们一起背诵过您的诗才爱我的。"

他没头没脑地背诵起来：

"一个像我这样不幸的孩子，跪着从你内心深处注视着我们……"

这时门一下给撞开了。那是我的朋友们带着武器回来了。我看见一张张惊讶的脸挤在门口。

我缓步走出门去。那人独自留下，连姿态都没变，继续背诵道："为了将要在她血管里燃烧的生命，人们也许不得不砍掉我这双手。"他被诗打败了。

鲍尔斯①驾驶的那架被派往苏联领空执行间谍任务的飞机，从难以置信的高度摔下去了。两枚神奇的导弹射中它，将它从云端击落。记者们纷纷奔赴人迹罕至的山间导弹发射场。

射手是两个单身小伙子。在那遍地是枞树、冰雪和河流的广阔天地里，他们吃苹果，下国际象棋，拉手风琴，读书，站岗。他们朝空中瞄准，保卫俄罗斯祖国的寥廓天空。

人们用各种问题纠缠他们：

"你们吃什么？你们的父母是谁？你们爱跳舞吗？你们读什么书？"

在回答最后一个问题时，年轻射手之一回答说他们读诗，还说杰出的俄国诗人普希金和智利诗人聂鲁达是他们最喜爱的两位诗人。

听到这句话，我感到非常高兴。飞得那么高、使敌人威风扫地的那枚导弹，以某种方式携带着我那火热的诗中的一粒原子。

---

①弗朗西斯·加里·鲍尔斯（1929－1977），美国飞行员，1960年5月1日，他驾驶的U-2侦察机在苏联领空被击坠。

树木的持续影响

诗歌或许是每个诗人身体的一部分，是他全身流动的血液、脉搏和心跳。它与诗人十分亲密，这一点不容置喙。然而，它却常常遭遇各种困难。

我很小就开始写作了。或许我没有做过比写诗更好或更坏的事。我总是受到大树，受到祖国南疆——那里也是世界的最南端——野生丛林的持续影响。那是个非常孤独的地方，人烟稀少，全年大部分时间都在下雨。

我写过一首忧郁的诗歌，便是源于那黑暗荒凉的环境。

那段时间，我有许多遥远的朋友。他们好多都是俄国人。正是那些朋友、那些遭遇、那些剧烈的痛苦和强烈的快乐，正是伟大文学中那些出色的作品，让我孤独的青春期充满了令人心碎的故事。我永远不会忘记那些醉心阅读的夜晚。梅诗金公爵①的情愫或是福玛·高尔杰

————————————

① 俄国著名作家陀思妥耶夫斯基名作《白痴》中的人物。

耶夫①的曲折经历，随着南部群岛海浪的轰响在我心中回荡。

我写过许多关于爱情的诗句，许多关于死亡和生命的诗句，我把绝大部分诗歌都献给了美洲人民激烈非凡的斗争。这片广袤大陆上的每个角落都洒上了鲜血，布满垂死挣扎、胜利和痛苦的痕迹。如果不将美洲人的殉难精神铭记于心，那美洲的版图将不复存在，美洲的诗歌也将不复存在。贪得无厌的剥削者像凶猛的禽鸟，从世界各地汇聚而来，又分散到美洲的各个角落。必须有人讲述、吟唱这段历史。

然而，我认为诗歌不应该是完全政治性的。诗人应当向所有领域敞开自己的感官。这些领域可能是陌生的。有些伟大的诗歌是与黑暗的对话。比如豪尔赫·曼里克的《悼亡父》和托马斯·格雷的《墓园挽歌》这两首诗。它们敲响了死亡世界那紧闭大门的门环。只要人类还存在，他们就一直会、永远会听见那敲门声。

我想在诗歌里谈论一些更简单、更普通、更基本的东西。我写过关于木头、空气、石头、钟表、海洋、番茄、李子、洋葱的诗歌。那是些洋溢着快乐的诗歌，我在这些诗歌里想要歌唱一切被歌唱过的东西，让一切都重新活过来。我认为诗人的责任是重现印第安美洲血泪交织的悲惨剥削史，但我也认为诗人应当将寻常事物洗涤一新，为所有生命铺设一张新桌布。

可是很奇怪，那些本该更了解我的人却不够了解我。某国首都一家面向年轻人的报纸坚持让我写几首诗，我给他们寄了一首关于玉米的诗和一首关于李子的诗。那是两篇很简单的诗歌，洋溢着属于我那部分作品的明亮和欢乐。他们没有出版这两首诗。他们不喜欢。他们让我觉得，这些年轻人或许比我还苍老，这真是一份新奇的礼物。

---

① 苏联作家高尔基长篇小说《福玛·高尔杰耶夫》中的人物。

诗

　　……有多少艺术品……世上已经容纳不下……必须把它们挂到房间外边……有多少书籍……有多少小册子……谁能把书全读完？……如果书是食物……恰好又在食欲大振之时，我们就拿它们拌沙拉，把它们切碎，调上佐料……我们再也吃不下了……我们吃腻了……世界淹没在如潮的书里……勒韦迪①对我说："我已通知邮局，别把书送来。我没法把寄来的书打开了，没有空地方。它们挨着墙往上爬，我怕出事，会砸到我头上。"……大家都知道艾略特②……他在成为画家、领导剧院、写出富有文采的评论以前，读过我的诗……我很高兴……没有人比他更理解我的诗了……直到有一天，他对我念起了他自己的诗，我却自私地跑开并反对道："别给我念这些诗，快别念了。"……我把自己关在浴室里，可是，艾略特隔着门把他的诗念给我听……我感到非

---

①皮埃尔·勒韦迪（1889－1960），法国诗人，著有诗集《沉睡的吉他》《劳动力》等。
② T. S. 艾略特（1888－1965），英国诗人、剧作家、文学评论家和编辑，对欧美20世纪文学产生很大影响。主要作品有诗集《四个四重奏》《灰星期三》等，剧作有《政界元老》等，评论有《论文选集》等。1948年获诺贝尔文学奖。

常悲伤……苏格兰诗人弗雷泽①当时在场……他指责我说："你干吗这么对待艾略特？"……我答道："我不愿意失去我的读者，他是我培养的。他连我诗里的皱纹都了如指掌……他多才多艺……他会画画……他会写散文……可是我要保住这个读者，维护他，像对奇花异草那样灌溉他……弗雷泽，你是理解我的。"……因为，说真的，如果这种情况继续下去，诗人们将只向别的诗人公开自己的诗……每个诗人将拿出自己的诗集塞进另外一个诗人的口袋……他的诗……他将把它留在另外一个诗人的盘子上……克维多有一天曾把诗放在国王的餐巾底下……这确是值得的……或者在光天化日之下，把诗扔在广场上……或者让书在人们的手指间磨损，碎成片……但是，一个诗人向另一个诗人公开自己的诗这种情况并不吸引我，并不使我入迷，并不使我受到激励，只能使我遁入大自然，去面对一块岩石和一朵浪花，远离出版社，远离书页……诗已经远离读者，与之失去联系……必须使这种状况复原……必须在黑暗中摸索行进，去与男人的心灵、女人的眼睛，与大街上素昧平生的人相会——他们在黄昏时分或在繁星满天的深夜需要诗，哪怕只一行……我们走过的路、读过的东西和学会的知识，通通源自这种对新奇事物的探寻……只有与我们素不相识的人们打成一片，他们有朝一日才会从大街上，从沙地上，从千年来落在同一片森林里的树叶上，捡起我们的东西……并且轻柔地捧着我们的作品……只有到了这时，我们才是真正的诗人……在这样的作品中，诗将生存下去。

---

① 乔治·萨瑟兰·弗雷泽（1915－1980），英国诗人、文学评论家，作品有诗集《旅行者的遗憾》《没有树的叶子》等，评论有《现代作家及其世界》等。

与语言共存

我生于一九〇四年。一九二一年，一本小册子刊载了我的一首诗。一九二三年，我的第一本诗集《夕照》出版。现在这些回忆文章，我动笔于一九七三年。一个诗人看到刚刚印制出来的书，犹如听到新生儿发出引人注意的头几声啼哭，令人激动。从那样一个激动人心的时刻算起，已经过去五十年了。

同一种语言打一辈子交道，把它颠来倒去，探究其奥秘，翻弄其皮毛和肚子，这种亲密关系不可能不化作机体的一部分。我跟西班牙语的关系就是如此。口语有其他尺度；书面语则有料想不到的伸缩性。语言的运用有如你身上的衣服或皮肤，连同其袖子、补丁、透汗性、血迹和汗渍，都能显示一个作家的气质。这就是风格。我发现法国文化的一次又一次革命，把我们的时代弄得颠三倒四。它们对我永远有吸引力，但是总像有些衣服那样，我穿了不合身。智利诗人维多夫罗通晓法国的时新式样，他加以巧妙改造，使之适合他的生存和表达方式。有时我觉得，他已超越了自己的模本。鲁文·达里奥闯进西班牙语诗坛时，大致也是如此，只是他更加彻底。鲁文·达里奥是一头声音洪亮的巨象，撞碎他那个时代西班牙语的全部玻璃，以便让世界的风吹进来。世界的风果真吹进来了。

语言数次把我们美洲人和西班牙人分开。但是，首先是有关语言的观念分成了两个体系。贡戈拉冷漠的美并不适合我们的纬度，然而西班牙的诗，尤其是最新的西班牙的诗，无不具有贡戈拉式的怪味和繁丽辞藻。我们美洲的地层是由盖满尘土的岩石、破碎的熔岩、混着鲜血的黏土构成的。我们不会雕琢水晶。我们这片大陆上刻意雕琢的诗人发出的声音是空洞的；只要一滴《马丁·菲耶罗》①的葡萄酒或一滴加夫列拉·米斯特拉尔浓得化不开的蜜，就足以让他们找到自己的位置：如同插着别处弄来的鲜花的花瓶，十分呆板地立在客厅里。

塞万提斯之后，西班牙语变得华而不实，它获得了宫廷的典雅，却失去了产生贡萨洛·德贝尔塞奥②和那位伊塔大司祭③的粗犷力量，失去了仍然在克维多作品中燃烧的情欲。在英国、法国、意大利都发生过同样的变迁。乔叟及拉伯雷的恣肆，遭到了阉割；具有彼特拉克风格的刻意雕琢的诗人，使翡翠和钻石发出璀璨的光彩，但是宏伟的源泉却开始干涸。

昔日的源泉与当时人的整体素质，与他们的博大襟怀、丰富感情和豪放性格密切相关。

至少这是我曾遇到的难题，虽然我未曾以这样的方式提到过。如果说我的诗有什么意义，那就是具有不肯局限在某个范围之内、向往更大空间的无拘无束的倾向。我的局限必须由我自己来超越；我从未

①阿根廷诗人何塞·埃尔南德斯（1834－1886）写的一部有关高乔人的生活和斗争的著名长诗，在阿根廷几乎家喻户晓。

②贡萨洛·德贝尔塞奥（约1198－约1265），西班牙文学史上第一位有姓名记载的诗人。作品均为宗教诗，诗中多纯朴可爱的村野形象。

③即西班牙诗人胡安·鲁伊斯（约1283－约1350），《真爱诗集》是其杰作。

357

把自己限定在一种遥远文化的框架里。我必须是我自己，要尽力像生我养我的土地那样伸展开去。本大陆的另一位诗人在这条路上给我以帮助。我说的就是我的曼哈顿朋友——沃尔特·惠特曼。

评论家必须忍受痛苦

《马尔多罗之歌》实质上是一部卷帙浩繁的连载小说。可别忘记，伊西多尔·杜卡斯的笔名洛特雷阿蒙，取自连载小说家欧仁·苏的一部一八七三年写于沙特奈①的长篇小说。但是，我们所知道的这个洛特雷阿蒙，比小说中的洛特雷阿蒙走得远出千百倍。他入地，欲为地狱的恶魔；他上天，欲为堕落的天使长。马尔多罗在极度不幸中庆贺"天堂与地狱的婚礼"。愤怒、颂扬和极端痛苦汇成杜卡斯滚滚波涛般扫荡一切的诗风。马尔多罗的含义就是"巨大的痛苦"。

洛特雷阿蒙曾打算开始一个新的创作阶段，他抛弃了自己的阴郁风格，还写序鼓吹一种新的乐观主义诗歌，但最终也没有写出这样的诗。在巴黎，死神带走了这位乌拉圭青年。但是，他那没有兑现的改变诗风的诺言，以及没有完成的向着善与健康的转变，却招来许多批评。他的痛苦受到称赞，而他向欢乐的转变却遭到谴责。诗人必须自我折磨和忍受痛苦，必须在绝望中生活，必须继续写绝望的歌。这已经成为一个社会阶层的见解，一个阶级的见解。许多人服从这一金科玉律，这些人一贯屈从于那些不成文但被奉为金科玉律的规范所强加的痛苦。这些无形的裁决判定诗人命该居陋室、穿破鞋，最后进入医

---

① 即沙特奈马拉布里，巴黎南郊的一个镇。

院和陈尸房。这样人人皆大欢喜，因为不用付出多少眼泪，欢乐便可继续下去。

事随境迁。我们这些诗人突然领头为欢乐而造反，时运不济的作家、受磨难的作家，成为资本主义没落时期幸福仪式的组成部分。以往人们的趣味被巧妙地引向赞美不幸，把不幸看作巨大创造力的催化剂。不道德行为和苦难被认为是有益于诗歌创作的灵丹妙药。荷尔德林有精神病且命途多舛，兰波一直漂泊不定，满腹苦涩；热拉尔·德内瓦尔自缢于穷巷的一根路灯杆上。在那个世纪的最后阶段，他们不仅激发了美，还开辟了痛苦的道路。他们的信条就是，这条荆棘之路应当成为精神生产的固有条件。

迪伦·托马斯[①]是殉难者名单上的最后一名牺牲者。

奇怪的是，暴戾的老资产阶级的这些思想仍然在某些人的脑子里作祟。这些人不在鼻子上给世界把脉——理应这样把脉才对，因为世界的鼻子能闻到未来。

有些评论家像葫芦科攀缘植物，伸出茎和卷须寻找最时髦的气息，生怕失去它。但是，他们的根仍然浸泡在过去的时光里。

我们诗人只要紧紧地和我们的人民在一起，坚定地投身于为人民争取幸福的斗争，就有权成为幸福的人。

"巴勃罗是我所认识的少数几位幸福的人之一。"伊利亚·爱伦堡在他的一篇文章中写道。这个巴勃罗就是我，爱伦堡一点儿也没说错。

因此，一些在期刊上撰文的著名随笔作家为我舒适的物质生活而担忧，我并不觉得奇怪，虽然我个人的事不应成为评论的主题。我明

①迪伦·托马斯（1914－1953），英国最后一位浪漫派抒情诗人，作品有《诗二十五首》《诗集》，广播剧《在牛奶林下》等。

白，我可能得到的幸福使许多人不悦。可事实是，我打心眼里感到幸福。我问心无愧，令我感到不安的是我总嫌贫乏的智慧。

对于那些看来对诗人的小康生活愤愤不平的评论家，我倒要请他们为诗作的印制、销售，为诗作完成让评论界有所关注这一使命而感到骄傲；他们应该感到高兴的是，著作权使作家得到稿酬，至少某些作家可以靠自己神圣的劳动度日。评论家应宣扬这种自豪感，而不要从中作梗。

因此，不久前当我看到一个神职人员般的杰出的青年评论家为我写的几段文章时，我觉得他的华丽文笔也未能稍稍遮掩他的谬误。

据他看来，幸福感削弱了我的诗。他给我开的药方是痛苦。根据这种见解，患阑尾炎准能写出精彩的散文，得腹膜炎也许会吟出绝妙好诗。

我要继续以我所拥有的素材和我之所以为我的素材进行写作。我是杂食动物，吞食感情、生物、书籍、事件和争斗。我真想把整个大地吞下；我真想把大海喝干。

诗的短句和长句

作为一名积极的诗人，我同自己的自负作过斗争。因此，现实与主观之间的争论，能在我自己内心解决。我并不企图提出劝告，不过我的经验可能对别人有所帮助。我们先来看看结果。

我的诗既得到高度的公正评价，也遭到诽谤中伤，这是很自然的。这是游戏的组成部分。在这场争论中我没有发言权，但我有投票权。对于有实质内容的批评，我的书、我的全部诗歌就是我投的票。对于充满敌意的诽谤中伤，我也有投票权，这张票也是由我独特的、源源不断的创作构成的。

你若觉得我的话很自负，那么你是对的。说到我的自负，那是怀着不可磨灭的爱在漫长岁月里从事一门手艺的工匠所具有的那种自负。

但是，有件事我很满意，那就是我以这种或那种方式，至少在我的祖国，使人们尊重诗人的手艺，敬重写诗的职业。

我开始写作的时代，有两类诗人。一类是大阔佬，他们受尊敬是因为有钱，钱财帮助他们取得正当或不正当的声望。另一类是诗坛的散兵游勇、酒馆里的豪饮之徒、令人着迷的疯子、苦恼的梦游症患者。还有一种情况我们也不要忽略，那就是被绑住手脚的作家们的困境，他们像拴在铁链上划船的苦役犯，被拴在政府机关的硬板凳上。他们的梦想几乎永远被堆积如山的盖过戳的公文、被对上司和对尴尬处境的恐惧所窒息。

我初涉世事时，比亚当更加一无所有，但我决心保持我的诗的真诚。这种不妥协态度不仅对我自己有价值，也使那些傻瓜不再嘲笑。后来，这些傻瓜中凡是有勇气有良知的，都跟善良的人们——他们原本如此——一样，在我的诗所唤醒的根本事实面前折服了；而那些不怀好意的则对我心存畏惧。

于是，大写的诗赢得了尊重。不仅是诗，诗人也一样；所有的诗和所有的诗人都赢得了尊重。

我自觉地以诗为大众服务，同时我也绝不让别人把这份荣耀夺走，因为我喜欢把它像勋章一样佩在胸前。我说的别的话都可商榷，但我说的这一点却是不容抹杀的史实。

诗人的死敌想要加以利用的许多论据，都已站不住脚。我年轻时，他们把我叫作饿鬼。现在，仇视我的人却想方设法要别人相信，我是个有钱有势的人，拥有神话般的财富。尽管我没有这样的财富，但我巴不得有，目的之一就是使他们更扫兴。

另外一些人量了我每一行诗句的长短，断言我把有的诗句肢解得零零碎碎，或者过于拉长，这种批评毫无意义。谁规定诗句该短些还是长些，该细些还是粗些，该黄些还是红些？写诗的诗人才是对此做决定的人。他按照自己的呼吸与热血、自己的智慧与无知做出决定，因为所有这些都要放进诗的面包里去。

非现实主义者的诗人日益失去活力。但是，仅仅是现实主义者的诗人同样日益失去活力。纯粹无理性的诗人，只能被他自己和爱慕他的人所理解，这种情况相当可悲。而仅仅是理性主义者的诗人，连蠢驴都能理解，这也十分可悲。诗的方程式中既没有既定数值，也没有上帝或魔鬼所谕示的成分；相反，这两位极重要的人物在诗歌内部展开一场斗争，在这场斗争中一会儿此方得胜，一会儿彼方得胜，但是，诗绝不会吃败仗。

诗人的手艺显然正在被滥用。初出茅庐的男女诗人纷纷不绝，以致一时间人人都似乎成了诗人，而读者却渐渐消失了。有朝一日我们为了寻觅读者，将不得不骑着骆驼穿过沙漠去远征，或乘坐宇宙飞船在太空巡航。

诗是人类的深奥爱好，由此产生礼拜仪式和赞美诗，也产生了宗教的内容。诗人敢于面对种种自然现象，在远古时候，他们给自己加上祭司称号以守护其使命。因此在现代，诗人为了捍卫自己的诗，须领受在大街上和群众中所赢得的授职。当今的平民诗人，仍然是最古老的祭司中的一员。诗人从前与黑暗达成契约，现在则应当表达光明。

独创性

我不相信独创性。它是我们这个飞速崩溃的时代制造出来的又一个偶像。我相信通过艺术创作的任何语言、任何形式、任何立意所表现出的个性。但是，狂妄的独创性是一种时髦发明和竞选骗术。有些人希望被选为他的祖国、他的语言或全世界的头号诗人。于是，他们为寻找选民而奔走，辱骂他们认为可能与之争夺桂冠的人，这样，诗就变成了骗人的把戏。

但是，重要的是保持内心的方向，把握有助于发挥诗人优点的大自然、文化、社会生活日新月异的变化。

在古代，那些最崇高、最严格的诗人，如克维多，写诗时总加上这样的说明，"效贺拉斯""效奥维德""效卢克莱修"。

而我，要保持自己的格调，并且跟一切生物一样，这种格调会凭自己的天性日益增强。毫无疑问，激情是构成我早期诗集的主要部分，而诗人若不以自己的诗歌响应心灵温柔或愤怒的呼喊，那就太糟了！不过，当诗人有了四十年的历练，我相信其诗作一定能更有效地驾驭激情。我信奉有引导的自发性。为此，诗人的口袋里必须永远有储备，以便应急。首先，要储备对事物外表与本质的观察，要储备语言、声音、图像，这些东西像蜜蜂一样从我们近旁掠过。必须立刻捕捉住它们，并且藏到口袋里。我在这方面是很懒的，但我知道我提供的是个好建议。马雅可夫斯基有个小笔记本，不断往本子上记东西。激情也可以储备。如何贮存它们？办法是当激情涌动时，我们要意识得到；然后面对稿纸，我们就能更鲜活地记起那种意识，而非激情本身。

迄今为止，我在自己相当多的作品中一直力图证明，诗人能够写任何给定的题材，写某个社会集体所需要的内容。几乎所有的古代杰作都是按明确要求写成的。《农事诗》①是为古罗马农村的耕作做宣传。诗人可以为某大学或某工会、为某行会和某机构写作；他绝不会因此而失去自由。神奇的灵感及诗人与神的交流，都是离不开个人功利的发明。在创作的关键时刻，因受阅读和外界压力的影响，作品可能部分地融入不属于自己的东西。

　　我突然中断这些略带理论性的思考，记起自己青年时代的文学生活。那时画家和作家都满怀激情默默无闻地进行创作，画里和诗里充满秋的抒情气息。每个人都想变得更不守秩序、更散漫、更狂放不羁。智利的社会生活深受震撼。亚历山德里②发表了颠覆性演说。在盛产硝石的荒原，即将开创本大陆最重要的人民运动的工人正在组织起来。那是卡洛斯·比库尼亚和胡安·甘多尔福等人开展斗争的神圣日子。我一下子就接受了大学生无政府工团主义的思想。我最喜欢的书是安德烈耶夫写的《萨什卡·日古列夫》。别的人则读阿尔志跋绥夫③的色情小说，认为他在意识形态方面造成一系列后果，恰如今天出现的存在主义色情作品。知识分子们躲到酒馆里去。陈酒使贫穷闪现金色的光彩，直到第二天清晨。极具才华的诗人胡安·埃加尼亚④一辈子都病痛缠身。据说，他曾继承一笔财产，却把全部钞票扔在一所弃置的房子的桌上。他的酒友们白天睡觉，晚上到酒桶里找酒喝。但是，胡安·埃加尼亚月光似的诗不过是我们的"抒情森林"里无人知晓的

①古罗马诗人维吉尔在公元前36年至前29年创作于坎帕尼亚的说教诗，共四卷。
②阿图罗·亚历山德里·帕尔马（1868－1950），1920年至1925年和1932年至1938年任智利总统。早年支持工人，特别是硝石矿工人团体；晚年趋于保守。
③米哈依尔·彼得洛维奇·阿尔志跋绥夫（1878－1927），俄罗斯作家、剧作家。他的著名长篇小说《萨宁》宣扬无道德、色情颓废，否定社会理想，鼓吹利己主义。
④胡安·埃加尼亚（1769－1836），父亲是智利人，母亲是秘鲁人，是著名政治家、法学家、作家。

一股震颤。"抒情森林"乃是莫利纳·努涅斯和 O.塞古拉·卡斯特罗给一本出色的现代主义诗歌选集加的富有浪漫情调的标题。这是一本搜罗齐全的集子，充满崇高气概和慷慨精神。这是以无边的空虚和纯洁的光辉为标志的混乱时代的一部诗歌总集。令我印象最深刻的人物是新文学的那位独裁者，名叫阿利里奥·奥亚尔顺，现在已经没有人记得他。他是个苍白瘦削的波德莱尔模仿者，是个集多种品质于一身的颓废者，是智利的巴尔瓦-雅各①，神情苦恼，面如死灰，俊美而又性情古怪。他身材颀长，说话声音低沉。他以猜字谜的方式提出美学问题，这项发明对我们文学界的某一部分而言也是很独特的。这时他总会提高嗓门；前额像智慧神殿的黄色圆顶。例如，他就说过"圆形之圆""酒神狄俄尼索斯之狄俄尼索斯精神""黑暗之黑暗"之类的话。但是，阿利里奥·奥亚尔顺一点儿也不蠢。他身上集中了一种文化的天堂和地狱两个方面。他是个为了理论上自圆其说不惜扼杀自己的精髓的世界主义者。据说，他为了在一次打赌中取胜，才写下他仅有的一首诗；但是我不明白，所有的智利诗歌选集为什么都没有收录那首诗。

酒瓶和船头雕饰

　　圣诞节已日益临近。每过一个圣诞节，我们就向二〇〇〇年迈进一步。为了将来的欢乐，为了明天的和平，为了普遍的公正，为了二〇〇〇年的新年钟声，我们当代诗人斗争过，也歌唱过。

---

①波菲里奥·巴尔瓦-雅各，哥伦比亚诗人奥索里奥·贝尼特斯（1883－1942）的笔名。

三十年代，精明杰出的索克拉特斯·阿吉雷曾是我在布宜诺斯艾利斯领事馆的上司。有一年的十二月二十四日，他请我到他家扮圣诞老人。我生平搞糟过许多事情，但是没有一次像扮圣诞老人那样搞得那么糟。我脸上用来做胡子的棉花掉了，分送玩具时又错得一塌糊涂。我那从小养成的瓮声瓮气、辨识度极高的智利南方口音可怎么掩饰呢？我耍了一个花招：我对孩子们讲英语，孩子们却用几双黑眼睛和蓝眼睛盯着我，比有教养的儿童显出更多的不信任。

谁会想到，这些孩子中竟有一个会成为我最喜爱的朋友，成为杰出的作家，还成为我最好的传记之一的作者呢？我说的是玛加丽塔·阿吉雷。

我家里收集了大大小小许多玩具，没有这些玩具我就没法活。不玩的孩子不是孩子；不玩的大人则永远失去了活在他心中的孩子，而那却是他十分需要的。我也像造玩具那样建造我的房子，并且在这所房子里从早玩到晚。

这些都是我自己的玩具。我怀着自娱自乐的科学性目的，用毕生时间收集这些玩具。我要为小孩子和其他各年龄段的人描述这些东西。

我有一艘放在瓶子里的帆船。说实话，我拥有不止一艘船。那是一个真正的船队。船上写着船名，还有桅杆、船帆、船头和锚。有几艘来自远方，来自别的一些小小海域。最漂亮的船之一是从西班牙送来的，作为付给我的一本颂歌集的版税。主桅顶上挂着我国国旗，旗上缀着一颗孤零零的小星。不过，几乎所有其余的船只，都是卡洛斯·奥朗代先生制作的。奥朗代先生是位老海员，他为我仿制了许多从汉堡、萨勒姆、布列塔尼沿海一带前来运载硝石和到南方海域捕鲸的著名又壮观的船只。

当我沿智利漫长的公路南下，去寻访住在科罗内尔的那位老海员时，我在南方城市煤炭和雨水的气味中，真的进入世界上最小的船坞。在他的小客厅、饭厅、厨房、花园里，整整齐齐堆放着将要被放进清空了皮斯科酒的透明酒瓶里的各种部件。堂卡洛斯的哨子有如一根魔棒，轻触船头和船帆，前桅帆和中桅帆。甚至港口最细微的一缕烟，都经过他的手，随即变成一件创作，一艘新的瓶装船，簇新闪亮，准备驶往幻想的大海。

　　在我的收藏品中，出自科罗内尔那位航海者质朴双手的瓶装船，比从安特卫普或马赛买来的其他船只要出色得多。因为，他不仅赋予那些船只以生命，还凭自己的知识给它们配上说明，贴上标签，标签上面写明船名，以及功绩赫赫的原型船的船号、乘风破浪的航行记录、张着我们再也看不到的帆颠簸在太平洋上运送的货物名称。

　　我拥有强大的"波托西号"和壮丽的"普鲁士号"那样著名的船的瓶装版，后者是汉堡的船，一九一〇年在芒什附近的英吉利海峡失事。"玛丽亚·塞莱斯特号"从一八八二年起成为明星，成为奥秘中之奥秘，奥朗代大师为我制作了两个它的模型。

　　我不准备披露藏于它们自己的透明状态中的航行秘密，我指的是那些微型船进入易碎酒瓶的方式。我是个职业骗子，为达到神秘化的目的，我在一首颂歌里详细描述了不可思议的建造师缓慢而细致的工作，还讲述了他们如何进出于那些海洋之瓶。但是，这个秘密依然是秘密。

　　船头雕饰是我最大的玩具。跟我的许多东西一样，报刊上登过这些船头雕饰的相片，还善意地或恼怒地进行过争论。凡是怀着善意玩过这些玩具的人，都会心地笑了，并且说：

　　"真是个疯子！瞧他收集的都是什么！"

居心不良的人看事情就不同了。其中一人为我的收藏品，也为我在黑岛的房子上升起一面有白鱼的蓝旗而感到不满，他说：

"我不挂自己的旗。我也没有船头雕饰。"

可怜虫像忌妒别的孩子的陀螺那样痛哭流涕。与此同时，我那些来自海上的船头雕饰，因自己激起的忌妒而高兴得笑起来。

确实应该谈谈船头雕饰。它们是有胸怀的人像，是海的雕像，是迷途的海洋的化身。

造船时，人们都想以一种非凡的含义来抬高自己的船头；在古代，人们给船安上木头雕的飞禽形象、图腾鸟和神话里的野兽。后来在十九世纪，捕鲸船雕上了象征性形象：半裸的女神或头戴弗里吉亚帽①的共和派妇女。

我有男性和女性两种船头雕饰。最小最讨人喜欢的船头雕饰是玛丽亚·塞莱斯特，萨尔瓦多·阿连德②多次想从我这里夺走。它原属于一艘法国船，这艘船很小，可能只在塞纳河里航行过。它是暗色的，由圣栎木雕成；由于在海上航行多年，它永远地变成黑褐色的了。是个小妇人，似正在飞舞，仿佛有风被雕进了她那法兰西第二帝国时期的漂亮衣装。在她双颊的酒窝上方，瓷珠镶成的眼睛望着天际。说来也怪，这双眼睛每年冬天都流泪；谁也解释不了这种现象。这种褐色木头也许有微孔，能吸收潮气。这两只法国眼睛确实会在冬天流泪，我每年都看见珍贵的眼泪从玛丽亚·塞莱斯特的小脸上滚落下来。

也许基督教或异教的圣像能唤醒人类的宗教感。

---

①一种红色锥形帽，帽尖向前弯曲，又称自由帽，在 18 世纪美国革命和法国大革命中，作为自由和解放的标志而广为流行。

②萨尔瓦多·阿连德（1908－1973），于 1970 年大选中当选为智利总统，执政两年后，在 1973 年 9 月 11 日发生的军事政变中遇害。

宗教与诗歌

在海边，在我的花园里，有一座船头雕饰，它早已告别了航海生涯。那是一个身形巨大的女子，拥有硕大浑圆的胸部。

这是我最喜欢的装饰品。它让我想起了那个已经消逝的时代：当年，巨大的帆船纵横七海。

前段时间，我发现几个农妇双膝跪地，为这座魁梧的异教雕像点亮蜡烛。我花费了很多力气才说服那几个女人，她既不是圣母也不是什么女神。她只是我的女神，只是海洋和远方的女神而已。虽然这个又高又端庄的船头雕饰极像加夫列拉·米斯特拉尔，但我们不得不提醒这几个女教徒不要如此无知地继续膜拜一个海上妇女形象，它曾在我们罪孽深重的星球罪孽最深重的汪洋大海上航行过。

从此，我把它从花园里搬走，现在它离我更近了，就放在壁炉旁。

我认为，这件事说明了宗教的起源。偶像有了，信徒有了，而我呢，如果我毫无顾忌的话，很容易就能变成神甫、魔法师、恐惧散布者及原始偶像崇拜宣扬者，他们总是找落后痛苦的人类下手。

然后，教堂建起来了，人们用艺术装点神秘。再后来，不容置疑的教条出现了。

整个过程一目了然。

几百年来，神甫们用不同的仪式和语言贩卖一片应有尽有的天堂：那里有水、电、高级电视，人们还能得到良心的满足，诸如此类。奇怪的是，这片土地上住着一个可怕的生物，名叫上帝，没人见过他。可人们还在继续贩卖这片土地，每立方米天堂空气或神圣土地的价格越来越高。

我从小就开始反抗这个永不可见的王国，反抗各路神祇奇怪的做法。

美洲常常发生自然灾害，这里的地质活动不曾停歇。一座座火山通过血盆大口喷发火焰，海洋常常化作巨浪，越过自己的边界，入侵人们居住的大地，摧毁城镇和生灵。地震晃动我们的土地，一座座城市全被夷为平地。河流根本不受人们掌控，在我的祖国，只有两条河流可以航行。

大火吞噬了山峦，将芬芳的森林化为灰烬。

在一切灾难中，只有穷人、被遗忘的人、无依无靠的男人、女人和孩子才是受害者。他们都是基督布道的对象。然而，基督徒的上帝和他们自己没有太多联结。他住在别处。他住在地震毁不掉、大火烧不着、大水淹不了的房子里。上帝似乎住在富人的房子里。

从小我就无法理解这些宗教行为，无法理解神学的奥秘。我也无法理解为什么上帝要折磨他虔诚的信徒。一百年前，一场发生在首都市中心的教堂失火案让智利举国震动。信徒们争先恐后地想要打开门，而热气却让大门关得更紧了。尽管这一切就发生在弥撒期间，可上帝并没有打开那几扇门。一千多名忠诚的天主教徒在那里丧生。

教堂失火案在全美洲发生过许多次。大部分情况下，失火的都是些木制小教堂。从来都没有人能获救，连布道的牧师都没能幸免。这要怎么解释呢？

我认为不断强迫自己相信帕斯卡尔所谓的"煤炭工人的信仰"没有任何意义。教会把达摩克利斯之剑悬挂在了你的头顶。地狱是对那些没有信仰的人的惩罚。但这是为什么呢？根据宗教体系理论，从逻辑上说，理解力是上帝赋予的，不可能出现有人被迫信仰他不能理解的存在的情况；但无论如何，不论人们理解与否，都不该受到奖励或惩罚。很显然，不可探知的神意是对人类理性的欺骗和蔑视。

无论如何，即便人们不断讨好神明，卑躬屈膝，或是潜心祷告，都无法影响神明的决定，这简直令人费解。这类事是无法解释的，人们只能机械地背诵祷文。它们已经变成了缺乏真理的公式。在宗教衰退的过程中，一些宗教体系用无需思考和表达的机制——转经筒或是在指间轻轻滑动的玫瑰念珠——来代替那些早已失去意义的祷文。

五百年前，在古老的美洲大陆上发生了一件后果难以估量的事。西班牙征服者以天主教的名义，摧毁了几千座美洲古老神明的雕像，这些神明也曾经帮助政教合一的印第安独裁政权剥削美洲的原住民。侵略者在西班牙神甫的帮助下，摧毁了神庙，焚毁了存放珍宝与价值连城的手稿的藏书馆，残忍地屠戮被侵略的人民。这场征服之战被赋予宗教战争的意义。十字架与刀剑合二为一，攻击并摧毁了古老的帝国、牧人的部落和非凡的文化。只有一位宗教人士——人文主义常常在修道院里传播——伟大的巴托洛梅·德拉斯·卡萨斯神父[①]站出来反对屠杀。可他却反被教会势力追捕，遭受暴力制服。

教会在其漫长的发展历程中，确实产生过毋庸置疑的价值：民众

---

①巴托洛梅·德拉斯·卡萨斯，生于 1474 或 1484 年，卒于 1566 年，是一名西班牙传教士，曾致力于保护西班牙帝国压迫下的美洲印第安人。

的牺牲换来了一座座教堂拔地而起，它们通常都是伟大辉煌的作品。它们超越了我们这个时代的政治力量，因为它们引来了最有创造力、最好的（而不是最差劲的）画家和雕塑家进行创作。直到现在，伟大的亨利·马蒂斯①虽然属于进步人士，但他依然答应了法国教会的要求，完成了旺斯教堂美丽的装饰设计。就我个人的喜好来说，俄罗斯的古代圣像是人类创造出的最有趣的作品。

但这是另一门研究，属于另一种价值体系了，而且这很可能会巧妙地吸引大批民众信仰各种宗教。宗教的传播还借助了古代最出色的音乐。

在诗歌《船》中，我想展示当前资本主义形势下人类的全貌。这首小诗抗议了这样的事实：社会存在不公，似乎已经被当作理所当然的事。

信仰和宗教极大地帮助了这艘"船"，不让它下沉，让各种事物保持原样。在这艘船上，不平等与痛苦展现得淋漓尽致。

我无法从哲学和历史的角度探讨或深度分析整个宗教的发展历程。

我作为诗人的职责是揭露那些造成落后的原因，为人类社会带去更多希望、快乐和可能性。

---

①亨利·马蒂斯（1869–1954），法国画家，野兽派创始人，代表作为《白羽毛》《爱看书的女人》《人生之乐》等。第二次世界大战爆发后，曾积极参加反法西斯斗争。

书和海螺

穷藏书家有无数感受痛苦的机会。书不会从他手中溜走,却会驾着价格的翅膀,像鸟儿那样越过他头顶飞往空中。

但是,经过反复探寻,宝贝出现了。

我还记得一九三四年在马德里,当我提议每月分期付款二十比塞塔购买价格为一百比塞塔的古版贡戈拉著作时,书商加西亚·里科那种惊讶的表情。书价低廉,可我没钱。整整半年里我准时按期付款。这是弗本斯版本。这位十七世纪的佛兰德出版家,用无与伦比的漂亮铅字印制西班牙黄金时代的名家著作。

在十四行诗像铁甲战舰一样摆开作战阵势那种版本中,我只喜欢读克维多的著作。后来,我钻进法国和英国大森林般的书肆区,跑遍郊区隐匿难寻的旧书摊,以及大教堂中殿似的大书店。出来时我双手满是尘污,但是,有时我会得到一件宝贝,或至少会得到自以为发现宝藏的乐趣。

有现金的文学奖,有助于我购得某些贵得出奇的版本。我的藏书室达到相当大的规模。古本诗集在藏书室里熠熠生辉;由于我对博物学的喜爱，藏书室里到处是色彩鲜明的漂亮的植物学书籍；还有有关鸟、昆虫、鱼的书。我收集到妙不可言的游记、伊巴拉①印制的不可思议的《堂吉诃德》、用精美的博多尼活字印刷的对开本但丁著作，甚至一部经删改供法国王子阅读的印数极少的莫里哀作品。

但是，我平生所收集的最精美的东西，实际上是我的海螺。海螺的奇妙结构使我心旷神怡：神秘的细瓷如月光般皎洁，形态也多种多样，有的质感厚实，有的是哥特式的，有的是实用主义风格的。

自从古巴软体动物学家堂卡洛斯·德拉托雷把他收藏的最精美的标本赠送给我以后，成千扇海底知识的小门为我打开了。此后，我游遍了世界各大海洋，所到之处我都会窥探并寻觅海螺。可是我必须承认，在巴黎那片大海的一道道浪涛间，我发现了更多的海螺。巴黎已经把海洋里的全部珍珠母都搬到它的博物商店和"跳蚤市场"里去了。

在大都市的马尾藻底下，在破灯泡和旧鞋之间，比伸手到维拉克鲁斯或下加利福尼亚的海滩岩石里去，更容易找到外形精美绝伦的彩线榧螺。可以出其不意地捉住一种鲁舍螺伸出的似水写成的诗句般的石英长矛。我从海里拽出壳上缀满珊瑚刺的大牡蛎时，感到眼花缭乱，谁也不能使我摆脱这种激动情绪。更远处，另一种大牡蛎半开半闭，它壳上雪白的刺，如同贡戈拉所描述的岩洞里的石笋。

这些猎获物中有几样可能算得上是文物。记得在北京博物馆，那只存放中国海洋软体动物标本的最神圣的箱子被打开，仅有的两个奇异宽肩螺标本之一被赠送给我。我因此才得以珍藏那件不可思议的宝物，大海通过这一作品，把迄今仍然存在于该地区的庙宇和宝塔的建

---

① 厄瓜多尔因巴布拉省省会。

筑风格赠予中国。

　　我花三十年时间收集了大量书籍。我的书架上摆着令我激动不已的古版书和其他书，其中有克维多、塞万提斯、贡戈拉等作家作品的初版版本，还有拉弗格①、兰波、洛特雷阿蒙等诗人的著作。我觉得，这些书的每一页都留下了我所喜爱的诗人们触摸过的痕迹。我有伊莎贝尔·兰波②的手稿。在巴黎，保罗·艾吕雅把伊莎贝尔·兰波写给她母亲的两封信送给我作生日礼物，这两封信是在那位流浪诗人③于马赛医院截去一条腿时写的。这都是巴黎国立图书馆和芝加哥贪婪的书商垂涎的珍宝。

　　我在世上走过许多地方，我的藏书因而大大增加，远远超过一个私人藏书室的规模。有一天，我把花二十年时间收集的大量海螺，以及怀着最大的热情从世界各国选购来的我最喜爱的五千册图书，全部赠送出去。我把这些东西赠给我国的大学。它们被当作不同凡俗的礼物接受下来，一位校长还宣读了美好的致辞。

　　任何胸怀坦荡的人大概都会认为，我的这种馈赠，在智利一定会被愉快地接受下来。然而，也有心怀叵测的人。一位官方评论家写了几篇怒气冲天的文章，强烈抗议我的举动。他狂叫道，何时才能遏止国际共产主义？另一位先生在国会发表激烈演说，反对大学接受我那些极好的今版书和古版书；他威胁要把接受馈赠的国立院校的津贴砍掉。那个评论家和那个国会议员一唱一和，在智利这块小天地的上空

---

①朱尔斯·拉弗格（1860－1887），法国印象派诗人、抒情讽刺诗大师、"自由诗体"创始人之一。20世纪的美国诗人及超现实派均受他影响，作品有《怨歌集》等。
②阿尔蒂尔·兰波的妹妹。
③此处的"流浪诗人"及前面的"兰波"，均指阿尔蒂尔·兰波，他因右膝生肿瘤而截肢。

掀起了一股寒流。那位大学校长脸色大变，来回奔走于国会长廊。

从那时起二十年过去了，确实再没有人去观看我赠送的图书和海螺了。仿佛它们都已悄悄返回书店和大海里去了。

碎玻璃

我在长期远行之后，于三天前回到我在瓦尔帕莱索的家中。墙上出现了伤痕似的大裂缝。打碎的玻璃在房间的地上形成一块令人看了难受的地毯。几座钟也掉在地上，执拗地指着地震发生的那个时刻。现在玛蒂尔德正用扫帚扫掉多少美好的东西；大地的震动使多少稀罕的物品转眼间变成垃圾。

我们必须进行清扫、整理，一切都重新开始。在一片零乱中找到纸张很费事；以后要找思想，就更难了。

我新近做的两件事是：翻译《罗密欧与朱丽叶》和按古代格律写一首爱情长诗——这首诗还没有完成。

来吧，情诗，从碎玻璃中奋起吧，吟唱的时刻已经来临。

来吧，情诗，帮助我恢复完整，帮助我朝着痛苦歌唱。

世界上确实还没有肃清战争，还没有涤净血污，还没有消除仇恨。这是事实。

但是，我们越来越清楚地认识到：世界的镜子里映照出暴徒们的形象，他们的嘴脸连他们自己都觉得丑恶。这也是事实。

我仍然相信爱的可能。我确信，人类在亲历痛苦、流血和碎玻璃的不幸之后，定能达成相互理解。

我妻子玛蒂尔德·乌鲁蒂亚

我的妻子跟我一样，是个乡巴佬。她出生于南方小城奇廉，这座小城幸运的是以农民的陶瓷制品闻名遐迩，不幸的是以可怖的地震而尽人皆知。我在《一百首爱的十四行诗》里，向她倾吐了全部心声。

这些诗句也许表明了她对我意味着什么。大地和生活使我们走到一起。

我们是幸福的，尽管这与别的任何人无关。我们把我们共有的时间，长久地消磨在智利荒凉的海边。但不是在夏天，因为被阳光晒干的海岸黄灿灿的，像沙漠；而是在冬日，这是奇特的繁花盛开的季节，海滨随着雨水和寒冷的降临披上绿色和黄色、蓝色和紫色的外衣。有几次，我们从粗犷、荒凉的大海前往喧闹不安的圣地亚哥城，在那里共同度过别人过的那种错综复杂的生活。

玛蒂尔德以强劲的音喉歌唱我的歌。

我把我所写的和我所拥有的一切，全部奉献给她。东西不多，她却很满意。

现在，我远远地看着她将小巧的鞋子踩进花园的泥土里，而后把她那纤巧的双手也伸进草木深处。

她用她的脚、手、眼睛和声音，从地里把各种各样的根、各种各样的花朵、各种各样散发香味的幸福果实，全部带来给我。

星星的创造者

一名男子在巴黎一家酒店的客房里睡觉。他是个无可救药的夜猫子，所以当我告诉你，中午十二点那个人还在睡，你不要感到惊讶。

他不得不醒来。因为左边的墙突然坍倒。随后，正面的那堵墙也倒了。这不是炸弹炸的。几名大胡子工人手提尖锤从刚挖开的豁口进来，冲还在睡觉的人骂道：

"Eh，lève-toi，bourgeois！[1]跟我们一起干一杯！"

香槟酒开瓶了。进来一位市长，胸前佩着一条三色饰带。一个铜管乐队和谐地奏起《马赛曲》。何以出现如此不寻常的情况呢？因为当时正在铺设的巴黎地下铁两条路线的连接点，恰好就在那位耽于梦乡的人的卧室下面。

自从这男子把这件往事告诉我，我拿定主意要成为他的朋友，或更确切地说成为他的追随者、他的学生。由于他遇到许多如此非同一般的事情，我又不愿错过任何一件，便跟随他走遍几个国家。费德里科·加西亚·洛尔卡也为这位杰出人物吸引，采取了与我相似的态度。

费德里科和我一起坐在紧挨马德里西贝莱斯女神喷泉[2]的信使啤酒店里，这时这位巴黎耽于梦乡的人突然闯到我们聚会的地方来。他虽然看似腰圆体壮，来时却变了脸色。他又遇到难以描述的事情。他当时住在马德里的简陋住所里，准备整理自己的乐谱。我忘了说，我们的主人公是个出色的作曲家。他出什么事了？

"一辆汽车停在我住的酒店门口。我仿佛听见有人上楼梯，走进我隔壁的房间。后来，那个新房客打起鼾来。起初鼾声较轻，后来响得四周都震颤起来。衣橱、墙壁都在那惊人鼾声有节奏的冲击下晃动。"

---

① 法语，意为："喂，起床吧，资本家！"
② 马德里的标志性雕像。

那准是一头野兽。当鼾声山洪般爆发出来时，我们这位朋友再没有任何疑问了：肯定是那头"野公猪"。在其他国家，它的轰响曾使许多大教堂震颤，使公路受阻，使大海扬波。这个全球性的危险分子，这个威胁欧洲和平的可憎魔鬼，将会带来什么呢？

他每天都把有关"野公猪"的新的可怕事件告诉我们——费德里科、我、拉斐尔·阿尔韦蒂、雕刻家阿尔韦托、富尔亨西奥·迪亚斯·帕斯托尔、米格尔·埃尔南德斯。我们都热切地迎接他，不安地与他告别。

后来有一天，他面带往日乐呵呵的笑容来了。他对我们说：

"教人胆战心惊的问题已经解决了。德国人齐柏林伯爵①同意运走'野公猪'，把它扔到巴西大森林里去。参天大树会养活它。它不可能一口喝光亚马孙河的水。它可以在那里继续用那吓人的鼾声，把大地吵得头昏脑涨。"

费德里科听了他的话哈哈大笑，激动得紧闭双眼。这时，我们的朋友又说起他有一次去发电报，报务员说服他绝不要再发电报，而要寄信，因为人们收到这种神速传来的消息会非常惊慌，有的人没等打开电报，就心肌梗死。他还告诉我们，他那次在伦敦出于好奇去观看拍卖"纯种"马，只因偶然举手向一位朋友打招呼，拍卖商便把阿迦汗已出价九千五百英镑认购的一匹母马，以一万英镑的价格卖给了他。

他最后说："我只好带着那匹母马到我下榻的酒店去，第二天就把它退还了。"

如今，这位寓言作家不能讲"野公猪"的故事，也不能讲任何别

---

① 齐柏林伯爵（1838－1917），德国航空界先驱、硬式飞艇的第一位大规模制造者。

的故事了。他已在智利这块土地上长逝了。这位大眼窝的智利人、名副其实的音乐家、无与伦比的故事的挥霍者，生前名叫阿卡里奥·科塔波斯。在这位不会被忘却的友人的葬礼上，由我致悼词。我只说了一句："今天，我们把一位每天赠给我们一颗星的光辉人物交给黑暗。"

杰出的艾吕雅

我的同志保罗·艾吕雅不久前与世长辞了。他是如此坚强，如此结实，面对失去他这一事实，我感到既痛苦又难以习惯。他是个蓝眼睛、脸色红润的法国诺曼底人，体质看似强壮实为柔弱。一九一四年战争期间，他中过两次毒气，终生落下双手颤抖的毛病。不过，艾吕雅始终使我想到天蓝色，想到深沉的止水，想到认识自身力量所显示的一种柔韧。保罗·艾吕雅的诗清晰明澈得像打在窗玻璃上的滴滴春雨，以至于让人觉得他是个不关心政治的人，是位厌恶政治的诗人。其实并非如此。他和法国人民、和法国人民的事业及斗争，有着强有力的联系。

保罗·艾吕雅是坚定的。他是一座法兰西塔，具有热情而清醒的头脑，不同于那种热情的愚蠢——那是何其平庸！

我们曾在墨西哥结伴同行，在那里我第一次看见他濒临幽暗深渊：他总是在心灵中为悲伤保留一个宁静的角落，悲伤与才情在他身上表现得同样充分。

那时他心力交瘁。我说服这位彻头彻尾的法国人，把他拉到那个遥远的国度去，而在那里，就在我们安葬何塞·克莱门特·奥罗斯科那天，我因患危险的血栓性静脉炎而病倒了，困于病榻达四个月之久。他感到孤独——见不到一线光明的孤独，像个无依无靠的盲人探险者。他谁都不认识，没有一扇门为他打开。丧妻的哀痛压在他心头；他在那里感到形单影只，没有爱。他对我说："我们生活需要有人陪伴，我们需要参与生活的各个方面。我的孤独实在不可取，真是作孽啊。"

我打电话叫来我的几个朋友，我们硬拖他出门。他们抱怨着带他跑遍了墨西哥城的大街小巷，就在街道的一个拐弯处，他遇上了爱神，遇上了他最后的爱人——多米尼克。

对我来说，撰文悼念保罗·艾吕雅是十分困难的。我仿佛仍然看见他活在我身旁，他那双视野开阔、目光深远的眼睛，似乎仍然炯炯有神，闪着如电的蓝光。

他离开了法兰西土地，桂冠和根在那里交织成流芳百世的遗产。他的崇高躯体由水和岩石构成，全身缠满老藤，藤上开满鲜花，光彩照人，还有鸟巢，传出清澈的歌声。

"清澈"，就是这个词。他的诗是晶莹的水晶，是吟唱之河里凝然不动的水流。

心怀大爱的诗人，有如当午的一堆清纯的篝火，在法国横遭战祸的日日夜夜，他把窜动着战斗烈火的心，奉献给自己的祖国。

于是，他顺乎自然地加入了共产党的行列。对艾吕雅来说，入党就是以自己的诗和生命确认人性和人道主义的价值。

绝不要以为艾吕雅的政治家气质逊色于诗人气质。他的远见卓识和精辟的辩证推理，往往令我叹服。我们一起研讨过许多事情、人物和当代问题，他的真知灼见使我永远受益。

他没有在超现实主义的非理性主义中迷失方向，因为他不是模仿者，而是创造者；正因如此，他把清醒和智慧的子弹射向超现实主义的僵尸。

他是与我朝夕相伴的挚友，而现在我失去了他的温情——这是我的面包的一部分。他带走的一切，谁也无法为我填补，因为与他那份活跃的手足之情，是我平生最珍贵的享受之一。

法兰西塔哟，我的兄弟！我俯身凝视你紧闭的双眼，它们仿佛仍在向我展示你早已确立在大地上的光辉和伟大，质朴和正直，善良和纯真。

皮埃尔·勒韦迪

我从不认为皮埃尔·勒韦迪的诗富有魔力。"魔力"这个词是一个时期的口头禅，像集市上魔术师的帽子：从里面是钻不出展翅高飞的野鸽子的。

勒韦迪是个注重实际的诗人，他列举并触及天地间的无数事物，历述世上的事实与壮丽。

他自己的诗有如深藏地下、闪闪发亮、取之不尽的一道石英矿层。它有时闪现刺眼的光辉——艰难地从厚土层中采得的黑色矿石所具有的那种光泽。它会突然发出耀眼的火花，不然就藏身在矿井的坑道里，远离光明，却执着于自己所信仰的真理。也许就是这一真理，就是他的诗的本质与大自然的这种一致性，这种勒韦迪式的宁静，这种不变的真诚，使他早早地被遗忘了。别人渐渐认为，像事实、自然现象、房屋、河流或熟悉的街道那样，他的外观和地点永远不会有所改变。

如今，他的地点变了；如今，一种可怕的寂静，一种比他自己那可敬、骄傲的寂静更为深广的寂静，把他带走了，我们这才意识到他不在了，那不可替代的光消失了，埋葬于天地之间。

　　我说，他的名字总有一天会像复活的天使，回来把不公正的遗忘之门推倒。

　　在最后的审判日，在末日审判时，我们将看到他，没有昂扬的号声，但有他美妙、不朽的诗歌汇成的悦耳寂静，光环似的绕在他周围，他作品那单纯的永恒光辉使我们目眩神迷。

耶日·博雷沙[①]

　　耶日·博雷沙再也不会在波兰等我了。命运为这位老流亡者保留了重建祖国的机会。他在离开祖国多年之后，作为一名士兵进入华沙时，那里只剩下一堆片瓦无存的废墟，没有街道，没有树木；也没有亲人等候他。博雷沙是个精力充沛的奇才，他与自己的人民一起工作。一个个庞大的计划从他脑子里冒出来，而后是建立一家图书印刷厂的雄心勃勃的创举。厂房一层一层建造起来；运来了世界上最大的轮转印刷机；现在这家印刷厂印制了千百万册图书和刊物。博雷沙是个不知疲倦的尘世的点化术士，把梦想一一变成现实。在具有难以置信的生命力的新波兰，他的大胆计划像梦中城堡那样实现了。

　　我那时还不认识他。我到波兰北部马苏里亚恩湖区的度假营地去见他，他在那里等我。

①耶日·博雷沙（1905－1952），波兰政论家、文艺理论家、文化活动家。

我一下车就看见一个不修边幅的人，胡子拉碴，身上几乎只穿一条说不出颜色的短裤。他立刻以狂热的劲头，用书本上学来的西班牙语对我嚷道："巴勃罗，你可别累着。你该休息。"实际上，他一点儿也没让我"休息"。他的谈话内容广泛，形式多样，出人意料，使人惊叹不已。他同时给我讲述七个不同的建筑计划，还穿插评点了几部对史实或人生提出新见解的著作。"巴勃罗，真正的英雄是桑丘·潘萨，而不是堂吉诃德。"对他来说，桑丘代表的是大众现实主义的声音，是他那个世界和他那个时代的真正中心。"桑丘治理一方时，把事情办得很好，因为这是人民在治理。"

　　他一大早就把我从床上拉起来，总是对我大声嚷嚷"你该休息"，接着就带我穿过枞树林和松树林，让我参观一个世纪前从俄国迁移来的某个教派的一座修道院，这里还保持着旧时的全套宗教仪式。修女们把他当作神赐予的福分加以接待。博雷沙对待这些修女十分得体，十分尊重。

　　博雷沙心肠软，为人积极主动。在那些年里，他经历过不少难以忍受的事情。有一次，他给我看了一支左轮手枪，在一次即决审判之后，他曾用这支枪处决一名战犯。

　　这名纳粹战犯详细记载自己罪行的笔记本被发现了。本子上记有他亲手吊死的老人和儿童、被他强奸的少女。就在他抢掠过的村庄，他被意外俘获了。证人排成一长队。有人对他宣读揭露他罪行的那个笔记本。这个气焰嚣张的杀人犯只回答一句："要是能重新开始，我还要这么干。"我亲手拿过那个笔记本，以及处决那名残暴战犯的那支枪。

　　马苏里亚恩湖区有很多湖，那里可以捕捞到鳗鱼。我们起大早去捕鱼，很快就见到了颤动着的、湿漉漉的、黑腰带似的鳗鱼。

我和那里的湖水、渔夫以及那里的景色亲近起来了。我的朋友从早到晚让我上岸下湖，让我奔跑划桨，让我认识人和树；做这一切时他总是大声说："你在这里应该休息。再没有比这里更好的休息地了。"

我离开马苏里亚恩湖区时，他送给我一条熏鳗鱼，我从未见过这么长的鳗鱼。

这根奇特"手杖"给我的生活带来麻烦。我想吃它，因为我非常爱吃熏鳗鱼，这条鳗鱼又是直接来自它生长的湖泊，肯定既未经库存，也未经过中间环节。但是，在我下榻的酒店里，那些日子每天菜单上都有鳗鱼。不管白天晚上，我都没有机会吃那条私有的鳗鱼。它开始成为我的困扰。

夜里我把它拿到阳台上去透风。有时在妙趣横生的谈话中间，我忽然记起已经中午了，我那条鳗鱼还在露天暴晒。我顿时对话题兴味索然，赶紧跑去把它放到我房间的凉爽处，例如柜子里。

我终于找到一位爱吃鳗鱼的人，便不无疑虑地把那条世上最长、最嫩、最好的熏鳗鱼送给了他。

现在，杰出的博雷沙——干瘦而又精力充沛的吉诃德，像另一位多情而有学识的吉诃德那样赞赏桑丘的人，一位建设者和空想家——第一次休息了。他休息在他十分喜爱的黑暗里。在他安息的墓地旁，一个世界仍在创造中，他曾为这个世界奉献了他沸腾的精力和永不熄灭的火焰。

索姆佑·杰尔基

我喜爱把生活和诗、历史和诗、时代和诗人交织在一起的匈牙利。

在别的地方，对这一问题的讨论多少有点儿幼稚，多少有点儿不公正。在匈牙利，每位诗人在出生前就承担了责任。阿提拉·尤若夫[①]、奥第·安德莱[②]、久拉·伊列斯[③]等诗人，便是义务与音乐、祖国与黑暗、爱情与痛苦激烈碰撞的必然产物。

索姆佑·杰尔基是我二十年来亲眼看着自信地凭实力成长起来的一位诗人。他是个音色很美的诗人，高声吟诵时声如小提琴；他是个为自己也为天下人的生命怀着隐忧的诗人，是个彻头彻尾的匈牙利诗人；是个慷慨的、准备与人分享一个民族的现实与梦想的匈牙利人。他还是个具有最坚定的爱和最热忱的行动的诗人，在他身上那些人类共性中保留着他祖国的伟大诗歌的特殊印记。

他是个成熟的青年诗人，应该受到我们时代的关注。他的诗恬静，晶莹剔透，令人陶醉，如同金色沙漠里流出的葡萄酒。

夸齐莫多[④]

在意大利这块土地最纯净的深处，保存着古代诗人的声音。当踏上田野的土地、穿过波光闪闪的公园、走过蓝色小海洋的沙滩时，我觉得脚下踩的是钻石般的物质，是神秘的水晶，是保存了几个世纪的全部光辉。意大利赋予欧洲诗歌以形式、音韵、雅趣和冲动，使之从

---

①阿提拉·尤若夫（1905－1937），匈牙利诗人，作品有《外城之夜》《情歌》等诗篇。
②奥第·安德莱（1877－1919），匈牙利诗人，作品有诗集《匈牙利荒原》《孔雀飞起来了》等。
③久拉·伊列斯（1902－1983），匈牙利诗人。
④萨尔瓦托雷·夸齐莫多（1901－1968），意大利诗人、评论家和翻译家，著有诗集《消逝的笛声》《诗全集》等，译有《希腊抒情诗》等。

早期的雏形中，从粗呢和甲胄构成的粗陋外壳里脱胎而出。意大利之光把中世纪游吟诗人的破衣烂衫及英雄史诗的铁衣，变成流淌着精雕细琢的钻石的滔滔江河。

我们这些初登文化殿堂的诗人，来自一八八〇年之后才有了诗选的国家，看到大约出版于一二三〇年或一三一〇年、一四五〇年的意大利诗歌选集，就会大吃一惊；这些诗选中有但丁、卡瓦尔坎蒂①、彼特拉克、波利齐亚诺②诸诗人令人眼花缭乱的三行诗，有他们激昂的艺术风格，有他们的思想深度和宝石般的精美形式。

这些名字和这些人物，为我们刚柔相济的加尔西拉索·德拉维加和宽厚的博斯坎③传来了佛罗伦萨的启示，照亮了贡戈拉的道路，使克维多的悲怆增添阴郁的讽刺色彩；造就了英国威廉·莎士比亚的十四行诗；点燃法国的精髓，使龙萨和杜·贝莱④的情诗繁荣起来。

因此，对诗人而言，生长在意大利的大地上是一件艰难的事，随时会遭受失败，而且要支撑得起遍布斑斓遗产的天宇。

我认识萨尔瓦托雷·夸齐莫多已经多年，我可以断言他的诗表露出一种在我们觉来变幻莫测的意识，因其内涵沉重而且炽热。夸齐莫多是个能自如运用知识、平衡技巧以及各种智力手段的欧洲人。尽管他处于意大利诗坛的中心地位，处于盛盛衰衰绵延不绝的古典主义之当代角色的地位，却并没有变成围于堡垒的武士。夸齐莫多是个杰出

①圭多·卡瓦尔坎蒂（约1255－1300），意大利诗人，作品均收入《圭多·卡瓦尔坎蒂诗歌集》。
②安杰洛·波利齐亚诺(1454－1494)，意大利诗人、人文主义者，作品有诗集《比武篇》等。
③胡安·博斯坎·阿尔莫加维尔（约1490－1542），西班牙诗人，引进意大利诗歌的格律和形式，为西班牙诗的发展开辟了新路子，在文学史上占有一席之地。
④约阿希姆·杜·贝莱（约1522－1560），法国诗人，"七星诗社"成员之一，作品有《追思集》等。

的世界性人物，他没有好斗地把世界分为东方和西方，而认为当今最迫切的任务是清除文化壁垒，并确立诗歌、真理、自由、和平与欢乐为人类共享的事物。

一个宁静得令人伤感的世界的种种色彩和声音，汇集在夸齐莫多的诗中。他的哀伤不是表达莱奥帕尔迪①那种失意者的人世无常之感，而是傍晚大地开始生长时的沉思；这一专注思绪由傍晚产生，这时芬芳、声音、色彩和钟声保护着地下深处种子的萌发。我喜爱这位杰出诗人的凝练语言，喜爱他的古典主义和浪漫主义风格；我尤为赞赏他把自己沉浸于无时无处不在的美感中，以及他把一切事物转化为真诚、动人的诗歌语言的能力。

我隔着大海和遥远的距离，举起一个用阿劳卡尼亚的树叶编成的馥郁冠冕，让它飞向空中，让风和生活带走它，把它戴到萨尔瓦托雷·夸齐莫多头上。这可不是我们经常在弗朗切斯科·彼特拉克的肖像上看到的那种阿波罗桂冠，而是来自我们未开发的森林的一种冠冕，用尚未命名的树叶编成，上面满是南方黎明时的露珠。

巴列霍还活着

另一个人是巴列霍。我绝不会忘记他那颗黄澄澄的大脑袋，像是在秘鲁的老式窗口上看到的那种。巴列霍为人严肃，心地纯洁。他死于巴黎，死于巴黎的污浊空气，死于打捞出许多尸体的污浊河流。巴列霍是饥饿和窒息而死的。我们当初若把他带回他的秘鲁，让他在秘

---

①贾科莫·莱奥帕尔迪（1798－1837），意大利诗人、学者、哲学家。他的诗充满强烈的绝望情绪。作品有诗集《短诗集》《诗选》等。

鲁的大地上呼吸空气，也许他至今还活着，还在吟诗。我在不同时期写过有关我这位挚友、这位好同志的两首长诗。我认为，我在这两首诗中描述了我们断断续续的友谊经历。第一首《塞萨尔·巴列霍颂》，收入《元素颂》第一卷。

近来，在一场由一些张牙舞爪的小喽啰进行的小小的文学论战中，有人抬出巴列霍，抬出塞萨尔·巴列霍的影响，抬出塞萨尔·巴列霍留下的空缺，抬出塞萨尔·巴列霍的诗，来反对我和我的诗。这种事到处都可能发生，旨在伤害那些勤奋笔耕的人。他们说："这家伙不行；巴列霍确实棒。"要是聂鲁达早先离世，他们也会抬出他来反对活着的巴列霍。

第二首诗的标题只有一个字母（字母V），收入《狂歌》中。

为了探寻人与作品之间丝丝缕缕、难以言喻的联系，我说起跟我多少有过一点关系的那些人。我们曾一起度过生命中的某段时光，如今我仍健在。我只能以这种方式探究人们称之为诗的奥秘而我却称之为诗的明晰的东西。人的手与其作品之间，人的眼睛、五脏六腑、鲜血与其著述之间，必定有某种关系。但是，我说不出什么理论来。我的腋下没有挟着什么教条，准备拿去砸在谁的头上。我几乎跟大家一样：星期一所见是一切光明，星期二所见却是漆黑一团，并由此想到这一年定是明暗相间的。以后几年将是一片蓝色。

莱昂·费利佩

你幸福吗？莱昂·费利佩问每个人，问所有人。他一边问着，一边摩挲着自己救世主般的胡须。

在我看来，那些失去人性的人并不是尼采口中的超人，而是超级人类：他们是衡量伟大的尺度。莱昂·费利佩是个超级人类，是超越人类的存在，他由全人类的泥浆铸成。听他说话，感受他的存在，看着他，是令人愉快的事。

而且，我还会阅读他，阅读莱昂·费利佩。不是阅读他的诗作，而是常常阅读这个相当重要且令人愉悦的人。

他是一本有许多页的书。他是簇新的黄色对开本。从他的一举一动中，我们可以感受到诗句、知识、文献、智慧和温柔。

高尚的诗人！亲爱的好人！

哎，他死后，我们失去了多少东西啊！我们还会失去多少东西啊！

我已经满足了，因为对我来说，他是值得我思考借鉴的榜样。他常常教别人如何面对失去。他的离开逐渐淡去，我却满足于他温柔而绝望的教诲。

很少有像他那样的人。很少有像流浪的加里西亚人莱昂·费利佩·卡米诺那样的诗人。

加夫列拉·米斯特拉尔

前面我说过，早在故乡特木科城，我就已认识加夫列拉·米斯特拉尔。她后来永远离开了该城。加夫列拉那时已经艰苦而勤奋地过了半生，外表像修女，有点儿像一所严谨的女修道院的院长。

在这一时期，她用精雕细琢、层层铺叙的清新散文写了几篇关于孩子的诗，因为她的散文往往就是她最深刻动人的诗。这几首关于孩子的诗中描述了妊娠、分娩和成长，于是一些隐晦的话在特木科交头接耳流传开来；我十分熟悉那些铁路工人和伐木工人，他们为人鲁莽，性格暴烈，有话直说，不会转弯抹角。他们往往词不达意，讲些没有恶意的粗话，也许发一句粗野的议论，就伤害了这位单身女士的情感。

她感到自己受了侮辱，且至死没有原谅这种侮辱。

数年后，她在她那本杰出著作的初版上，加了一篇于事无补的长按语，对世界尽头那个山区的人们关于她本人的议论和流言加以谴责。

当她取得值得永志不忘的成功，即戴上诺贝尔文学奖的桂冠时，她在去领奖途中须经过特木科。学生们每天都在火车站等她。小学女生冒雨前去，手捧喇叭藤花瑟瑟发抖。喇叭藤花有着美丽的花冠，灿若星辰，是阿劳卡尼亚地区的野花。她们空等一场。加夫列拉·米斯特拉尔特意安排在夜间经过该车站，她乘坐一列客货混合夜车，以避免接受特木科献的喇叭藤花。

那么，这是在责备加夫列拉吗？这只是说，她心灵上的创伤仍然张着口子，愈合并不容易。这件事表明，在这位写出如此之多绝妙好诗的女诗人心灵深处，同任何人一样，也有爱与恨的搏斗。

她对我永远面带友好的笑容，那是在她那黑面包似的脸上绽开的面粉般的笑容。

但是，放在她的工作烤炉里的上等材料是什么呢？她那些永远悲戚的诗用的是什么样的秘密配方？

这些我不去探究，肯定也不可能弄明白，即便弄明白，我也不会说。

九月是帚状砾荠开花的季节；在这个月份，原野变成一块起伏波动的黄地毯。这一带海岸上，南风怒吼着猛刮了几天；夜里只听到它的呼啸声。天放晴时，大海是碧琉璃和巨大的一片白。

你来了，加夫列拉，你是这些帚状砾荠、这些岩石、这狂风的心爱女儿。我们大家都满怀喜悦地欢迎你。谁都不会忘记你赞美智利的山楂树和白雪的歌。你是智利女性。你属于人民。谁都不会忘记你描述我国儿童赤脚的诗行。谁都忘不了你那些"唐突的话"。你是令人感动的和平拥护者。为了这些，也为了别的理由，我们热爱你。

你来了，加夫列拉，你来到智利的帚状砾芥和山楂树之中。我应当捧出鲜花真诚而又不拘礼仪地欢迎你，这符合你的伟大和我们之间牢不可破的友谊。岩石和九月的春光为你敞开了大门。看见你畅怀地笑着走进这片智利人民使之充满鲜花和歌声的神圣土地，我无比喜悦。

关于本质和真理，我同你的见解是一致的；由于我们的奔走呼号，真理终将得到尊重。我愿你的美好心灵得到休息，存活下来，进行战斗，放声歌唱，并在祖国的大洋和安第斯山的孤独中继续创造。我亲吻你高贵的前额，向你内涵丰富的诗鞠躬致敬。

比森特·维多夫罗

杰出的诗人比森特·维多夫罗对待一切事物总是采取一种恶作剧的态度，他用花样繁多的恶作剧捉弄我——寄来一些幼稚的匿名信攻击我，不断指责我剽窃。维多夫罗是源远流长的顽固利己主义世系的代表。第一次世界大战前的那几年，在矛盾重重的生活中作家没有任何地位，采取这种自卫方式是当时特有的现象。在美洲，这种具有挑衅性的自我陶醉姿态，有如邓南遮①在欧洲的放肆言行的回声。这个意大利作家是滥用并践踏小资产阶级准则的人，他在美洲掀起救世主义的狂热风潮，势如火山喷发。他的追随者中最虚夸、最革命的是巴

---

① 加布里埃尔·邓南遮(1863-1938)，意大利作家，著有小说《玫瑰小说》三部曲、诗集《新歌》等。因拥护法西斯主义，效忠墨索里尼，曾获"亲王"称号。

尔加斯·比拉①。

维多夫罗毕生缠着我打引人注目的笔墨官司，反而使我受人尊敬，我因此难以责备他。他自封为"诗神"，而且认为让我这个比他年轻得多的人成为他奥林匹斯山上的一员不合适。我从来都不十分清楚那座奥林匹斯山是什么。维多夫罗之流搞创作，搞超现实主义，闹得巴黎一时纸贵。而我大大相形见绌，永远是个土里土气的、半野蛮的乡巴佬。

维多夫罗的确是个有着非凡才能的诗人，但他对此并不满足。他还要成为"超人"。他的恶作剧具有一种稚气的美。他如果能活到现在，一定会自告奋勇提出，第一个志愿登月旅行者非他莫属。我想象得出他会向博学的人们证明，他头骨的形状和韧性世上无双，最适合乘宇宙火箭旅行。

有几则轶闻颇能说明他这个人。例如，第二次世界大战后他回到智利，彼时他已到了风烛残年，却老拿一台生锈的电话机给大家看，还说：

"我亲自从希特勒手上把它夺下来。这就是元首那部心爱的电话机。"

有一次，有人让他看一件很平庸的裸体雕塑习作，他说：

"太可怕了！比米开朗琪罗的雕塑还糟。"

一九一九年发生在巴黎的一件以他为主角的惊人事件，也值得一提。维多夫罗出版了一本题为《不列颠之终结》的小册子，书中预言不列颠帝国即将分崩离析。因为没人注意他的预言，他决定躲起来。报刊报道了这件事："智利外交官遭神秘绑架。"几天之后，他直挺挺地躺在自己家大门口。

---

①巴尔加斯·比拉（1860－1933），哥伦比亚作家、文学评论家。作品有诗集《热情之花》、小说《红色的桂花》等。

"英国童子军绑架了我。"他对警察说，"他们把我绑在一处地道的柱子上，强迫我喊一千次'不列颠帝国万岁！'"

说完他又晕了过去。但是，警察检查了他腋下挟着的一个小包，发现包里是维多夫罗本人三天前在巴黎一家豪华商店买的一套新睡衣。一切都被拆穿了。维多夫罗于是失去一位朋友。画家胡安·格里斯曾坚信绑架这件事，憎恶帝国主义者欺凌这位智利诗人，他永远不能原谅诗人撒的那个谎。

维多夫罗是个水晶似的诗人。

他的作品无论在哪里都会闪光，而且洋溢令人入迷的愉悦。他的诗通篇闪耀他凝聚起来并用充满风趣和智慧的手法加以润色的欧洲光泽。

反复吟诵他的作品时，最使我惊奇的是它们的晶莹澄澈。这位极具文学才华、追求错综复杂时代的一切时髦式样、打定主意无视大自然的庄严的诗人，让不停歌唱的清泉、让风声和树涛声、让深沉的人类情感，行云流水般都来入诗；这种人情味充盈于他的最后几首诗。

从他的法国式诗歌的迷人技巧，到他所写的主要诗篇的强大震撼力，我们都能发现维多夫罗内心存在一种在嬉戏与强烈感情之间、在逃避现实与献身之间的斗争。这种斗争引人注目，在光天化日之下几乎总是完全自觉地进行，发出令人目眩的光彩。

毫无疑问，由于爱好朴实的偏见，我与他的作品产生了距离。我们都认为，比森特·维多夫罗的死敌就是比森特·维多夫罗自己。死神结束了他充满矛盾和固执地耽于嬉闹的一生。死神为他终将枯萎的生命盖上一片薄纱，却掀开另一片薄纱，永远显露出他那迷人的品质。

我曾建议在鲁文·达里奥纪念碑近旁为他立一座纪念碑。但是，我们的政府在为创造者树碑立像上颇为节制，而在建造毫无意义的纪念碑方面却慷慨大方。

我们不能把维多夫罗看作政治人物，尽管他曾短暂地闯入革命领域。对待思想问题，他不负责任得像个被宠坏的孩子。不过，这一切皆已成为过去，化作前尘，如果我们抓住一点不及其余，那我们就太轻率了。我们倒是应该说，维多夫罗歌颂十月革命和哀悼列宁去世的诗，是他为唤醒人类所做的重要贡献。

维多夫罗一九四八年逝世于黑岛附近的卡塔赫纳，当时他刚刚写完几首诗，那是我平生读过的最令人心碎、最庄严的诗。他逝世前不久，在我的好友兼出版人贡萨洛·洛萨达陪同下，到我黑岛的家来访问过。维多夫罗和我作为诗人、智利人和朋友进行了交谈。

文学界的仇敌

我料想，文人之间的冲突纠葛在世界各地一直存在，并将继续存在下去。

美洲大陆文学界发生过许多影响巨大的自杀事件。在革命的俄国，马雅可夫斯基也被忌妒他的人逼得走投无路，终于饮弹自尽。

在拉丁美洲，小小的怨恨会愈演愈烈。忌妒有时竟成为一种职业。有人说，我们这种感情是从破落的、殖民的西班牙继承过来的。确实，我们在克维多、洛佩①和贡戈拉那里往往能见到他们施加于彼此的伤

①洛佩·费利克斯·德维加（1562－1635），西班牙剧作家、诗人、作家，著有剧本《羊泉村》、诗集《诗韵集》、小说《阿尔卡迪亚》等。

害。西班牙黄金时代虽然闪射出神奇的智慧之光,却也是个不幸的时代,连王宫周围都有饥馑在徘徊。

近年来,小说在我们这些国家有了新的发展。加西亚·马尔克斯[①]、胡安·鲁尔福[②]、巴尔加斯·略萨[③]、萨瓦托[④]、科塔萨尔[⑤]、卡洛斯·富恩特斯[⑥]、智利人多诺索[⑦]等人声名远播,到处都有人阅读他们的作品。其中一些人一同被冠以"boom"[⑧]之名。但是也常听人说,他们是自吹自擂的一群。

这些人我差不多全都认识,而且我发现他们非常健康和大度。我明白,且一天比一天更明白,有些人为了寻找一个更加宁静的工作环境,为了远离可恶的政治和不断滋长的妒忌,不得不迁离自己的祖国。他们自愿流亡的理由是无可辩驳的,因为在我们美洲的真实与梦想中,他们写的书变得越来越重要了。

说不说我本人对这种登峰造极的忌妒的体验,我一直迟疑不定。我不愿意让人觉得我是自我中心,过于关心个人痛痒。但是,我有幸遇上了一些不依不饶、十分别致的忌妒者,这颇值一提。

这些纠缠不休的阴影总有一天会使我发火。但是,事实上这些阴

---

①加夫列尔·加西亚·马尔克斯(1928–2014),哥伦比亚著名作家、记者。1982年获诺贝尔文学奖。著有《百年孤独》《族长的秋天》等。
②胡安·鲁尔福(1918–1990),墨西哥小说家,著有小说《佩德罗·帕拉莫》等。
③马里奥·巴尔加斯·略萨(1936–),秘鲁小说家,著有小说《城市与狗》《酒吧长谈》等。
④埃内斯托·萨瓦托(1911–2011),阿根廷小说家、散文作家、记者,著有小说《英雄与坟墓》《隧道》等。
⑤胡利奥·科塔萨尔(1914–1984),阿根廷小说家,作品有《跳房子》《中奖彩票》等。
⑥卡洛斯·富恩特斯(1928–2012),墨西哥作家、评论家、外交官,作品有小说《最明净的地区》等。
⑦何塞·多诺索(1924–1996),智利作家,著有小说《旁边的花园》等。
⑧指拉丁美洲文学爆炸,即20世纪60年代至70年代初拉丁美洲文学优秀作品大量涌现的现象。

影却不自觉地履行了一项奇特的宣传义务，仿佛组成了一家专门为我显声扬名的公司。

我的对手

　　这些见不得天日的对手之一的惨死，在我的生活中留下了一种空缺。多年来，凡是我做的事，他都要加以攻击；现在一旦没有了这种攻击，我反而产生一种奇特的怅然若失之感。

　　四十年的文学迫害是一种异常现象。我乐于开始再现这场一个人反抗自己的影子的孤独战斗，因为我从来没有参加进去。

　　由同一个编辑（永远是他）出版的二十五种杂志，都旨在从话语上摧毁我，硬把形形色色的罪名——背信弃义、诗才枯竭、公开和秘密的恶习、剽窃、耸人听闻的性心理变态——通通安在我身上。还出了一些小册子，持久不停地到处散发；还发表了几篇不乏幽默感的专题报道；最后，出版了一整本名为《聂鲁达和我》的过于冗长的书，书中充斥着侮辱和咒骂。

　　即便《聂鲁达与我》中的"我"并不出名——或许将来也是如此——但为了方便许多即将阅读这本书的读者，我会仔细回忆各种细节，以便展现这位骚扰我数十年的人物的品质。我的这个狂暴对手的可悲结局——晚年自尽，使我在下笔写这些往事之前踌躇再三。我终于还是写出来了，因为我觉得这是对的时间、对的地方。一道仇恨的巨大山脉横亘在各西班牙语国家的大地上；强烈的妒忌损害了作家们的工作。

消除这一类毁灭性暴行的唯一办法，就是将其一一展示在光天化日之下。

我的对手是个比我年长得多的智利诗人，既顽固又跋扈，喜欢虚张声势。这一类具有利己的冷酷心态的作家，正在美洲大量繁殖；他们的粗暴和自满表现为各种不同的形式，然而他们的邓南遮血统却是可悲的事实。在我们这些贫瘠的纬度上，我们这些几乎衣不蔽体、食不果腹的诗人才会相信自恋的邓南遮那身剧作家的天鹅绒。南美诗人模仿他写下的作品悲惨地植根于过往的时代，那时，虚伪的克里奥约贵族在农庄里离群索居。而我们这些诗人在险恶的黎明时分奔忙，在酒鬼呕吐的秽物间你争我夺。

在这样可悲的境况中，文学界反常地产生了一些恶棍——流浪汉时代幸存的幽灵。一种彻底的虚无主义、一种虚伪的尼采犬儒主义，使我们许多诗人戴上了罪犯的面具。不少人沿着这条捷径，把自己的生活转向犯罪，或自我毁灭。

我那位传奇式的对手就是从那种环境中冒出的。他起初力图引诱我，使我服从他的游戏规则。这种事情和我小资产阶级的乡土习气格格不入。我不敢也不喜欢靠耍手腕度日。我们的那位主人公却是擅长投机的专家。他生活在一个不断搬演闹剧的世界，在那里以扮演恶棍来欺骗自己，这个角色成了他的职业和护身符。

我们现在给他起个名字吧，就叫他佩里科·德帕洛特斯①。他是个强壮、多毛的人，总是极力想用花言巧语和面部表情给人留下深刻印象。

①西语原文为 Perico de Palothes，口语中意为随便什么人。此处指智利诗人巴勃罗·德罗卡 (1894—1968)。

我只有十八九岁时，有一次他向我提议一起出版一本文学刊物。这本刊物只包括两部分，一部分由他以不同笔调，用散文和韵文，断言我是个有影响力的、才华横溢的诗人；另一部分由我从各方面赞扬他具有超绝的智慧和无限的才能。一切就这样安排定了。

我当时虽然还很年轻，也觉得那个计划太过分了。

于是，我尽力劝阻他。他是个很罕见的杂志出版家；他筹集资金以维持自己长期出版小册子的活动的办法，谁见了都会惊叹不已。

他在寒冷的偏远外省，拟订了一个周密的行动计划。他开列了一份医生、律师、牙科医生、农学家、教授、工程师、公用事业负责人等等的长名单。我们这个人物因出版了卷帙浩繁的出版物、杂志、全集、叙事和抒情的小册子而声名在外，成了世界文化的使者。他往往庄严地把这种声誉全部奉献给他访问的那些面目不清的人物，然后屈尊向他们收取区区几个埃斯库多①。在他的夸夸其谈面前，受害者仿佛越来越渺小，变得只有一只苍蝇大小。通常德帕洛特斯把钱装进口袋就走，让苍蝇去为世界文化的伟业尽心尽力。

还有几回，他利用了他家人刚画的画。他不仅炫耀这幅新画，还说它是某位享誉国际或国内的已故大师的作品。

有几次，他炫耀完，临走前跟我说："我从那个蠢猪那儿拿到了五十比索。要不要给你十比索？"

我很腼腆地表达了不满，内心深处却觉得毛骨悚然。

一九二五年，我在父母家度假，佩里科·德帕洛特斯来拜访我。他准备到南方庄园主那儿好好捞上一笔。这一回，鲁文·阿索加尔陪

_____
①智利金币，面值五比索。

着他一块儿来。鲁文是我年轻时的伙伴，他既是小说家，也是诗人。他的眉毛散得很开，长着一张如同印第安面具般的脸庞。他身材矮小，却拥有无垠的心境。佩里科·德帕洛特斯说服他，让他陪自己一起来。

那画面壮观极了。中邪一般的佩里科·德帕洛特斯穿着骑马裤和警靴，裹着一条充满异域风情的华丽长袍。我那位赢弱的朋友在他身旁，穿着粗花呢格子外套来抵御夜晚的凉气，而那件外套是他在这个世界上的重要财产。

佩里科·德帕洛特斯自称农业广告专家，建议南方原始森林里的农场主编印附有业主和牲畜照片的本农场豪华专集。

他在我那位可怜朋友的陪同下不断出入各个农庄。他把恭维和不合宜的广告中隐藏的威胁混在一起，离开农场时就拿到几张支票。农场主们很吝啬，但也很现实，给几个钱就把他打发了。

尼采哲学家、无可救药的写作狂佩里科·德帕洛特斯最突出的特点，就是他在智力和身体方面的暴戾之气。他在智利的文学生活中是靠吹牛混饭的，许多年里他有一个由一帮为他歌功颂德的可怜虫组成的小朝廷。但是，生活往往毫不留情地使这帮见风使舵的家伙失势。

我记得，恰好是在那次坑蒙拐骗的农庄之旅期间，我亲眼见证了一件羞耻的事，那真是不幸。他本人邀请我和鲁文·阿索加尔喝酒，花的是用农民从没见到的农业宣传册赚到的钱。喝到第三杯的时候，佩里科·德帕洛特斯完全扮演起了斐埃拉布拉骑士①的角色。他大声辱骂想象的和真实的敌人，连我和阿索加尔都没有放过。他那些下流的语言简直让人无法想象，而且不断地提到与粪便有关的词。我想离开那张桌子的时候，他站起来阻止了我。他非常肯定地告诉我，我们俩

---

①据传为查理曼大帝麾下圣骑士之一。

都是这颗星球精神领域的基石，他意识到我有些抗拒他的个性。他泪流满面。

他想抱我，于是摔了个大马趴，还拖翻了几只杯子和瓶子。酒保走了过来，他也是酒馆的老板。与我和鲁文恰恰相反，我们是营养不良的小年轻，酒馆老板却是个笑脸相迎、身材魁梧的男人，他毫不费劲地把佩里科·德帕洛特斯从桌底拖了出来。扶他站稳之后，他向我们提议道："看来，这位先生喝醉了。今晚太冷了，街上又很泥泞，他可能会出事。我没有出租的房间，但是你们不用给钱，我可以给他一张床，让这个醉鬼冷静会儿，睡一觉。"与此同时，他牢牢地扶着我们这个中邪般的同伴，免得他再次跌倒。佩里科·德帕洛特斯听到了老板的话，不怀好意地说："如果你给我一张有女人的床，我就留下。"

健壮的酒馆老板对我们说："这位先生把我弄糊涂了。我可不是王八蛋，我觉得自己是个绅士。所以，我要给他点教训。"

于是，他揪起我们的斐埃拉布拉的衣领，在他嘴巴上扇了一记响亮的耳光。然后，他把佩里科·德帕洛特斯翻到另一边，仿佛他是橱窗里的模特。接着，把他拖到门口，一边扔，一边在他屁股上踹了一脚。我们的大力士在雨夜里滚来滚去，最后平躺在了泥浆里。

佩里科·德帕洛特斯和鲁文下榻的小旅馆就在我家隔壁，我们在漆黑的夜里往那儿走去，而我们这位潦倒的主角，依然没有消化酒馆老板的拳打脚踢，靠着我们，一边走，一边喊。

我们好不容易平息了他的怒火，然后我在酒店门口告别了佩里科·德帕洛特斯，还有我那充作其助手的可怜朋友。

第二天午饭时，司机雷耶斯——也就是我的父亲，他总是显摆自己很守时——一坐到饭桌前，就对我说："都十二点半了，你的朋友

401

还没到。"

我急忙去找佩里科·德帕洛特斯和鲁文·阿索加尔。尽管前一晚让人很不愉快，但我太年轻了，并没有与那位行为不端的客人断绝联系。

我一进他们的房间，就看到了非同寻常的一幕。诗人鲁文·阿索加尔独自一人，只穿着衬衣坐在床上。我的这位好朋友对情绪总是很敏感，他常常喜不自禁，也常常陷入极端抑郁之中。此刻，他双手扶额，就像一尊伤心欲绝的阿兹特克①古雕像。

"你怎么了？"我问他，"我一直在等你吃午饭呢。我父亲已经在饭桌前坐定了。"

"他走了。"他头也不抬地回答我。

"佩里科·德帕洛特斯？"我说，"但这样更好呀。他总算放过你了。我们去吃饭吧。"

"我去不了。"他回答说。

"为什么去不了？我们马上就走。"

"因为他把我的外套拿走了。"他说的时候快哭了。

我几乎是推着他走的。到了我家，我给他披上了我的诗人斗篷，就这样，他穿着得体的衣服，在我那严苛奉行各种繁文缛节的父亲的饭桌上，总算吃上了午饭。

于是，我决定结束那段沉重的友谊。但事情没有那么简单。

那个可怕的人带着仰慕之情纠缠我，希望我能在文学上做出相应的回馈。我觉得他的文学作品在没完没了地虚张声势，把自己伪装成救世主的形象，在作品里不断使用浮夸的修辞。而我走的是截然相反

---

①墨西哥印第安人。因以古代特诺切人为主，于 1325 年在今墨西哥城建立了阿兹特克帝国而得名。16 世纪初被西班牙殖民者征服。

的路，是我那本《未可限量者的尝试》指向的路。

我开始收到一些热情似火的情书，尽管信里犯了许多拼写错误，但充满了文学色彩。不过，几个 vesos^① 倒是让我有了兴致，没错，信里用的是字母 v。我也说不上来为什么，但我觉得比正常的"吻"，也就是用 b 拼写的"吻"，要好得多。我想，这几个 vesos 大概是牡蛎味的吧。

我就是这样看待那些信的，直到有一天，那位斐埃拉布拉骑士找到了我的新住址。这一回，他严肃地看着我，仿佛我犯了什么可恶的罪行。他俨然一副调查员的模样，对我说：

"你收到了几封情书吧，别给我否认。"

"是的，偶尔会收到几封。"我怀着少年的虚荣心回答他。

"给你写信的是位非常动人的女子。这是她的照片。"

我看了眼那位平凡无奇的女子的照片。我费了好大功夫才把她和那些热情且毫无文法的吻联系起来。

"好吧，"我对他说，"那又怎样？"

"我希望你和她结婚。"他回答说。

他的语气里有种恳求的意味，还有些保护的意味，仿佛是在通知我获得了嘉德勋章^②。但他的语气里还有威胁的意味，他想让我成为他家族的一员，他的家人大多跟他一样好斗。

我决定再次搬家。这一回他要找到我可不容易，因为我去印度生活了。

---

① 指单词 besos，吻。在西语中，字母 b 和 v 的发音一致。
② 授予英国骑士的一种勋章，起源于中世纪，是英国荣誉制度最高的一级，只有极少人可获得。

一名有里贝罗之类加利西亚姓氏的可疑的乌拉圭人，在报刊上连篇累牍地发表文章，从文学和政治方面对我本人和我的作品进行攻击，丧心病狂，纠缠不休。此人多年来出版了好几本西班牙语和法语的小册子，在书中把我千刀万剐。令人惊奇的是，他的反聂鲁达的英勇行动，不限于自己掏腰包印制出版物，还花钱进行开销昂贵的旅行，目的就是无情地搞垮我。

在牛津大学宣布将授予我荣誉博士学位时，这个奇怪的人就开始了他的旅行。这个乌拉圭打油诗人一到那儿，就想用他捏造的罪名摧毁我的文学声誉。我接受牛津的荣誉学位后，身上还穿着红色长袍，依例喝波尔图葡萄酒时，牛津大学的教授们风趣地议论起他对我的指控。

这个乌拉圭人一九六三年的斯德哥尔摩之行，更是大胆和令人难以置信。当时传闻我将获得诺贝尔文学奖。于是，这家伙遍访瑞典文学院院士，会见报界，在电台上断言我是杀害托洛茨基的刺客之一。他力图用这种手段阻挠我得奖。

时间证明此人始终命运不济，无论在牛津还是在斯德哥尔摩，他都可悲地白花了金钱和气力。

如果有人打击她，但愿她能歌唱

近段时间，攻击我的思想和诗歌的人越来越多了。国内外出现了一些反对聂鲁达的专业人士。关于我的诗歌本身，并没有什么可争论的。这不是因为我的诗歌是最伟大、最高端、最厚重、最有洞察力、最好或最糟的。不，不是这个原因。我的诗歌必须为自己辩护。她从特木科潮湿的木头里出生，在考廷省的屋顶上如细雨般歌唱。她用歌声为自己辩护。如果有人棒打她，但愿她能歌唱。如果有人朝她的眼睛吐唾沫，但愿她能歌唱。如果有人揪着她的头发，在肮脏的街道上拖拽她，但愿她能歌唱，但愿邻居们会走到阳台上倾听她的歌声，那是雨露与斗争、人民与植物、沙拉与洋葱、愤怒与爱情的歌声。人们永远不会看到我上街或是在报纸上为我的诗歌辩护。我不会因为有人认为我是个糟糕的诗人、恶劣的诗人、难以忍受的诗人就打骂他。我们不该为我们是什么而争辩，应该为我们的信仰而斗争。没有人会在道德层面上，为自己的鼻子、脚、牙齿或头发而争吵。真正的诗人不会为自己的诗歌而争吵。木匠不会为自己的拱模而争吵，不会在报纸上宣称自己建的屋梁是最好的，自己做的香蒲椅是最出色的。

我不为自己的诗歌争辩不是因为谦虚，而是因为我是个诗人。

但是，木匠、诗人，还有普通人，我们都是寻常的男男女女，我们有责任为我们的信仰而斗争。

在这一点上，早在很久以前，我就已经迎战了。

批评与自我批评

不可否认，我有过几位杰出的评论家。我指的不是文学界盛宴上的捧场，也不是我无心招引的辱骂。

我要谈的是另外一些人。在论述我的诗的书中，除那些热情的青年评论家们写的之外，我首先应该提到苏联人列夫·奥斯波瓦特写的那本。这位通晓西班牙语的青年读我的诗，探索的是诗的"意"和"韵"之外的东西：他运用来自北部世界的智慧，将我的诗放入未来视野。

一流评论家埃米尔·罗德里格斯·莫奈加尔①出版过一本评论我的诗作的书，书名为《静止不动的旅行者》。一眼就可看出，这位博士一点儿不笨。他立刻发现，我喜欢足不出户、不离开祖国、不违背本性地进行旅行。我收藏的一本非常精彩的侦探小说名叫《月亮钻石》，书中有一幅我很喜爱的插图。插图上有一位披着宽袖长外套或带披肩无袖男大衣或长礼服式大衣的英国老绅士，坐在壁炉前，一手拿本书，一手拿个烟斗，脚边还有两只打瞌睡的狗。我就喜欢这样，要永远留在火炉前，靠近大海，坐在两只狗中间，阅读我费尽心力收集到的书，抽着我的烟斗。

　　《巴勃罗·聂鲁达的诗与风格》这本阿马多·阿隆索写的书，对许多人是有用的。这本书热情洋溢地伸入隐蔽幽暗之中，探索语言和捉摸不定的现实之间的差距。此外，阿隆索的专著是第一次用我们的语言对一位当代诗人的作品进行的认真研究，使我尤感荣幸。

　　许多评论家为了研究和分析我的诗，都曾求助于我，其中就有阿马多·阿隆索本人。他提的一些问题使我哑口无言，他还刨根问底，把我逼上绝境，而当时我每每赶不上他的思路。

　　有些人认为我是超现实主义诗人，有些人认为我是现实主义诗人，还有些人则认为我根本不是诗人。他们都有些许道理，也都有些许误解。

　　《居留在大地上》和《未可限量者的尝试》一样，写于或者至少是开始于超现实主义鼎盛时期之前，不过，日期是不可信的。世上的风，传播着轻若花粉或坚硬如铅的诗的分子，这些种子落在犁沟里或

---

①埃米尔·罗德里格斯·莫奈加尔（1921－1985），乌拉圭散文作家、评论家，著有《拉丁美洲小说的繁荣》等。

人的头上，给予万物以春天或战斗的气息，开出鲜花，也产出枪炮。

谈到现实主义，我不得不说——因为我不适于写这种诗——在诗的范畴，我不喜欢现实主义。此外，诗不应该是超现实主义或亚现实主义的，然而可以是反现实主义的。最后这个含有全部理性，也含有全部非理性，即含有全部的诗。

我喜爱书，它们是诗意劳作的结晶，是文学的森林；我喜爱书的整体，甚至书脊，但不喜欢各种流派的标签。我想要的是像生活那样不分流派、不分类的书。

我喜欢沃尔特·惠特曼和马雅可夫斯基作品中的"积极英雄"，就是说，在他们的作品中这类英雄没有固定模式，他们不无痛苦地将人物嵌入我们有血有肉的生命深处，与我们分享面包和梦想。

社会主义社会应该终止急躁冒进时代的神话，在这个时代商标比商品更有价值，在这个时代本质的东西被弃于不顾。但是，作家们更迫切的需要是写出好书。我喜欢美国人惠特曼或苏联人马雅可夫斯基笔下乱纷纷内战战壕里的"积极英雄"，我心中同样也能容纳洛特雷阿蒙的哀伤英雄，拉弗格的唉声叹气的骑士，夏尔·波德莱尔的消极士兵。把创作这个苹果分成这样两半时你可要当心，因为也许我们会割伤自己的心，甚至活不下去。要当心！我们应该要求诗人处身于街头和战斗中，也处身于光明和黑暗中。

诗人的责任在历史上也许从来都是相同的。诗的荣耀是走上街头，去参加这一场和另一场战斗。诗人不畏惧有人说他是造反者。诗就是一种造反。诗人不会为有人叫他颠覆分子而生气。生活超越了一切结构，总有新的精神法则。种子在各处萌芽；所有想法都是新奇的；我们期待每天都有巨变；我们在人类秩序的更换中热情洋溢地生活着：春天也是不安分的。

我奉献出我的一切。我曾把我的诗掷向沙场，常常与它一起抛洒热血，遭受极度的痛苦，歌颂我所目睹和经历的光荣时刻。我在某些方面曾受人误解，这并非全是坏事。

一位厄瓜多尔评论家说过，在我的《葡萄与风》那本诗集里，真正的诗不超过六页。原来这位厄瓜多尔人看了我这本书很不满意，认为它是政治读物；而另外一些注重政治的评论家同样憎恶《居留在大地上》，认为它太内向，太阴郁。连十分杰出的胡安·马里内略①一度也以原则的名义谴责过我的诗。我认为他们出于同样的原因，都错了。

我偶尔也说过不满《居留在大地上》的话。不过，说这种话时我想的不是诗，而是在艰难时世我这本书散发出来的悲观气息。我忘不了几年前一个圣地亚哥小伙子在一棵树下自杀，留下一本我写的书，打开在题为"这就是阴影"那首诗的地方。

我认为，在我的作品中，无论是阴郁然而重要的《居留在大地上》，还是空间开阔和充满光明的《葡萄与风》，都有其存在于某处的权利。我这样说并不自相矛盾。

我对《葡萄与风》确实有点儿偏爱，这也许是因为它是我最不被理解的一本书，又或许是因为通过这本书我才起步走向世界。这本书里有路上的尘土和河里的流水；这本书里有我本来不认识直到在多次旅行中才发现的生物、关联和海另一边的异国他乡。我再说一遍，这本书是我最喜爱的书之一。

在我的全部诗集中，《狂歌》不是吟诵得最出色，而是跳得最好的一本书。书中蹦蹦跳跳的诗句跃过荣誉、敬仰、互助、法规和责任，以保护谦恭的冒犯。它的不恭倒使它成为我最贴心的书。它的影响则

---

① 胡安·马里内略（1899－1977），古巴文学评论家，著有《西班牙语美洲文学》《十一篇关于马蒂的论文》等。

使其成为我最具深远意义的一本诗集。依我看，这是一本非常重要的书，具有真实所特有的滋味。

在《元素颂》里，我决心认识生成世间万物的初始本质。我想把前人歌颂过、讲述过无数次的许多事物再描述一番。我深思熟虑过的出发点，应该是像个咂着铅笔头的孩子，开始写关于太阳、黑板、钟表或人类家庭的指定作文。我不会忽略任何一个题目；在行走或飞行中，我必须涉及一切，把我的思想表达得尽可能明晰和清新。

一位乌拉圭评论家因为我把一些石头比作小鸭子而发怒。他曾经规定，鸭子不是写诗的素材，其他小动物也不是。这种文学上的高雅要求竟达到如此轻率的地步。他们企图强制有创造力的文艺家只涉及崇高的题材。但是，他们错了。我们要让那些为趣味高雅的大师所不齿的事物入诗。

资产阶级要求诗越来越脱离现实。直言不讳的诗人对垂死的资本主义来说，是危险的。诗人最好像比森特·维多夫罗所说的那样自认为是个"小上帝"。这种信念或态度对统治阶级是没有妨碍的。诗人就这么忘情地保持着神圣的隔绝状态，对其无须加以收买，也无须予以镇压。因为诗人已自我收买，将自己判给了天国。与此同时，地球在诗人的轨道上，在诗人的光辉里颤抖。

我们美洲人中有数千百万文盲；这种文化滞后作为封建主义的遗产和特权存留了下来。面对七千万文盲这块绊脚石，我们可以说我们的读者尚未诞生。我们应该促使他们诞生，以便有人阅读我们和一切诗人的作品。我们应当打开美洲的子宫，从中迎来荣耀之光。

书评家往往有讨好封建企业家的想法。例如，一九六一年我的三本书问世，即《丰功伟绩颂歌》《智利的石头》《礼仪之歌》，我国的评论家在一整年时间内，连这几本书的书名都不提一下。

我的诗《马丘比丘高地》首次出版时，智利也没有人敢提它。诗集的出版者到智利版面最多、历史长达一个半世纪的报纸《水星报》编辑部去，带去一则付费的广告，预告这本书即将问世。但是人家要删去我的名字，才接受这则广告。

"可聂鲁达就是这本书的作者呀！"内拉抗议道。

"没关系。"他们答道。

《马丘比丘高地》不得不以无名氏为作者出现在广告上。一百五十年的历史对这家报纸有什么用？它在这么长的时间里竟没有学会尊重真理，尊重事实，尊重诗。

有时候，激昂的反对情绪不仅仅是阶级斗争的强烈反映，而是另有原因。我工作了四十多年，荣获了几项文学奖，我的书被译成几种罕见的语言出版，而我没有一天不受到周围妒忌的人或轻或重的打击。我的房子就是个例子。几年前我买下这所坐落在黑岛上一个荒凉去处的房子，当时没有自来水，也没有电。我用书的收益断断续续地改善它，提高它的舒适水平。我带来了心爱的木雕像，带来了旧船上的船头雕饰，它们长期漂泊之后在我家得到庇护和休息。

但是，有许多人不能容忍一个诗人享有一切作家、音乐家、画家应得的舒适的物质条件，不能将其看作诗人在世界各地出版作品所获得的成果。那些落伍的保守文人时时刻刻要求尊敬歌德，却不让当今的诗人有生活的权利。我有一辆汽车这件事尤其令他们恼火。在他们看来，汽车应该是买卖人、投机商、妓院经理、高利贷者和无赖的专属。

为了令他们更气愤，我要把我在黑岛的房子赠给人民。有朝一日工会将在那里开会，矿工和农民要到那里休养。那将是我的诗予以的回击。

新年伊始

有一位新闻记者问我：

"新年伊始，您对这个世界有什么看法？"

我回答：

"在一月五日上午九时二十分这一精准时刻，我看见整个世界是一片玫瑰色和蓝色。"

这句话没有半点文学的、政治的或主观的内涵。它指的是，从窗口扑进我眼帘的是大片大片的玫瑰花坛，远处是太平洋和天空融为一片蓝色。

但是我明白，我们也都知道，在世界的全景中还有其他颜色。谁能忘记越南每天徒然横流的鲜血的颜色？谁能忘记那些被凝固汽油弹焚毁的村庄的颜色？

我回答这位记者另一个问题。同往年一样，在这新的三百六十五天里，我将出版一本新书。对此我是有把握的。我爱抚它，折腾它，每天写它。

"书里写什么？"

我能回答什么呢？我的书里永远是同样的东西；我写的永远是同样的书。在这新开始的来日方长的一年里，我希望我的朋友见谅，我能奉献给他们的只有我的诗句，同样的新的诗句。

刚刚结束的一年，给我们全体地球人带来了许多胜利——在太空的胜利和在其前进路上的胜利。在这一年里，我们所有的人都想飞翔；

我们全都在宇航梦里遨游。无论戴上第一道月亮光环、吃上头几串月亮葡萄的是美国人还是苏联人，征服太空的胜利属于我们大家。

人类已发现的才能绝大部分属于我们诗人。从在一本书里使古老的太空梦机械化的儒勒·凡尔纳到朱尔斯·拉弗格、亨利希·海涅和何塞·亚松森·席尔瓦（别忘了发现月球魔力的波德莱尔），我们诗人在别人之前早就考察、歌颂了那颗苍白的卫星，并出版了有关的诗文。

岁月奔逝。有的人在渐渐老去，有的人在茁壮成长，有的人在吃苦受累，有的人在享受生活。岁月把生命带来又把它带走。离别更加频繁；朋友们进出于牢狱，来往于欧美，或者干脆作古。

若死者弃世时，你正好身在离死者很远的地方，就会觉得他们好像没有离世，一如既往仍活在你心中。一个比自己的朋友活得更久的诗人，往往要在他的书中收入悼念诗文。我不再写这类诗文，因为我担心会使人类面对死神的痛苦显得千篇一律。你绝不会愿意使这类诗文成为一种死者名录，尽管他们可能是你最心爱的人。一九二八年在锡兰，当我为我的诗人朋友华金·希富恩特斯·塞普尔韦达①的去世写《华金不在了》时，之后一九三四年在巴塞罗那，当我写《阿尔韦托·罗哈斯·希门尼斯飞来了》时，我曾以为，不再会有人先我而去。可是先我而去的人却很多。就在附近，在阿根廷科尔多瓦的山上，长眠着我最好的阿根廷朋友鲁道夫·阿劳斯·阿尔法罗，他抛下了妻子——我们智利人玛加丽塔·阿吉雷。

在刚刚告终的一年里，风带走了伊利亚·爱伦堡的虚弱躯体，他

---

①华金·希富恩特斯·塞普尔韦达（1899－1929），智利诗人，著有诗集《塔》等。

是我最亲爱的朋友、真理的英勇捍卫者、戳穿谎言的巨人。还是这一年，在莫斯科，人们安葬了诗人奥瓦季·萨维奇①，他是加夫列拉·米斯特拉尔和我的诗的译者，不仅译得准确、优美，而且充满了温暖的爱意。死神刮起同样的风，带走了我的诗人弟兄纳齐姆·希克梅特和谢苗·基尔萨诺夫②，以及其他几个人。

还有一桩令人悲恸的事件：在愁云惨雾笼罩的玻利维亚，当局杀害了切·格瓦拉③。宣告他死讯的电报，像一阵神圣的寒战传遍世界各地。千万首挽歌齐声颂扬他英勇而又悲壮的一生。世界各地涌现大量悼念他的诗，然而有些诗并没有恰当表达哀悼之情。我收到古巴一位爱好文学的上校发来的电报，征求我写的诗。我至今没有写。我认为，这种挽歌不仅应该包括直截了当的抗议，还应该有关于这一令人痛心的历史事件的深刻反响。我要反复构思这首诗，直到它在我的脑海和血液中成熟。

在切·格瓦拉的日记中，我是被这位杰出的游击队领袖引用的唯一诗人，令我感动。记得切有一次当着军士长雷塔马尔的面对我说，他曾多次向最早的、谦卑而又光荣的马埃斯特拉山的大胡子游击队员们朗读我的《漫歌》。他显然有一种预感，在日记中他抄录了我写的《玻利瓦尔之歌》中的一句诗："您那勇敢船长的瘦小遗体……"

---

①奥瓦季·萨维奇（1896－1967），俄罗斯作家、翻译家，译过聂鲁达等人的作品，著有长篇小说《想象的交谈者》等。
②谢苗·伊萨科维奇·基尔萨诺夫（1906－1972），俄罗斯诗人，作品有长诗《马卡尔·马扎伊》、童话诗《一星期七天》等。
③切·格瓦拉(1928－1967)，游击战术理论家、20世纪社会主义革命家。原名埃内斯托·格瓦拉，"切"是外号。出生于阿根廷，1956年至1959年参加卡斯特罗领导的古巴革命，古巴革命胜利后加入古巴国籍，在新政府任要职。1966年在玻利维亚参加当地游击队，1967年被俘，随即遇害。

诺贝尔文学奖

我获得诺贝尔文学奖经历了漫长的过程。许多年间，我都被提名为候选人，但都毫无结果。

到一九六三年，这件事显得认真起来了。广播电台多次报道说，在斯德哥尔摩，我的提名在争论中得到坚定有力的支持，在诺贝尔文学奖候选人中，我是最有可能获胜的人。于是，玛蒂尔德和我便把保卫家庭的第三号方案付诸实行。我们准备了食物和红葡萄酒，并在黑岛家的旧大门上挂上一把大挂锁。看到这种要过隐居生活的前景，我添了几本西默农的侦探小说。

新闻记者很快就来了，我们让他们吃了闭门羹。他们进不了那扇用漂亮牢固的大铜锁锁住的大门。他们老虎一般在墙外转来转去。他们打算干什么？对于世界另一边只有瑞典文学院院士参加的争论，我能说什么呢？但是，新闻记者毫不掩饰他们要从石头里榨出油来的意图。

在南太平洋沿岸，春天姗姗来迟。那些孤独的日子使我得以亲近这海边的春天，它虽然迟到，却为自己孤寂的节日披上盛装。夏天没下一滴雨，地是黏土质的，坚硬而且多石，几乎看不见一丝绿意。冬季里，海风怒号，掀起巨浪、盐和浪花，这时大自然显得沉痛忧伤，像是那种可怕力量的牺牲品。

春天开始于一项庞大的黄色工程。无数小黄花覆盖了一切；这种细小、生机盎然的植物铺在山坡上，环住岩石，一直推进到海边，还从我们每天走的路当中冒出来，仿佛在向我们挑战，向我们证明它的存在。这些花被迫忍受隐形的生命已如此之久，这片贫瘠土地的排斥遗弃使它们惶惑了如此之久，现在它们终于满世界黄灿灿地盛开。

后来，浅色的小花消失，到处又布满了盛开的紫色花朵。春天的心由黄色转为蓝色，然后又转为红色。无数不知名的小花是怎样由一种取代另一种的呢？风抖落一种颜色，第二天又抖落另一种颜色，像是在荒凉的山冈间更换着春天的国旗，像是不同的共和国在炫耀它们入侵的旗帜。

这时节，海岸上盛开仙人掌花。在远离这个地区的安第斯山山梁上，布满凹纹和尖刺的仙人掌巨人般挺立着，如同一根根充满敌意的柱子。海岸上的仙人掌却又小又圆。早先我看见它们顶端挤着二十个绯红的花苞，仿佛一只手献出滴滴血珠作为热情的致敬。转眼之间花苞盛放。千百棵仙人掌面对翻腾着滚滚白色泡沫的大海，被怒放的花朵烧得一片火红。

我家那棵老龙舌兰，曾从它体内深处开放出自杀性的花朵。这棵蓝黄相间的植物，高大又肉质，在我家大门旁已生长了十多年，长得比我还高。这种植物一旦开花便会死去。它曾举起一枝坚挺的绿色长矛，伸至七米之高，每隔一段便是干巴巴的花序①，上面薄薄地覆着一层金粉。后来，这棵美洲龙舌兰的大叶片突然全部凋落，枯死了。

在这株高大的死花近旁，另一种巨大的花生长起来。在我国以外，没有人认识它；它只长在这南极区的海滨。它叫智利铁兰。这种历史悠久的树受阿劳科人崇拜。古代的阿劳科人已不存在。鲜血、死亡、时间和后来阿隆索·德埃尔西利亚写的史诗，结束了一个黏土部落的古老历史，这个部落突然从千百年的酣梦中惊醒，奋起保卫自己被侵略的祖国。当看见它的花再次出现在几个世纪色泽暗淡的累累尸骨之

① 指许多花按一定次序生长在花轴上，可分为无限花序（如总状花序）和有限花序（如聚伞花序），前者花轴为单轴分支，能继续生长和向外扩大，后者花轴为合轴分枝，凭侧枝向上生长。

上，在血迹斑斑的被遗忘的地层之上，我于是相信不管我们是什么，不管我们现在什么样子，大地的过去总会开花。只有大地长存不息，不改它的本质。

但是，我忘了描述这种花。

这是一种有锯齿尖叶的凤梨科植物。它像一堆绿火在道路上冒出来，像插满神秘的翡翠色宝剑的武器架。然而，从它腰部突兀地长出单独一枝总状花序的大花，像一朵巨大的、足有一人高的绿玫瑰。这枝孤零零的花由许多小花攒集在一起，聚成一座绿色的大教堂，顶上是金色的花粉，在大海的辉映下闪烁。这是我见过的唯一一种绿色巨花，是孤独的海浪纪念碑。

我国的农民和渔夫早就忘记了那些小植物的名字，也忘记了那些至今没有名字的小花。他们渐渐忘记这些花，这些花也慢慢失去自豪感。它们缠结在一起，颜色晦暗，如同河流从安第斯山的白雪中带到陌生的沿海地区的那些石头。农民和渔夫、矿工和走私犯，仍然致力于他们艰难的生活，生死相继，履行着他们的责任，承受着挫折。未被发现的土地上的英雄是默默无闻的；事实上，在这些土地上，在它们的歌声中，闪射光芒的无不是无名者的鲜血和不知名的花朵。

在这些花中，有一种已挤满了我的房子。这种开蓝花的植物有一根骄傲的、有光泽的、结实的长茎。茎顶端有许多淡蓝和深蓝的小花在摆动。我不知道是否所有人都欣赏它那极高雅的蓝色。或许它只向某些人展示？或许由于某个蓝色神灵的禁止，而对其他人保持隐蔽的、目不得见的状态？又或许只是我在孤寂中傲视一切而自得其乐，因在这被人遗忘的春光中邂逅了这样的蓝、这样的蓝色浪潮、这样的蓝色星光？

最后，我要谈谈智利日中花。不知道别处有没有这种植物，它们铺天盖地，用它们的三角形手指扒住沙地。春天给这些绿手戴满不常见的紫红指环。智利日中花有个希腊名字：aizoaceae。在这迟来的春日，黑岛的胜景就是那遍地的 aizoaceae，它们四处蔓延，如同海潮登陆，如同从大海这绿色洞穴中喷涌而出，如同远方的海神贮藏在酒窖里的一串串紫红色葡萄的汁液。

恰在这时，无线电向我们宣告，希腊的一位杰出诗人获得了这一著名奖项。新闻记者们走了。玛蒂尔德和我终于清静了。我们郑重地从旧大门上摘下那把大锁，好让大家像春天那样，仍然不叫门、不通报就可以走进我的家。

瑞典大使夫妇当天下午来看我。他们带来一只装着酒和熟食的篮子。他们原以为此次诺贝尔文学奖非我莫属，准备下这一篮子酒食用来祝贺。我们并不伤心，我们为获得该奖的希腊诗人塞菲里斯[①]干杯。大使在告别时把我拉到一旁，对我说：

"新闻界肯定要来采访，我对塞菲里斯一点儿也不了解。您能告诉我他是谁吗？"

"我也不了解他。"我坦率答道。

这个叫作地球的行星上的每一位作家，实际上都希望有朝一日获得诺贝尔文学奖，没有说出这种想法的人和否认过有这种想法的人都包括在内。

尤其是在拉丁美洲，各国都有候选人，都制订行动计划，拟定策略。这倒使一些本该得此奖的人得不到了。罗慕洛·加列戈斯[②]就是一

---

① 乔治·塞菲里斯（1900－1971），希腊诗人、散文作家和外交官。1947 年获雅典学院的帕拉马斯奖，1963 年获诺贝尔文学奖。著有诗集《转折》等。
② 罗慕洛·加列戈斯（1884－1969），委内瑞拉小说家。1947 年至 1948 年任共和国总统。著有长篇小说《堂娜芭芭拉》等。

例。他的作品既恢宏又得体。但是，委内瑞拉是个产油国，也就是说是个富国，打算利用这一点为他争得这个奖。该国任命了一位驻瑞典大使，其最高任务乃是为加列戈斯争得此荣誉。大使请客吃饭出手大方；他在斯德哥尔摩当地印刷厂为瑞典文学院院士的著作印制西班牙语版。这一切大概使那些敏感又持重的院士感到太过分了。罗慕洛·加列戈斯绝不会知道，一位委内瑞拉大使过分卖力的活动，也许就是他得不到理应获得的文学荣衔的原因。

在巴黎，有一次，有人告诉我一个略带残酷幽默感的可悲故事。这次谈的是保罗·瓦莱里①。他的名字传遍法国，报刊上都认为他是当年诺贝尔文学奖最有资格的候选人。在斯德哥尔摩投票决定得奖人的那天上午，瓦莱里为了缓解即将到来的消息给他造成的紧张不安，一大早就带上手杖和狗，离开乡间的家。

中午吃午饭时，他远足归来。一打开大门，他就问女秘书：

"来过电话了吗？"

"来过，先生。几分钟前，斯德哥尔摩有电话找您。"

"他们说了什么消息？"他说，显然很激动。

"有位瑞典新闻记者想知道您对妇女解放运动的看法。"

瓦莱里本人谈起这则逸事，总是用一种嘲弄的口吻。事实上，这么一位杰出的诗人，这么一位完美的作家，竟始终没有得到这项著名的文学奖。

至于我，应该承认我是很谨慎的。在一位颂扬加夫列拉·米斯特拉尔的智利学者写的书里，我曾读到我那位严厉的女同胞寄往许多地方的大量书信，信中她没有失去自己的严厉，但可以看出，她受到本

---

① 保罗·瓦莱里（1871–1945），法国诗人、评论家、思想家，著有《札记集》《幻美集》《杂文集》等。

能的驱使，希望早日获得该文学奖。这更加使我感到抗拒。自从得知我的名字被当作候选人提出以后（我已不知道自己被提名多少次了），我决定不到瑞典去，虽然从少年时代起，我就被这个国家吸引，当时我同托马斯·拉戈①一起，自封为一个名叫古斯泰·贝林②的被革出教门的酒鬼牧师的门徒。

此外，每年被提名，事情却毫无进展，使我感到厌倦。看见我的名字像一匹赛马似的出现在每年的比赛名单上，我不免感到恼怒。另一方面，智利人——包括作家和民众——因为被瑞典文学院冷落而感到受了伤害。这一切几乎到了荒唐可笑的境地。

众所周知，我终于被授予诺贝尔文学奖。一九七一年，我在巴黎，刚到那里接任智利大使，当时我的名字又开始在报纸上出现。玛蒂尔德和我皱起眉头。由于习惯了一年一度的失望，我们已经变得没有感觉了。这年十月的一个晚上，我们使馆的参赞兼作家豪尔赫·爱德华兹走进我家的饭厅。他生来稳重，谁知竟提议跟我打个简单的赌：如果我被授予该年的诺贝尔文学奖，就要请他和他的妻子到巴黎最好的餐馆去吃顿饭；如果这个奖没有授予我，就由他们来请玛蒂尔德和我。

"同意。"我对他说，"我们准能吃上让你破费的美餐。"

豪尔赫·爱德华兹之所以一反常态、大胆打赌的部分内情，第二天就揭底了。我得知他的一位女友人曾从斯德哥尔摩打电话给他。她是作家兼记者，说这次巴勃罗·聂鲁达赢得诺贝尔文学奖有百分之百的把握。

---

①托马斯·拉戈（1903－1975），智利诗人、作家，著有《乡巴佬》等。
②瑞典女作家、1909年诺贝尔文学奖获得者塞尔玛·拉格洛夫创作的小说《贝林的故事》中的主人公，是个生性不羁、嗜酒成癖但才华横溢的青年，心中充满对自由和爱情的渴望。

新闻记者们开始从布宜诺斯艾利斯，从墨西哥，尤其是从西班牙打来长途电话。在西班牙，人们认为这已是板上钉钉的事。我当然拒绝发表言论，但是我的疑虑又开始露头了。

那天晚上，我在瑞典结识的唯一一位作家朋友阿图尔·伦德克维斯特①来看我。伦德克维斯特三四年前就当上了瑞典文学院院士。他从瑞典来，要到法国南方去。饭后，我把我被迫回答那些认为我必定得奖的新闻记者打来的国际电话的窘况告诉了他。

"阿图尔，我想求你一件事。"我对他说，"如果这是真的，我很想在报纸公布之前先知道这件事。我希望在别人之前头一个告诉萨尔瓦多·阿连德，我和他一起参加过那么多斗争。成为第一个知道这个消息的人，会使他十分高兴的。"

院士兼诗人伦德克维斯特用他那双瑞典人的眼睛，非常严肃地看着我说：

"我什么也不能告诉你。如果有什么消息，瑞典国王会打电报通知你，或者瑞典驻巴黎大使会通知你。"

这是十月十九日或二十日的事。二十一日上午起，大使馆的几个接待室里开始挤满了新闻记者。瑞典、德国、法国以及拉丁美洲各国电视台的摄制组人员，对于我只因毫无消息而保持沉默，显得极不耐烦，几乎要举行暴动。瑞典大使在十一时半打电话来，要我接见他，但没有告知要谈什么；这丝毫没能平息紧张情绪，因为会见要过两小时才进行。电话继续发疯似的响个不停。

这时，一家巴黎电台发了一则快讯——一条最新消息，宣布一九七一年诺贝尔文学奖已经授予"智利诗人巴勃罗·聂鲁达"。我

①阿图尔·伦德克维斯特（1906－1991），瑞典诗人、评论家，瑞典现代主义文学的主要代表之一。1968 年当选为瑞典文学院院士。著有长诗《阿加迪尔》等。

立刻下楼去会见一大群乱哄哄的新闻媒体人员。幸亏这时我的老朋友让·马塞纳克和阿拉贡来了。杰出诗人和我的法国弟兄马塞纳克大声欢呼。至于阿拉贡，看来他听到这个消息比我还高兴。他们两人帮我度过了新闻记者骚扰的困难时刻。

我刚做过手术，有贫血症状，走起路来摇摇晃晃，不怎么想动。当晚，有几位朋友来和我一起吃饭；他们是意大利来的马塔、巴塞罗那来的加西亚·马尔克斯、墨西哥来的西凯罗斯、加拉加斯来的米格尔·奥特罗·席尔瓦①、在巴黎当地的阿图罗·卡马丘·拉米雷斯②、从藏身处来的科塔萨尔。还有智利人卡洛斯·巴萨略，他从罗马来，要陪我去斯德哥尔摩。

拍来的电报堆成一座座小山，我至今都没能全部看完或答复。我收到的无数信件中，有一封古怪的、气势汹汹的信。这封信是一位先生从荷兰写来的，他是个魁梧的黑人，这可以从他附来的那份剪报上看出来。信的大意是："我代表荷属圭亚那乔治敦的反殖民主义运动。我曾要求得到一张参加将在斯德哥尔摩举行的授予您诺贝尔文学奖仪式的请柬。瑞典大使馆通知我要准备一件燕尾服——这种场合绝对要穿的礼服。我没钱买燕尾服，也绝不穿租来的，因为穿旧衣服会使一位自由的美洲人丢脸。所以我通知您，我将用凑到的一点点钱到斯德哥尔摩去举行记者招待会，在会上揭露那个授奖仪式的帝国主义和反人民的性质，以此向全世界最具反帝精神和最受人民爱戴的诗人表示敬意。"

---

①米格尔·奥特罗·席尔瓦（1908－1985），委内瑞拉作家、诗人，作品有《死屋》《我想哭但哭不出》等。
②阿图罗·卡马丘·拉米雷斯（1910－1982），哥伦比亚诗人，作品有《爱的征兆》等。

玛蒂尔德和我在十一月前往斯德哥尔摩，有几位老朋友陪我们去。我们下榻在豪华的格兰德酒店，从那里可以看见寒冷的美丽城市，王宫就在我们窗子对面不远处。当年在物理学、化学、医学等领域的获奖者也都住在这家酒店里，他们是些很不相同的人，有的说话滔滔不绝、举止彬彬有礼，有的则像刚刚偶尔走出车间的机械工人那么简朴且土气。德国人威利·勃兰特没有住在这家酒店，他将在挪威接受他的诺贝尔和平奖。遗憾的是，在所有获奖者中，他是我最想结识并与之交谈的人。后来我只在招待会上看见了他，而且相隔三四个人。

　　我们必须为这场盛大的仪式举行一次排练，瑞典外交部礼宾司在将要举行仪式的地方指导我们排演。人们十分认真地在预定的钟点起床并离开饭店；准时来到一座空荡荡的大楼；毫无差错地登上几道楼梯；按严格次序走向左边和右边；坐到主席台上授奖日我们各自该坐的那把扶手椅上——看到这些确实令人感到滑稽。这一切都面对着电视摄像机进行，而且是在一间空荡荡的大厅里，这里最显眼的是国王和王室的专座，也黯然地空着。我永远也弄不明白，瑞典电视台为什么有这种怪念头，要把这么糟的演员进行的排练摄制成电视片。

　　诺贝尔奖颁奖的日子，是和圣露西亚节[1]的庆祝活动同时开始的。酒店走廊里的悦耳歌声把我惊醒；不一会儿金发的斯堪的纳维亚少女头戴花冠，在点燃的烛光照耀下走进我的房间。她们给我送来早餐，还带来一件礼物——一幅美丽的海景长卷。

　　接着，发生了一件惊动斯德哥尔摩警察的意外事件。在酒店接待

――――――――――
[1]瑞典的两大节日之一。

处，有人交来一封给我的信，署名的就是荷属圭亚那乔治敦的那个放肆的反殖民主义者。他写道："我刚刚到达斯德哥尔摩。"他要举行记者招待会的企图已告失败，但是作为革命活动家，他还是采取了一些行动。卑微者和受压迫者的诗人巴勃罗·聂鲁达不能穿燕尾服去接受诺贝尔文学奖。因此，他买了一把修枝剪，要用它公开剪掉我"燕尾服的后襟和任何别的下垂物"。"为此我履行我的义务，事先警告您。当您看见大厅尽头有个黑人拿着很大的修枝剪站起来时，就该准确猜到要出什么事了。"

我把这封荒唐的信交给那位年轻的外交官，他是瑞典外交部礼宾司的代表，始终陪我忙这忙那。我笑着对他说，我在巴黎时就收到过这个疯子的另一封信，我认为我们不必当回事。这位年轻的瑞典人却不同意。

"在这个争吵不休的时代，最出人意料的事都可能发生。提醒斯德哥尔摩警方是我的责任。"他对我说，接着就飞快地去办这件他归之为自己的职责的事情了。

我应该指出，陪我到斯德哥尔摩的人中，有委内瑞拉人米格尔·奥特罗·席尔瓦这位杰出的作家和才华横溢的诗人，我认为他不仅是美洲意识的杰出代表，也是我的一位无与伦比的朋友。离举行仪式还剩几个小时。吃午饭时，我议论起瑞典人对待抗议信何等认真。当时奥特罗·席尔瓦正和我们一起用餐，他在自己额头上猛拍一巴掌，嚷道：

"巴勃罗，这封信是我亲笔写的，为捉弄你一下。现在警察正在查找一个不存在的闹事者，我们该怎么办？"

"你大概要给送进牢房去。为你这个加勒比海的野蛮人干的恶作剧，你要替那个乔治敦人受处罚。"我对他说。

这时，我那位年轻助手向当局报警回来了，坐到我们这张桌旁来。我们对他讲了事情的经过：

"这是个恶作剧。肇事人现在正跟我们一起吃饭。"

他又急忙出去。但是警察已经跑遍了斯德哥尔摩的所有酒店，查寻来自乔治敦或类似地方的一个黑人。

与此同时，警方依然保持戒备。在参加授奖仪式和离开庆祝舞会时，玛蒂尔德和我发现，抢先跑来照顾我们的不是惯常的那些招待员，而是四五个足以对付修枝剪袭击的魁梧、健壮的金发保镖。

诺贝尔奖授奖仪式上观众很多，安静、守纪律，鼓掌适时，彬彬有礼。年迈的国王和我们每个人握手，给我们颁发证书、奖章和支票；我们随即回到主席台的座位上去，台上已经不像排练时那么缺乏生气，现在摆满了鲜花，座无虚席。有人说（也许是为了让玛蒂尔德留下深刻印象而对她说的），国王和我比和别的获奖者在一起的时间要长些，同我握手的时间也更长些，对待我显然很亲切。这也许是古代宫廷对游吟诗人的遗风。无论如何，别的国王从没有握过我的手，更说不上握手时间是长是短了。

毫无疑问，严格按礼仪进行的那场仪式当然是很隆重的。重大时刻举行大典的做法，也许将永远流传于世。看来人类需要它。但是，在那个杰出获奖者的庆典和外省小城的小学发奖仪式之间，我发现了令人愉悦的相似之处。

小智利

我从伊瓦涅斯港来，浩瀚的卡雷拉将军湖那金属般的湖水有如大

424

自然心血来潮的产物，使我感到惊奇；只有古巴巴拉德罗的绿松石般的海水或我们智利彼得罗韦的海水，可以与那湖水相比。然后是伊瓦涅斯河上奔腾的瀑布，那是该河令人震惊的壮丽景观不可分割的部分。该地区人民的隔绝状态和贫困生活也使我心酸；他们守在巨大的水力资源近旁，却没有电灯；生活在无数绵羊中间，穿的却是破衣烂衫。我终于来到了小智利。

我抵达那里时天已向晚，等待我的是无边的苍茫暮色。风吹个不停，把石英似的云彩吹得粉碎。有一大块云被风留在天地之间，一条条蓝光的河流把它分隔成孤岛。

放牧的和播种的土地，在极地大风的压力下挣扎。周围耸立着岩石城堡的坚固高塔，它们有着刀削似的塔尖，哥特式的塔顶，花岗石天然雉堞。不规则的艾森诸山有的圆如球，有的高耸平坦像桌子，上面有长方形和三角形的雪堆。

天空在用薄纱和金属织造它的晚霞——黄云在空中闪烁，像一只巨鸟悬浮在澄澈的穹苍。一切都瞬息万变，忽而变成鲸鱼的大嘴，忽而变成火红的豹，忽而又变成形状抽象的彩灯。

我觉得在我头上展开的无垠空间，是要我作耀眼的艾森山的见证。艾森山有无数山峦、瀑布、千万株枯死和烧焦的树——它们以沉默控诉那些古代的凶手，那是一个一切都已齐备、正在诞生的世界的沉默：这是祭天、祭地的仪式。然而，那儿没有什么庇护，缺乏公众秩序、建筑物和人。生活在如此沉重的孤独中，需要的是与广袤空间相称的博大爱心。

当晚霞暗淡下去，蓝色夜幕倏然垂下时，我走了。

南方的风景

在来来往往之间，在那些转瞬即逝、理应受到谴责的爱恋之中，年轻的我逐渐理解了故乡，理解了在耕地上和森林里蔓延的冲突、痛苦和掠夺。

在墨西哥和秘鲁的古老王国里，西班牙的征服战争如同邪恶的闪电般刺眼，那两个印第安帝国已被侵蚀殆尽了，分裂分子和寄生群体向大胡子侵略者屈服了，他们既不觉得痛苦，也不觉得光荣。而智利的历史就是另一回事了。

智利的历史是一场持续了三个世纪的漫长的互相残杀。印第安守卫者和西班牙征服者最终同归于尽。不过，虽然西班牙士兵和他们的家人因为无情的战争而变得落魄潦倒，但他们还是在这片土地上留下了许多农庄，而这个农庄体系莫名地被保留了下来。事实上，直到智利第一届人民政府——也就是萨尔瓦多·阿连德总统的政府——掌权之后，在一九七一年到一九七三年我写回忆录的这几个月之间，这些庄园才被分配完毕。很显然，这些记录大多是我个人的回忆。但我的国家，连同它的各种问题，如影相随。在欧洲、亚洲或是美国，也许会有人对我的诗歌感兴趣，他们或许觉得，智利这个国家又长又细，就像一颗小行星，要是从天上看，在世界版图上几乎都看不见它。但是，对我来说并不是这样。

我们智利人拥有一部分奇怪的血统。在美洲的其他地方，混血人种是被伊比利亚士兵奸淫的印第安妇女的后代。而我们智利人同时也是被阿劳科战士奸淫的西班牙妇女的后代。在祖国漫长的战争持续的那几个世纪里，智利的印第安人就像西班牙人一样残酷无情，不会在任何一座被他们夷为平地的城市与要塞，给西班牙人留下活口。但奇怪的是，他们从来没有杀害过女人。

我不知道他们为什么会有这样的作战习惯，我也继承了阿劳科人的血液，但他们对我来说依然神秘、遥远而遁世，就跟十六世纪那些半裸着身体、带着原始弓箭的阿劳科人一样，他们与不可战胜的征服者抗争。

被俘虏的西班牙女人给印第安劫匪生下了孩子，这些孩子就是智利人。我们是在非常奇怪的情况下诞生的。从一八一〇年开始，智利废止了君主制，成立了独立政府，那些刚刚拥有国籍的同胞们在倒行逆施的制度中感到十分舒适。他们编造了许多头衔，称呼自己为贵族和长子，仍然依靠别人的劳动生活。为了扩张自己的势力，他们继续屠杀印第安人。资产阶级的历史学家把智利这段血腥的时期命名为"平定阿劳卡尼亚"，真是既可恶又讽刺。

镇压者用武力摧毁了阿劳科人和他们的财产。在那片处女地上定居之后，他们又颁布了法令，派遣了法官、律师和警察。就这样，克里奥尔人凭借子弹和棍棒在那片土地上安家落户。我骑马穿过的那片土地曾经鲜血淋漓。

人们像埃尔南德斯家族那样努力，他们带着脱谷机潜入大山，仿佛是新游击队的第一批士兵。然后，冷漠的地主出现了。圣地亚哥的寡头政权已经吞并了广阔的产酒省份，并向整个南方扩张。为数不多的地主与数量惊人的贫苦农民过上了截然不同的生活，尽管农民与新地主一样都是智利人，可他们食不果腹、衣衫褴褛且愚昧无知。

这就是我年少时的社会机制；我们不断了解祖国不为人知的历史，心中满是恐惧、爱和忧郁。

我开始寻找能跟我讲述过去和现在的人，疯狂地寻找能告诉我真相的书籍。

我了解到有一本描写英雄的小书，讲述了那几年里发生过的暴行。它讲述了巴塔哥尼亚最后几个种族灭绝的历史，而这件事发生时，我还是个学徒诗人。当时，我或许正在河船上航行，被手风琴的旋律或丛林女子美丽的双腿撩动了心弦。

我四处寻找这本书，但是并没有找到：谋财害命的地主已经追查、收买或是摧毁了每一册复本。

这本书叫作《悲惨的巴塔哥尼亚》，直到三十五年后，我才终于找到了一册复本。

书里讲述了最后的奥纳人被灭绝的赤裸裸的历史。这些牧民是地球上唯一维持石器时代风俗习惯的一群人。但是这些标签不会吓唬到任何人。那些可怜的部落以捕鱼为生，他们在全世界最严酷的土地上生存了下来。

但是他们却没能逃脱梅奈德斯家族、蒙特斯家族、埃切拉尔特家族的魔爪。这几个家族认为，和这些瘦骨嶙峋的巴塔哥尼亚人做邻居会威胁到他们饲养的羊群，于是他们追捕所有奥纳男人，杀光所有奥纳女人和孩子。赏金猎人给他们送去奥纳人的头颅，每颗价值一英镑。

每到下午，这些新地主就会像清点香瓜一样清点头颅，给他们的追随者支付报酬。

就这样，火地岛的梅奈德斯家族——他们的后代如今是圣地亚哥绅士俱乐部部长、布宜诺斯艾利斯赛马俱乐部部长——拥有了数量可观的羊群。

就这样，那个被遗落在世界尽头的种族只剩下了三四名幸存者。

就这样，几年前，那个拥有智利、阿根廷双重国籍的梅奈德斯家族拥有了一百万只羊。

九月的旗帜

在拉丁美洲大陆南部，九月是一个百花盛开的舒畅月份。在这个月份，到处旗帜招展。

上世纪初叶，一八一〇年，也在九月，南美洲许多地区发生了或是加强了反对西班牙统治的起义。

如今在九月，我们南美洲人追忆当年的解放，纪念英雄，迎接漫山遍野的春天，这春天跨过麦哲伦海峡，在南巴塔哥尼亚和合恩角催开百花。

由墨西哥到阿根廷和智利萌生的革命，是条环环相扣的链条，对世界有非常重要的意义。

革命领袖们是各不相同的。玻利瓦尔[①]是个有先见之明的战士和贵族；圣马丁是一支军队的天才组织者，这支军队曾经越过本星球上最高也最难跨越的山脉，去智利为解放而进行决战；何塞·米格尔·卡雷拉和贝尔纳多·奥希金斯是智利最早的军队缔造者，也是最早的

––––––––––––––––––––

① 西蒙·玻利瓦尔（1783－1830），委内瑞拉政治家、革命家，解放南美的先驱人物，拉美独立战争的领导者。

印刷厂创建者和第一批反奴隶制法令的制定者，智利废除奴隶制比美国要早许多年。

何塞·米格尔·卡雷拉和玻利瓦尔及其他几位解放者一样，出身于克里奥尔贵族阶级。这个阶级的利益与美洲西班牙人的利益强烈抵触。人民不是有组织的整体，而是为西班牙统治者役使的广大奴隶群体。玻利瓦尔和卡雷拉这些人物都是百科全书派著作的饱学之士、西班牙军校的学生，有义务打破孤立和愚昧的障壁，去激发民族精神。

卡雷拉的一生如闪电般短促而灿烂。若干年前，我汇集出版过一本前人追忆他的书，名叫《不幸的轻骑兵》。他那极具魅力的品格把各种矛盾冲突吸引到他的头上，有如避雷针吸引电火花。他终于被刚刚宣告成立的阿根廷共和国的执政者在门多萨枪决了。他不顾一切要推翻西班牙统治的愿望，使他成为阿根廷大草原上不驯的印第安人的首领。他围攻布宜诺斯艾利斯，几乎把它攻克。他的夙愿是解放智利，为达到这个目的他仓促发动一场又一场大大小小的战争，最终导致他被推上刑场。在那风云变幻的年代，革命吞没了它自己的一个非常出众和勇敢的儿子。历史把这一流血事件归罪于奥希金斯和圣马丁。但是，春意盎然、旗帜招展的九月的历史，用它的翅膀保护着对三位英雄人物的追忆，他们曾以莽莽的南美大草原和终年不化的冰天雪地为大舞台，进行过多次战斗。

智利的另一位解放者奥希金斯是个谦和的人。若不是他年仅十七岁时在伦敦偶遇一位老革命者，他的一生也许是默默无闻和平静的；这位老革命者当时奔走于欧洲的所有宫廷，谋求对美洲解放事业的援助。他名叫堂弗朗西斯科·德米兰达，除了其他朋友，他还拥有俄国叶卡捷琳娜女皇颇具影响力的好感。他使用俄国护照抵达巴黎，并进出于欧洲各国的外交部。

这是一个浪漫故事，具有"时代"的旋律，好似一出歌剧：奥希金斯是一位西班牙总督的私生子，是名幸运的爱尔兰裔军人，最后当了智利的统治者。当米兰达意识到奥希金斯对西班牙美洲殖民地起义将会很有用处时，就想方设法查明了这个青年的身世。有人讲述了当时的情景：当米兰达向年轻的奥希金斯揭露其身世秘密，促使他参加起义行动时，这个青年革命者跪倒在地，拥抱米兰达，啜泣着保证立刻动身到他的祖国智利去，在那里领导反抗西班牙势力的起义。奥希金斯是在反抗殖民制度的斗争中获得最后胜利的人，被认为是我们共和国的国父。

米兰达后来被西班牙人俘获，死于加的斯的拉卡拉卡监狱。这位前法国大革命中的将军和革命者导师的遗体，被装进袋子，从监狱的高处投入海中。

圣马丁被他的同胞流放，孤独地老死在法国的布洛涅。

智利的解放者奥希金斯死于秘鲁，远离他所爱的一切；他是被克里奥尔大庄园主阶级放逐的；后者很快便篡夺了革命。

不久前我路过利马，在秘鲁历史博物馆见到奥希金斯将军晚年画的几幅画。这几幅画全部以智利为题材。他画了智利的春天，画了九月的树叶和花朵。

在这九月里，我不禁想起那个起义时代的人、事件、爱情和痛苦。一个世纪后民众又激愤不安起来，一股强劲的风和愤怒吹动了旗帜。从那遥远的年代开始，一切都变了，但是历史仍然在前进，一个新的春天将填满我们美洲无限广阔的空间。

安德烈斯·贝略①

我们从暴风雨肆虐的北海出发。天色逐渐变蓝，空气也逐渐变得柔和而温暖。

载我回国的船只即将触碰美洲的土地。委内瑞拉的拉瓜伊拉港将是我们的第一个目的地。

在一个美洲人看来，没有哪个国家可以代替整个美洲大陆，我们明白美洲每个角落的历史几乎都是鲜血淋漓的，每个民族的民间歌曲都在我们耳畔萦绕，都让我们着迷。当然，这里还有我们热爱的水果。

我快到委内瑞拉了。在智利圣地亚哥大学的校门前，有一尊全智利最好的雕像。那是一个坐着的男人，神情严肃。对于年轻一代来说，这个男人象征着旧时自由独立的理想，这种理想促成了多个共和国的诞生。这尊经受智利阳光、雨露和时间洗礼的大理石雕像，雕刻的是一名政治家、作家，也是一名聪慧的老师。他叫安德烈斯·贝略，是玻利瓦尔的朋友。他是委内瑞拉人，也是智利大学的第一任校长。

随着离拉瓜伊拉港越来越近，我远远地在模糊的绿色海岸线上看见了安德烈斯·贝略大理石像的目光。那个目光见证了我学生时代的奋斗、我最初的爱情和我第一首诗歌的诞生。对于我们来说，对于当下许多智利年轻人来说，这个在伦敦创办了最好的西班牙语革命浪漫主义和文学科学杂志的委内瑞拉人，用解放的思想把被广袤的美洲大陆分隔开的两个国家团结了起来。委内瑞拉人贝略赋予刚刚

---

① 安德烈斯·贝略（1781－1865），委内瑞拉人文主义者、诗人、教育家。1829 年赴智利定居，并出任外交部部长，还从事教学工作。

成立的智利共和国以深刻的意义和严密的体系。他深受法国革命思想的启发，撰写了法律法规；他为我那刚刚脱离殖民阴霾的祖国创立了文理学科。

我个人的经历也与圣地亚哥大街小巷里的那尊雕像莫名联系在了一起。

贝略不是出众的诗人。他是杰出的组织者、立法者、科学家。但他的文学作品，尤其是他的诗歌，充满了对美洲大地、对我们山川河流的热爱之情。在美洲独立的初期阶段，贝略试图赋予文学以民族意义。但这种传统被遗忘了，随着资产阶级的发展壮大，这种传统几乎完全被欧化文学和世界文学替代了。在创作《漫歌》的时候，我的目标是重新赋予拉美诗歌多民族的特性，也就是说，回到那位伟大的委内瑞拉人指引的道路上去。

现在，一条长长的海岸线在海水中极其惹眼，环绕着一块海蓝宝石般翠绿而耀眼的大地。那是委内瑞拉的土地，是玻利瓦尔和贝略的祖国。

雷卡瓦伦

雷卡瓦伦和拉斐特是塑造民族灵魂和民族特性的少数智利人之一。他们一下定决心加入人民斗争，就坚定不移地为智利工人群体争取到了最大的尊严、最多的福利和最好的文化，这两位爱国人士让我们的人民载入史册。

这是他们作为爱国者、作为共产党员的职责。

直到今天，我们依然无法全面了解路易斯·埃米利奥·雷卡瓦伦的生活与工作。

在美洲大陆的政治社会史上，不可能找到另一个像他那样强大而重要的斗士。不管是在北美、中美还是南美，都不会再有另一个像雷卡瓦伦那样的巨人。

他就像一座高峰，矗立在美洲大地上。另一方面，他在智利人民的斗争中留下了永恒的印记。那些处于动荡时局的伟大游击队员，如墨西哥的埃米利亚诺·萨帕塔，或是尼加拉瓜的桑蒂诺，正是用火药和鲜血在北方人民的心里留下了抗争的印记。

怪不得他们会因为自己勇敢的事迹被人们铭记和崇拜。

雷卡瓦伦比任何人都了解我们的祖国。他也是个伟大的英雄；但他是组织的英雄。他是群众意识的造就者，是不知疲倦的颠覆者。但他激进的举动只为一个目的服务：有组织的人民行动。他是在美洲创立并大量成立工会与联合会的第一人，那都是他在原本充斥着毁灭、牺牲和屠杀的土地上，用新生命创立的。

那是资产阶级政府第一次见到拍着桌子为自己争取权利的群众。阿尔图罗·阿莱桑德里总统在第一任期内实行的社会改革，便是雷卡瓦伦强大的组织能力和革命精神的直接结果。

我们大家都知道，雷卡瓦伦是工人阶级新闻体系的建立者。

但是，你们知道在一九二〇年以前，出版一份抗争性质的报纸意味着什么吗？

要出版就得计划，得写作，得找被追查的报社印刷，得给报纸做宣传，逐一分发给每个人，还得在没有资源的情况下，在除了同志情谊之外一无所有的情况下资助这份报纸。你还得培养同志情谊，得在无情压迫的威胁下，把同志情谊播撒在冷漠的沙地里。

在这种条件下，雷卡瓦伦创办了十二份报纸。因为他明白文字的力量，他明白与广大工人群体直接接触的重要性。

有一回，在小北地区，我的同伴带我去看了一台旧印刷机，它还能印刷一份规模很小的党报。它很古老，仿佛是博物馆里的文物，但它还在工作。它的转轴上有几处触目惊心的凹陷。我问他们这些伤痕是怎么来的。他们告诉我，不到半个世纪之前，警察突袭了这个地方。报社被毁了，工作人员被赶到了街上，整个区域都被焚毁了。但那台旧印刷机还在工作，还在捍卫人民的事业。

我抚过那些旧伤痕，触碰到金属的时候，我觉得自己正在触摸雷卡瓦伦的灵魂和他坚不可摧的遗产。

拉斐特

对许多人来说，他是拉斐特同志。对于另一部分人来说，他是埃利亚斯。对于我来说，不管是他活着的时候，还是在我的记忆里，他永远都是堂埃利亚斯。

我从他那里学到了很多东西。在认识他以前，我对人类的许多美德一知半解。我对正直一知半解，对朴实一知半解。我对正派一知半解。和堂埃利亚斯走在草原上，我见到了一个真正朴实的男人，一个完全正直的人，我和一个百分之百正派的人成了朋友。

这是一堂少有的精彩之课，它让我拥有了生命，接触到了党。

虽然我并不了解他，但埃利亚斯是位伟大的老师，他教给我的另一件事是热爱党。在时而愉快时而艰难的情况下，我和硝石矿区的群众交谈了上百次，我对党的热爱之情不断加深，我的心中产生了共产主义情感，对此我既感到骄傲，又觉得谦卑。

从他身上我学到了一件事，尽管大家都认为某个人非常杰出，但他也必须遵循斗争规律，必须与人类的希望相连，必须成为一名忠诚的党员。我们自身的自由很重要，但是人类的解放更重要。

堂埃利亚斯从不相信一个共产党员可以离开党。他有伟大的人格，因此，他也是个非常守纪律的人。

在塔拉帕卡的沙地间，在安托法加斯塔高高的矿山上，我们相伴而行，边走边谈。

共产党是在那里诞生的，在那残酷的平原上。在那里，我看见战友们顽强地忍受苦难，领略了他们的英雄风采。有一回，我们甚至在机关枪前交谈。罢工运动连绵不绝。矿工们薪水微薄，生活艰苦。草原上聪明的孩子只能在不毛之地成长，无法接触到任何文化。

我看见矿工们从石块里用力地挖出硝石，看见他们消失在矿坑里，再次出现的时候仿佛变成了汗流浃背的痛苦幽灵。在伊基克，我和堂埃利亚斯坐在桌前，我写下了十四行诗《硝石》，他背下了这首诗。

在雷卡瓦伦和拉斐特惊天动地的动荡一生里，发生了许多故事，有些很凄楚，有些就像星星之火。

怎能忘记，在被帝国主义集团的警察追捕的时候，在无法集结工人、无法跟他们交谈的时候，雷卡瓦伦证明了自己拥有取之不尽的聪明才智。他们很快就在废弃矿井的地道里集合，那里就像是荒凉的墓地。但有一回，英国硝石公司禁止在草原上举行工人示威活动，他们理所应当地认为自己有开发权，整片土地都属于他们。雷卡瓦伦让硝石矿工们在横跨大草原的铁轨间集会。

"至少这块土地不属于他们，因为它属于国家铁路。"就这样，在两条铁轨之间的狭窄空间里，人们排成长队听他讲话。

我不希望我的这些回忆，让大家误以为我们这些伟大的伙伴是缺乏幽默感的人，或是只为崇高事业而活的人。

雷卡瓦伦是个非常幽默快乐的人，他富有人性，而且很温柔。拉斐特比他小得多，他常常打趣拉斐特，大声地嘲笑年轻的拉斐特天真单纯，嘲笑他想法大胆。

堂埃利亚斯告诉我，在与雷卡瓦伦的最初几次交谈中，他们谈到了灵魂轮回理论。

"这是什么？你给我解释一下吧，这个理论讲的是什么啊？"拉斐特问道。

"这个理论来源于东方。印度人认为，人死后灵魂会住进动物的身体，会变成大象、乌龟、鸟或是鱼。"雷卡瓦伦回答说。

拉斐特依然若有所思，他不确定雷卡瓦伦是否想嘲笑自己。

雷卡瓦伦问他："你死后想要变成什么呢？如果这些理论是真的，你想变成什么动物？"拉斐特回答说："我想变成一头驴子，等我靠近你的时候，就踢你一脚。"雷卡瓦伦非常狡猾地回应道："埃利亚斯，为什么你还想再变成驴呢？"

普雷斯特斯

没有一位美洲的共产党领袖有过像路易斯·卡洛斯·普雷斯特斯那么不幸和奇特的一生。他是巴西军事和政治方面的一位英雄人物；他的真实生活和有关他的传说，早已超越种种意识形态的局限，成为古代英雄的活化身。

因此，当我在黑岛收到访问巴西并与普雷斯特斯结识的邀请时，我立即接受了。此外，我得知没有别的外国人被邀请，这使我深感荣幸。我感到，我也以某种方式参与了他的复活。

普雷斯特斯被囚禁了十多年之后，刚刚获得释放。这种长期囚禁在"自由世界"并不是什么例外情况。我的诗人朋友纳齐姆·希克梅特在土耳其的一所监狱里度过了十三四年。现在，在我撰写这些回忆文字的时候，有六七位巴拉圭共产党人已被活活湮没了十二年，与外界毫无联系。普雷斯特斯生于德国的妻子被巴西的专制政府交给了盖世太保。纳粹分子用锁链把她锁在船上送她去受折磨。她生下一个女儿，后者被这位领袖的母亲、不知疲倦的助产士堂娜莱奥卡迪亚·普雷斯特斯从盖世太保的虎口中救出来，现在与她的生父生活在一起。路易斯·卡洛斯·普雷斯特斯的妻子在一所监狱的院子里分娩之后，就被纳粹分子斩首了。所有这些备受折磨的生活经历，使得普雷斯特斯虽经多年囚禁，也从未被遗忘。

他的母亲堂娜莱奥卡迪亚·普雷斯特斯仙逝时，我正在墨西哥。她曾在世界各地奔走，要求释放她的儿子。墨西哥合众国前总统拉萨罗·卡德纳斯曾致电巴西独裁者，要求给普雷斯特斯几天的自由，准许他参加母亲的葬礼。卡德纳斯总统在电文中亲自担保普雷斯特斯将回监狱去。热图利奥·瓦尔加斯的答复是拒绝。

我与所有的人同样愤慨，写了一首诗纪念堂娜莱奥卡迪亚，怀念她没有到场的儿子，并谴责暴君。

这位崇高的夫人曾经为争取释放儿子而徒然敲打世界的大门，我在她的坟前朗诵了这首诗。诗的开头是克制的：

夫人，您已使我们的美洲伟大更伟大，

您给了它一条水流充沛的清澈大河，

一棵根深叶茂的参天大树——

一个无愧于他精深博大祖国的儿子。

而随着诗的展开，对巴西暴君的声讨越来越激烈。

我继续到处朗诵这首诗；它被印成传单，还印在寄往大陆各地的明信片上。

有一次我途经巴拿马，在一场朗诵会上朗诵了我的情诗之后，又朗诵了这首诗。会堂里挤满了人，巴拿马地峡的炎热使我浑身出汗。我朗诵起对瓦尔加斯的谴责时，感到喉咙发干。我停下来，把手伸向放在我身旁的一个杯子。这时我看见有个穿白衣服的人急匆匆向讲台走来。我以为他是会堂的低级职员，就把杯子递过去，要他给倒满水。但是，那个穿白衣服的人气冲冲地拒绝了，他朝听众神经质地喊道："我是巴西大使。我抗议，因为普雷斯特斯只不过是个普通罪犯……"

听众用震耳欲聋的哨声打断他说的这些话。一位身体宽厚得像橱柜的黑人青年学生从会堂中央站起来，向讲台挤过来，把手危险地伸向那个大使的喉咙。我急忙去保护那个外交官，谢天谢地，我终于让他从这地方离去，没有使他的身份受到太大的损害。

有过这么一段往事的前因，我从黑岛前往巴西参加民众的庆祝活动，对巴西人来说，便是理所当然的了。目睹圣保罗的帕卡恩布体育场人山人海的盛况，我感到惊讶。据说那天体育场里有十三万人之众。在体育场宽大的圆形场地里，群众的头显得很小。坐在我旁边的普雷斯特斯身材矮小——我觉得他像个刚从坟墓里出来的拉撒路①——为

---

① 《圣经·新约》中的人物，是个乞丐，满身疥疮，是耶稣的朋友和学生；死后第四天耶稣使他复活。

了这一场合而梳洗穿戴得光洁一新。他骨瘦如柴，苍白得达到透明的程度，是囚犯所特有的那种苍白。他那热切的目光、暗紫色的大眼圈、极度虚弱的面色、端庄的神态，无不使人想起他一生中长期献身的壮举。但是，他说起话来却平静得像个得胜的将军。

我朗诵了一首几小时前写就的向他致敬的诗。若热·亚马多仅仅把诗中"泥瓦匠"一词改为对应的葡萄牙语。尽管我很担心，人们还是听懂了我用西班牙语朗诵的诗。我缓慢地朗诵，每朗诵完一行诗，巴西人都报以掌声。他们的掌声在我的诗中激起深沉的回响。一个诗人在十三万人面前朗诵了自己的诗句，就不再是原来的那个人了；在有了这样的体验之后，他也不可能照原来的方式写诗了。

我终于和这位传奇式的路易斯·卡洛斯·普雷斯特斯面对面地会晤了。他在他几位朋友的家中等我。这回他的全部特征——他的矮小、瘦削、透明纸似的苍白，都像微型画一样精致。他的言谈，也许还有他的思想，也似乎与他的外形十分相配。

他为人不苟言笑，对我却亲切友好。我认为，他给了我诗人们经常会得到的那种亲切对待，很像大人对小孩说话时所采取的一种介乎温柔和敷衍之间的宽厚态度。

普雷斯特斯邀请我下一周的某天去吃午饭。于是在我身上发生了一件糟糕透顶的事，这只能归因于命运或我的缺乏责任感。问题出在葡萄牙语上，虽然它有与西班牙语相同的星期六和星期天，一周的其他日子却不用星期一、星期二、星期三之类的词来表达，而用 segunda-feira, terça-feira, quarta-feira 这些该死的名称，单单缺了第一个 feira。这些 feira 完全把我搞糊涂了，根本不知道说的是哪一天。

我和一位漂亮的巴西女友人在海滩上待了几小时，不过我时时刻刻提醒自己，普雷斯特斯约我第二天去吃午饭。到了星期三，我才知道普雷斯特斯在星期二摆好饭菜白等我一场，而我当时却在伊帕内马海滩消磨了几小时。他到处找我，谁也不知道我的去向。为了尊重我的嗜好，这位苦行的上尉订购了巴西极难买到的上等好酒，准备与我单独吃一顿午饭。

每次想起这件事，我都难为情得要死。我一生什么都能学会，除了葡萄牙语一周内每一天的名称。

科多维拉

我正要离开圣地亚哥时，得知维托里奥·科多维拉要跟我谈谈，于是我去看望他。我和他始终是好朋友，直到他去世。

科多维拉曾经是第三国际的代表，具有那个时代的全部缺点。他是个个人至上主义者，为人专横，总认为自己正确。他随随便便就把自己的意见强加于人，侵犯他人意志如同用刀子切黄油。他出席会议总是匆匆忙忙的，让人感到他把一切问题都考虑过，也都解决了。他听取别人意见似乎只是出于礼貌，而且有一定的耐心；一听完意见，他就发出专断的指示。他才干过人，他的总结能力令人折服。他工作起来片刻不停，而且强迫他的同志也按这种节奏工作。他总让我感到，他是那个时代的一台出色的政治思想机器。

他对我始终怀有一种特殊的理解和尊重。这位意大利移民在日常生活中十分宽厚，具有富于洞察力的艺术家的感觉，这使他理解文化人的错误和弱点。但是，这并不妨碍他在政治生活中显得铁面无情，有时甚至给人造成不幸。

他对我说，普雷斯特斯对庇隆的独裁统治没有正确认识，他很担忧。科多维拉认为，庇隆及其运动是欧洲法西斯主义的一个分支。任何反法西斯战士都不能消极接受庇隆的扩张和他一再采取的镇压行动。科多维拉和阿根廷共产党认为，在这个时候给予庇隆的唯一回答就是起义。

科多维拉要我同普雷斯特斯谈谈这个问题。他对我说，这不是一个任务；但从他特有的那种自信中，我觉察到他的担忧。

帕卡恩布体育场的群众大会之后，我与普雷斯特斯作了一次长谈。天底下绝不可能找到一对比他们俩更加不同、更加相反的人。那位阿根廷籍的意大利人体形庞大而壮硕，仿佛永远占满整个房间、整张桌子以及周围的全部空间；普雷斯特斯身体瘦弱，过着苦行的生活，纤弱得似乎一阵风就能把他吹到窗外去。

但是，透过他们的外表，我发现这两个人同样固执。

"阿根廷没有法西斯主义；庇隆是个政治领袖，但绝不是法西斯头子。"普雷斯特斯回答我的问题时说道，"哪里有褐衫党徒、黑衫党徒、法西斯民兵呢？

"此外，科多维拉是错的。列宁说过，不能拿起义当儿戏。如果没有兵，只靠一些志愿者，那是绝对不能宣战的。"

这两个截然不同的人，内心深处却都坚定不移。也许在二人之中，普雷斯特斯在这些问题上是正确的；但是，这两个令人钦敬的革命者的武断，时常在他们周围形成一种使我感到窒息的气氛。

我应该补充一句，科多维拉是个生气勃勃的人。我非常赞同他对共产主义时代的假正经和清教主义进行斗争。往昔献身于信仰的时代，我们杰出的智利人拉斐特主张禁酒到了入迷的地步。这位老拉斐特还时刻喋喋不休地反对男女党员的婚外爱情关系和风流韵事。科多维拉用他巨大的活力击败了我们这位思想狭隘的导师。

马雅可夫斯基

年轻时，我战战兢兢地读完了沙米索那个影子贩卖者的故事。在我看来，故事的高潮发生在交易完成的时候。魔鬼弯下腰，小心翼翼地把那个男人卖给他的影子卷了起来。

我总是觉得，一些伟大的诗人曾以这样或那样的方式，出卖了曾经陪伴他们的影子。魔鬼从地上把影子剪下，卷起，缩小，把它从主人身上连根拔除。而那些魔鬼就是时下的潮流、止步不前的心态，是文学沙龙，也是资产阶级不紧不慢的贿赂。

我们继承了马雅可夫斯基未写完的诗篇和他广阔的影子。

他是个不会出卖影子的诗人，他一生都在使用他的影子，把影子当成斗篷来取暖，睡觉时也裹着它。在这位独一无二的诗人戏剧般的光线与阴影里，他的影子突显了他的每个动作和每场黑白梦境。

从表面上看，我们觉得他的诗歌是不完整的，因为死亡用它骇人的剪刀把它斩断了。与此同时，苏联取得了奇迹般的发展。他们需要马雅可夫斯基为女航天员瓦莲京娜写首诗，她是人类历史上飞得最远、最高的女性。只有马雅可夫斯基能用强势有力的口吻来欢庆宇宙飞船升入太空。他没能写成的那些诗，现在已经无人能写了，因为只有他拥有宇航员必须具备的气质，甚至连他的爱情诗、战争诗里都含有宇宙的物质。凭借征服者的气势和出众的口才，他夺走了他那个时代许多新的创作素材。随着他的到来和离去，诗坛发生了巨变，仿佛一场暴风雨突然降临。

一般来说，每场革命都对应着数位诗人，因为诗歌能够激励社会运动。但不是所有革命都能只通过一位诗人——也就是马雅可夫斯基——便获得躯体、血液和灵魂。十月革命的巨大影响在他的诗歌里依然鲜活，他的诗本身就是必须颂唱且值得铭记的事件。在之前的革命中，要么是一位诗人奉献出一首歌谣，要么是许多诗人贡献出算得上广为传颂的作品。而马雅可夫斯基献出的则是自己激荡的灵魂，他的灵魂被消耗殆尽了，他献出了自己的诗歌，它是社会主义建设中的耀眼光芒。

因此，马雅可夫斯基的影子不计其数，取之不尽，还在不断地增长。

这影子穿过厄瓜多尔，宛如彗星的尾巴抵达了拉美那些被遗忘的角落，照亮了年轻诗人的心灵。影子离开图书馆时，轰然推倒了许多教条主义的书籍。它打断了街头巷尾的斗争，微妙地影响了人们的行为。这影子时而像一把剑，时而像一只橙子，有着夏天的颜色。

我这一代的诗人想把马雅可夫斯基像经典名著那样整齐地摆在书架上。但他可不安分，每天都会离开自己的位置，和我们一同参与我们时代的战斗，一起胜利归来。因为马雅可夫斯基是极好的同伴。

他是所有地区、所有种族、所有民族、所有诗人的伟大伙伴。

他也是所有地区、所有种族、所有民族的诗人共同的老师。

斯大林

许多人认为我是或曾经是个重要的政治家。我不知道，这个出名的传奇故事是从哪里冒出来的。有一次，我看见我的一张邮票大小的相片刊登在《生活》画报向读者展示共产主义世界领袖人物的两个专页上，着实感到吃惊。我的肖像挤在普雷斯特斯和毛泽东中间，对我而言是个有趣的玩笑，但我完全没去澄清事实，因为我始终厌恶更正信件。此外，美国中央情报局虽然在世界各地派有五百万特工，竟也犯错误，这是很有趣的事。

我与社会主义世界的重要领袖有过的最长一次接触，是在我们访问北京期间。那是在一次庆祝会上，我与毛泽东互相祝酒。他在碰杯时用含笑的眼睛看我，半是亲切半是诙谐地笑得很开朗。他拉住我的手，握的时间比通常长几秒钟。然后，我回到自己的座位上。

我访问过苏联许多次，一次也没见到过莫洛托夫、维辛斯基、贝利亚，也没见过米高扬和李维诺夫——最后这两个人比其他几个要容易接近些，神秘色彩也更少些。

我不止一次远远望见过斯大林，永远是在同一地点：每年五月一日和十一月七日在高耸于红场上的、站满高层领导人的观礼台上。我是斯大林奖评奖委员会委员，曾在克里姆林宫一待好几小时，却从来没有在走廊上碰到他；我们讨论或进餐时，他也没有来看过我们，也没有召请我们去一并向我们致意。各项斯大林奖总是一致批准授予的，不过事先在选定候选人时并非没有互不相让的激烈争论。我总觉得，在做出最后决定之前，评奖委员会秘书处准有人带着这个决定去看看那位大人物是否认可。但是，我确实不记得他有过任何反对意见；尽管可以感觉到他就在近处，我也不记得他有过知道我们在那里的表示。斯大林显然是有计划地给自己罩上一层神秘色彩；不然他就是个非常胆怯、自我封闭的人。可能是这种性格使贝利亚具有左右他意志的影响力。贝利亚是唯一一个进出斯大林房间而无须通报的人。

　　但是有一次，我与这位克里姆林宫的神秘人物有过意外的瓜葛，至今我都觉得非比寻常。那次我和阿拉贡夫妇——路易和埃尔萨——一起前往莫斯科，参加当年斯大林奖的评奖。一场大雪使我们滞留在华沙，我们肯定不能按时到会了。一位陪同我们的苏联人负责把阿拉贡和我提出的候选人名单用俄文电告莫斯科，而这个名单也在会上获得通过。但令人奇怪的是，接到电话答复的那位苏联人把我叫到一旁，意外地对我说：

　　"聂鲁达同志，祝贺您。当获奖人名单呈交斯大林同志时，他大声说：'名单上为什么没有聂鲁达？'"

　　翌年，我获得加强人民之间和平与友谊的斯大林奖。可能这个奖是我应得的，但是我总在问自己，那位遥远的人物怎么会知道有我这个人。

　　就在当时，我得知还有斯大林进行干预的其他类似例子。当反世界主义运动日益高涨，当"硬领"宗派分子要爱伦堡的脑袋时，一天早晨，这位《胡利奥·胡列尼托及其门徒奇遇记》的作者家里的电话响了。柳芭接的电话。一个隐约陌生的声音问道：

　　"伊利亚·格里戈里耶维奇在吗？"

　　"这得看情况，"柳芭说道，"您是哪位？"

　　"我是斯大林。"那声音说。

　　"伊利亚，一个爱开玩笑的人打给你的电话。"柳芭对爱伦堡说。

　　但是，作家一接电话，就听出为大家所熟悉的斯大林的声音。

　　"您的《巴黎的陷落》那本书我看了一晚上。我打电话是要告诉您，亲爱的伊利亚·格里戈里耶维奇，要继续多写几本像这本这么有趣的书。"

也许正是这次意外的电话，才使杰出的爱伦堡有可能活许多年。

还有一件事。马雅可夫斯基已经去世，他那些执拗、保守的敌人却咬牙切齿攻击对诗人的悼念，坚持要把他从苏维埃文学的地图上抹掉。这时发生一件事，打乱了他们的企图。马雅可夫斯基的情人莉莉·勃里克写了一封致斯大林的信，向他指出这种攻击是可耻的，并且热情捍卫马雅可夫斯基的诗。攻击者们以为，靠拉帮结伙那套庸俗的东西保护，就可以免受惩罚。结果他们大失所望。斯大林在莉莉·勃里克的信的页边批道："马雅可夫斯基是苏维埃时代最杰出的诗人。"

从此以后，出现了一批纪念马雅可夫斯基的博物馆和纪念碑，他那别具一格的诗也大量出版了。攻击者们被耶和华的号声吓得不知所措。

我还得知，斯大林去世时，人们在他的文件中发现一份他亲笔写有"不要动"字样的名单。这份名单打头的是音乐家肖斯塔科维奇，以下是爱森斯坦、帕斯捷尔纳克、爱伦堡等等杰出人物的名字。

很多人认为我是个信念坚定的斯大林主义分子。法西斯党徒和保守派早已把我描绘为斯大林的过度抒情颂扬者。我对此并不特别气恼。在一个极度混乱的时代里，做出任何结论都有可能。

对我们共产党人来说，令人痛心的悲剧是意识到在斯大林问题上，敌人在许多方面占了理。这一揭露震撼心灵，随之而来的是觉醒的痛苦。有些人感到受骗了，不顾一切地接受了敌人的论点，并转而站到他们的队伍中去。另外一些人则想到，苏共二十次代表大会无情揭露出来的可怕事实，恰恰证明，把历史真实公之于世并承担起自己的责任之后继续存在下来的共产党，是坚强的。

如果说我们大家确实都有责任，那么揭露那些罪行，使我们回到了自我批评和解剖问题——我们学说的基本要素——上去，还交给我们防止如此可怕的事情重演的武器。

我的立场是：由于我并不知道斯大林时代的黑暗面，出现在我眼前的部长会议主席斯大林，是个隐士般简朴的、坚持原则的和善的人，是捍卫俄国革命的巨人。此外，这位留有厚厚的小胡子的小个子，在战争中变得高大；苏联红军曾高喊着他的名字去进攻并摧毁希特勒恶魔的堡垒。

不过，我只献过一首诗给这个权势人物。那是在他去世的时候。这首诗可以在我的任何一版全集中找到。这个克里姆林宫的巨人之死，在全世界引起了反响。人类大森林颤抖了。我的诗抓住了那种地震的恐慌感。

单纯的教训

加夫列尔·加西亚·马尔克斯曾经很气愤地告诉我，在莫斯科，他们要把他奇妙的书《百年孤独》中的几段性爱描写删去。

"'这太糟了。'我对出版者说。

"'对这本书没什么损害。'他们答复我说。我意识到他们那样做并非出于恶意。但毕竟是做了删节。"

诸如此类的事该如何处理？我越来越找不到社会学的依据了。除了马克思主义的普遍原理，除了我对资本主义的反感和对社会主义的信心，我对于人类难以消除的矛盾，越来越不理解。

我们这个时代的诗人，必须进行抉择。这可不是一件容易的事。

可怕的非正义战争、持续的压迫、金钱的侵蚀，一切不公正现象已经变得越来越明显了。有条件的"自由"、性、暴力、很方便地按月付费的娱乐，都成了旧制度的诱饵。

当今的诗人寻觅过摆脱忧虑的出路。有些人已经逃往神秘主义，或是逃往理性的梦境。另一些人迷恋于青年人自发的破坏性暴力，变得只顾眼前，而不考虑在现今战祸频仍的世界上，这种做法向来都会导致镇压和无谓的苦难。

在我的党即智利共产党内，我发现有一大群单纯的人，他们把个人虚荣心、首领独裁制、物质利益，都远远地抛到脑后。我结识了一群为公众的正气，即为正义而斗争的正派人，因而感到幸福。

我的党以其谦逊为智利人民——我的人民——取得了非凡的胜利；我和我的党从未有过芥蒂。我还能说什么呢？我只希望自己像同志们那样单纯、百折不挠和不可战胜。关于谦卑我们学习的永远不够。那种死抱着怀疑论不放的个人主义孤傲，为的是不去分担人类的苦难，它从来没有给过我任何教益。

菲德尔·卡斯特罗

菲德尔·卡斯特罗胜利进入哈瓦那两周后，就到加拉加斯进行一次短暂访问。他是去公开感谢委内瑞拉政府和人民给予他的帮助的。这一帮助包括他的军队所需的武器，提供武器的当然不是新当选的总统贝坦库尔特，而是他的前任沃尔夫冈·拉腊萨瓦尔上将。拉腊萨瓦尔曾经是包括共产党人在内的委内瑞拉左派的朋友，应左派的要求，同意采取与古巴团结一致的行动。

我看到，这位古巴革命的年轻获胜者得到了少有的最热烈的政治性欢迎。菲德尔在加拉加斯市中心最大的艾尔西伦西奥广场连续讲了四小时话。我是不出声地站在那里聆听那次长篇演说的二十万人之一。如同对其他许多人一样，菲德尔的演说对我是一种启示。听着他对广大群众的讲话，我认识到拉丁美洲的一个新纪元已经开始。我很喜爱他的新颖语言。那些最杰出的工人领袖和政治家往往把内容可能令人信服的套话说了又说，然而重复多了就变成陈词滥调，苍白无力。菲德尔不谙此类套话。他的语言自然而循循善诱；似乎他在讲话和教导别人的同时，自己也在学习。

　　贝坦库尔特总统没有在场。一想到面对加拉加斯市民他就发怵，他在那里从来不受欢迎。菲德尔·卡斯特罗在演说中每次提到他的名字，立即响起阵阵口哨声和起哄声，菲德尔只得打手势让大家安静下来。我认为，那天在贝坦库尔特和那位古巴革命者之间打上了明确的仇视印记。当时菲德尔还不是马克思主义者，也不是共产党人；他讲的话与那种政治立场相去颇远。我个人认为，菲德尔的那篇演说，他那炽热、突出的个性，他激发起来的群众热情，加拉加斯人民聆听他演说时所怀的强烈感情，使贝坦库尔特这位老派政治家、开合法和非法会议的老手伤透了心。从此以后，凡贝坦库尔特认为多多少少与菲德尔·卡斯特罗或与古巴革命有关的一切，他都毫不留情地压制。

　　群众大会后的第二天，我正在乡下参加星期日野餐，这时有几辆摩托车开到我们跟前，交给我一张古巴大使馆的请束。他们找了我一整天，最后才发现我的下落。招待会就在当天下午举行。玛蒂尔德和我直奔大使馆。宾客如云，大厅和花园挤得满满登登。大使馆外人群麇集，通往这座使馆的各条街道难以通行。

　　我们穿过挤满人群的大厅，穿过一条高举鸡尾酒杯的臂膀形成的壕沟。有人领我们走过几条走廊和几道楼梯，一直走到另一层楼上。菲德尔最亲近的朋友兼秘书塞莉亚在我们料想不到的地方等候我们。玛蒂尔德和她一起留下，我被带往隔壁房间。我觉得这是一间勤杂人员——诸如园丁或司机——的卧室。卧室里只有一张床，有人刚刚仓促起床，被单凌乱，一个枕头掉在地上。卧室的一角有张小桌，此外别无他物。我想，也许会把我从那里带往一间像样的小会客室，去会见卡斯特罗少校。然而事情并非如此。房门忽然打开，菲德尔·卡斯特罗的身躯堵住了门洞。

他比我高一头，快步向我走过来。

"你好，巴勃罗！"他对我说，并紧紧地拥抱我，紧得让我透不过气来。

他那孩童般的细嗓音使我感到意外。他的外貌在某些方面也跟他的嗓音很协调。菲德尔给人的感觉不是一个大人，而是个腿突然长长的大孩子，还保持着稚气的面孔和少年人刚刚冒出的一点胡子。

他触电似的突然松开拥抱的手，转身果断地走向房间的一个角落。这时我还不知道有个新闻摄影师已经悄悄进来，从这个角落把他的相机对准我们。菲德尔一下子冲到他身旁。我看见菲德尔掐住摄影师的脖子，并摇晃他。相机掉到地上。我走到菲德尔身边，抓住他一只胳膊，担心地看着小个子摄影师在徒然挣扎。菲德尔把他推到门口，硬是把他轰走了。然后，他笑眯眯地转向我，从地上捡起相机，把它扔到床上。

我们没有谈论这次意外事件，却谈起建立一个全美洲通讯社的可能性。我觉得，"拉丁通讯社"就是这次谈话的产物。随后，我们各自走一个房门回到招待会上去。

一小时后，当我和玛蒂尔德一起从大使馆返回时，那位摄影师惊恐万状的脸和那位游击队首领本能地觉察背后有人悄悄闯入时反应之神速，都浮现在我的脑海里。

这就是我与菲德尔·卡斯特罗的第一次会晤。他那次为什么如此断然地拒绝摄影呢？他的拒绝含有某种小小的政治秘密吗？

我至今都不明白，我们的会晤为什么需要如此保密。

我与切·格瓦拉的第一次会晤完全是另一番情景。这次会晤是在哈瓦那进行的。夜间将近一点钟的时候，我应邀到财政部——也可能是经济部，我记不准了——他的办公室去见他。他和我约定的时间是半夜，可是我参加了一个没完没了的官方活动，又被安排坐在主席团里，因此我迟到了。

切足蹬长靴，身穿军服，腰间别着手枪。他的服装与办公室的银行气氛不协调。

切皮肤黝黑，说话从容不迫，有明显的阿根廷口音。他是那种适于在大草原上一杯接一杯品巴拉圭茶并慢悠悠交谈的人。他的句子简短，以微笑告终，仿佛言犹未尽。

他对我说起我的《漫歌》那本诗集，我听了很高兴。在马埃斯特拉山上，他经常在晚上念这本书给游击队员们听。现在虽已过了这么多年，一想起我的诗句在他逝世时也仍陪伴着他，我还是会浑身战栗。我从雷吉斯·德布雷那里得知，在玻利维亚群山中，到最后一刻还保存在切的背包里的只有两本书：一本算术课本和我的《漫歌》。

那天夜里切对我讲了一些话，使我着实迷惑不解，不过这些话也许部分地解释了他后来的命运。他的视线从我的眼睛移向办公室那扇黑洞洞的窗子。我们谈到美国对古巴可能发动的入侵。我在哈瓦那街头看见了散置在各战略据点的沙包。他忽然说：

"战争……战争……我们总是在反对战争，但是，我们打过仗后就再也离不开战争了，时时刻刻都想回到战争中去。"

他大声自言自语，也为了说给我听。听了他的话，我确实大吃一惊。在我看来，战争是一种威胁，绝不是目的。

我们道别了，从此没有再见面。后来，他在玻利维亚大森林里战斗，并悲惨地死去。但是，我仍然看见切·格瓦拉这位好沉思的人，始终在武器近旁给诗留下一个位置。

拉丁美洲非常喜欢"希望"这个词。我们爱听人家把我们叫作"希望的大陆"。众议员、参议员、总统的候选人都把自己叫作"希望的候选人"。

这种希望事实上有点像上帝许诺的天国，有点像不断延期兑现的空头支票。延期到下一届立法会议，延期到下一年或下一世纪。

古巴革命发生时，千千万万南美洲人突然觉醒了。他们不相信自己的耳朵。一边怀抱希望一边绝望地生活的这片大陆，其书籍中从未记载过这样的事。

就这样，一个以前名不见经传的古巴人菲德尔·卡斯特罗，突然抓住了希望之神的头发或脚，不让它飞走，而是让它坐到桌前，坐到美洲人民的桌前和家里。

从那以后，在把希望变为现实这条路上，我们已经取得了很大进展。但是，我们却提心吊胆地生活着。一个非常强大和十足的帝国主义邻国企图压碎古巴的希望及其一切。美洲的民众天天看报，夜夜听广播。他们每次都高兴地舒了口气。古巴存在着，又存在了一天，又存在了一年，又存在了五年。我们的希望没有被绞杀，也绝不会被绞杀。

古巴人的信

秘鲁作家——其中一直有许多人是我的朋友——很久以来不断施加压力，要他们的国家授予我一枚官方勋章。坦白说，我始终觉得这类勋章十分可笑。少数几枚我不得不毫无好感地挂在胸前，是为了尽职，为了当好领事，也就是当作尽义务和例行公事。我有一次途经利马，杰出的小说家、《饿狗》的作者西罗·阿莱格里亚①当时是秘鲁作家协会主席，坚持要他的国家给我授勋。我的诗《马丘比丘高地》已经成为秘鲁生活的一部分；也许我的诗句成功地表达了有如那座大建筑的石块般一度长眠的某些感情。此外，当时的秘鲁总统、建筑师贝朗德②是我的朋友兼读者。后来，强行把他赶出祖国的革命，意想不到地给了秘鲁一个开辟历史新途径的政府，虽然如此，我仍然认为建筑师贝朗德是个无可非议的正直的人，执着于有点空想的事业最终使他脱离可怕的现实，并与深深爱他的人民分开了。

我接受了这枚勋章，这次不是为了我的领事职务，而是为了我的一首诗。此外，这也并非毫无意义，因为智利人民和秘鲁人民之间还有未愈合的伤口。不仅运动员、外交家和国务活动家们有义务竭力把过去流的血止住，诗人们更有理由也应当这么做，因为诗人的心灵中更少些疆界。

就在那个时期，我去了一趟美国，参加国际笔会的一次代表大会。应邀的人中有我的朋友阿瑟·米勒③、阿根廷人埃内斯托·萨瓦托和维

---

① 西罗·阿莱格里亚（1909－1967），秘鲁小说家，主要描写印第安人的生活，作品有长篇小说《金蛇》《广漠的世界》等。
② 费尔南多·贝朗德·特里（1912－2002），秘鲁建筑师、政治家，1963 年至 1968 年和1980 年至 1985 年任秘鲁总统。
③ 阿瑟·米勒（1915－2005），美国剧作家，作品有《推销员之死》《炼狱》等。

多利亚·奥坎波[①]、乌拉圭评论家埃米尔·罗德里格斯·莫奈加尔、墨西哥小说家卡洛斯·富恩特斯。与会的还有来自几乎所有的欧洲社会主义国家的作家们。

到达时有人通知我，古巴作家也受到了邀请。但是卡彭铁尔没有来，因此国际笔会里有人感到奇怪，要求我把这件事弄清楚。我去找拉丁通讯社驻纽约代表，他提议我发一封电报给卡彭铁尔。

经由拉丁通讯社转来的回电说，卡彭铁尔不能来是因为邀请到得太迟，赴美签证还没有办妥。此事看来是有人撒谎，因为签证三个月前就已批准，古巴作家也在三个月前得知并接受了邀请。我明白，一定是最高当局在最后一刻做出不出席的决定。

我一如既往，完成了我该做的事。我举办了我在纽约的第一场诗歌朗诵会，观众爆满，只得在剧院外装上电视屏幕，让几千未能入场的观众聆听和观看。我那些强烈反帝的诗在这些美国民众中引起的反响使我激动不已。在那里以及在华盛顿和加利福尼亚，当学生和普通群众表示赞同我谴责帝国主义的词句时，我明白了许多事情。我亲眼证实，那些与我国人民为敌的美国佬，也是美国人民的敌人。

我接受了几次新闻采访。由一些拉丁美洲暴发户主办的西班牙语版《生活》画报对我的意见加以歪曲和删节。我要求更正，他们不予理睬。不过，删改情况并不严重。他们删去我谴责越南战争的一段话，以及我谈及当时被杀害的一位黑人领袖的另一段话。几年之后，那位报道这次采访的女记者才证实，那篇文章是经新闻审查机构处置过的。

我在访美——此事要归功于我的美国作家同行们——期间得知，

----

①维多利亚·奥坎波（1891－1979），阿根廷女作家、文学评论家，主要作品有回忆录《证词》等。

美国作家为了使我获得进入美国的签证，对有关当局施加了不懈的压力。我记得好像他们甚至威胁国务院说，如果继续拒绝批准我进入美国，国际笔会就以一份决议进行谴责。在一次公众集会上，美国诗坛最受尊敬的人物、许多个月后去世的年迈的女诗人玛丽安·穆尔[①]获得一个荣誉称号，她发言为我由于诗人们团结一致的努力得以合法进入美国而表示高兴。有人告诉我，她那颤抖的动人言辞赢得了热烈的掌声。

然而不可思议却又千真万确的是，我结束这次以最富战斗性的政治与诗歌活动——其中大部分是为了捍卫并支持古巴革命——为特征的旅行之后，刚刚回到智利，就收到古巴作家们那封臭名昭著的信，在信中他们就差没指责我奴颜婢膝和背叛了。我的检察官大人们的措辞，我已经记不得了。但是我可以说，他们都自封为革命导师，自封为理应指导左派作家行事准则的老夫子。他们傲慢、蛮横又花言巧语地力图"纠正"我在诗歌、社会和革命方面的活动。我因《马丘比丘高地》一诗所获得的勋章、我参加国际笔会的代表大会、我的宣言和朗诵会、我在虎穴中反对美国制度的言行，上述作家们都竭力加以怀疑、歪曲和污蔑，其实他们之中有许多人是刚刚加入革命阵营的，而且有许多人得到了新的古巴国家公正或不公正的酬劳。

这个伤人的大信封鼓鼓囊囊装了许多签名，这些签名都是各个作家和艺术家协会在会议讲坛上"自发"要求签署的。那些发起人跑遍哈瓦那，去征集音乐家、舞蹈家、造型艺术家协会的全体成员的签名。同时还号召数不清的路过那里的艺术家和作家签名，他们被慷慨地邀请到古巴，住满了豪华酒店。有几位名字被印在那份不公正的文件末

①玛丽安·穆尔（1887－1972），美国女诗人，擅长从客观事物的细节中提炼出富有真知灼见的名言。作品有《诗集》《观察》等，后者曾获日晷奖。

尾的作家，后来托人悄悄给我传消息说："我从来没有在信上签过名；我是看到我从未签过的名字之后才知道内容的。"胡安·马里内略的一位朋友暗示我，他就遇到了这种事，虽然我从来无法予以证实。我是从别的事情得到旁证的。

这件事像一个线团、雪球或是意识形态上的贪污，无论如何一定会被滚得越来越大。马德里、巴黎和其他几个首都都设立了专门机构，用以大量散发那封满纸谎言的信件的副本。这一信件成千封地发出去，尤其是从马德里发出，给每个收信人都寄去二三十封。收到这种信封上贴着佛朗哥肖像的邮票、里面装着指控巴勃罗·聂鲁达为反革命分子的信，教人感到既好笑又可怕。

我根本不去探究那次冲我撒气的动机；我知道政治的虚伪、思想的弱点、文坛的恩怨和忌妒以及许多别的因素，必然导致这场许多人对一个人的战斗。后来有人告诉我，那封著名的签名信的热心的起草者、发起者和签名征集者，就是罗伯托·费尔南德斯·雷塔马尔、埃德蒙多·德斯诺埃斯和利桑德罗·奥特罗这几个作家。我不记得看过德斯诺埃斯和奥特罗什么作品，也不认识他们本人。雷塔马尔倒是认识的。在哈瓦那和巴黎两地，他经常媚态百出地缠住我。他曾对我说，他经常为我的著作写序，写赞扬我的作品的文章。事实上我从没有看重过他，只把他看作我们时代政治界和文学界的一名蝇营狗苟之徒。

他们也许以为能够伤害或搞垮我这个革命战士。但是，当我来到智利圣地亚哥的特亚蒂诺斯街，第一次向党中央委员会提及此事时，他们至少在政治方面已经有了自己的看法。他们对我说：

"这是对我们智利党的第一次攻击。"

那个时期出现了严重的矛盾斗争。委内瑞拉、墨西哥及其他国家的共产党人，都与古巴人在意识形态方面发生争论。后来，玻利维亚人陷入悲惨的境地，也不声不响地与古巴分道扬镳了。

智利共产党决定在一次公众集会上授予我一枚雷卡瓦伦奖章，这是当时新设立的授予党的优秀战士的褒奖。这是一种有分寸的回答。智利共产党明智地应付了那个出现分歧的时期，坚持用内部讨论的方法解决意见分歧。随着岁月流逝，对抗的阴影消失了，拉丁美洲两支最重要的共产党之间又有了透彻理解和兄弟关系。

至于我，我仍然是写过《丰功伟绩颂歌》的那个人。这本诗集我依然喜爱。因为有它，我不会忘记我是第一个写了整整一本书来歌颂古巴革命的诗人。

我当然明白，革命尤其是参加革命的人，不时会犯错误，还会陷于不公正。从未见诸文字的人类法则，同样影响着革命者和反革命分子。谁也无法避免错误。在伟大的事业里，某个进程中出现一个盲点，一个小小的盲点，没有什么了不起。我迄今依然歌唱、热爱和崇敬古巴革命、古巴人民和那些品格高尚的革命主将。

但是，每个人都有弱点。我就有许多弱点。例如，我不愿意放弃作为立场坚定的革命战士的自豪感。也许正是出于这个原因，或者出于我的其他微不足道的弱点，我至今仍拒绝并将继续拒绝与那些自觉或不自觉地在我仍然认为是诽谤我的那封信上签过名的人握手言和。

十二　亲切又冷酷的祖国

极端主义和暗探

从前那些无政府主义者往往转到进退自如的立场上去，也就是转到无政府资本主义上去，这是政治枪手、准左派分子、假独立人士的藏身之术；如今有无政府主义倾向的人，也会尽早采取同样立场。专横的资本主义往往把共产主义者看作主要敌人，它的瞄准少有失误。所有这些难对付的个人主义者受到保守派运用机巧和强制手段的种种奉承，都被看作神圣原则的英勇捍卫者。保守派知道，社会变革的危险不在于这些个人主义者的捣乱，而在于群众组织和普遍的阶级觉悟。

这一切我在内战期间的西班牙就已看清。当希特勒和佛朗哥的军队向马德里进逼的时候，某些反法西斯团体竟在他们面前举行假面庆祝会。我当然不把那些倔强的无政府主义者包括在内，例如杜鲁提①和他的加泰罗尼亚人，他们曾经在巴塞罗那像狮子那样进行战斗。

暗探比极端分子坏千百倍。受雇于警方、保守党派或外国政府的敌方暗探不时混到革命党派的队伍中来。他们有些人执行特殊的挑拨

①布维那文图拉·杜鲁提（1896－1936），西班牙内战时期无政府主义革命武装力量的重要领袖。

任务；另一些人执行耐心的侦查任务。阿泽夫①的经历就很典型。沙皇制度被推翻之前，他参加过许多次恐怖的刺杀行动，并多次受监禁。十月革命后出版的沙皇秘密警察头子的回忆录，详述阿泽夫曾经一直是奥克瑞纳②的暗探。这个怪人内心既是个恐怖分子又是个告密者，他的罪恶活动使一位大公死于非命。

发生于洛杉矶、旧金山及加利福尼亚州其他城市的事件，乃是另一种此类怪事。在发生一连串麦卡锡主义疯狂事件期间，地方共产党中的全部活跃党员都被拘留了；他们共七十五人，都被编上号码，加以管制，连他们生活的细节都要记录在案。结果，这七十五人都被证明是警方的暗探。美国联邦调查局很不寻常地允许利用一些彼此不相识的人创立自己的小型"共产党"，为的是以后迫害他们，并把战胜根本不存在的敌人的轰动性胜利归功于自己。警方用美元收买的一个前共产党员查默斯，把极具爆炸性的国际机密藏在一棵圆白菜里的荒唐事件，就是美国联邦调查局按这种路数炮制出来的。美国联邦调查局还制造了许多骇人听闻的事件，其中处决——应该说是谋害——罗森堡夫妇一案③，尤令全人类感到愤慨。

智利共产党是个历史悠久、坚持无产阶级出身的组织，这一类暗探想混进去向来是极困难的。另一方面，拉丁美洲的游击主义理论却为形形色色的告密者打开了闸门。这一类游击组织的自发性和年轻，使发现和揭露各种奸细更为困难。游击队领导人因此总是心怀疑忌，

①阿泽夫（1869-1918），俄国社会革命党组织者之一，主持过许多恐怖活动，曾向警方供出党的许多成员和"战斗组织"，1908年被揭发。
②俄国警察司下设秘密机构，负责政治监视和侦查，打击革命活动，1917年二月革命后被撤销。
③罗森堡夫妇是冷战时期美国的共产主义人士，被指控密谋窃取美国核情报泄露给苏联，尽管证据不足，于1953年6月被处以死刑。

连自己的影子都不得不提高警惕。充斥于拉丁美洲的浪漫激情和游击主义的狂乱理论，在一定程度上鼓励了对冒险的狂热崇拜。这个时期也许已随着埃内斯托·格瓦拉的被害和英勇死亡而告结束。在很长一段时间里，支持这一战术的理论家在本大陆到处传播一些论点和文件，实际鼓吹不把人民革命政府的席位分配给受资本主义剥削的阶级，而分配给形形色色的武装游击队。这一推论的缺点是其政治上的软弱——在某些情况下，一名杰出的游击队员可能也具有非凡的政治头脑，比如切·格瓦拉，但这是碰运气的个例。一场游击战的幸存者，不可能仅仅因为是最勇敢的人，仅仅因为面对死神时更幸运，或者面对活人时瞄得更准，就能够去领导一个无产阶级国家。

现在我要讲一次个人经历。当时我刚刚从墨西哥回到智利。在我出席的一次政治集会上，有个人走到我身边来向我问好。他是个中年男子，时髦的绅士，衣着考究，戴一副令人肃然起敬的眼镜——无边夹鼻眼镜。他显得非常亲切地说：

"堂巴勃罗，我从来不敢接近您，虽然我欠您一条命的情。我是您救出集中营和毒气室的流亡者之一，当时是您让我们乘上了开到智利来的'温尼伯号'轮船。我是加泰罗尼亚人，是共济会会员。我在此地已有可靠的地位。我的工作是担任'如此这般'公司的保健商品推销专家，这是智利最重要的一家公司。"

他告诉我，他住在圣地亚哥市区的一套讲究的住宅里。他的邻居是一位名叫伊格莱西亚斯的著名网球冠军，此君曾是我的同学。他们常常谈到我，终于决定邀请我并款待我，这就是他来找我的原因。

这位加泰罗尼亚人的住宅显示了我国小资产阶级的舒适生活。室内陈设完美无缺；金黄色的海鲜菜饭十分丰盛，伊格莱西亚斯吃午饭时一直跟我们在一起。想起特木科的旧校舍，想起校舍地下室里蝙蝠的翅膀拂过我们的脸，我们都笑了。午餐结束时，那个殷勤好客的加泰罗尼亚人简短地说了几句话，还赠给我两张复制的精美照片，一张是波德莱尔的，一张是爱伦·坡的。两位诗人的华美头像，至今确实仍然珍藏在我的藏书室里。

一天，我们那个加泰罗尼亚人突然中风病倒，躺在床上一动也不能动，不能说话，也不能打手势。只有他的眼睛在痛苦地转动，像是要对他的妻子——一位历史清白的、杰出的西班牙共和派人士——说点什么，或是要对他的邻居、我的朋友和网球冠军伊格莱西亚斯说点什么。可是，这个人却什么也不能说、一动也不能动地死了。

当这套住宅里到处是眼泪、朋友和花圈的时候，那位网球手邻居接到一个神秘电话："我们知道您和这位故去的加泰罗尼亚绅士有亲密的友谊。他不停地赞扬您。如果您想为纪念您的朋友帮个大忙，请您打开他的保险柜，把放在柜里的一个小铁盒取出来。过三天我再给您打电话。"

那位未亡人根本不想听这样的事情；她难过极了，什么也不想知道。她离开那套住宅，搬到圣多明各街的一栋膳宿公寓去。公寓老板是个南斯拉夫人，是抵抗运动成员，是政治上受过锻炼的人。那位未亡人请他检查她丈夫的文件。南斯拉夫人找到那个金属盒子，费了牛劲才打开它。于是，出现了意想不到的怪事。保存的文件透露，死者曾经一直是法西斯暗探。他的信件副本泄露了数十名秘密返回西班牙的流亡者的姓名，他们都已被监禁或处决了。其中还有一封感谢他的效劳的信。加泰罗尼亚曾发来一些指示，要纳粹海军把运送军火离开智利海岸的货船击沉。我国漂亮的护卫舰——智利海军的骄傲、航海经验丰富的"劳塔罗号"——就是牺牲品之一。战争期间，它载着硝石驶离我们的托科皮利亚港时就沉没了。这次海难牺牲了十六位海军军官的生命：他们有的被淹死，有的被烧死。

　　这些就是有一天来请我吃午饭的一个笑眯眯的加泰罗尼亚人的罪恶业绩。

共产党人

　　……自我入党以来已经过了不少年……我很高兴……共产党人组成一个美好的家庭……他们有着鞣制过的毛皮和受过锤炼的心……他们到处挨棍子……挨专打他们的棍子……招魂术士、保皇派、邪门左道之徒、形形色色的罪犯万岁……没有骨头的含糊哲学万岁……又吠又咬的狗万岁……好色的占星术士万岁，色情作品万岁，犬儒主义万岁，虾兵蟹将万岁，除共产党人之外人人万岁……贞节带万岁，五百年来从不洗那双意识形态之足的保守派万岁……穷苦人的虱子万岁，公共墓地万岁，无政府资本主义万岁，里尔克①万岁，安德烈·纪德及其小牧童万岁，任何神秘主义万岁……一切都很好……人人都是英雄好汉……所有的报纸都该出版发行……除了共产党的报纸，什么报纸都可以出版……所有的政治家都应当不受阻碍地进入圣多明各……大家都应当来庆祝特鲁希略这个血腥刽子手之死，可那些参加过激战的人再也不能来庆祝了！……狂欢节、狂欢节的最后几天万岁……有供

---

①赖内·马利亚·里尔克（1875－1926），奥地利诗人、作家，和乔伊斯、普鲁斯特、艾略特、卡夫卡等人比肩的现代文学巨匠。作品有《新诗集》《杜伊诺哀歌》等。

所有人使用的伪装……有基督教理想主义者的伪装，极左伪装，慈善机构的女志愿者和女慈善家的伪装……但是要留神，可不许共产党人进入……把大门关紧……绝不能犯错误……他们没有干任何事情的权利……让我们为主观事物、为人的本质、为本质之本质而操心吧……这样我们大家都会感到满意……我们有自由……自由何等重要！……他们却不尊重它，不认识它……为本质操心的自由……为本质之本质的东西操心……

　　……近几年就这样过去了……爵士乐走了，灵魂来了，我们在抽象画的基本原理上遭遇失败，战争使我们震惊并杀害我们……在这方面一切都没变……或者都不一样了？……发表了那么多关于灵魂的演说，往头上打了那么多棍子之后，有的事进展不顺利……很不顺利……种种如意算盘落空了……人民组织起来了……游击战和罢工接踵而至……古巴和智利独立了……许许多多男人和女人唱起了《国际歌》……多奇怪……多教人伤心……现在，用汉语、保加利亚语、美洲的西班牙语唱起了这首歌……必须采取紧急措施……必须予以禁止……必须多讲关于灵魂的事……必须多为自由世界唱赞歌……必须多打棍子……必须多给美元……这种情况不能继续下去了……夹在打棍子的自由和对赫尔曼·阿西涅加斯①的恐惧之间……而现在的古巴……在我们自己这个半球，在我们的苹果的这一半，这些大胡子都在唱同一首歌……耶稣基督对我们有什么用处？……教士们对我们有什么用处？……任何人都不能相信……就是教士也不能相信……他们不关心我们的观点……他们不关心我们的股票在证券交易所下跌成什么样……

---

①赫尔曼·阿西涅加斯（1900－1999），哥伦比亚作家、历史学家、记者，公开反对独裁制度。作品有《公社社员》等。

……与此同时，人类在太阳系奋力攀登……在月球上留下了足迹……除了旧制度，一切都在为变革而斗争……旧制度的生活产生于中世纪的巨大蛛网……这蛛网比制造机器的钢铁更结实……但是，有人相信变革，他们进行了变革，使变革取得了胜利，使变革开花结果……可了不得！……春天是不可抗拒的！

诗学和政治学

一九六九年我差不多一整年都在黑岛度过。从清晨起，大海就进入奇异的上涨状态，像是在揉制一块无限大的面包。被大海深处寒冷的酵母推着涌起的浪花，白得如同面粉。

凝滞的冬天雾霭迷蒙。我们每天用壁炉里生的火，增添大地上冬日的魅力。海滩上茫茫白沙献给我们一个孤寂的世界，就像从前这片土地上存在居民和避暑游客时一样。但是，不要以为我讨厌夏天的人群。夏季刚刚临近，姑娘们就向大海走去，男子和孩童小心翼翼地走进波浪，跳跃着避开危险。人们就这样面对大海跳起上千年的舞蹈，也许这就是人类跳的第一支舞。

冬天，黑岛的房子都笼罩在夜的黑暗中。只有我的房子亮着灯。有时，我以为对面的房子里有人。我看见一扇灯光照亮的窗子。这只不过是幻景。船长的房子里空无一人。是我窗子里的灯光反射在他的窗子上。

那年，我天天都要到我工作室的那个角落去写作。走到那里并在那里待下来，是不容易的。眼下有件东西吸引了我的两条狗——潘达

470

和乔图，那是铺在这个小房间里当地毯的一张孟加拉虎虎皮。我在许多年前把它从中国带来，它的爪和毛都脱落了，而玛蒂尔德和我则防止了蛀虫的威胁。

我的两条狗喜欢伸直身子躺在虎皮这个年迈的敌人身上。它们像一场激战后的得胜者，因为打得筋疲力尽，一躺下就睡着了。它们横卧在房门前，像是不许我走出房间，而要我继续写作。

这幢房子里时时刻刻都在发生什么事情。有人给我打来长途电话。该回答什么？说我不在家。随后又来一个电话。该回答什么？说我在家。

我不在家。我在家。在家。不在家。这就是一个诗人的生活，对诗人来说，黑岛的遥远角落已经不再遥远了。

人们——尤其是新闻记者——总是问我，我在写什么作品，在做什么事情。我总是为这种问题的肤浅而感到吃惊。因为事实上我永远在写同样的东西。我从未停止做同样的事。不就是写诗吗？

我在写诗之后过了许久，才知道我写的东西叫作诗。我向来对定义和标签不感兴趣。美学争论让我厌烦死了。我不贬低坚持进行这种争论的人，但是我与文学创作的出生证明和检尸报告都格格不入。沃尔特·惠特曼说过："任何外部的东西都不能对我的内心发号施令。"文学的附带配件连同它的一切优点，都不能代替纯粹的创作。

我一年要换好几个笔记本。这些笔记本由我的绿色笔迹串联在一起。笔记本上写满了字，就变成一本本的书，像是从一种变形过渡到另一种变形，从静止过渡到运动，从幼虫过渡到萤火虫。

政治生活惊雷般地而来，使我离开我的写作。我再次回到群众中去。

人民群众早已成为我的生活课堂。我可以怀着诗人生而有之的怯懦，怀着胆怯的敬畏来到他们中间；但是，一旦投入他们的怀抱，我就觉得自己变样了。我是绝大多数的一部分，是人类这棵巨树上的又一片叶子。

离群索居和接近群众将仍然是当代诗人的主要责任。在离群索居中，智利海岸波涛的搏击丰富了我的生活。进攻的海水和受攻击的岩石、大洋里的无数生命、"候鸟"的完美编队、壮丽大海的浪花，激起我的好奇和热爱。

但是，从生活的大潮中，从同时注视我的千百双眼睛的温柔视线中，我学会了更多东西。这种信息可能传递不到所有诗人那里，但是感受到的人就会把它记在心里，会在自己的作品中加以发挥。

使诗人难以忘怀并感动得柔肠寸断的，乃是体现许多人的愿望，哪怕只短短的一瞬间。

总统候选人

一九六九年的一天上午，我党的总书记和其他几位同志来到我的海滨藏身处——我在黑岛的家。他们前来要我当智利共和国总统的几位候选人之一，他们要把这个候选人推荐给人民团结①的六七个党派。纲领、政府的性质、未来的应变措施等等，他们全准备好了。到那时为止，另几个党派各有自己的候选人，而且都要支持自己的人。只有

---

① 1969 年至 1973 年智利几个党派的联盟，包括共产党、社会党、激进党、社会民主党等。1970 年，阿连德作为人民团结候选人当选智利总统。1973 年以皮诺切特为首的军人发动政变，人民团结各党派被宣布为非法。

我们共产党没有总统候选人。我们的立场是支持左翼各党派指定的唯一候选人，这个人也将成为人民团结的候选人。但是，这些全都悬而未决，不能这样耽搁下去了。右翼的候选人已经提出，而且已展开宣传。

我们如果不在共同的竞选目标下团结起来，必将招致令人痛心的惨败。

共产党人指定自己的候选人，是促进团结的唯一方法。当我接受党提名我为候选人时，我们共产党的立场就明明白白地表达出来了。我们将支持其他党派均认可的候选人。如果不能达成这样的一致意见，对我的提名将坚持到底。

这是逼迫其他党派一致同意的一种冒险举措。我在接受提名时对科尔巴兰同志说，我之所以接受是基于如下的理解：将来当我确信必须退出竞选时，我的退出将同样被接受。要想让大家团结在一个共产党人周围，那是太不可能了。换言之，所有的党派都需要我们支持他们（包括某些基督教民主党的候选人），却没有人肯给予我们需要的支持。

但是，从那天上午在黑岛海边起，我这个候选人就正式登场了。我处处受欢迎。普通人民中成千上万男女流着眼泪拥抱我、亲吻我，他们感动了我。我在大雨中，在大街小巷的泥泞里，在使人冷得发抖的南风中，向圣地亚哥郊区的居民、科金博的矿工、在铜矿和沙漠里干活的人们、抱着孩子等候我数小时之久的农妇们、从比奥比奥河直至麦哲伦海峡以远地方生活无着的人们发表讲话，或朗诵我的诗。

我情绪振奋。参加我的集会的人越来越多，随之妇女也越来越多。我在既迷惑又惧怕的心情中开始想到，如果我被这个相当粗野、问题极难解决、债台高筑而且可能是十分忘恩负义的共和国选为总统，我要做些什么？这个国家的总统第一个月赢得欢呼喝彩，而在余下的五年零十一个月时间里，无论公正与否，都将成为受难者。

阿连德的竞选活动

及时传来阿连德有可能成为全人民团结的候选人这个消息。在我党接受之前，我迅速提出退出竞选。当着一大群愉快的群众，我宣布退出竞选，阿连德则宣布接受竞选提名。这次群众大会是在一座公园里举行的。在所有看得见的空地上和树林里，到处都是与会的人。树枝间露出人的腿和头。没有任何事物能与这些历经磨炼的智利人相比。

我认识这位候选人。以前我曾三次与他做伴，在智利广袤无边的崎岖大地上朗诵诗和发表演说。每六年一次，我这位极其顽强的朋友曾连续三次成为竞选总统职务的人。这次是第四次，而且将是获胜的一次。

阿诺德·本涅特①或萨默塞特·毛姆（我记不清到底是哪一位了）谈起过，他有一次恰巧跟温斯顿·丘吉尔睡在同一间房里。这位大政治家醒来睁开眼睛做的头一件事，就是伸手到床头桌上去，拿来一支很粗的哈瓦那雪茄，不管不顾地抽起来。只有石器时代矿石般结实的健壮穴居人才能这么抽烟。

阿连德的耐力把所有与他同行的人都比下去了。他有堪与丘吉尔本人匹敌的一种本领，那就是：他什么时候想睡，马上就能睡着。有时我们在智利北方无垠的不毛土地上奔波，阿连德竟在汽车的角落里

---

①阿诺德·本涅特（1867－1931），英国小说家、剧作家、评论家，著有《北方来的人》《五镇的安娜》等。

酣然大睡。路上突然出现一个小红点；汽车驶近时，这个小红点变成一群手持旗帜的人，包括妻儿在内有十人至二十人。汽车停下了。阿连德揉揉眼睛，以便迎上直晒的烈日和那一小群唱歌的人。他加入到他们之中，齐声唱起国歌。然后他向他们发表生动、简短、有说服力的演说。他一回到车上，我们就继续踏上智利的漫长旅途。阿连德又毫不费力地沉入梦乡。这种场景——人群、旗帜、歌曲、演说和回到梦乡——每二十五分钟重复一次。

迎着智利成千上万的广大群众，阿连德从汽车换坐火车，从火车换坐飞机，从飞机换坐轮船，从轮船换为骑马，毫不动摇地完成那令人筋疲力尽的几个月行程。他的随行人员几乎全都累得掉了队。后来，他当上名副其实的智利总统后，他那无情的效率曾使他的四五位合作者心脏病发作。

驻巴黎大使馆

到我国驻巴黎大使馆上任时，我才发现不得不为自己的虚荣心付出高昂的代价。我没有多加考虑就接受这一职务，让自己再次卷入变化无常的生活中去。在一个平庸而爱撒谎的政府统治了那么多年之后，代表一个胜利的人民政府的想法，使我甚感愉快。但在我内心深处，能以新的显要身份走进智利大使馆那幢房子，也许是更吸引我的东西，因为过去我在这幢房子里安排西班牙共和派移民前往我国时，忍受过种种凌辱。在我之前的每一个大使，都参与过对我的迫害；他们都为诋毁我和伤害我卖过力。现在受迫害者可要坐上迫害者的席位了，要在他的餐桌上吃饭，在他的床上睡觉，要打开一扇扇窗子，好让世界的新鲜空气飘进一座旧的大使馆。

让新鲜空气进入是件极难的事。一九七一年三月的那个夜晚，当我和玛蒂尔德来到我们的卧室，躺到某些大使和大使夫人曾平静或痛苦地在上面故去的精美的床上时，房间里令人窒息的装饰风格使我感到刺鼻和扎眼。

这是一间适于安顿一名武士及其战马的卧室；其空间足够用于喂马和供武士安歇。天花板很高，略有装饰。家具都是些长毛绒制品，色彩依稀似枯叶，点缀着异乎寻常的缘饰；这些家具的风格既显出富丽的痕迹，又有颓废的迹象。铺的地毯在七十年前可算是很美的，现在已经印上无法抹去的脚印，以及日常交谈和死亡留下的特殊气味。

此外，等候我们的紧张不宁的人事部门把一切都考虑到了，只除了那间大卧室的供暖设备。玛蒂尔德和我在巴黎度过的第一个外交之夜，冻得浑身都麻木了。第二天晚上，暖气才开始供应，那个设备已经使用了七十年，它的过滤器已经不起作用了。陈旧的系统生出的热气只让二氧化碳通过。我们无权抱怨头天晚上的寒冷，却为中毒而心惊肉跳和痛苦。我们不得不打开窗子，让冬日冰冷的空气进入。先前的大使们也许已经向一个自命不凡的人报了仇，此人既没有官场中人的长处，又没有家族的光荣，竟敢跑来取代他们。

我们想，我们该去找一所房子，在那里可以与树叶、水、鸟儿、空气共呼吸。这一想法变得越来越难以摆脱。我们如同为自由而夜不能寐的囚徒，不断跑到巴黎以外的地方去寻觅纯净的空气。

对我来说，当大使是件新鲜而又不舒服的事。但是，这含有一种挑战意义。智利已经发生一场革命，一场被人反复分析并引起许多争论的智利式革命。国内外的敌人都磨尖牙齿，准备予以摧毁。

一百八十年来，贴有不同标签的同类统治者在我国相继登台，他们的所作所为如出一辙。老百姓衣不蔽体，住所之差令人深感屈辱，儿童无学可上、无鞋可穿，监狱和棍棒成为对付贫苦百姓的工具，这一切都一如既往。

现在，我们可以自由呼吸和歌唱了，这是我对自己的新境况感到满意的地方。

智利外交官的任命需参议院批准。智利的右派经常对作为诗人的我唱赞歌，甚至发表向我致敬的演说。他们显然更乐意在我的葬礼上发表这种演说。参议院投票批准我为大使时，以多三票勉强通过。右派成员和某些虚伪的基督徒利用秘密表决方式，投票反对我。

前任大使在有壁毯装饰的墙上，在他自己的相片之外，还挂上先前历任大使的相片。除包括我们智利的小巴尔扎克——著名的布莱斯特·加纳[1]——在内的两三人之外，可说是令人难忘的精神空虚人物的荟萃。我吩咐把这些鬼怪似的相片拿掉，换上更站得住的人物的形象：五帧给予智利国旗、民族性和独立的英雄们的版画像；三幅当代人的相片：进步的共和国总统阿吉雷·塞尔达、智利共产党的创建者路易斯·埃米利奥·雷卡瓦伦以及萨尔瓦多·阿连德。这几堵墙现在看起来绝对好多了。

使馆里的秘书们几乎清一色是右翼分子，我不知他们想的是什么。百年来保守党派早就占据了国家政府机构。即使一名看门人，如果不是保守派或保皇派，也不会得到任用。至于一直自称在进行"争取自由的革命"的基督教民主党人，则显示了平行于旧保守派的贪婪。后来，这些平行线几乎合为同一条线。

---

①布莱斯特·加纳（1830－1920），智利小说家、外交家，著有《爱情的算术》等。

官僚政治这种公共建筑的群岛，使得到处仍然充斥着右翼的职员、检查员和顾问，仿佛阿连德和人民团结从来没有在智利取胜，仿佛现在的政府部长都不是社会党人和共产党人。

在这样的形势下，我要求巴黎大使馆参赞一职由我的一位朋友、职业外交家和杰出的作家豪尔赫·爱德华兹充任。他虽然出身于我国最有权势的寡头和保守派家庭，却是个无党无派的左翼人士。我最需要的是一名有才智的、熟悉本行并值得我信赖的官员。直到那时，爱德华兹还是驻哈瓦那代办。一些说他在古巴遇到困难的语焉不详的谣言传到了我的耳中。我知道他是个左翼人士已有多年，因此我认为那种事情对他无伤大雅。

我的新参赞从古巴抵达时心神不安，向我讲了他的事。我的印象是他们双方都对同时又都不对，像生活中经常发生的那样。豪尔赫·爱德华兹渐渐从精神崩溃状态中恢复过来，不再咬指甲，以显而易见的能力、才干与忠实协助我工作。在大使馆那两年的艰巨工作中，我的参赞成为我最好的朋友和官员，他也许是那座大楼里仅有的一位政治上无懈可击的人。

当美国的一家公司企图对智利的铜实行禁运时，全欧洲掀起了激动的浪潮。报刊、广播和电视无不对这件事忧心忡忡，绝大多数民众出于良知也都再次起而捍卫我们。

法国和荷兰的码头工人拒绝在他们的码头卸铜，以示对这种侵犯的抗议。这一崇高的姿态震撼了全世界。诸如此类团结一致的故事，对我们时代的历史教训，要比大学课堂所给予的更为有力。

我还想起一些虽然更动人却更教人难为情的情况。在禁运的第二天，法国外省小城有位普通女士给我们寄来她积蓄的一张一百法郎的钞票，以供保卫智利的铜之用。还有一封热情的支持信，信上有该城包括市长、教区神父、工人、运动员和学生在内的全体居民的签名。

千百位相识和不相识的朋友从智利给我来信，对我抵抗国际海盗以捍卫我们的铜表示支持。我收到一位农妇寄来的邮包，包中是一个巴拉圭茶叶葫芦、四个鳄梨和六枚青辣椒。

同时，智利出乎意料地受到赞扬，名声大振。我们变成一个"有活力"的国家；而以前，我们在众多的不发达国家中不受注意。现在，我们第一次有了自己的风貌，世界上再也没有人敢否定我们为民族前途而斗争的重要性。

我的祖国所发生的一切，都使法国乃至全欧洲激动。群众集会、学生大会、用各种语言出版的书籍，都在研究我们、考察我们、描述我们。我必须阻止每天都想了解可了解的一切以及更多事情的新闻记者。阿连德总统是一位世界性人物。我们工人阶级的纪律和坚定是值得钦佩和赞扬的。

对智利的热烈同情，由于我国铜矿国有化所引发的争端而增强了。所有人都明白，这是智利在新独立的道路上迈出的巨大一步。人民政府无需任何托词，就以为我们的祖国收复铜这一举动，确立了我们的主权。

返回智利

回到智利时，迎接我的是大街上和公园里新绿的植物。我国美妙的春天已经给树林的枝枝叶叶抹上绿色。我们古老的灰色首都需要绿叶，如同人的心灵需要爱情。我饱吸这初春的清新气息。远离祖国时，我们总是想不起它的冬天。距离使冬天的苦楚、无人庇护的村镇、严寒中赤脚的儿童都变得模糊了。记忆的本领只是把我们带往绿色的原野，带往黄色和红色的花朵，带往国歌所歌颂的蓝天。这次我可真的遇上了曾经在远方多次梦见过的美好季节。

另一种植物斑斑点点地散布在城里的墙上；墙面被心怀仇恨的一张张苔藓挂毯覆盖。满是蛮横情绪和谎言的反共招贴、反古巴的招贴、反苏的招贴、反和平和人性的招贴、预言大屠杀和更多雅加达的出现的血腥招贴——这就是使城里的墙壁变得可鄙的新植物。

凭经验我认得出这种宣传的声调和语气。我碰巧在希特勒上台前的欧洲生活过。声嘶力竭地撒谎、不遗余力地制造威胁和恐惧气氛、运用一切仇恨手段反对未来：这恰恰是希特勒宣传的内核。我认为，他们在力图改变我们生活的实质。我不明白，用这种方法伤害我们民族精神的智利人，怎能生存下去。

保守右派在需要时，会肆无忌惮地采取恐怖行动。智利陆军最高统帅施奈德将军①曾反对旨在阻挠阿连德就任共和国总统的政变，是位受尊敬也值得尊敬的人，他们刺杀了他。在他家附近，一群成分复杂的歹徒用机枪从背后扫射他；指挥这次行动的是一名被赶出军队的前将军。这群歹徒是由富家子弟和职业罪犯组成的。

罪行查明后，幕后策划者便被投入监狱，军事法庭判这个家伙三十年徒刑。但是这一判决被最高法院减为两年。在智利，一个可怜的穷光蛋因为肚子饿偷只鸡所受的惩罚，都要比这个谋害陆军总司令的杀人犯所受的惩罚重一倍。这就是统治阶级所制定的法律的阶

①雷内·施奈德（1913－1970），智利军人、政治家，1969年被任命为陆军总司令，1970年在圣地亚哥被暗杀。

级运用。

阿连德的胜利使这个统治阶级怕得要命。他们第一次想到，他们精心制定的法律可能弹回去打在他们自己头上。他们带上股票、珠宝、钞票、金币，逃往某个地方藏匿起来。他们逃往阿根廷，逃往欧洲，甚至逃往澳大利亚。他们对人民的恐惧，也许会毫不费力地使他们逃到北极去。

以后他们会回来的。

弗雷[①]

时刻严格遵循宪法的智利道路，到处布满了歪门邪道的和合法的障碍。与此同时，寡头政治集团缝补他们百孔千疮的破衣，并且换上一副法西斯面孔。在把铜国有化之后，美国的封锁变得更加难以消解。美国国际电报电话公司与前总统弗雷结盟，把基督教民主党投入新法西斯右派的怀抱。

阿连德和弗雷截然相反的性格，始终使智利担心。也许正因他们是如此不同的人，他们在一个没有强权统治传统的国家里，各自成为有自己的目标和精心确定的道路的强有力的领袖人物。

我自认为很了解阿连德，认为他毫无难以理解的地方。至于弗雷，我与他正好是共和国议会里的同事。他是个好奇的、老谋深算的人，

①爱德华多·弗雷（1911－1982），智利基督教民主党领导人，曾任智利总统。1964年主张将美国拥有的铜业股份"智利化"、稳定经济和公平分配财富。这一温和政纲使他在大选中获胜。他的执政生涯因工潮和通货膨胀而困难重重，但在教育方面为穷人提供了更多的学习机会。他于1970年退职。

与阿连德的自发精神相去甚远。不过，他常常会突然大笑起来，发出刺耳的哈哈笑声。我喜欢会哈哈大笑的人（我缺乏这种天赋）。但是，笑声与笑声各有不同。弗雷发笑时神色忧虑、严肃，警惕地守护着用自己的政治生命之线缝出的针脚。他的笑声是突发的，有点瘆人，如同某些夜鸟的尖叫声。此外，他的亲切举止往往谨慎而且冷静。

他政治上不直截了当的态度，在令我彻底失望之前多次使我感到沮丧。记得有一次，他到我在圣地亚哥的家里来看我。当时流传共产党人和基督教民主党人之间互相理解的说法。他们那时还不叫基督教民主党，而叫国家长枪党，这是他们在年轻的法西斯主义者普里莫·德里维拉①影响下取的一个令人毛骨悚然的名字。后来，在西班牙内战之后，他们受马里丹②的影响，转变为反法西斯分子，于是改了名。

我们的谈话是空泛的，但很亲切。我们共产党人有兴趣与一切怀有善意的个人和各界人士相互理解。孤立绝不能使我们达到任何目的。尽管弗雷本性喜好含糊其词，我认为他当时显然是个极左派。他辞别时赠给我一阵哈哈大笑，这笑声有如石块似的从他嘴里甩出来。"我们还要接着谈。"他说。但是，两天后我便明白，我们的谈话已经永远结束了。

阿连德获胜后，野心勃勃而又冷酷的政治家弗雷认为，为了重新掌权，他必须有一个保守派联盟。这仅仅是个幻想，一只政治蜘蛛冻僵的梦。他的网不可能长久幸存。他支持过的政变对他毫无好处。法

----

①何塞·安东尼奥·普里莫·德里维拉（1903-1936），西班牙独裁者米戈尔·普里莫·德里维拉将军的儿子，法西斯政党西班牙长枪党的创始人。西班牙内战爆发后被处决。
②雅克·马里丹（1882-1973），法国天主教哲学家。曾在加拿大、美国几个大学任哲学教授，致力于哲学研究。有评论家认为，他是托马斯主义在现代的重要介绍人。

西斯主义不能容忍私下的妥协，而要求服从。弗雷的脸色将一年比一年更阴郁。他的记忆总有一天要面对罪责。

托米奇

从基督教民主党诞生，从它放弃令人无法接受的长枪党那个名字起，我就对它产生了极大的兴趣。当一小群天主教知识分子成为研究马里丹－托马斯主义的杰出人物时，这个党就形成了。这种哲学思想并不让我担心；我对喜好空谈诗、政治和性的理论的人，天生态度冷漠。这个小型运动的实践结果，使人注意到它特别的、出人意料的方式。我从战斗中的马德里归来，组织了几次大型集会，请几位青年领袖到会发表支持西班牙共和国的演说。他们参加集会是很不平常的事；教会年老的高层领导人受保守党的怂恿，几乎要解散这个新党。只因一位资深主教的干预，才把它从政治自杀的危险中拯救出来。塔尔卡①主教宣告允许这个团体存在下去，后来它渐渐成为智利人数最多的政党，其意识形态随着岁月流逝而完全改变。

弗雷之后，拉多米罗·托米奇是基督教民主党中最重要的人物。我在当议员、参加罢工以及到智利北方进行竞选旅行时期与他结识。基督教民主党人那时总是跟在我们共产党人后面，以便参加我们的集会。在产硝石和铜的贫瘠地区，也就是在美洲大陆做出最大牺牲的工人中，我们曾经是而且现在仍然是最受爱戴的人。雷卡瓦伦就来自那里，印刷工人和最早的几个工会就诞生在那里。没有共产党人，所有

①智利马乌莱大区的首府。

这些都不可能存在。

当时托米奇不仅是基督教民主党人的最大希望，而且他的人格极具吸引力，他的演说也极有说服力。

一九六四年，当基督教民主党在选举中取胜，使弗雷登上总统宝座时，情况发生大变。他们以前所未有的反共暴力为基础，通过旨在恐吓人民的报纸和广播的警告文章进行策动，击败了阿连德的竞选活动，那种宣传令人毛骨悚然，其捏造说：修女们会被枪杀；儿童们将被菲德尔·卡斯特罗那样的大胡子用刺刀刺穿；女孩们将被从父母身边拉走，送到西伯利亚去。后来，我们从当着美国国会特别委员会的面供出的证词中得知，美国中央情报局为这场可怕的恐怖运动花了两千万美元。

弗雷一就任总统，就送给他党内的唯一对手一件居心叵测的礼物：任命拉多米罗·托米奇为智利驻美国大使。弗雷知道，他的政府将要同美国铜业公司重新谈判。那时候，智利全国上下一致要求国有化。弗雷是个变戏法的高手，把这个词换成了"智利化"，并以新协定保证，把我国的主要财富拱手交给肯尼科特和安纳康达铜业公司。此事的经济后果，对于智利是可怕的；此事的政治后果，对于托米奇则十分可悲——弗雷已经把他从地图上抹掉了。在拱手交出铜的谈判中通敌的智利驻美国大使，绝不可能得到智利人民的支持。在下一次竞选总统的活动中，托米奇在三个候选人中痛苦地屈居第三位。

一九六九年初，托米奇在辞去驻美大使职务之后不久，到黑岛来看我。当时他刚刚从北方回来，尚未正式成为总统候选人。我们在政治风浪中保持了友谊，现在仍然如此。但是，那次我们却难以相互理解。他需要一个由进步力量组成的更广泛的联盟，取名人民同盟，以取代我们的人民团结运动。这样的目标是不可能实现的；他参加过有关铜的谈判，政治左派因而认为他没有资格当总统候选人；此外，人民运动的两个台柱——共产党和社会党两大政党——已经成熟，有能力使自己队伍中的人当上总统。

托米奇准是相当失望，在离开我家之前，他向我披露了一件事。财政部部长、基督教民主党人安德烈斯·萨尔迪瓦给他看过一些文件，证明当时我国的经济状况已达破产境地。

"我们正在掉进深渊。"托米奇对我说，"这种局面维持不了几个月。这是一场大灾难。萨尔迪瓦已经把必不可免的破产的全部详情告诉我了。"

阿连德当选一个月后，确切地说，是在他就任总统之前，萨尔迪瓦部长本人公开宣告了我国迫在眉睫的经济灾难。但是，这次他把此事归咎于阿连德当选所引起的国际反应。历史就是如此记载的；至少萨尔迪瓦之流不正派的机会主义政客就是这样编写历史的。

阿连德

我国人民遭受了这个时代最严重的背叛。从生产硝石的不毛之地、从海底煤矿、从蕴藏铜并靠我国人民的双手以非人的劳动把铜挖出来的可怕的高原上，曾涌现一场规模宏大的解放运动。这场运动使一个名叫萨尔瓦多·阿连德的人当上了总统，他实行改革并采取刻不容缓的公正措施，以便从外国的魔掌里夺回我国的财富。

在那些极其遥远的国度，阿连德总统所到之处受到各国人民的颂扬，我们不同一般的有多种力量参加的政府也受到赞扬。在纽约联合国总部，历史上从来没有听见世界各国代表像这次这样，向一位智利总统欢呼。在智利国内，在巨大的困难中，一个真正公正的社会正在我们的主权、民族自豪感、智利优秀人民的英勇精神的基础上建立起来。宪法和法律、民主和希望，都站在我们一边，站在智利革命一边。

对立面则无所不有。他们有形形色色的小丑和傀儡，有大量带枪和锁链的恐怖分子，有虚伪的修士和堕落的军人。他们都在办公室的旋转木马上转圈子。法西斯分子哈尔帕同他"祖国与自由"①的徒子徒孙们携起手来，准备粉碎现存的所有头颅和灵魂，以收复他们称之为智利的这一大庄园。为了使这出闹剧更加有趣，一个大银行家兼舞蹈家同他们一起翩翩起舞，沾上鲜血；伦巴舞之王是冈萨雷斯·魏地拉，他早已使他的党听命于人民的敌人。如今是弗雷，他也把他的基督教民主党奉献给这些人民的敌人，并且见风使舵；此外，他还同前陆军上校维奥②共舞，成为此人胡作非为的帮凶。这些人都是这出闹剧的主要演员。他们早已储备了粮食、三脚钉、棍棒，乃至昨天在伊基克、兰基尔、萨尔瓦多、蒙特港、何塞－玛丽亚－卡罗、弗鲁蒂亚尔、上普恩特以及其他许多地方杀害过我国人民的子弹。谋害埃尔南·梅里③的杀手们已同本应捍卫对他的记忆的人们跳起舞来。他们装出一副坦然自若的神态跳舞。他们为由于这些"不值一提的细节"而受到谴责深感恼怒。

智利的文明历史是悠久的，革命很少，稳定、保守、平庸的政府

---

① 反对萨尔瓦多·阿连德政府的一个法西斯组织。
② 杀害陆军总司令雷内·施奈德将军的组织者之一。
③ 智利农业改革的先驱。1970 年 4 月 30 日在征用某庄园的土地时被杀害。

却很多。气魄小的总统很多，只有巴尔马塞达①和阿连德两位总统是伟大的。极其奇怪的是，这两人都出身于中产阶层，即富有的资产阶级，这一阶级在这里称自己为"贵族"。他们是原则性很强的人，都坚持要使被平庸的寡头政治集团削弱了的国家壮大起来，这致使他们走向了同样的死亡结局。巴尔马塞达因反对把硝石财富拱手交给外国公司，终致自杀身亡。

阿连德把铜这个智利地下的另一项财富国有化，因而惨遭杀害。在这两个事件中，智利的寡头政治集团制造了流血动乱。在这两个事件中，军人充当了鹰犬。巴尔马塞达时期的英国公司、阿连德时期的美国公司，都曾煽起这一类军事行动，并给予资助。

在这两个事件中，遵照我们高贵的"贵族"们的命令，两位总统的住宅都被劫掠一空。巴尔马塞达的居室被用斧头捣毁。由于世界的进步，阿连德的住宅被我们英勇的飞行员从空中炸毁。

不过，这两位总统是很不相同的人。巴尔马塞达是个很有魅力的演说家。他的骄横气质使他越来越趋向个人独自发号施令。他对自己目标的崇高确信不疑。他一直处在敌人的包围中。比起他周围的人，他优越得多，也孤独得多，而他终究只能把孤独埋藏在自己心里。本应支持他的人民还没有形成一股力量，也就是说，他们还没有组织起来。这位总统注定表现出一个得天独厚的人物和梦想家的举止：他的宏伟梦想仍然只是个梦。他被迫自杀之后，掠夺成性的外国商人和克里奥尔议员们攫取了硝石：外国人得到的是所有权和特许权；克

---

①何塞·曼努埃尔·巴尔马塞达（1840－1891），智利政治家、自由主义改革者，1886年至1891年任智利总统。任职期间，曾发展公共教育和铁路建设。后因企图阻止议会限制总统权力而引起1891年内战，兵败自杀。

里奥尔人抽取头钱。他们一拿到那三十块钱①，一切便恢复了正常。千千万万人民在战场上抛洒的鲜血很快就干了。智利北部地区的工人们——世界上受剥削最深重的工人们，不停地为伦敦生产出巨额的英镑。

阿连德从来不是出色的演说家。作为执政的国务活动家，他采取任何措施都要经过商量。他反对独裁，是个原则性很强的民主主义者，连细枝末节都不迁就。注定由他统治的国家，其人民已经不像巴尔马塞达治下的那么缺乏经验了。他发现了一个深知该干什么的强大的工人阶级。阿连德是个集体主义的领导人；他本人虽然不是平民阶层出身，却是该阶级反对其剥削者的停滞与腐化斗争的产儿。出于这样的原因，阿连德在如此短暂的时间内完成的工作超过了巴尔马塞达；更进一步说，他取得了智利历史上最重要的成就。在他集体性质政府的领导下实现了许多目标，仅铜的国有化一项，就是无比伟大的事业。

阿连德的工作和行动，对国家的价值是不可磨灭的，却激怒了我们解放事业的敌人。这个危机的悲剧性象征意义，在轰炸国家宫行动中显露无遗。这使人想起纳粹空军对西班牙、英国、苏联等国不设防城市的闪电攻击；现在，智利也发生了同样的罪行；智利的飞行员竟俯冲袭击两个世纪来一直是我国公民生活中心的国家宫。

置我的伟大朋友阿连德总统于死地的不齿于人的事件发生后仅仅过了三天，我就为我的回忆录写下这几行急就章。他的被害是不让声张的；他被秘密埋葬，只有他的遗孀获准陪伴那具万世流芳的遗体。侵犯者的说法是：他们找到了他有明显自杀迹象的尸体。外国发表的看法是不同的。空军轰炸之后，坦克立即行动起来，许多辆坦克猛攻

---

① 典出《圣经》，耶稣的门徒犹大以三十块银币的价格，把耶稣的行踪泄露给祭司长和长老，又带兵到耶路撒冷附近去搜捕耶稣。

单独一个人：智利共和国总统萨尔瓦多·阿连德，他在办公室里等候他们，除了他那颗伟大的心，没有任何人与他做伴，围绕着他的是硝烟和烈焰。

他们必须利用这个绝好机会。他准是被机枪射杀的，因为他绝不会辞职。那具遗体被秘密地埋葬在某地。在被送往墓地的路上，只有一位肩负着世上全部痛苦的女人陪伴他；那位光荣死者的躯体被再次背叛了智利的智利士兵的机枪子弹，打得百孔千疮、支离破碎。

告别

　　今天我们在这里结束这场游历我人生的旅行。当我同你们对话的时候，当我和你们在一起的时候，当我的诗歌与战斗直面你们的观点和内心的时候，我不想伤害任何一个心灵，也不想浇灭你们的梦想。但愿在我的文字里，你们找到了藏在心中的疑问。但是我也希望，今天下午你们心中能涌现新的问题和新的不满。但愿生命，还有世间的快乐和痛苦，每天都能推倒房门，进驻我们的房子。生活由死去的夜晚与将生的黎明的神秘物质构成。但愿你们在找到答案的时候，都能发现新的疑问。好了，明天见，女士们先生们。神秘的明天见。

巴勃罗·聂鲁达《环游我的诗歌之旅》

演讲、其他自传性文章及手稿[①]

---
①本章节中，字体为楷体的正文、以星号（*）标记的注释均为西班牙语编者所加。

在智利大学的演讲

聂鲁达为庆祝五十岁生日做了五场演讲，我们在附录中收录的是五场演讲中的第二场、第三场和第五场。演讲主题是他的生活与诗歌；地点是智利大学；时间是一九五四年一月二十日至二十四日，正值智利大学国际暑期学校期间。

另外的两场演讲，也就是第一场和第四场，已经在《聂鲁达全集》中出版了，标题分别是"童年与诗歌"和"关于我的诗歌和生活"。

在聂鲁达最重要的三部分自传性创作中，这几篇演讲的创作时间最早。后来，他把这几篇讲稿中的一些内容收录进了《我坦言我曾历尽沧桑》中。书中提到了第二场演讲中的一些段落，比如第二章《浪迹城市》里的几个小节，第十一章《写诗是一门手艺》里题为"独创性"的那一小节。在聂鲁达的传记中，玛加丽塔·阿吉雷也引用了一些段落。

但那时有几页内容没有出版，比如聂鲁达提到的关于《元素颂》的段落，当时他正在创作这本书；以及一些关于《二十首情诗和一首绝望的歌》的段落。此外，诗人还阐释了一些话题，比如诗歌中的预言色彩；再比如诗人不过是个没有社会地位和特权的劳动者，这是他一生都在书写的主题。

第三场演讲中的部分内容也被聂鲁达用在了《我坦言我曾历尽沧桑》中，尤其是在《锡兰》这一小节里。不过，他没有收录当年对《居留在大地上》直截了当的评价——因为后来他又重读了一遍——也没有收录对兰波、波德莱尔、马拉美以及比利亚梅迪亚纳公爵①作品的评论。

最后一场演讲其实是一场诗歌诵读会，开场词中有一些与诗歌有关的有趣评论，这些内容也从未出版过。

除了从未出版过的内容以及被收录进《我坦言我曾历尽沧桑》的片段之外，这些演讲具备诗人自传作品特有的艺术价值。正如聂鲁达本人在第三场演讲中谈到的："这些回忆必会如流水般顺畅，我会为它们清除阻挡水流的一切障碍。"此外，在这三篇首次完整出版的演讲稿中，我们发现诗人当年赋予了这些文稿人们未曾注意到的结构、顺序和节奏。诗人赋予了讲稿中的文字特有的形式与顺序，这才是真正不为人所知的。

正如之前提到的，聂鲁达专门为《我坦言我曾历尽沧桑》写了很多文章，但他还重新编写整理，添加了很多过去写的文章或选段，比如从这几场演讲中摘取的内容。当然了，这次整理体现的是年近七旬的诗人在一九七二年出版的自传中的观点，自然与一九五四年五十岁时的观点有所不同。

这三篇再加上另外两篇已经出版的演讲稿是《我坦言我曾历尽沧

---

① 比利亚梅迪亚纳公爵（1582-1622），西班牙巴洛克诗人。

桑》的核心部分。

我们在附录中增加了《巴勃罗·聂鲁达这个陌生人》，这很可能是篇广播演讲稿。我们认为它是聂鲁达自传性演讲稿的范例。他在这类演讲稿中，时而讲述他的生活，时而诵读他的诗歌。这再次说明叙事和诗歌在他的自传性作品中相辅相成。

一九五四年一月二十一日，第二场演讲

诗歌比人们想象的更坚韧，它能经受最剧烈的环境气温的变化。我从乡下来，从大森林来到圣地亚哥。离开之前，人们对我知无不言，但唯独没有跟我说过任何关于臭虫的事。智利的南方和北方一样，没有臭虫。但那天晚上，我在小旅馆里被咬了。我当时筋疲力尽，并没有察觉。早晨醒来时，我看见自己的脸起了大包，变了形。我以为自己病了。于是，人们给我看那些可怕的臭虫。他们教我把滚烫的蜡油滴在臭虫身上，说这样就能杀死它们。

我在这座城市里感到屈辱，迷失了方向。一九二一年三月的圣地亚哥充斥着煤气和咖啡的气味。在我看来，成千上万的房子都被陌生人占据，爬满了臭虫。我什么也不懂。

秋去冬来，街上和公园里堆满了落叶。世界变得更肮脏、更黑暗、更痛苦了。

在马鲁里街 513 号住所，我的第一本诗集杀青了。那时候，我一天能写两三首，甚至四五首诗。傍晚太阳下山时，阳台前方便展现出一幅图景，我丝毫也不肯错过。这是日落时色彩纷呈的壮丽景色，霞光万道，形成橙黄和绯红的巨大扇面。我的诗集中最主要的一篇

是《马鲁里的夕照》。从来没有人问过我马鲁里是什么，也许只有很少几个人知道，它不过是经常出现令人惊叹的夕照景色的一条不起眼的街道。

我是怀着强烈的羞怯心情躲进诗歌里去的。当时有一些新的文学流派在圣地亚哥上空翱翔。罗哈斯·希门尼斯熟悉各种主义。他和马丁·本斯特创立了名为"阿古"的流派，可惜它没能撑过第一场游行。巴黎的各路流派和勒韦迪的影响力抵达了阿乌玛达大道。很快我就读完了他们所有的作品。但我依然保持了自我。

我不相信独创性。它是我们这个飞速崩溃的时代制造出来的又一个偶像。我相信通过艺术创作的任何语言、任何形式、任何立意所表现出的个性。但是，狂妄的独创性是一种时髦发明和竞选骗术。有些人希望被选为他的祖国、他的语言或全世界的头号诗人。于是，他们为寻找选民而奔走，辱骂他们认为可能与之争夺桂冠的人，这样，诗就变成了骗人的把戏。

在古代，那些最崇高、最严格的诗人，如克维多，写诗时总加上这样的说明，"效贺拉斯""效奥维德""效卢克莱修"。

但是，重要的是保持内心的方向，把握有助于发挥诗人优点的大自然、文化、社会生活日新月异的变化。

而我，要保持自己的格调，并且跟一切生物一样，这种格调会凭自己的天性日益增强。毫无疑问，激情是构成我早期诗歌的主要部分，而诗人若不以自己的诗歌响应心灵温柔或愤怒的呼喊，那就太糟了！不过，当诗人有了三十五年的历练，我相信其诗作一定能更有效地驾驭激情。我信奉有引导的自发行为。为此，诗人的口袋里必须永远有储备，以便应急。首先，要储备对事物外表与本质的观察，要储备语言、声音、图像，这些东西像蜜蜂一样从我们近旁掠过。必须立刻捕捉住它们，并且藏到口袋里。我在这方面是很懒的，但我知道我提供的是个好建议。马雅可夫斯基有个小笔记本，不断往本子上记东西。激情也可以储备。如何贮存它们？办法是当激情涌动时，我们要意识得到；然后面对纸稿，我们就能更鲜活地记起那种意识，那种对事件起因或事情本身感知到的情绪。这是为诗人准备的，而不是为小说家准备的。

这几天，我在写我的新书《元素颂》。过去，我想要证明，诗人能够写任何给定的题材，写某个社会集体所需的内容。几乎所有的古代杰作都是按明确要求写成的。《农事诗》是为古罗马农村的耕作做宣传。诗人可以为某大学或某公会、为某行业或某机构写作；他绝不会因此而失去自由。神奇的灵感及诗人与神的交流，都是离不开个人功利的发明。在创作的关键时刻，因受阅读和外界压力的影响，作品可能部分地融入不属于自己的东西。

我想在这几天写的几首新诗里设置一些远离我本人的话题，我想用自己的表达方式阐释这些诗歌，给予新作品我想赋予的方向。

我们待会儿再谈论这个话题。

我记得那几年的文学生活……那时画家和作家都满怀激情默默无闻地进行创作，画里和诗里充满秋的抒情气息。每个人都想变得更自由、更散漫、更狂放不羁……智利的社会生活深受震撼。那是斗争的神圣日子……亚历山德里发表了颠覆性演说，还有卡洛斯·比库尼亚①、胡安·甘多尔福……在盛产硝石的草原上，即将开创本大陆最重要的人民运动的工人正在组织起来。我一下子就接受了无政府工团主义的思想……我最喜欢的书是安德烈耶夫写的《萨什卡·日古列

---

①卡洛斯·比库尼亚（1886－1977），智利作家、政治家。

夫》……别的人则读阿尔志跋绥夫的色情小说，认为这些小说在意识形态方面造成一系列后果，恰如今天出现的存在主义色情作品。知识分子们躲到酒馆里去……陈酒使贫穷闪现金色的光彩，直到第二天清晨。极具才华的诗人胡安·埃加尼亚一辈子都病痛缠身……据说，他曾继承一笔财产，却把全部钞票扔在一所弃置的房子的桌上……他的酒友们白天睡觉，晚上到酒桶里找酒喝……但是，胡安·埃加尼亚月光似的诗不过是我们的"抒情森林"里无人知晓的一股震颤。"抒情森林"乃是莫利纳·努涅斯和 O. 塞古拉·卡斯特罗给一本出色的现代主义诗歌选集加的富有浪漫情调的标题。这是一本搜罗齐全的集子，充满崇高气概和慷慨精神……这是对满是空洞与纯洁光芒的混乱时代诗意的总结……令我印象最深刻的人物是新文学的那位独裁者。现在已经没人记得他了。他叫阿利里奥·奥亚尔顺。他是个苍白瘦削的波德莱尔模仿者，是个集多种品质于一身的颓废者，是智利的巴尔瓦-雅各，神情苦恼，面如死灰，俊美而又性情古怪。他身材颀长，说话声音低沉。他以猜字谜的方式提出美学问题，这项发明对我们文学界的某一部分而言也是很独特的……他提高嗓门，前额像智慧神殿的黄色圆顶。例如，他就说过"圆形之圆""酒神狄俄尼索斯之狄俄尼索斯""黑暗之黑暗"之类的话。但是阿利里奥·奥亚尔顺一点儿也不蠢。他是世界主义时代的主角，身上集中了一种文化的天堂和地狱两个方面。他是个为了理论上自圆其说不惜扼杀自己精髓的世界主义者。据说，他为了在一次打赌中取胜，才写下他仅有的一首诗；但是我不明白，所有的智利诗歌选集为什么都没有收录那首诗。

黄色的船

阿利里奥·奥亚尔顺（1896－1923）

在顽固的海上，
黄色的船漂浮着。
在黑色的麻布上，在桅杆上，
呓语被拧成了螺旋的形状。
残忍的水手在桥上，
深渊呼啸。

死去的天空里，
战败的星辰昏昏欲睡。
恐惧之海里，
星座厌倦了舞蹈，
病恹恹的风里，
古老的颂歌听起来令人心酸。

哦，不信神的船舶，
被凶恶的意图掌控着，
在令人厌恶的北冰洋，
蜿蜒、缓慢地航行！
哎，固执的黄色三桅船，
承受永恒的疲倦！

　　这是个体恐惧与躲避智慧的奥秘。然而，这是一首精确优美的诗，就像一块精准的手表。

　　智利拥有连我们自己都不甚了解的诗歌底蕴。而我认为还会涌现许多东西，从新芽里还会萌生许多事物。但我也认为，比如加夫列拉·米斯特拉尔，以及我国其他著名诗人，他们是被淹没的大陆或是被淹没的国家露出水面的部分。刚才，我谈到了 O. 塞古拉·卡斯特罗，他是卷帙浩繁的作品《抒情森林》的作者。现在我要读一首他的诗，这首诗写于一九一三年。

　　这是一首邪恶的波德莱尔式诗歌，但它很美，充满力量，饱含深意，极富平衡感。他的许多其他诗作也是如此。

　　我的淫欲

　　你是致命的规律，在富饶的大地上
　　手握我薄如纸的性命；红色的手
　　在金色的波浪里推动我的肉体，
　　蛊惑人心的力量让它如神像般颤抖。

　　我的淫欲，世间灵魂的气息
　　或许在我的双眼不曾见过的无数天堂里，
　　你的终点已经临近；基督的传说，
　　在世界的火光间，徒然地紧抓住我。

　　我的淫欲，你别抛弃我！
　　你知道你的抛弃对我意味着什么吗？
　　拖着贫瘠的身体在晴空下游荡

（……）

如果说在诗坛昙花一现的阿利里奥·奥亚尔顺选择成为该死的诗歌活动家，那么罗哈斯·希门尼斯就是震动诗歌界的先锋。他拥有十分惊人的快速理解力，对细节的想象极富创造力，就像个文艺小枪手。这些特点让他成为那个时代最有吸引力、最有争议的人物之一。

我在巴塞罗那听说了罗哈斯·希门尼斯的死讯。我感到无比悲伤。我知道他早晚都会死，因为他荒唐的生活就像是另一场自杀的延续。但我觉得这不是真的，因为死亡把他带走时，我没有在他身旁。早年间，他的友谊对我而言弥足珍贵。他会取笑我，但非常有分寸，他帮助我摆脱了阴郁。他在大街小巷播撒了多少欢乐、疯狂和才华呀！他就像无拘无束的水手，极富文学性，能够发掘出寻常生活中微小而至关重要的奇观。他向我展示了瓦尔帕莱索，在他眼中，我们这座非凡的港口仿佛被装在一只魔法瓶里，里面色彩绚烂，风物纷呈。他把这一切变得令人无法抗拒的浪漫。

所以，当我听闻他的死讯，我身体里的一部分仿佛也消失了。

当时，我和画家伊萨亚斯·卡韦松在一起，他也是希门尼斯的朋友，对面是宏伟的圣玛利亚德尔马尔大教堂。这座教堂与众不同。这座罗马式建筑是十三世纪巴塞罗那的渔夫水手用一块块石头垒起来的。内部结构也和世界上的其他教堂截然不同。它是一座船舶的巍峨圣殿，各式船只在永恒中航行。它们是数个世纪以来，由那群海上居民加泰罗尼亚航海者带来的。

我们发现这个地方可以用来缅怀那位流浪诗人，那个离我们而去的疯狂兄弟。

于是，我们买了两支我们能找到的最大的蜡烛，它们有将近一米长。

我们走进那座宏伟的教堂。但那似乎并不是点蜡烛的时间。我们在祭坛和无数水手供品之间到处寻找，也没找到负责管理蜡烛的人。最后我们爬到了最高处。我们把蜡烛摆在那里，摆在渔妇模样的圣女像附近，摆在靠近天空的地方，并把它们点燃。

然后，我们退回到门口，欣赏我们的杰作。

教堂里一片昏暗，仿佛是一艘大船酒窖的内部。光线只能通过古老的彩色玻璃窗透进来，那光芒仿佛来自海洋；而在那里，在深处，在高处，我们那两支蜡烛是仅有的活物。

然后，我们去港口唱歌，喝绿葡萄酒。

虽然那个快乐的男孩，那位水手诗人，在离我很远的地方死去了，但他拥有一场温柔而庄严的纪念仪式。

让我们回到一九二三年。

诗集《塔》的作者华金·希富恩特斯·塞普尔韦达出狱后写下了许多美丽的诗句，烈酒浸润了他无处安放的善良之心。

实际上，他是在延续佩德罗·安东尼奥·冈萨雷斯[1]和佩索阿·贝利斯[2]的悲剧之路。

一方面，世界主义堵住了其他道路，把一战造成的精神创伤描绘成理想的状态。另一方面，愈发精致的资产阶级需要严格意义上的外国文学，他们呼唤灵魂的游戏，呼吁去人性化、去国籍化。

与此同时，作家们面临各种辛酸困苦的处境，甚至被击垮，被判处缓慢、自由却无法避免的自杀徒刑。

---

①佩德罗·安东尼奥·冈萨雷斯（1863－1903），智利作家、诗人、记者。
②卡洛斯·佩索阿·贝利斯(1879－1908)，智利诗人、教育家、记者。

要保持头脑冷静可不是件容易的事。

每当我回忆那些激荡的岁月，总会想起我们每天都与美学问题的答案擦肩而过，却浑然不知。实际上，我们每天下午都会从学生联合会离开，那旁边就是工人联合会。在工人联合会门口，我们每天都会满怀敬意地注视着一位头发灰白、眼神忧郁的男士，他体型魁梧，穿着短袖衬衫。他叫路易斯·埃米利奥·雷卡瓦伦。

上一代的伟大人物仿佛正在宁静的露台上构思自己的作品，和蔼地看着我们。那几年是佩德罗·普拉多、爱德华多·巴里奥斯、马里亚诺·拉托雷创作的巅峰期。埃尔南·迪亚斯·阿烈塔——笔名Alone——曾经是、现在依然是最出色的文学评论家，更确切地说，是文学评论界最好的作家。华金·爱德华斯曾经是、现在依然是令人惊叹的日常记录者。

然而，几代人对待阶级斗争的态度截然不同。我们需要多年的沉淀才能在各个方面走向成熟，但在那个时候，未来的格局就已经初显。

我已经把《夕照》抛到了脑后。可怕的忐忑不安搅乱了我的诗兴。到南方的短暂旅行使我恢复了力量。一九二三年，我有过一次妙不可言的体验。当时我回到了特木科老家。时间已过半夜，我在上床之前打开房间的窗子。天空令我眼花缭乱。整片夜空生机盎然，缀满点点繁星。夜色如洗，南极星群在我头顶铺展开去。

星空让我迷醉，我感受到了天空的灵感一击。我像着了魔一般冲到桌子前，没花多少时间就写了首诗，像有人口授一般。

次日，我满怀喜悦地阅读自己夜间写的诗。这是《热情的投石手》中的第一首诗。

后来我来到圣地亚哥，阿利里奥·奥亚尔顺这位文学魔术师惊奇地听了我的这些诗句，而后用低沉的声音问我："你能肯定，这些诗没有受萨瓦特·埃尔卡斯蒂的影响吗？"

"我当然能肯定。这些诗，我是在一阵灵感的冲动下写出来的。"

我以全新的方式写作，有如在自己的水域里畅游。当时我恋爱了，写完《热情的投石手》之后还写了许多激流般的情诗。很快我就写成了一本新书。

我把那天夜间写的那首诗，寄给远在蒙得维的亚的萨瓦特·埃尔卡斯蒂，问他从中是否显露出他的诗的影响。埃尔卡斯蒂很快就寄来一封郑重其事的复信："我难得读到如此出色、如此美妙的诗，不过我必须告诉您，在您的诗里确实有些许萨瓦特·埃尔卡斯蒂的东西。"

这是茫茫黑夜里的一道闪光，一道明晰的闪光，我至今仍感激不尽。这封信在我口袋里揣了许多天，揉捏得碎成片。许多事情都处在紧要关头，尤其是我沉湎于那天夜间的狂乱；徒然落入繁星的陷阱，徒然遭遇星辰的暴风雨。

我犯了错误。我不该相信灵感，而应当让理性指引我沿着狭窄的小径一步一个脚印地往前走。我必须学会谦虚。我撕碎许多手稿，遗失了别的一些。整整过了十年，这些最终的诗篇才再次出现，并出版问世。于是，我紧扣形式，小心走好每一步，不忘记自己最初的动力，重新寻找自己最单纯的感受，寻找内心的和谐世界。我开始创作另一部诗集，也就是《二十首情诗》。

就这样，那本书从我内心的挣扎里，从我自身存在的分歧里，从爱里，诞生了。

这是我珍爱的一本书，因为它在令人痛苦的浓烈伤感中展现出生的欢乐。因佩里亚尔河及其河口帮助我写就这本书。《二十首情诗》

是吟咏圣地亚哥及其挤满大学生的街道、吟咏大学校园和分享着爱情的忍冬花的芬芳的浪漫曲。

有关圣地亚哥的部分，是在埃乔伦街和西班牙林荫道之间的街道上，以及教育学院的旧楼内写的，但风景始终是南方的江河湖海和森林。

《绝望的歌》中的码头，就是卡拉韦河岸和下因佩里亚尔河岸的那些旧码头；码头的破木板和原木有如被宽阔河流冲击的残肢；在河口，过去和现在都能不时听见海鸥扇动翅膀的声响。

爱和回忆向我袭来。我平躺在蒸汽小船的甲板上，船的侧面有轮子，这些蒸汽船在卡拉韦和萨阿韦德拉港之间竞逐。我们抵达了奈温图韦，然后在红厚壳桂或是松树的包围下，沿着海岸继续航行。手风琴声从船上的某个地方传来。我加入手风琴声可不是为了增添文学色彩：在因佩里亚尔河上，我第一次听到那样的琴声。

萨阿韦德拉港的图书馆在等着我。我是个幸运的人，在每个目的地都能找到熠熠生辉的事物。谁会想到，在海岸的尽头，在被遗忘的海天相交处，在河流的终点，在密集的陋屋之间，我竟然找到了少年时代最好的图书馆。

在萨阿韦德拉港不起眼的街角，我找到了那个神圣的地方。外面是寒冷的海岸，里面却是能零距离接触书籍和全球知识的美妙世界。那里的书籍有一股特别的气味，它们仿佛是神秘的细口大肚瓶，里面装着海洋的回忆。不论是在结构、纵深上，还是受欢迎程度方面，这座奇妙的图书馆都十分完美。它的背后定有一位圣人，因为它有些许乡间教堂的味道，弥漫着教堂圣徒和朽木的气息。

但那是位异教徒，是魔术师般的异教创始人。

我知道他是谁。没有一个智利人不知道那首美妙的诗——《天鹅的逃亡》①。但是，我走进萨阿韦德拉港市图书馆是为了看书。我还会偷偷去一些自己喜欢的地方。维尔克山上的洞穴，朋友帕切科一家遗弃的谷仓，海难幸存船只停泊的河岸。我在这些隐蔽的地方继续阅读写作。

没有比在船上阅读写作更难受的事了。因佩里亚尔河的河滩就像我们的山脉、太平洋、硝石、铜矿和巴塔哥尼亚那样难以驯服。许多船只在此遇难。尽管那里有好几队救生员，可沉船事故屡见不鲜。因此，我们南方那些得天独厚的港口也设立了专门负责沉船事故的部门，虽然那些港口偶尔才会发生一次沉船事故，但殉职的救生员比沉船遇难的人还多。那里不过存放着柚木舵、航海旗帜之类，这些远远算不上搜救利器。他们不得不把这些长久地藏起来。

在某艘遇难船残存的被弃置的狭长救生艇上，我读完了一整本《胡安·克里斯托瓦尔传》，还写了那首《绝望的歌》。在我头顶，天空蓝得那样刺眼，我从未见过。我在那只藏身于大地的小艇上写作；就这样，我的存在逐渐丰满起来。我认为，我再也不会像那些日子那么高远，那么深沉。上面是高深莫测的蓝天，手中是《胡安·克里斯托瓦尔传》或我刚刚写下的几行那首诗的诗句，近处是存在着并将永远存在于我诗中的一切——从远处传来的海浪声，野鸟的啼鸣，像永不枯萎的黑莓那样永不枯竭的炽热的爱。

堂奥古斯托·温特身材矮小，短髭泛黄，胡子拉碴。胡子上方是一双充满爱意的眼睛。他原本没有任何兴趣认识我。而我也不知道还有这等体型小巧的神奇人物。

---

①智利诗人奥古斯托·温特（1868－1927）的作品。他于1915年创建了阿劳卡尼亚第一所公立图书馆。

堂奥古斯托·温特对我无比耐心。当时，我正在和书的开本较劲。我的书是方形的。他小心翼翼地把我的《二十首情诗》用打字机打出来。我要求他只用大写字母。然后，他得用锯子压实纸张，我们俩一块儿拉扯纸张的边缘，好让纸边呈锯齿状。

我总是有这样的奇思异想，给大家的生活带去麻烦。我永远不会忘记那位年迈诗人的奉献，他曾用锯子为那本让他费解的诗集切割纸页。

站在萨阿韦德拉港的山丘上，可以俯瞰宽广的河滩和海洋，奥古斯托·温特小巧的坟墓就在那里。他是南方鸟儿的歌颂者。安息吧，我亲爱的朋友。

在我看来，萨阿韦德拉港充满了魔力。从未见过的海洋将黑夜填满。帕切科家的花园里绽放着最繁复的虞美人。它们同样盛开在我的诗歌里。一切都笼罩在奇诡的气氛中。

在那里，我在沙滩上骑马前行，向托尔滕走去。

在我的祖国，没有比在海边策马扬鞭更赏心悦目的事了。我们的海滩就像是行星上的环形小路。别的国家把海岸变成了人气盛地，遍地是餐厅、咖啡馆和特色秀场。我们却把目光投向了山谷，在山石下聚会。

我们保留了最原始、最荒蛮、最接近行星本色的海岸线。智利仿佛是行星间的小路，那里有狭长的海滩，呼啸的峭壁，海洋的深渊，多样的鸟群。

或许地理学家并不知道这一点。

但诗人应该了解自己的祖国。

夏天结束后的三月，我坐长途夜车回到了圣地亚哥。

圣地亚哥的作家把自己关在盒子里生活。他们离开工作的盒子，走进另一只酒吧或咖啡馆形状的盒子。然后，他们会回到形状像家的盒子里，很晚才睡觉。我就是这样看待文学生活的。就好比下因佩里亚尔海滩上的人们，到了下午，他们怎么可能不去采摘喇叭藤、追赶企鹅呢？

就这样，我从西班牙银行出来的时候，第一次见到了安赫尔·克鲁查加[①]。他是位高贵出色的著名诗人，在西班牙银行工作了许多年。在我认识他之前，他就已经写了一篇关于《二十首情诗》的文章，而且不厌其烦地推广它。

罗米欧·穆尔加，这位痛苦的诗人是我那时的兄弟，他在不同的盒子间来来往往，直至去世那天。

罗萨梅尔·德尔巴列每天下午都会从盒子里出来，现在他在另一只更大的盒子——纽约生活。

我不知道后来进入诗坛的几位木匠诗人，那些永不屈服的南方人——胡文西奥·巴列[②]、埃德西奥·阿尔瓦拉多[③]、阿尔多·托雷斯[④]——在圣地亚哥时是否有过相同的感受。

这些诗人代表了荒蛮南方的精神。

胡文西奥·巴列的技巧已经炉火纯青。他的作品本质纯粹干净。他的诗句是植物的波浪。

埃德西奥·阿尔瓦拉多、巴勃罗·基涅斯、克劳迪奥·索拉尔、阿尔多·托雷斯是孜孜不倦的诠释者，他们的作品中出现了一些社会元素，这让他们的作品更广阔、更丰富。

[①]安赫尔·克鲁查加（1893－1964），智利作家，曾于1948年获得智利国家文学奖。
[②]胡文西奥·巴列（1900－1999），智利诗人，曾于1966年获得智利国家文学奖。
[③]埃德西奥·阿尔瓦拉多（1926－1981），智利小说家、诗人、剧作家。
[④]阿尔多·托雷斯（1910－1960），智利诗人。

我承诺过要解释每一首情诗。没想到已经过去这么多年了。并不是因为我忘记了谁，大家仔细想想，你们能从我说出的那些名字里得到些什么呢？

你们能从某天黄昏的黑辫子里得到些什么呢？你们能从八月那场雨中的大眼睛里得到些什么呢？我能跟你们说什么呢？你们还不了解我的心吗？

我们坦诚一点吧。我从没说过一句不真诚的情话，也绝不会写下虚假的诗行。

等到今年六月，《二十首情诗》首版问世就要满三十年了。这个世纪的三十年，风云诡谲的三十年。我们这个时代的发明创造与历史事件比过往整个历史的都多。在我身边，西班牙的诗人被枪毙，德国的诗人被斩首，意大利的诗人被屠杀。我见过不同的海洋，遇见过无数的人。我改变过许多回。每当我试图回忆，我的诗歌就开始层层堆叠，重新组合，就像书页被弄湿时那样。

《二十首情诗》被编辑过许多回。我知道许多因这本悲伤的诗集而走到一起并长久相伴的情侣。

这些诗句里的新鲜感和鲜活气息是如何在漫长的岁月中存留下来的呢？

我无法解释这个问题。

首先，我想说，我依然不记得每首诗的顺序。我仍然会记混第七首和第九首。

在这本诗集里有两种基本的爱情，一种是浸润在故乡少年时光中的爱情，另一种是后来在圣地亚哥的迷宫里等待我的爱情。

这两种爱情在《二十首情诗》里相互交织，时而出现野火，时而出现深色蜂蜜般的背景。

比如第四首诗，特木科有一条迷失在田野间的长路。那可能是三月吧，我和她坐在大树下。突然刮起了一阵大风，田野和树叶都在颤抖，我们抱紧了彼此……周围传来了各种声响，叶子颤动着，秋天已经整装待发，大风让我们感到震撼……

以上是所有的背景。

> 早晨满是风暴
> 在夏日的心中。
>
> 云朵漫游如一条条道别的白色手帕，
> 风用其旅人的双手挥动它们。
>
> 无数颗风的心
> 在我们相爱的寂静里跳动。[①]

第十五首诗让我想起了一段最直接、最深沉、最名副其实的亲密恋情，那和一个圣地亚哥女孩有关，第五、七、十一、十五、十四、十七、十八首诗也是关于她的。

第一首和第二首也是。第六首则另有用意。当时，人们对某些词的忌讳让我十分不快。我决定写一首内容不同的诗，用灵魂和平静[②]来押韵。

[①]陈黎、张芬龄译本。选自《二十首情诗和一首绝望的歌》，南海出版公司，2014 年 6 月出版。
[②]西语中灵魂 alma 和平静 calma 两个词互相押韵。

我记得你去年秋天的模样。

灰色的贝雷帽，平静的心。

晚霞的火焰在你的眼里争斗。

树叶纷纷坠入你灵魂的水面。^①

    第十六首诗有一段小故事，后来还闹出了点事。特木科的那个姑娘是罗宾德拉纳特·泰戈尔的忠实读者，她给我寄了一本旧书，也就是《园丁集》，书里标满了小叉叉、下划线、小星号，充满赞叹之情。我意译了其中一首散文诗，把它改编成了一首新诗，并加上了我自己的内容。我是写着玩儿的。我把这首诗和书一起寄还给了她。

    一九二四年五月，纳西门托出版社正在印刷《二十首情诗》，是爱德华多·巴里奥斯把这本书推荐给他们的。一天晚上，我和华金·希富恩特斯·塞普尔韦达在一起，我们俩正开心呢，我突然想起那首诗没加注释。

    我担心极了，我求华金·希富恩特斯第二天提醒我，和我一起去印厂把注释加上。华金立马说："你别傻了巴勃罗。这样多好啊。《水星报》会指控这首诗是抄的，这样诗集就能大卖啦。"

    诗集很少能上架，都被囤在了仓库里。我将信将疑地听从了他的建议。值得高兴的是，后来我们的疑虑打消了。过了一段时间，那首诗还是好好的，没有受到任何警告。

    我在布宜诺斯艾利斯出版了全新的版本，并加上了注释，后来印刷的版本里也都加上了注释。

---

①陈黎、张芬龄译本。选自《二十首情诗和一首绝望的歌》，南海出版公司，2014 年 6 月出版。

阿根廷的版本出版几个月后，指控才姗姗来迟。

第二十首诗也是关于特木科地区的。这是一首道别诗，一首忧虑的诗，它让我初步了解逐渐影响我的各种变化。

《绝望的歌》是我在萨阿韦德拉港写的。我一面写，一面听着入海口河滩的雷鸣、海鸟的悲鸣和大海的低沉喧响。

我得补充一句，我在写这本书的时候，并没有体验过书中描述的诸多情感。

《夕照》里的许多段落也是如此。

我总是在我的诗歌中经历这样的事。不知怎的，预言潜入了诗歌当中。它们要么是身体上的感受，要么是主观的情绪，要么是难以定义的私密心事。但有些时候，这些预言甚至超过了我个人的范畴。

我那首《费德里科·加西亚·洛尔卡颂》写于费德里科去世前几年，我在诗里描述了他的悲惨结局。我每次读它，都觉得毛骨悚然。

诗歌《伐木者醒来吧》写于我被追捕的时期，我在这首诗里写了几句话给美国人：

> 不要在中国登陆：卖国贼蒋介石
> 及其腐败的官僚王朝已经不复存在，
> 等待你们的将是
> 农民的镰刀林海和炸药堆成的火山。①

显然，这些政治预言都是有可能实现的。但是当我写下这些句子的时候，合众国际社和美联社还在向全世界保证，称其台湾将领拥有

---

① 林之木（张广森）译本。

坚不可摧的士气和军事力量。

不过，你们可不要过分解读这些事，这是很危险的，我只是告诉你们一些有趣的细节而已。统治阶级给诗人创造了虚假的形象，说他们是失明的鱼儿，在神秘的水里娴熟地游动。这是假的。这个理论是为了把诗人与群众隔绝开来，是为了消灭诗人的根，把诗人变成虚假脆弱的植物。尤其是年轻诗人，当他们面对不幸的肮脏人群时，他们创造出了一种理论，觉得自己是"小上帝""特别的魔鬼"，总之是高人一等的群体，他们并不知道自己是被秘密操控了。就这样，他们勉强算得上突出的天赋就会垮掉，逐渐溃散，最终消失。

诗人并不是"小上帝"，他们从不曾盗取天火，也不属于某个特殊、奇异或邪恶的种族。诗人就是个职业而已。这个职业并不比其他职业更重要，也不比别的职业更危险，只不过有时会遭遇一些倒行逆施的势力。

做个简单的人是很有必要的。我寻求简单，爱简单，追求简单。我是个真诚的人，如果我不相信简单，如果我不寻求简单，就无法感受别人给予我的东西，也无法给予别人他们需要的东西。*

一九五四年一月二十二日，第三场演讲

在昨天的演讲里，我有意忽略了学生联合会的思想运动，没提到他们创办的《光明》杂志。这本杂志对一代人来说非常重要，而我曾

---

* 接下来诗人朗诵了诗集《元素颂》中的诗歌《隐形之人》，以此结束这场演讲。

是这本杂志的撰稿人。昨天下午，托马斯·拉戈[1]觉得很奇怪，为什么我忽略了这么重要的事。正因为它很重要，所以我要另择时机好好回忆这件事。

这些回忆必会如流水般顺畅，我会为它们清除阻挡水流的一切障碍。那个时代的内部因素或者说政治因素，纷繁错杂，时局激烈动荡。我们就不分析各个历史事件及其后果了，这是散文家该做的事。

我在这段时期笔耕不辍。

一九二五年，我出版了两部隐秘梦幻的作品：《居民及其希望》和《未可限量者的尝试》。

这两本书也不是一无是处。里面有阳光的气息，《未可限量者的尝试》里有几句我最喜爱的诗句。

我带着同样的真诚踏入了黑暗领域。这两本书仿佛是我在《居留在大地上》的黑暗土地上方飞翔之前的助飞跑道。《未可限量者的尝试》永远都不会有标点符号了，就跟现在一些法国诗人的作品一样。看到这本书既没有句号也没有逗号，我感到很遗憾，它仿佛是一条没有石子的小溪。

西班牙语可不是用来写这些小把戏的。当时我疯得不轻，把印刷错误都保留了下来，因为我觉得它们表达了某些含义。真是愚蠢啊。

然而，《居留在大地上》的黑暗面又是另一码事了。这是本充满地道、金属和钟乳石的书。书里有很多高贵的素材。但现在我没法读它，因为它有严重的消极痛苦倾向。我无法做到彻底停发这本书，但是我不建议大家读它。如果我是政府的话，我会禁止年轻人读这本书。

---

①托马斯·拉戈（1903－1975），智利诗人、研究员。是保护、传播智利文化遗产的先锋。被誉为"智利民间艺术的预言家"。

在莫斯科时,诗人苏尔科夫告诉我:"生命是一场战斗,你不能在送士兵上前线的时候给他们演奏葬礼进行曲。"

这就是简单的真相。黑暗诗歌之所以出现有两个原因。首先是迫于社会制度的压力,诗人有口难言;其次是受源于法国象征派诗歌的黑暗传统影响。然而,兰波完全是个例外。我总觉得他神奇的语言炼金术更像是勘探者的快速记录,而不是充满魔术的文章。波德莱尔则像一种黑钻石,边缘被切割得很精致,常常令人眼花缭乱。

还有专写黑暗的小巧优雅的马拉美。但跟贡戈拉相比,马拉美只是个微不足道的诗人。贡戈拉可是空旷教堂圆花窗的缔造者,是冰冷迷宫的引路人。

面对克维多①的痛苦和伟大,波德莱尔的激越便相形见绌了。

因此我认为,形式主义黑暗的解药便是西班牙黄金时代的伟大诗歌。还有许多亟待发掘的诗人。几百年后,我第一次在西班牙出版了比利亚梅迪亚纳公爵被遗忘的诗歌:

> 寂静,我在你的坟墓里安放
> 沙哑的嗓音、喑哑的羽毛和悲伤的手
> 好让我的痛苦不在风里
> 不在写着痛苦的沙地里徒然歌唱。

多美啊,对吧?你们当中有谁听过这首诗吗?我在马德里阿托查门一家毫不起眼的旧书店里找到了这本一六三四年的书。从那时起,这本书一直陪伴着我。我刚刚把它以及我所有的书都捐给了学校。现

---

①克维多-比列加斯(1580-1645),西班牙作家,著有讽刺文集《梦》、诗集《西班牙的最后三位缪斯》等。创立了与"贡戈拉主义"对立的"格言派"文风。

在你们所有人都能见到它了。比利亚梅迪亚纳公爵，贡戈拉的伟大朋友，是被腓力四世下令杀害的。

每次经过他遇害的地方，也就是马德里的马约尔广场，我都会感到一阵战栗。我把《居留在大地上》中的一首《被掘墓的人》献给了他。

一九二五年我在智利开始写《居留在大地上》。后来我去了缅甸、锡兰和爪哇，在那些地方继续写这本书。

有些人认为在这本书里看到了东方神秘主义的影响。我不这么认为。我从没有在印度见过通神论和神秘主义。我知道的通神论者和神秘主义学者都是哥伦比亚人、阿根廷人、德国人或美国人。信众们忽略了印度这片土地。那时的印度就像一只卧倒的大象。印度的庙宇让我深感震撼，但印度的贫穷更让我心碎。它让我想起了玻利维亚、秘鲁和智利，想起了这些国家地狱般的居住环境和衣衫褴褛的人民。印度人，这个人数众多的族群，单纯而美好。在印度可以见到世界上最美的微笑。

不管是昨天的印度还是今天的波多黎各，殖民地永远是悲哀的。

殖民行为是反自然的、悲剧的，殖民时期的人见到的都是些可怕的场景。别说是压迫和经济剥削了，就连生活中最微不足道的事都充斥着邪恶的氛围，都被毫无人道的价值观污染。

我从不是异域文学的爱好者，对考古学也兴趣寥寥。

但是印度的古老雕塑和绘画，时而蕴含万千生机，时而性感撩人，时而深沉静默，似乎透过两千年的睡梦，保留了创造出灿烂文明的那一双双手的悸动。

对于我们这些没有过去、没有辉煌遗迹的智利人来说，这一切显得更加震撼了。

在丛林中行走时，佛祖乔达摩·悉达多的卧像忽然出现。那是一座山一般的塑像，是用雪花石膏或大理石雕成的。在这座巨大的雕像前，在这座从两千年前便开始微笑的雕像面前，你会觉得自己无比渺小。破损的膝盖里长出了树木。高高的脑袋后面，藤蔓如黑蛇般交织。世纪之眼凝视着我们，那里留存着凝固之美与千年智慧。

但等我们回到城里，却看到那些将文明提升至难以企及高度的贫苦人民，被一小撮白人围追堵截，被他们践踏。

在那些日子里，印度的英国殖民者把莎士比亚和弥尔顿锁进了柜子里。

越南的法国殖民者也一样。他们把维克多·雨果、罗曼·罗兰，连同平等、自由、博爱，一齐锁进了柜子里。

当时在印度，朋友之间相互怀疑。棍棒瞬间便会砸向雕塑师的脑袋。

我和几个支持革命的年轻人交了朋友，但我很难过，因为他们对我说："或许你跟我们在一块儿，是因为英国人不愿意和你在一块儿。"

这太悲哀了。与一个被压迫的伟大民族共同生活实在太悲哀了。

然而，自由从未停下它的脚步，那些渺小的佛像雕刻师也迎来了自由。

但那几年，我觉得自己很封闭，没有出路，而且异常孤独。我在锡兰生活了很长时间，有时几周都看不见一个人。我有一条狗和一只獴。

这只獴有自己的故事。自从大家读了吉卜林的书之后，谁不想拥有一只獴呢？大家知道，这是唯一能够与强悍毒蛇对抗的动物。它们能立刻攻击毒蛇。毒蛇的撕咬在獴椒盐色的厚毛上频频落空。双方打成一团，场面血腥。獴总能获胜。印度人说，獴知道一种不为人知的草药,让它们对眼镜蛇毒免疫。在印度街头,这样可怕的打斗时有发生。

有一回在科伦坡,一个农民经过我家门前,身后跟着一只我从没见过的奇怪动物。这只小动物晃晃悠悠地跑着,像是被人推着似的。它有一条又粗又长的尾巴。

那是一只獴。那会儿它比我的手还小。我一个人住,它吃我的食物。我走到哪儿,它就跟到哪儿。它总是蜷缩在我的肩窝里睡觉。

那时候它还小。一天下午,几个跟我住一个街区的小孩(他们认识且钦慕我的獴),在荒原里发现了一条巨大的蛇。他们跑来我家,然后我们便向敌人走去。

我跟我的獴走在前面,后面是一群皮肤黝黑的小孩。穿得最体面的几个只穿了条遮羞裤。面对即将到来的大战,他们发出了蜂群般的嗡嗡声。

抵达目的地的时候,我独自向前,把獴放在离蛇几米远的地方,蛇正在睡午觉呢。

那是万众瞩目的一分钟。我的獴向那条蛇走去。或许它以为那是根树枝。但它停了下来。它往后跳了一步,然后以我从未见过的速度从那几个小孩中间穿过,往我家跑去。回家后我发现它正在心满意足地吃着水煮蛋。

这件事极大地削弱了我在韦拉瓦特的威望。韦拉瓦特是位于科伦坡海边的偏僻郊区,我在那里住了一年多。

我和两只小动物一起在椰子树下散步。几年后,我交了第一批朋友,既有英国人也有本地人。由于阶级不同,他们的生活非常复杂,这让我想起了智利。

就这样,我逐渐写完了《居留在大地上》这本书。压迫我的是封闭的环境。我仿佛生活在洞穴里。但是在这本书里,我完全驾驭了自己的风格。

但我很快就放弃了这种风格。我抛弃了一部又一部作品，每一次都要替换重建之前的意义与形式。我是聂鲁达主义最大的敌人。如果我在每本书里都与它断绝关系，那么聂鲁达主义怎么会存在呢？

书对我来说是非常重要的东西，每本书都是一次新生，或多或少都是完整的生命。很快你们会看到我今年即将出版的两本书。其中一本叫《葡萄与风》。过几天这本书就会出版了。到时候你们就知道了。这本书和我写过的所有作品都不一样。但我更喜欢现在写的这本《元素颂》，它将于六月出版。它和其他作品更不相同。这是一本欢乐而简单的书，是写给所有人的书。

少年时，写史诗的念头诱惑着我。《未可限量者的尝试》是我详解宇宙的开端。

这种勃勃野心在美洲诗坛很常见。许多天赋异禀或资质平庸的诗人因此而陨落了。这是南美的顽疾，新国家的顽疾。

不知不觉间，人们想要摧毁文化的各个阶段，改变诗歌写作的基础，让它笼罩在幻影之中。

许多拉美诗人都希望自己能写出《浮士德》。但这一切是中世纪的积淀，《浮士德》是知识和科学的萌芽，是几个世纪的耐心、谦逊与智慧亲密接触的结果。如果大家都认可浪漫主义者关于"天才"的论调或观点，那就创造不出绝美的音乐、绝美的诗歌，也不会有科学发现了。

我们当中的许多人都在无用的冒险中迷失了自我，想让别人信服自己错误的形象。

除此之外，对各类题材野心勃勃是肤浅的表现。

这点我特别要跟年轻人强调。

我从不好为人师。我觉得每个人都应该寻找自己的道路，但有些基本道理和风险是需要注意的。

首先，如果没有别人的话，诗人就会变成无用的生命。生活、行动和人类社会的更新变化，让诗人歌唱。梦境、神话、魔法，所有这些词汇都是现代垃圾。诗歌并不神秘。我们每天吃的面包比它更神秘；但面包师对此毫不在意。如果诗人不理解自己的责任，不想和其他人一起战斗，就会编造命运，糊上一顶纸皇冠。

我们昨天说到，诗歌创作是一种职业，而诗人是从业者。

保罗·艾吕雅，他是我认识的最优秀、最智慧的诗人，有一回他告诉我："人们对质量的崇拜已经达到迷信的程度了。我们得再跟大家提议提议，让大家重视数量，重视作品。"那天我们数了数（那是三年前了，唉，现在保罗·艾吕雅已经不在了）巴勃罗·毕加索的作品。我们拿着纸笔，计算了毕加索的油画、雕塑、版画、瓷器、石刻和文学作品。那时他的作品数量就已经达到了二十四万件。

那么维克多·雨果呢？在根西岛的岩石上，他可能以为自己同深奥的永恒建立了联系，但拯救他的并不是这件事，而是他的作品，是他作为伟大出色的面包师创作的作品。每天，他都会用怜悯、诗意、战斗、痛苦和爱制作面包。

我在西班牙出版了两卷《居留在大地上》。我从没见过我周围的人像那几年一样团结友爱。我们不知道战争将给诗歌带去可怕的缺口。现在的西班牙诗人，那些没被杀害的诗人，都过着流亡生活。对他们来说，这是最痛苦的经历。

一直以来，我都在与奉行机会主义、残酷无情的西班牙法西斯政府作战。这里不是谈论政治的地方。但对我而言，这不仅是战斗的后果，还是我身上的伤痛，是无意间会让我感到痛楚的伤疤。我无法忘记费德里科的死亡。对于爱他的人来说，对于曾经陪伴过他的人来说，要忘记他是不可能的。他是耀眼的生命，是诗歌创作的化身。

在内战爆发不久前，西班牙是盛产诗歌的伟大国度。它拥有阿尔韦蒂、费德里科、阿莱克桑德雷、米格尔·埃尔南德斯，还有那么多诗人！

我们曾经生活在一个极快乐的时代。费德里科和他的"巴拉卡"剧团四处奔波。他总是操心戏剧的方方面面。然而，我关于他最后的记忆是几首失恋的十四行诗（或类似的标题），他是在曼努埃尔·阿尔托拉吉雷的家里读给我听的，之后他去了格拉纳达。我不希望除我之外的人听到那几首诗，于是我们去了一个偏僻的角落。他在那里为我小声地朗读。我觉得那几首十四行诗美丽而丰满，仿佛是成熟的葡萄串。我没有见到那几首诗出版。它们的未来究竟如何呢？

阿尔韦蒂在全西班牙宣传自己芬芳而晶莹的海洋诗歌。阿莱克桑德雷在认真工作。米格尔·埃尔南德斯刚刚好奇地探出脑袋。诗歌界最有发言权的人是胡安·拉蒙·希门尼斯和安东尼奥·马查多。然而，正如萨利纳斯和纪廉那代人深受胡安·拉蒙·希门尼斯的影响，我的那些西班牙朋友，阿尔韦蒂、洛尔卡等等，他们发现马查多才是真正的导师。希门尼斯想成为欧洲诗人，成为西班牙的瓦莱里，成为抽象派诗人。这让他堕落了。他失去了曾经羞怯地表现出的浪漫主义品质，他前几本书里的颜色和气味全都消失了。他逐渐枯竭了，流血了，不再歌唱了。会思考但不会歌唱的诗人是堕落的。我觉得歌唱不是一种品质，而是一种自然特性，它创造了形式和意义。如果没有它，就没有诗歌。

一九三五年，两卷《居留在大地上》在马德里出版了，由何塞·贝尔加明在他的十字与条纹出版社出版。

早在这之前，我的诗歌在西班牙就已经出名了。我住在印度的时候，收到了阿尔韦蒂寄来的信。他让我给他写诗。西班牙诗人用打字机打出了六七份《居留在大地上》的副本。我不知道他们喜欢我诗里的什么内容，我的诗和他们的截然不同。西班牙诗歌依然是古典诗歌，诗人们还在切割那块古老的水晶石。阿尔韦蒂是位极其重要的古典诗人，可以与十八世纪的一些诗人相媲美。当时有一些"神圣"诗人，比如费尔南多·德·埃雷拉。这样的诗人被称作线性诗人，他们的诗歌完美而纯洁。西班牙人之所以继承了这样的传统，是受安达卢西亚诗人的影响。

费德里科·加西亚·洛尔卡有出众的才华，他试图打破传统，赋予他的诗歌、他最后的诗歌，以更广阔、更"美洲"的视野。

要精准地衡量加西亚·洛尔卡的重要性是不可能的。他的创作生涯才刚刚起步，他就被杀害了。他拥有惊人的创作天赋。他原本会成为现代西班牙的洛佩·德维加。他原本会踏入社会诗歌的领域。

费德里科不停地读我的诗歌。他有时会告诉我："我不想再读你的诗了，它们影响到我了。"他的性格就像被溺爱的孩子那样，调皮任性，天马行空，让人根本不可能生他的气。

不过我记得，我们有过一次争吵。当时他正在排练《耶尔玛》①。他是个非常严格的导演。平常欢快的语气消失不见了。他的导演方式彻底改变了西班牙戏剧。他改变了不止一位伟大演员的表演风格，改变了他们的命运。有人以我的名义打电话给他，但是我并不知情。他

---

① 洛尔卡创作于 1934 年的舞台剧，同年首次上演。讲述了一个没有孩子的女人在乡下生活的故事。洛尔卡称这部作品为"一首悲痛的诗"。

还以为家里出事了，于是指责我，说我不该跟他开玩笑，但我其实并没有这么做。

他指责我的时候，我反应激烈，态度严肃。我当着所有人的面，让他再也别跟我说话了。

那天晚上，我们很晚才去吃晚饭，去的是鲁纳大街的帕斯夸尔酒馆。那间餐厅很受欢迎，我们常去。

我正跟餐馆里的人说着话，突然感觉有人在拍我的肩膀。是费德里科。我别过头，没跟他说话。那不是什么大事，但是他的态度让我十分恼火，他那会儿表现得太虚荣了。

于是，他不停地拍我的肩膀，我不得不看他。"你看这个。"他对我说。

他慢慢地掏出一条手帕，把它展开，俨然是个准备表演节目的魔术师。他把手帕举起来，展示给我和其他朋友。然后小心翼翼地把手帕铺在地上。紧接着，他跪在手帕上，追悔莫及地看着我。

我拿他一点办法也没有。他实在是太可爱了。我把他从地上扶起来，后来我们再也没有吵过架。

不过，西班牙诗坛最有趣的年轻诗人是米格尔·埃尔南德斯。我曾经在其他场合讲过这位奥里韦拉牧羊人的悲惨命运。我有点把他看作自己的儿子。

他从家乡直接去了我家。他曾经是个牧羊人，长着一张皱皱的农民的脸。他爬上树，在树顶吹口哨，给我模仿夜莺的颤鸣。

他是我见过的最丰富的诗人，拥有无限的语言表达能力。他也没来得及发挥自己伟大的才能，就离开了人世。

我好几次写到他。我无法忘记他的牺牲。在场的各位都了解我的政治思想。在这几场演讲中，我都在竭力避免谈及这个会让我们彼此疏离的话题。我们每天都更加深刻地感受到，我们需要填补那片空白、那片无人之地，它的存在是违背各民族意愿的。我们应该努力扩大共同利益，增进相互理解，这是我们共同的需要。

但有些事就像尖刺，深深刺入我的生命中。我要跟大家讲述那些事，我不能缄口不提。我耗尽了我的良心和心灵的力量，在我的生命里承受着它们带来的刺痛。

米格尔·埃尔南德斯的死和费德里科·加西亚·洛尔卡的死不是一码事。人们给费德里科的谋杀案找了借口，认为那场谋杀案发生在战争最初的血腥时期。在那场内战中，战争双方都变得无比凶残。但是，米格尔·埃尔南德斯的牺牲又该作何解释呢？他还是个年轻的诗人，刚刚有了点名气。他对政治、对军队没有任何意义。他是伟大的人民诗人，是农民的儿子，在战争中依然和农民一同作战。

战争结束时，他被判了死刑，但我们救了他。重获自由之后，他准备和妻儿一起去智利安家，但他又被送进了监狱。在几年的时间里，他辗转于不同的监狱之间，直到垂死咽气的那一刻，因为他只能在自由中活着。

当然，他们有充足的时间证明加西亚·洛尔卡的谋杀案是没有预谋的。然而，杀死费德里科的那群人，又让继承了西班牙诗歌权杖的诗人遭受了七年的垂死之苦。

如今，西班牙出版了一本书，汇集了多首三行诗。他们想用这本书说明，如果米格尔·埃尔南德斯还活着，他会支持他们，支持那些杀害他的人。

这太荒谬了。

我不允许这样的事发生。因为这不是政治责任。这是心灵的责任。因此我在《漫歌》中写道：

你从莱文特来到我的身边。
你这个羊倌啊，给我带来了那畏怯的纯真、
古籍中的学问、
路易斯教士、橙花、
山上焚烧牛粪的气味，
你脸上显示着收割的燕麦那谷物的粗糙，
低垂的眼睛流露出一种甜蜜。

还有一只夜莺巢居在你的嘴里。
那是一只沾染了甜橙的夜莺、
一串不断线的歌、力量的叶片。
啊，年轻人，火药突然冲破了光明，
而你，带着夜莺、带着步枪，
在战场的月光下、阳光里四处游荡。

我的孩子啊，你知道有多少事情是我所不能，
你知道，对我来说，你就是所有的诗的蓝色火焰。
今天，我将自己的脸贴到地上倾听你的声音，
倾听你的声音、鲜血、音乐、垂死的蜂房。①

　　许多年后，我的新书《葡萄与风》里的第四首诗是写给他的。题目是"消失的牧羊人"。

---

① 林之木（张广森）译本。

关于米格尔·埃尔南德斯和费德里科·加西亚·洛尔卡的痛苦回忆让我不得不承担起两种责任。这两种责任说明了一件事，而这件事很可能决定了我诗歌的变化，那是从西班牙开始的变化。的确，我早期的诗集已有了社会诗歌的根基，或许我本就无法抵挡这种写作宿命。社会诗歌只不过是人性的延伸和深化。但是这两位诗人的死对我来说是十分痛苦的刺激，完全唤醒了我的良心。

这是第一层原因。

第二层原因是友谊。这两个人是我的朋友，给予我所需要的兄弟情谊。

对于诗人来说，友谊是一片美好的大陆。我秉承南方人强烈永恒的友谊观。我从没有失去过朋友。除非死亡将他们从我身边夺走。

我和托马斯·拉戈在圣地亚哥的大街上走着，我们从不谈论书，就跟三十四年前一样。我们一起出版了《指环》，这本书里他写的那几页有着别样的诗意。后来，他对这片土地的热爱之情让他开始搜集金查马利①的黑陶器和各种农具。如今，他每天都在共和国最美的博物馆欣赏我们民族震撼人心的艺术创作。

鲁文·阿索加尔也在圣地亚哥的大街上走着。他已经从给予他悲剧题材的岛屿上回来了，那是智利最好的几本书之一。我们几乎每天下午都会去那里散步，互相说些蠢话，彼此报以哈哈大笑，就跟三十年前一样。

如果不想说话，我就会和胡文西奥·巴列老兄待在一块儿。和他在一起可以几个小时都保持沉默。西班牙人叫他"胡文西奥·希兰西奥"②。

①圣地亚哥南部的一个小村庄，当地的黑陶很出名。
②在西语中，沉默写作 silencio，与胡文西奥的名字 Juvencio 押韵。

我有很多需要担心的事，所以会躲起来写诗。人们想找我聊聊的话，得去问奥梅罗·阿尔塞，就跟三十年前一样。

　　但是，我也有几个锲而不舍的敌人。

　　诗人比森特·维多夫罗总是对我抱有敌意，要么跟我打游击战，要么出版针对我的文章，要么生出些事端。

　　就算是这样的人，这样躁动不安的人，诗歌中的君主主义者，他的敌意如今也不复存在了，只有他的诗句留了下来。但愿他的光芒可以通过他的诗句永远闪耀。

　　还有些敌人几乎在我童年时就出场了，用惹眼的杂志不依不饶地纠缠我。

　　奇怪的是，这些敌人也像卡拉布里亚①山里的人那样迭代，从父亲传到儿子，从小叔子传到侄子。侄子的杂志越办越小。他们肯定疯狂地享受这一切。我用自己的方式回应他们，创作出更丰富、更精细、更宏大的书。

　　我不认为自己是个有安全感的人。完全不是。

　　但我从没发表过一句攻击其他诗人的话。

　　我选择了更大的敌人，诗歌和一切生命的敌人。

　　我认为地球上的所有诗人都能拥有自己的位置。

　　有一回我说，大象比诗人更大，但每只大象都有自己的位置。你们知道他们是怎么回应我的吗？"这句话说明，巴勃罗·聂鲁达有大象情结。"

　　我不知道什么是大象情结，但我得承受这一切，承受这么多沉重、

----

①意大利南部的大区，古老文明的发源地，保留着一片原始大森林。

残忍又花样百出的谩骂。但承受这些谩骂时，我的确拥有大象的力量。

我指的并不是那些评论家。总的来说，文学批评并不存在。或者说，这个文体正在逐渐消失。

我喜欢富有创造力的简单评论，但这样的评论越来越少了。有些评论家说自己的末日到了，为自己、氏族、家庭、奢侈俱乐部、农民协会而成天奔波。我不喜欢这样的评论家。

有些评论家给自己扣上了马克思主义者的帽子，他们苦涩而迟缓。我可能会赞同他们的意见，但我还是不喜欢他们。

不过我更不喜欢那些过于聪明的评论家，他们总是迫不及待地要把头发丝切成四份。一些评论家能从一首小诗中分析出长篇大论，就跟套盒盒似的。我每次读到这样的作品都会觉得很无聊，因为我知道最后一个小盒子里照样什么都没有。

我反感的不是夸张的赞颂，也不是激烈的抨击，而是评论中缺乏理解力和人文主义。因为"人文主义（humanismo）"这个词是从"人性（humanidad）"演变而来的。即便它是从"人文学科（humanidades）"演变而来，可"人文学科"也是从"人类（humano）"这个词演变而来的。

前不久，我给这些丧失人性（inhumano）的评论家写了几句诗：

[原文中这几句诗缺失了]

[诗人]是一份微妙的职业，因为他必须表达许多难以表达的感受，他自身必须是一首古老的合唱曲，必须用响亮的歌声表达出许多人觉得无法表达的情感。这份职业和船夫有些相似。诗人也必须掌控自己的船，既能顺着流水行驶，又不能迷失方向。那流水便是人类的深层意义和时间的方向，我们必须经受住水流的节奏，而且不能失去目标。

这场演讲开始时，我给大家讲了诗歌是如何抵御各种事物的。这场演讲即将结束时，我要告诉大家，诗歌是如何抵御那些复杂影响的，它们坚持要把诗人从现实中抽离并将其击溃。如果诗人凭借出色的诗歌语言独自抵挡住了这场侵袭，那他便会带着微薄的骄傲，登上热带宝座。

这种坚守意味着难得的简单，是对于简单人性的回归。至少，这是我的道路。还有别的办法吗？我已经告诉过大家我从哪里来，我从南疆来。你们已经知道了，你们了解我成长的自然环境，以及和我一起长大的人。如果我不是个简单的人，如果我不是个简单的诗人，那我就背弃了我诗歌的根基。

下面这几句诗表达了我对这一切的思考。

[他诵读的必定是《致简单的人》]

一九五四年一月二十四日，第五场（即最后一场）演讲

到昨天为止，几场讲座都结束了，我道尽了那些曾经影响我诗歌表达的人和事。今天下午，我只想直接跟大家谈论我的诗歌表达。我们默契一点，把最后这场演讲变成一场毫无威严的仪式吧，这个仪式叫"诗歌诵读会"。

我虽然这么说，但还是想抗议这种威严尽失的状态。

诗歌朗诵者是现代世界的英雄，他们或多或少武装了自己，有些比较羸弱，有些比较强韧，有些比较恬静，有些比较吵闹，但他们继承了最古老的传统，也就是朗诵诗歌的传统。

诗歌朗诵比现代戏剧更有资格，宣称自己是伟大精湛的希腊戏剧的遗产。

我常常问自己，一首诗什么时候才算彻底完成了呢。如果你用手写，然后朗读自己的手稿，还是缺了点什么。如果你用打字机写，完成度更高了，但还是缺了点什么。

　　如果这首诗在杂志上登了出来，这总算是完成了吧。但……总归还是缺了点什么。

　　然后，书出版了。到这一步就完成了。到了这一步，我们这些诗人会永远忘记我们的诗歌。我们离它而去了。我们脑海里会浮现别的事。我们想写一些截然不同的东西。书里的那首诗仿佛已经死去了。

　　之后，我们突然听到了那首诗。有人大声朗读它。他读得好不好并不重要，实际上，人的声音赋予诗歌以意义，让它再次活了过来。

　　于是，这首诗完整了。

　　所有的诗歌都是用来大声朗读的。每个字母都应该在嘴里感受，每个元音都应该出声，书里毫无生气的每行诗句都应该被声音填满。

　　只有到了那个时候，诗歌最重要的元素，它的意义、它的幽默，才会抽离诗歌本身，在节奏的酒杯里升腾。

　　节奏是诗歌的固有规律。它不仅是诗歌的外衣，还是诗歌的内在血液，是它生命的循环。

　　朗诵诗歌的时候，你得顺应诗歌的节奏。这种节奏应该如流水般强大，强大到能抬起你的身体。

　　你得寻找节奏，用抑扬顿挫的语调顺着节奏朗读，因为节奏能起到引导的作用，还能打开内容的大门。在诗歌的迷宫里，这是带领我们找到门锁的线索。

　　我意识到，人们读诗的时候，会把前一句的结尾和后一句的开端连在一起读。这样不对。在每句诗的结尾，都必须停顿一会儿，否则诗就成散文了。这种停顿比句号后的停顿要短促一些，但是比两小节之间的停顿略长一些，而且停顿的时间不尽相同。但是在每句诗的结尾，节奏都必须在微小的震颤里中断，以此催生新的节奏。

不过，诗歌是通过合唱来表达的。诗歌的最高追求是被许多声音诵读。诗人本身便是一支合唱队，他在作品中呈现出许多隐藏的事物，而这些事物都想淋漓尽致地展现自己。理想的诗歌能够在一分钟的时间里道尽地球上所有人类的总和。而这总和便是和平 *。

---

* 这是聂鲁达在诗歌诵读会上的引言。这场诵读会标志着以其生活和诗歌为主题的系列讲座圆满结束。主办方在门口给来宾分发印好的《空气颂》，让来宾了解大致内容。

与聂鲁达同台的还有民族音乐家玛戈特·罗约拉，她带来了马普切人的特鲁特鲁卡长号和吉他。此外还有演员玛丽亚·玛伦达和罗贝尔托·帕拉达。

开场，玛戈特·罗约拉演奏了一首马普切情歌。曲毕，聂鲁达朗读了《漫歌》中的《致船头雕像》。然后，伴随着吉他乐声，诗人和演员朗诵了颂歌，献给地上的栗子、肥沃的土地、夜晚的钟、线、洋葱和何塞·米格尔·卡雷拉（1810）。

其他自传性文章

巴勃罗·聂鲁达这个陌生人*

我们人类彼此之间所知甚少。这次您满怀好奇地听我说话，我便开始诉说，开始战战兢兢地跟您诉说。我的声音来自外面，来自街道，来自夜晚，我的声音是闯入者。我不知道您会如何迎接我。您不久前刚离开工作室、办公室或是餐厅，或许您走进了卧室，钻进了被窝。突然我的声音借助魔法莫名其妙地出现了，毫无理由。我很害怕，因为如果我得谈论爱情，你或许比我幸运。如果你比我走运，那么你并不需要我的话和我的诗歌。而现在，我要跟你谈论我的痛苦，而你或许比我更了解苦难。虽然你能中断我无用的说辞，但我和我的声音依然会在空气里舞蹈。

无论你是男人还是女人，无论是老人还是年轻人，我们彼此之间

---

* 通过诗人在本文前几段的叙述，我们得知这是一篇广播演讲稿。

都不甚了解。就我而言，我不得不说，对于我本人和我的生活，人们要么只了解黑的那一面，要么只了解白的那一面；要么只了解真的那一面，要么只了解假的那一面。我从不想隐瞒什么，既不想隐瞒我真实的模样，也不想隐瞒我真实的想法，但是好朋友们用刷子给我从头刷到脚，刷出了一副可爱的模样。随后敌人们来了，他们把我刷成了让人厌恶的形象。他们用黑色的颜料，把我的衣服、鞋子甚至舌头都刷成了黑色。

至于你们，男女老少，穷人富人，胖子瘦子，各种类型、各个年龄段的智利同胞们，多年来，我只想成为你们当中的一分子，成为胖子瘦子、穷人富人、白人黑人的综合体，成为典型而普通的智利人。我从不想在任何方面出类拔萃，如果有人认出了我，如果有很多人认出了我，这正是因为我既不虚荣也不谦虚，我是个一般人，是群体的一分子。

对我来说，这个群体就是智利，它是全世界最好的群体。

四十多年前，当我胳膊下夹着诗集从特木科来到圣地亚哥的时候，人们并不是这么想的。

当年流行的观念已经过了时。我觉得自己也为它的消亡出了一份力。

当时流行的第一个观念是，诗人认为自己高人一等，比其他人更高大、更宽广。他们觉得自己是超人、天才，富有神秘色彩。有个诗人写过这样一句话："诗人是小上帝。"还有些诗人把自己当作超自然的恶魔。他们毫无顾忌，常常为了好玩而败坏自己的名声。

佯装优越是当时的潮流。我不喜欢，因此我找到了一条更简单的路。我和所有人都不像，但我至少曾经努力想变得与他们相似。

这些冲突也进入了我的诗歌。这样的读者，这样的作者，这样的智者（或自认为是智者的人），这样的所谓的知识分子，这样的存在方式。

我记得，我甚至写过几句讽刺诗，它们听上去有些刺耳，但都是实话。

> 时不时得在远处
> 接受坟墓的洗礼。

> 毫无疑问，一切都很好；
> 一切都很糟，毫无疑问。

> 乘客来来往往，
> 孩子和街道共同生长，
> 我们终于买下了那把吉他，
> 它曾在商店里独自哭泣。

> 一切都很好，一切都很糟。

> 酒杯被填满，然后
> 自然又会被倒空；
> 有时会在清晨
> 神秘地死去。

> 酒杯与喝酒的人。

我们彻底长大了，如今
不再跟邻居打招呼
有那么多女人爱我们
我们不知如何是好。

我们穿着多么漂亮的衣服啊！
我们带来了多么重要的观点啊！

我见到了一个黄种人，
他觉得自己是橙色的
我还见到了一个打扮成金发人模样的黑人。

可以见到，可以见到许多东西。

我看见完美无缺的绅士
为小偷庆祝胜利
用英文记录下这一切。
我看见诚实的人，忍饥受饿，
在垃圾堆里寻找面包。

我知道没有人相信我。
但我亲眼看见了这一切。

必须接受坟墓的洗礼

在土地之下
抬头望向骄傲。

于是人们学会了衡量。
学会了说话，学会了存在。
或许我们不会变得那么疯狂，
或许我们不会变得那么理智。
我们将学会死亡。
成为泥土，失去眼睛。
成为被遗忘的姓氏。

有些伟大的诗人
一扇门都装不下他们；
还有些敏捷的商人
忘记了贫穷的滋味。

有些女人不会走进
洋葱的眼睛里
有许多东西，许多东西，
便是如此，将来却并非如此。

如果你们愿意，就别信我的话。

我只想教给你们一些东西。

我是生命的老师，

死亡懒散的学生。

如果我知道的对你们毫无用处

那我不是什么也没说，而是什么都说了。

——《没那么高》（《狂歌集》）

一九二一年还流行过巴黎风潮。所有作家、画家、艺术家要么从巴黎来，要么到巴黎去。生活在智利可不美好，也不优雅。在智利生活是件愚蠢的事。

对那群人来说，智利是丑陋的，不是阴雨绵绵，就是灰尘漫天，既悲伤，又无聊。当时一位伟大的作家曾经在一次沙龙聚会上对我说："如果人们不得不给这个世界注射灌肠药，肯定会选择在智利的某个地方下手。"这好笑的话里隐含着领主观念、反人民观念和世界主义观念，隐含着我无法认同的鄙夷态度。

当时，智利以及其他国家的许多作家都用法语写作，并不是因为他们来自法国家庭，而是因为我们的语言是智利人的语言，是如今所谓的发展中国家人民的语言。

（……）

希望大家能明白，我不愿表现得好像自己是个奇迹：其他人都是黑暗的，而我是光明的；其他人都是坏的，而我是好的。不，完全不是。这只是我们的偏好而已，我们每个人都想成为特定的人，也希望别人能成为特定的人。当时流行的思潮引发了竞争和敌对。我在很年轻的时候就摒弃了作家们的这种行为。有人自称天才，称别人是白痴。

我和这些愤世嫉俗之人分道扬镳了。总有人提起某人向我发起的论战，甚至有些游手好闲的人呼吁就这场想象出的辩论展开一场公开讨论。我过去、现在都不曾伤害任何人，也不曾抹去任何人拥有的或自认为拥有的文学价值。我从不曾在作品中点名斥责任何一名诗人，但我确实点名赞扬了许多诗人。在国家音乐厅侮辱别人是恶劣的文学习惯。别指望我会干这种粗俗的事。我从没见过哪个矿工一门心思想着辱骂其他矿工，他们只会想着从矿里挖出点什么来。我从没见过哪个木匠一辈子都对其他木匠恶语相加，他们总是忙着锯木板，钉钉子，造房子。我喜欢这样的人。或许我选错职业了，我应该去当个木匠，或是做一只啄木鸟。

在特木科的树林里，在古老的森林里，在南美杉和肉桂树之间，我爱上了木头，这份爱一直陪伴我到今天。我父亲的道砟车穿过拉夫兰萨和卡拉韦之间孤独的铁轨和岔道。我坐在车里，沉浸在森林和木板的气息中，但愿这份气息能在我的诗歌里永存。

跟大家告别之际，我想给大家读几句诗：

> 唉，在我了解
> 和接受的
> 所有事物之中
> 木头是我最好的朋友。
> 我把木材厂的
> 香气，
> 红木板的气味，
> 装进身体里，装进衣服里，
> 周游世界。

我的胸口，我的感官

在童年时就被

纷纷倒下的树木

填满了，

它们来自森林，

而未来那里却建满了房屋。

         ——《木头颂》(《元素颂》)

诗人手稿

巴勃罗·聂鲁达直到去世前不久都在书写、整理回忆录。他留下了一些手写的笔记，我们因而知悉了这项工作。我们可以在接下来几页的图片和对应的释文里看到，这些笔记都是碎片化的，但它们说明了诗人为选题和创作回忆录所付出的心血。这几页还提到了我们在新版《我坦言我曾历尽沧桑》中增加的几篇文章，特别是《回程的姑娘》《野心家的画像》和《南方的风景》。

尤利西斯，庞德，艾略特 / 回忆录 / 书，拉伯雷和兰波，仅存的革命者 / 奇妙的、冰冷的贡戈拉 / 维隆 / 语言到那里为止 / 塞万提斯，乔叟 / 然后是十八世纪，语言被阉割，成为 / 宫廷的附庸 / 然后 / 十九世纪 / 语言被杀死了 / 变成了连载小说 / 汗渍 [无法辨认] / 血渍、粪便 / 的混合物消耗殆尽 / 它们是语言的基础 / 还有 / 佩雷斯 · 加尔多斯 [无法辨认] 的单纯 / 出了名的沉重 /J. 曼里克斯 /JRJ [胡安 · 拉蒙 · 希门尼斯] 的高洁 / 伟大的资产阶级小说 / 巴尔扎克 / 普鲁斯特。

* 其中有些内容呼应了聂鲁达在《我坦言我曾历尽沧桑》第十一章《写诗是一门手艺》中的文章《与语言共存》中的思考。

关于生活和诗歌的散文——虚构大师萨特的哲学家身份让我无法喘息。我对评论的感受不是出于狂妄，而是出于谦虚。我在一些侦探小说里发现的创造精神比在疑云般晦涩难懂的散文中发现的还要多。毫无疑问，散文家对文化和世界来说是不可或缺的。我更喜欢粗糙的食物，乔叟、拉伯雷。

我喜欢的书。爱伦堡 /《战争与和平》/ 斯大林 / 斯大林女儿写给伊利亚 [伊利亚 · 爱伦堡] 的信 / 西蒙诺夫 / 陀思妥耶夫斯基 / 是 [无法辨认] / 最接近……[无法辨认]。

第二十次代表大会及其影响 / 没有人，连赫鲁晓夫都不知道 / 斯大林 / 赫鲁晓夫解释他死亡的版本 / 我觉得他真的 / 欣赏斯大林的性格 / 基洛夫事件 / 西蒙诺夫 / 医生名单和笔记 / 他的聪慧和狡黠 / 他的颓废和疯狂？/ 贝利亚 / 但愿不再重演 / 阿拉贡①在莫斯科遭遇的变故 / 埃尔莎 [埃尔莎·特里奥莱] 也在场 / 古怪的行为 / [无法辨认]。

边角处：只看了一眼 / 西蒙诺夫 / 针对司机纳齐姆 [纳齐姆·希克梅特] 的阴谋。

---

① 指路易·阿拉贡。

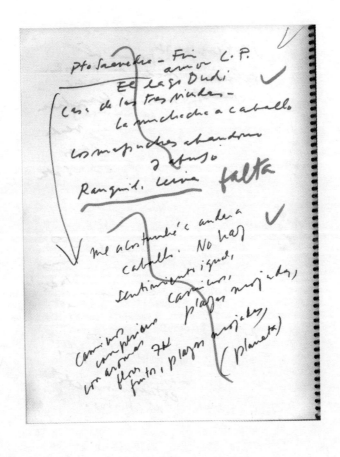

萨阿韦德拉港。完 / 爱 LP/ 布迪湖 / 三位寡妇的家 / 马背上的姑娘 / 马普切人 遗弃 滥用 / 兰基尔 [无法辨认] 我习惯了骑马。没有相同的情感 / 道路 / 湿润的海滩 / 道路 / 农民 / 散发的香气 / 鲜花 / 水果, 湿润的海滩 / (行星)。

* 在这份笔记中, 我们发现了本书第一章《年轻的乡巴佬》的几个主题, 比如他提 到的"马背上的姑娘", 这是我们在新版中增加的内容。

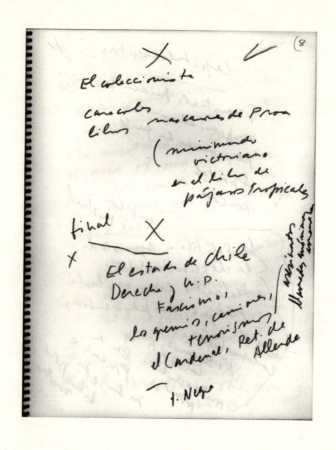

收藏家 / 海螺 / 书籍 船头雕饰 /（迷你世界 / 维多利亚式 / 在热带鸟儿的 / 书里）
结尾
智利政府 / 右翼和 UP［人民团结］法西斯主义 / 行会 / 卡车 / 恐怖主义 / 谋杀 匿名
电话。红衣主教。阿连德［画像］/ 黑岛。

544

Retrato de un
ambista
Citas para las memorias

The worst that can be said
of most of our malefactors,
from statesmen to thieves, is
that they are not men enough
to be damned.
T. S. Eliot
(para comenzar)

Che debba Petrarca-
debbi io far? che mi canzone XI
consigli; Amore?

Tempo è ben de morire;
Ed ho tardato più ch'i non
vorrei.

野心家的画像

写入回忆录的引文。

最糟糕的是，我们大多数的坏人，从政治家到小偷，都没有受到足够的惩罚。[1]

T.S. 艾略特

我该怎么办？你告诉我，亲爱的？

时间是用来等待死亡的，

我已经比我希望的晚了。[2]

彼特拉克——《歌本》第十一首

* 聂鲁达为自己的回忆录选取的第一处引文，出自 T.S. 艾略特为波德莱尔《私密日记》所写的引言。

第二处引文出自彼特拉克的《歌本》。但不是诗人标注的"第十一首"，而是"第二百六十八首"。

---

①原文是英语。

②原文是意大利语。

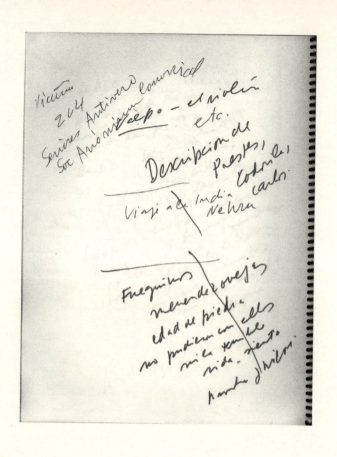

瓦尔波 [瓦尔帕莱索] / 小提琴 / 等等 / 描写 / 普雷斯特斯 / 科多维拉 / 卡洛斯 / 印度之旅 / 尼赫鲁。

富埃古伊诺人 / 梅奈德斯的羊 / 石器时代 / 拿他们没办法 [无法辨认] / 生活。风 / [无法辨认]

* 聂鲁达写下了两行关于富埃古伊诺人的文字,提及了巴塔哥尼亚梅奈德斯一家的羊。毫无疑问,这两点与《南方的风景》有关,这篇文章显然是为回忆录所写。出于某种原因,这篇文章未被收入首版回忆录中,但新版将其收录。

《诗人费德里科最后的爱人》的几页打字机文稿，聂鲁达在上面做了手写修改。

El ultimo amor del poeta Federico.

— I —

decimonónica.

Hay _una_ manera de tratar el homosexualismo de Federico
García Lorca, que me parece inevitable. La manera española
y latinoamericana: esconder cuidadosamente esta in-
clinación personal de Federico. Hay mucho en esta actitud
de respeto al poeta asesinado. Pero también existe el tabú
de lo sexual, la herencia eclesiástica del imperio y colo-
nización española, la hipocresía.

Por otra parte ha surgido algunos escandalizantes casi
siempre reaccionarios que para ocultar el horrendo crimen
político arrojan la singularidad erótica de García Lorca
como probable causal de su muerte. Esta es una cortina de
humo. El fascismo español como el alemán y el italiano fue-
ron especiales exterminadores de intelectuales.

Los nazis en los territorios ocupados masacraron escrito-
res, profesionales, artistas, hombres de ciencia. En Polonia
no querían dejar vivos sino unos cuantos miles de polacos de
rudimentaria ocupación que pudieran hacer tareas manuances

en la nación diezmada.

Los españoles no lo hicieron mal. La persecución a maes-
tros, profesionales, masones, universitarios, alcanzó en Ga-
licia su máxima ferocidad. Las redadas se hacían de noche,
buscando letrados que eran acumulados en la plaza de toros
de Badajóz, o simplemente fusilados al amanecer en cualquier
parte. La pintora gallega Maruja Mallo me contaba que, muer-
ta de frío, dormía a la intemperie en el campo. Así pasó tres
meses aterrorizada de que la agarraran. Por la mañana se oía

547

clandestinamente en su casa. En el camino había tropezado
con media docena de cadáveres, los fusilados de aquel ama-
necer.

García Lorca tenía que ser ejecutado como lo había sido
Alberti o Machado si los hubieran cogido. Franco en la úni-
ca declaración que hizo de su muerte la atribuyó al desor-
den de los primeros días de la guerra civil. Pero esto que-
da facilmente desmentido por el largo cautiverio, martirio y
muerte del poeta encarcelado Miguel Hernández. Grandes opor-
tunidades tuvieron de liberarlo. Embajadas, Cardenales y
escritores que intervinieron ante el fascismo español no lo-
graron sino prolongar el cautiverio de Miguel Hernández. Su
muerte como la de Federico fué un repugnante asesinato polí-
tico.

Volviendo a las costumbres íntimas de García Lorca, diré
que me ha tocado conocer y tratar a muy pocos homosexuales
pero aún después de meses de verme casi todos los días con
el poeta en Buenos Aires en 1933 no me daba cuenta de su
característica, no podría decir de él que tuviera un encan-
to femenino. Todas las luces de la inteligencia lo vestían
de una manera tan espléndida que brillaba como una piedra
preciosa. Su cara gruesa y morena no tenía nada afeminado,
su seducción era natural e intelectual. Está probada su
homosexualidad, esto lo ví mas tarde. Pero talvez hay tam-
bién homosexuales felices y homosexuales desdichados.
Federico irradiaba la felicidad y en esta copa lo de-
ben haber contado sus amores satisfechos.

En Buenos Aires comencé a tener alguna sospecha de su

deslumbrante

de

Y lo visible es mas visible en la tristeza.

naturaleza amorosa. Sucedió que cierta vez se contaba
cómo las muchachas, poetisas en ciernes, llenaban su ha-
bitación del hotel y no lo dejaban respirar, entre bro-
ma y broma sobre la situación descubrí su pánico ante
el asedio femenino, le ofrecí de inmediato mis servici-
os. Quedamos en que en los momentos de verdadera alar-
ma me llamaría por teléfono y yo acudiría al hotel con
la velocidad del rayo para hacerme cargo de alguna ma-
nera de la agradable misión de arrastrar a otra parte
a alguna de sus admiradoras.

El convenio se mantuvo alegremente y con cierta efi-
cacia, saqué algunos resultados inesperadamente primo-
rosos de mi colaboración. Algunas de esas palomas enga-
ñadas por la luz de Federico cayeron ~~sin tardar difi-
cultades~~ en mis brazos.

Por cierto que una vez me sirvió él en una aventura
erótico-cósmica, episodio de la urgencia juvenil que me
hace sonreír aún cuando con cierta fruición lo recuerdo.

Habíamos sido invitados una noche por un millonario
~~criollo~~ que sólo la Argentina o los Estados Unidos po-
dían producir. Se trataba de un hombre rebelde y autodi-
dacta que había hecho una fortuna fabulosa con un perió-
dico sensacionalista. Su casa rodeada por un inmenso parque
era encarnación de los sueños de un vibrante nuevo rico.
Centenares de jaulas de faisanes de todos los colores y de
todos los países orillaban el camino. La biblioteca esta-
ba cubierta sólo de libros antiquísimos que mi anfitrión
compraba por cable en las subastas de bibliófilos europeos
extensa y estaba repleta. Pero lo más espectacular era
que el piso de esta enorme habitación estaba totalmente
~~cubierto las~~ pieles de pantera cosidas unas a otras has-
ta formar uno sólo y gigantesco tapiz. Supe que había te-
nido agentes en Africa, en Asia, en el Amazonas destinados
exclusivamente a recolectar pellejos de leopardos, ~~oce-
lotes~~, gatos fenomenales, cuyos lunares estaban ahora bri-
llando bajo mis pies en la biblioteca de este hombre ca-
prichoso.

Así eran las cosas en la casa del famoso Natalio Botana
poderoso nuevo rico dominador de Buenos Aires. Federico
y yo nos sentamos cerca del dueño de casa y frente a una
poetisa alta rubia y vaporosa que se dirigió más a mí que
a Federico ~~la~~ durante la comida. ~~La poetisa hechizada~~ Esta
~~algo de pronto estaba~~ llevado sobre

附录[①]

---
①附录中所有内容均为西班牙语版编者整理撰写。

出版札记

1 环游我的诗歌之旅

　　这篇文章由两部分组成。1943 年 12 月 8 日，聂鲁达从墨西哥回国后，人们在圣地亚哥市立歌剧院向他致以崇高的敬意，这篇文章很有可能是当时诗歌朗诵会演讲的前言和后记。埃尔南·罗约拉教授找到了出席这个活动的作家费尔南多·阿莱格里亚，从他那里得到了聂鲁达经常被引用的一句话的口述版本："如果各位问我，我的诗歌是什么，我会这样告诉各位：我也不知道。但是如果各位问我的诗歌，那她会告诉你们我是谁"。如今我们首次出版了这部带有这句话原话的回忆录："我的诗歌是什么？我不知道。还不如问我的诗歌我是谁呢，那要更容易一些。"

　　我们收录了这次演讲的前言和后记两部分，它们也会相应地出现在本书的前言和后记中。

2 回程的姑娘

　　这篇文章很明显是在描述诗人离开埃尔南德斯家的打谷场之后

的故事，也让这部回忆录的第一部分《童年和诗》更加完整。新添加的这个故事讲述了年轻的诗人在打谷场干完脱粒工作之后回家路上的故事。

《麦堆里的爱情》描述的是传统的用马脱粒的工作、每日劳作后的欢庆以及年轻旅人的第一次性爱体验。而这个此前从未公开过的故事，同时也是第一部分的最后一个故事，则讲述了回程时的趣事，也暗含了一丝自嘲的意味。年轻的聂鲁达马背上载着一个可爱的姑娘，这本是一个展示他刚刚收获的男子气概的好机会，然而最终却被一个低级问题绊住了手脚——他没有地方可以拴马。

3 皮具店的马

我们将这一篇添加到书中，是因为它为第一章的回忆画上了一个圆满的句号。在这一篇中，长大后的诗人回到童年生活的地方，发现整个城市变化很大，或者在某种意义上来说，已经毁灭了。唯一留下的与记忆中的城市相契合的东西就是这个木马，而这也是他童年上学时光的一部分。

玛蒂尔德·乌鲁蒂亚在她的书《我与巴勃罗共度一生》中写道："这匹木马在特木科的一个五金店里。巴勃罗每天上学都会路过这匹木马，他经常会望着它，抚摸它的脸。他每天凝望着这匹木马，一天天渐渐长大，把它当成了自己的一部分。每次我们回到特木科，他都会请求店主把这匹马卖给他，然而都是徒劳。它主人的那些朋友也态度坚决地哀求过。但有一天，那个五金店着火了，消防员及时赶到，当然，很多人都去了，他们中就有聂鲁达的朋友。后来他们告诉我，那天唯一的呼喊声就是'救救巴勃罗的木马！别给烧着了！'就这样，这匹马被救出来了，它甚至是消防员救出来的第一样东西。很快，救援结束了。而店主，得知巴勃罗对这匹木马如此执着，就故意抬高了它的价格。他知道巴勃罗不会放弃跟他抢那匹木马，它的价格最后高得离谱。"

现在它在诗人位于黑岛的房子里，摆在马之屋，是这所房子里展现出的诗人童年世界的一部分。

4 "瓦尔帕莱索与圣地亚哥近在咫尺……"

这篇文章的标题是《瓦尔帕莱索的流浪汉》，是这部回忆录第三部分的第一篇。这一篇的部分内容来源于 1965 年聂鲁达写下的文章《瓦尔帕莱索》，该文章以德语刊登于瑞士杂志《你，亚特兰蒂斯》（苏黎世，1966 年 2 月），还附带诗人与塞尔西奥·拉腊因的合照。而西班牙语原版则首次出现在聂鲁达的《作品全集》（第三版，布宜诺斯艾利斯，洛萨达出版社，1968 年）中。

在上一版中，这篇文章使用的是重新编排的 1965 年版本，而在新版中我们使用的是聂鲁达手写修改过的原版文章。相比于上一版回忆录，这篇文章主要在风格上有部分改动。另外，在结尾部分也增加了之前遗漏的我们认为比较重要的段落。在创作这些段落时，聂鲁达以一个传记作家的身份，在晚年时期的灵魂归宿——黑岛——回忆他的一生，写下了这篇文章，带着怀念之情回望他已然失去的少年时期的瓦尔帕莱索。

5 《黑暗爱情的十四行诗》和诗人费德里科最后的爱人

玛蒂尔德·乌鲁蒂亚的一篇手写笔记中解释了之前这两篇文章没有发表的原因。她说："这确实是为回忆录所作。我们也和巴勃罗商议过许多次，到底要不要把它们放到回忆录中。他是这样对我说的：

'读者摒弃偏见了吗？可以承认费德里科的同性恋倾向，并做到不损害他的声望了吗？'这就是他的疑虑。我也犹豫了，我没有把它们加进回忆录里。我把它们留在这里，我觉得我无权撕毁它们。"

6 浓雾的赠礼

这篇文章写于 1962 年。当时正值拉斐尔·阿尔韦蒂六十岁生日，聂鲁达写下了这篇文章，描绘了某一个夜晚，他从马德里的家步行到卡迪斯诗人阿尔韦蒂家的事。之所以把这篇文章增加到新版中，是因为其中充满了活泼有趣的回忆：浓雾笼罩着孤独的街道，而在其中，一只幽灵般的小狗跟着聂鲁达。他走到了阿尔韦蒂那摆满雕塑的家，那只小狗也就在此安家了。阿尔韦蒂也在他的回忆录《迷失之林》中讲述了同样的故事，聂鲁达"在马德里一个浓雾弥漫的夜晚"送给他一只"巨大而毛发蓬乱的爱尔兰牧羊犬，一只爪子还受伤了"。

7 野心家的画像

在这篇文章的第一页，关于聂鲁达的政治大敌冈萨雷斯·魏地拉这一部分，有手写的带有小图画的脚注："这篇散文是为撰写回忆录而创作的，却意外地不见了。"另外，在一张复印纸上，也有墨水手写的标注："这一章/这篇散文是为撰写回忆录而创作的，却神秘失踪了，在寻找原稿的过程中又找到了它。"这个注释应该是玛蒂尔德写的，而其中所提到的作品，毫无疑问是《旅途的终点》，那是聂鲁达还未出版的一部作品选集，1981 年她整理出了这部作品。

8 致普希金

聂鲁达于 1949 年 6 月 6 日第一次造访苏联，参加普希金诞辰一百五十周年纪念活动。在诗歌朗诵和大会的间隙，聂鲁达写下了这篇文章，仿佛是一封写给俄罗斯伟大诗人的信，讲述他在这个时代参加这次活动的经历。

9 年轻诗人巴尔克罗

这篇文章收录在《一九五二年八月至一九五七年四月》之后，以1956 年的聂鲁达的视角，看向一个身体里生长着诗句的年轻诗人，后者在二十多岁的年纪来到了圣地亚哥。另外，这篇文章也寄托了聂鲁达作为文学上的父辈对埃弗拉因·巴尔克罗满怀的深厚感情，正如巴尔克罗在《智利记忆》中所写的那样，聂鲁达一见到他就觉得他"宛如巴勃罗·聂鲁达诗歌的自然接班人"。

10 树木的持续影响

在这篇文章中，聂鲁达谈了谈他自己的诗歌。这一篇安排在本书第十一章《写诗是一门手艺》中尤为合适，这一章收录了《诗的威力》《诗》和《与语言共存》。这是他未出版的作品中的一篇，原先是为《元素颂》这部诗集创作的引言。

11 宗教与诗歌

这是一篇很有趣的文章，聂鲁达看到有人为他的某个船头雕饰点上蜡烛，便开始思考宗教的起源。这篇文章将《酒瓶和船头雕饰》的结尾扩充得相当丰满。在这部回忆录的其他篇章里，聂鲁达也记录了他对生活琐事或是观察世界的思考。这就是他常做的事，在《卧佛》中亦是如此。自从他游历过东方之后，便常常对基督教和佛教进行反思。

12 莱昂·费利佩

这篇文章写于 1972 年 7 月，当时聂鲁达已经开始系统地创作整理这部回忆录了。

13 我的对手

这篇文章的一小部分已经在这部回忆录的《文学界的仇敌》这一节中了，他在这一篇中进行了相当全面的思考，分析了自己这位文学劲敌的行为。他称呼这个人为佩里科·德帕洛特斯。而新版收录的这篇文章，则更加细致地描述了他这位传奇般的对手。类似的内容也非常概括地出现在《船歌》里的《献给鲁文·阿索加尔的岛之桂冠》中。

14 如果有人打击她，但愿她能歌唱

这是诗人针对他诗歌遭受的抨击所做的一次答复。

15 南方的风景

这篇文章是 1973 年为撰写回忆录所作，诗人在文中也提到了这一点。我们认为聂鲁达创作出了如此多的诗歌与文章，他已然歌唱、描绘出南半球的自然景致，而此刻他想做的是写出一篇蕴含历史政治意义的文章，聚焦于智利南部的人文风光。

16 安德烈斯·贝略

这篇文章类似于一篇旅行笔记。对于聂鲁达来说，大理石雕像贝略的目光"见证了我学生时代的奋斗、我最初的爱情和我第一首诗歌

的诞生"。另外，结合他的一生，聂鲁达认为贝略在西班牙语美洲的解放中至关重要。他在一次演讲中提到本文写于《漫歌》之前。

17 雷卡瓦伦

这篇文章和下一篇文章都是一次长篇演讲的一部分，似乎是聂鲁达1970年左右在共产党某次内部活动中的发言。两篇文章刻画的两位工人运动领袖的形象，带有聂鲁达个人印象中的情感色彩。路易斯·埃米利奥·雷卡瓦伦是美洲历史上最令聂鲁达敬佩的人。

18 拉斐特

1945年聂鲁达和工人领袖埃利亚斯·拉斐特一起在北方省份参加国会议员竞选，他同样也是聂鲁达钦佩的人，他与雷卡瓦伦构成了聂鲁达生命中重要的一部分。

19 马雅可夫斯基

这篇文章写于1963年6月，很有可能是为马雅可夫斯基的七十岁诞辰而作。聂鲁达认为他是当代诗坛非常重要的诗人之一，称他是"将手伸入集体之心、从中提取力量和信念来升华新的颂歌的诗人"。

年谱

　　这一份年谱是为新版《我坦言我曾历尽沧桑》特别准备的,尽量与正文部分保持顺序上的统一。它的主要目的是引导读者了解作者的生平。但是,这本书并不完全遵循时间顺序。有些部分(例如第十一章)是乱序的,这些文本或是对诗歌的思考,或是讲述零碎的事件、人物、作者的收藏爱好等。因此,当然还有一些其他因素,这份年谱独立于本书的正文部分。

年轻的乡巴佬

1903	10 月 4 日,女教师罗莎·内夫塔利·巴索阿尔托与百顷贝伦田庄庄主何塞·安赫尔·雷耶斯·埃尔莫西亚的儿子何塞·德尔卡门·雷耶斯结婚。
1904	7 月 12 日,里卡尔多·埃列塞尔·内夫塔利·雷耶斯·巴索阿尔托(他后来使用了"巴勃罗·聂鲁达"这个名字)在帕拉

尔城的雷耶斯·巴索阿尔托夫妇家中出生。

1904　9 月 14 日，堂娜罗莎·内夫塔利·巴索阿尔托死于肺结核。何塞·德尔卡门赶赴阿根廷工作，把儿子内夫塔利·雷耶斯留在贝伦田庄。

1905　回到阿根廷之后，何塞·德尔卡门在阿劳卡尼亚铁路局找到了一份工作，和儿子一起定居特木科。聂鲁达一直坚持认为，他作为诗人的源头便是特木科，他诗意的世界观在那里形成。

1905　11 月 11 日，堂何塞·德尔卡门与特立尼达·坎迪亚结婚，此前他与坎迪亚已经育有一子，也就是鲁道夫·雷耶斯·坎迪亚，他出生于 1895 年春天。对待里卡尔多·埃列塞尔·内夫塔利，特立尼达视如己出。

1907　父亲何塞·德尔卡门·雷耶斯与奥莱里娅·托尔拉在塔尔卡瓦诺生下的女孩劳拉·雷耶斯开始与雷耶斯、坎迪亚夫妇一起生活。鲁道夫、内夫塔利和劳拉是同父异母的兄妹。但是，特立尼达·坎迪亚对他们三个都很好。对于诗人来说，她是智利人中母性、谦虚和善良的模范。

1910　小里卡尔多·内夫塔利进特木科男子学校读书。

1917　特木科《晨报》7 月 18 日版发表了里卡尔多·内夫塔利·雷耶斯的第一篇文章《热情与恒心》。后来，这份报纸还发表了他最早的几篇诗歌。

1918　至 1922 年期间，里卡尔多·内夫塔利发表了数篇文章，刊登在特木科《晨报》和《南方日报》、巴尔迪维亚《文化》杂志、奇廉《插图时刻》杂志、圣地亚哥《跑吧飞吧》周报上。

1919　以昆达里尼为笔名，凭借诗歌《理想小夜曲》参加毛莱区百花赛诗会比赛，荣获第三名。

1920	2 月，从特木科前往下因佩里亚尔（今萨阿韦德拉港）。少年里卡尔多·内夫塔利见到了大海，这是他诗歌世界成形的另一个重要时刻。
1920	年轻的诗人结识了加夫列拉·米斯特拉尔（1945 年诺贝尔文学奖得主），她到特木科担任女子学校校长。
1920	7 月，圣地亚哥学生联合会遭受攻击，"叛国分子"被追捕，诗人多明哥·戈麦斯·罗哈斯被捕身亡。虽然聂鲁达并没有身处追捕活动的中心，但他在特木科密切关注这件事，还在那里接收了在逃作家何塞·桑托斯·冈萨雷斯·贝拉。
1920	使用笔名巴勃罗·聂鲁达。诗人曾说笔名中的姓氏取自捷克作家扬·聂鲁达。诗人米格尔·阿尔特切还提出了另一种假说，他认为"聂鲁达"源于夏洛克·福尔摩斯系列中的小说《血字的研究》，小说中提到了女小提琴家诺尔曼·聂鲁达的演奏会。智利医生恩里克·罗伯森研究发现，女小提琴家聂鲁达确有其人。此外，罗伯森还找到了写有作曲家巴勃罗·萨拉萨蒂和诺尔曼·聂鲁达名字的曲谱。
1920	11 月，凭借诗歌《问候女王》斩获特木科春季百花赛诗会一等奖。

浪迹城市

1921	1 月 22 日，学生联合会会刊《光明》杂志第十二期刊登了一篇赞美聂鲁达及其诗歌的简讯，署名为费尔南多·奥索里奥（劳尔·席尔瓦·卡斯特罗的笔名），还刊登了聂鲁达诗歌选段。

1921	3 月，乘火车前往圣地亚哥，开始在智利大学学习法语教育学。
1921	4 月 18 日，与阿尔贝蒂娜·罗莎·阿索加尔恋爱，她是《二十首情歌与一首绝望的诗》最重要的缪斯之一。诗人从未揭露过这本诗集两位最重要的缪斯的身份。他只是在讲座和回忆录里把她们唤作海阳与海影，而在《黑岛纪事》里把她们唤作罗韶拉和特露莎。特露莎是特蕾莎·莱昂，是他故乡的情人。海影，也就是罗韶拉，是阿尔贝蒂娜·罗莎·阿索加尔。这个谜团于 1974 年揭晓，当年出版了数封聂鲁达寄给她的情书。
1921	7 月 2 日，从第 28 期开始，聂鲁达成为智利学生联合会会刊《光明》杂志的长期撰稿人。
1921	10 月 14 日，凭借诗歌《节日之歌》荣获"春季节日序曲"诗歌大赛一等奖。
1923	1 月至 3 月，诗人在特木科和萨阿韦德拉港过暑假。后来，他仍然去智利南部过寒暑假。这或许是为了改善他在圣地亚哥度过的学生时代的潦倒处境。
1923	7 月，智利圣地亚哥光明出版社出版《黄昏》，还配有胡安·甘杜尔福、胡安·弗朗西斯科·冈萨雷斯和巴拉克绘制的插图。聂鲁达的第一本书大获成功。评论家 Alone 写了一篇赞美聂鲁达的文章，刊登在 1923 年 9 月 2 日的《民族报》上。他在文章结尾写了一段未卜先知的评论："……我们完全可以期待，就像现在他领先并超越了他那一代的诗人那样，随着时间流逝，只要命运不从中作梗，他会跻身于超越这片土地、超越时代的最伟大诗人的行列。"
1923	聂鲁达和一群朋友前往瓦尔帕莱索，告别即将奔赴巴黎的艺

术家阿贝拉多·布斯塔曼特（帕钦）和诗人阿尔韦托·罗哈斯·希门尼斯。奥兰多·奥亚尔顺记录了这次旅行，这可能也是聂鲁达在本回忆录《瓦尔帕莱索的流浪汉》这个章节中讲述的那场旅行。

1924　6月，在聂鲁达年满二十周岁前几天，首版《二十首情诗和一首绝望的歌》问世了，后来它变成了世界上阅读最多、出版最多、翻译最多的诗集。1924年底，诗人没有参加法语教育学的结业考试。他放弃了学业，与父亲决裂，父亲不再每月从特木科给聂鲁达寄微薄的生活费。

走向世界之路

1924　结识阿尔瓦罗·伊诺霍萨，他后来变成了聂鲁达最好的朋友之一。在伊诺霍萨的邀请下，1925年至1927年间，聂鲁达数次前往瓦尔帕莱索。

1925　11月，受在安库德当老师的朋友鲁文·阿索加尔邀请，去奇洛埃省生活。1926年初，聂鲁达在那里写下他唯一的小说《居民及其希望》，由纳西门托出版社出版。

1926　1月，纳西门托出版社出版《未可限量者的尝试》，随后又出版了聂鲁达与朋友托马斯·拉戈合著的散文诗集《指环》。

1926　诗人在写给妹妹劳拉的信件中吐露了他的窘境："我的衣服没法穿了。"他在3月9日写道。"从昨天开始，我就没有救济金了。我该怎么办？……我已经老了，没法每天都不吃东西。"他在10月27日写道。

1927　4月11日，372号法令任命聂鲁达为驻仰光选任领事。

1927	6月，聂鲁达在圣地亚哥马波乔火车站开始了他的东方之旅，许多朋友前来与他告别。他在那里乘上开往瓦尔帕莱索的火车。在阿尔瓦罗·伊诺霍萨家中小住几天后，两人搭上了穿越安第斯山脉的火车。6月15日抵达布宜诺斯艾利斯，两天后上了船。
1927	7月，聂鲁达和伊诺霍萨在里斯本上岸后，抵达马德里。乘火车前往巴黎。聂鲁达在巴黎见到了塞萨尔·巴列霍。两人继续前往马赛，乘船前往东方。
1927	10月初，聂鲁达在缅甸最重要的城市仰光履职，担任领事。当时的缅甸是大英帝国的领土。

灿烂的孤独

1927	10月25日，给阿根廷作家埃克托·伊安迪寄去第一封信。了解诗人东方生活最重要的书信集由此诞生了。
1927	11月，前往印度马德拉斯。
1927	12月7日，聂鲁达在写给友人约兰多·皮诺的信中谈到了自己正在创作的《暗夜集》。那是《居留在大地上》最初的名字。
1928	1月，完成身为领事的第一份职责后，他和阿尔瓦罗·伊诺霍萨一起继续旅行。两人前往法属印度支那和暹罗王国（今泰国）。
1928	2月初，两人到达中国，在那里迎接他们的是"风雨雪交加的冬天"。2月中旬两人抵达日本。
1928	3月，结识乔西·布里斯，这位缅甸情人让他经历了从坠入

爱河到被抛弃的激情历程。在《居留在大地上》中，她被唤做"亲爱的"和"可恶的"。

1928	8月6日，聂鲁达在给作家何塞·桑托斯·冈萨雷斯·贝拉的信中说："我突破了我从没想过自己能突破的极限，我取得的成果着实令我惊讶，令我宽慰。我的新书《居留在大地上》收录了四十首诗歌，我想在西班牙出版它。"
1928	11月，聂鲁达前往加尔各答，在那里与自3月起就与自己分开的阿尔瓦罗·伊诺霍萨团聚。伊诺霍萨想在繁荣的印度电影工业中发一笔财。
1928	12月5日，聂鲁达被任命为驻锡兰（今斯里兰卡）首都科伦坡选任领事。
1928	12月，聂鲁达有幸出席在加尔各答举行的印度国民大会党年度大会，莫罕达斯·甘地、贾瓦哈拉尔·尼赫鲁等重要人物出席了此次大会。
1929	1月中旬，从加尔各答奔赴科伦坡担任领事。阿尔瓦罗·伊诺霍萨陪伴了他一段时间，后来去了孟买。
1929	11月，为了出版《居留在大地上》，聂鲁达把原稿寄往西班牙。稿件到了智利大使馆公使衔参赞卡洛斯·莫拉·林奇手里，他把它转交给了拉斐尔·阿尔韦蒂。虽然阿尔韦蒂和其他一些西班牙诗人热情满满，但这部诗集没能出版。
1930	5月，聂鲁达被任命为新加坡和爪哇岛选任领事，他住在巴达维亚，负责管辖巽他群岛上的荷兰领土。
1930	12月6日，诗人与荷裔爪哇人玛丽亚·安东涅塔·哈根纳尔·沃格尔桑结婚。他在12月15日写给父亲的信中写道："在我看来，她具备所有完美的品质，我们非常幸福……玛丽亚性格很好，我们俩心有灵犀。"然而，这段婚姻是不幸的。聂鲁

达在诗歌《路线》(《狂歌集》，1958)中提出了许多无解的疑问，其中之一便是："我为什么要在巴达维亚结婚呢？"

西班牙在我心中

1932	2 月初，聂鲁达效劳的使馆被取缔，被迫与妻子一起返回智利。
1932	4 月 19 日，聂鲁达和妻子抵达蒙特港，乘火车前往特木科。在诗人家中逗留了一阵之后，便启程前往圣地亚哥。聂鲁达既没有房子也没有工作，回到了正经历着历史上最严峻的经济社会危机的祖国。
1932	外交部给了他一份两小时的工作，工作地点在图书馆。他挣的薪水勉强能负担他和妻子的房租。
1932	7 月，聂鲁达以图书馆馆长的身份被调至劳动部文化推广处，这份工作极大地改善了他的经济状况。
1933	1 月 24 日，智利圣地亚哥文学事业出版社出版了《热情的投石手》，这本书是诗人十年前创作的。
1933	4 月 10 日，纳西门托出版社出版了《居留在大地上》精装版，只印刷了 100 册。
1933	8 月，被任命为驻布宜诺斯艾利斯总领馆副领事。该职务与东方那些不牢靠的领馆相比，等级更高，待遇更好，也更繁忙。
1933	8 月底，雷耶斯、哈根纳尔夫妇抵达布宜诺斯艾利斯。他们拜访了埃克托·伊安迪，聂鲁达终于见到了他本人。
1933	10 月 13 日，在一次致敬费德里科·加西亚·洛尔卡的会议上，巴勃罗·聂鲁达结识了洛尔卡。这是一场真挚友谊的开端。加西亚·洛尔卡刚刚抵达布宜诺斯艾利斯，为他的作品

《流血的婚礼》的拉美首演做准备。这场会见发生在阿根廷作家巴勃罗·罗哈斯·帕斯和夫人萨拉·托尔努家中。

1933 　11 月 10 日，布宜诺斯艾利斯市中心的广场酒店举行了一场参加人数众多的宴会，以此款待聂鲁达和加西亚·洛尔卡。两人发表了致敬鲁文·达里奥的联合致辞。

1933 　11 月 11 日，诗人被任命为驻巴塞罗那领事。

1934 　5 月，聂鲁达和怀孕的妻子抵达巴塞罗那，他将在那里履行领事职责。1950 年，诗人回忆他当初刚抵达时的西班牙，在那里，他找到了"一群对我作品了如指掌的才华横溢的好兄弟"。

1934 　5 月 25 日，诗人阿尔韦托·罗哈斯·希门尼斯在圣地亚哥逝世，他是聂鲁达最好的朋友之一，聂鲁达给他写了一首名为《阿尔韦托·罗哈斯·希门尼斯飞来了》的挽歌。

1934 　5 月 31 日，聂鲁达乘火车前往马德里，费德里科·加西亚·洛尔卡在火车北站接他。

1934 　6 月 2 日，在于卡洛斯·莫拉·林奇家中举办的欢迎聂鲁达的派对上，诗人结识了阿根廷画家德丽亚·德尔卡里尔，后来她变成了聂鲁达的第二任妻子。

1934 　7 月，聂鲁达在米格尔·埃尔南德斯从家乡奥里韦拉前往马德里的途中与他相识。

1934 　8 月 18 日，诗人唯一的孩子马尔瓦·玛丽娜·雷耶斯·哈根纳尔在马德里出生。8 月 25 日，聂鲁达写信告诉父亲这个消息，并弱化了女儿的问题，她曾面临死亡的危险。

1934 　12 月 6 日，聂鲁达在马德里大学举办了一场诗歌诵读会。他介绍加西亚·洛尔卡为"一位更接近死亡而不是哲学，更接近痛苦而不是智慧，更接近鲜血而不是墨水的诗人"。

1934 　12 月 19 日，聂鲁达受命临时担任智利驻马德里大使馆随员，同时依然履行驻巴塞罗那领馆的职责。

| 1935 | 4 月，马德里普卢塔科出版社出版小书《西班牙诗人向巴勃罗·聂鲁达致敬及三首物质之歌》。除了《物质之歌》外，这本书还收录了当时最重要的西班牙语诗人（除了胡安·拉蒙·希门尼斯和胡安·拉莱亚）致敬聂鲁达的诗歌。 |

1935　6 月 21 日至 25 日，参加在巴黎举行的首届国际作家保障文化代表大会。

1935　9 月 15 日，首版《居留在大地上》的第一辑与第二辑在马德里问世。这部作品被十字与线条杂志出版社分成两卷出版，属于"哲学树系列"。

1935　10 月，加夫列拉·米斯特拉尔从马德里调去里斯本，聂鲁达正式担任驻马德里领事。

1935　10 月，聂鲁达主编的《绿马诗刊》杂志第一期问世。第五期和第六期出版了四册；杂志已经印好、装订好，保存在库房里，但由于内战爆发，杂志不知所踪。

1935　11 月至 12 月，记录每月世界文学要闻的著名法国杂志《月刊》指出："……本年度最重要的诗集，毫无疑问是智利人巴勃罗·聂鲁达的两卷诗集《居留在大地上》。"

1936　7 月 18 日，弗朗西斯科·佛朗哥将军发动军事政变，西班牙内战爆发。

1936　8 月 19 日凌晨，诗人费德里科·加西亚·洛尔卡在格拉纳达被杀害。

1936　9 月 24 日，战斗杂志《蓝猴》匿名发表了诗歌《献给阵亡民兵母亲们的歌》，后来这首诗被收录进《西班牙在我心中》。

1936　11 月初，马德里遭受轰炸。聂鲁达和德丽亚·德尔卡里尔、路易斯·恩里克·德拉诺以及他的妻子罗拉·法尔孔离开马德里，前往瓦伦西亚。诗人继续从瓦伦西亚出发，前往巴塞罗那，与妻女团聚，她们从七月起就一直待在那里。

1936　12 月 7 日，马德里和巴塞罗那领馆被关闭。聂鲁达没有被安排其他任何职务。他和家人取道马赛，前往蒙特卡洛。他在那里与玛丽亚·安东涅塔·哈根纳尔和女儿分别，她们后来去了荷兰。

1937　1 月，在巴黎与德丽亚·德尔卡里尔同居。

1937　2 月 20 日，在知识分子反法西斯联盟的帮助下，聂鲁达发表了一场怀念、致敬费德里科·加西亚·洛尔卡的演讲。在这场演讲中，诗人清楚地表明了自己支持西班牙共和国的立场，因此智利外交部通知他，不准他在巴黎进行政治活动。

1937　诗人和南希·丘纳德在法国创立、合编杂志《世界诗人捍卫西班牙人民》，一共出版了六期。

1937　4 月，聂鲁达在保障文化协会工作，参与第二届国际作家大会的组织工作。

1937　7 月 4 日至 7 日，加入在瓦伦西亚和马德里举行的第二届国际作家保障文化代表大会主席团。各国代表在巴黎集合，从那里乘火车前往战火中的西班牙。

出发寻找阵亡者

1937　8 月 26 日，聂鲁达与德丽亚、劳尔·冈萨雷斯·图尼翁和安帕罗·蒙姆夫妇搭乘货船阿里卡号抵达安特卫普。10 月 10 日抵达瓦尔帕莱索。诗人在航程中完成了《西班牙在我心中》。

1937　10 月，在圣地亚哥举行了两场盛大的欢迎聂鲁达的活动，一场在考西尼奥公园，另一场在金塔·诺尔玛公园餐厅。第二场欢迎活动由笔会举办，有近两百人出席。

1937　11 月 7 日，智利知识分子保障文化联盟成立仪式在智利大学荣誉礼堂举行。聂鲁达在讲话中再次强调反对法西斯、团结忠诚的西班牙的立场。

1937　11 月 13 日，智利圣地亚哥埃尔西利亚出版社出版《西班牙在我心中》。第一版共发行了 2800 册，很快售罄。

1937　12 月 13 日，智利知识分子联盟在圣地亚哥市政剧院组织了第一场公共演出，其中最重要的节目是巴勃罗·聂鲁达和劳尔·冈萨雷斯·图尼翁发表的抒情演讲《西班牙的暴风雨》。这场晚会取得了巨大的成功，12 月 19 日组织者在瓦尔帕莱索又办了一场同样的晚会。

1938　5 月 6 日或 7 日，诗人的父亲堂何塞·德尔卡门·雷耶斯在特木科去世。

1938　8 月 1 日，由巴勃罗·聂鲁达主编、智利知识分子联盟编辑的《智利曙光》杂志问世。

1938　8 月 18 日，继母特立尼达·坎迪亚·马尔贝德在特木科去世。家人决定将三个月前逝世的父亲与他的妻子合葬。在双亲离世的局面下，面对掘出的父亲遗体，聂鲁达创作了《鲜血之杯》，这是一篇非常重要的自传。

1938　10 月 25 日，人民阵线先锋佩德罗·阿吉雷·塞尔达打败官方候选人古斯塔沃·罗斯，在智利总统竞选中胜出。

1938　11 月 7 日，曼努埃尔·阿尔托拉吉雷领导的东方军团出版社在加泰罗尼亚蒙特塞拉特修道院出版了《西班牙在我心中》，第一版印刷了 500 册。

1939　正式购买黑岛的土地以及岛上的房屋。诗人接连数次扩建房屋，并在那里创作了大部分作品。

1939	年初，佩德罗·阿吉雷·塞尔达总统任命聂鲁达为驻巴黎二等特别领事，4 月 15 日赴任。他主要的职责是帮助西班牙移民。
1939	3 月，从法国出发，取道布宜诺斯艾利斯和蒙得维的亚，参加民主国家国际大会。聂鲁达在会上要求获得把西班牙难民转移到智利所需的必要帮助。
1939	4 月底，抵达巴黎。聂鲁达一面与反对智利政府的大使馆、政客与媒体不断施加的困难抗争，一面开展工作。
1939	6 月，法国勒阿弗尔港的温尼伯号轮船维修工作正式开启，该船将被用来运载西班牙难民。
1939	7 月 29 日，阿伯拉罕·奥尔特加外长通知身在巴黎的西班牙共和国外长："智利可以接收 1500 名难民及其家属（包括妻子和子女），直到轮船满员为止。"
1939	8 月 4 日，温尼伯号从特龙普卢普码头起航。运载了近 2000 名西班牙难民和 35 名曾为国际纵队作战的智利人。
1939	8 月 30 日，温尼伯号抵达阿里卡。一些难民在那里收到工作邀请，并选择留在这座港口城市。
1939	9 月 2 日，温尼伯号于当天夜里抵达瓦尔帕莱索。所有乘客在 3 日下船，当日第二次世界大战爆发了。
1939	9 月中旬，诗人回智利前，去荷兰看望女儿马尔瓦·玛丽娜和妻子玛露卡·哈根纳尔 ①。
1939	12 月初，与德丽亚·德尔卡里尔一同乘坐奥古斯都号远洋邮轮返回智利，并于 12 月 29 日抵达瓦尔帕莱索。

---

① 玛丽亚·安东涅塔·哈根纳尔的别称。

多花又多刺的墨西哥

1940   1 月 1 日，聂鲁达和德丽亚在圣地亚哥受到西班牙艺术家、作家、政治家和难民的热烈欢迎。

1940   1 月 18 日，诗人米格尔·埃尔南德斯在西班牙被判处死刑。聂鲁达在智利想方设法帮助他。最终佛朗哥将死刑改判为三十年监禁。

1940   6 月 19 日，聂鲁达正式收到智利驻墨西哥总领事的任命。

1940   7 月底，聂鲁达同德丽亚·德尔卡里尔、路易斯·恩里克·德拉诺和他的夫人罗拉·法尔孔一起在瓦尔帕莱索登上靖国丸号轮船。

1940   8 月 17 日，四人抵达墨西哥城。21 日，诗人履任。聂鲁达和德丽亚在雷维利亚希赫多大街租了一间公寓，后来又租了一座房子，也就是罗莎·玛丽亚乡间别墅。

1941   4 月，聂鲁达给壁画家戴维·阿尔法罗·西凯罗斯颁发了智利签证，他曾经因试图刺杀托洛茨基而入狱。外交部命令聂鲁达吊销他的签证。西凯罗斯得去奇廉城的墨西哥学校画一幅壁画。最后，他成功入境智利，而诗人被罚停职一个月，并扣除当月薪水。

1941   6 月，和德丽亚一同前往危地马拉，并在那里结识了米格尔·安赫尔·阿斯图里亚斯。在独裁者豪尔赫·乌比科的授权下，在几位年轻诗人的安排下，聂鲁达办了一场诗歌朗诵会。

1941   7 月 24 日，在墨西哥参加了一场由墨西哥国立自治大学组织的致敬西蒙·玻利瓦尔的活动。他朗诵了《献给玻利瓦尔的一支歌》。一群法西斯分子在现场捣乱。

1941   8 月底，与奥克塔维奥·帕斯绝交。

1941	德国入侵苏联后，聂鲁达积极参加各种援助苏联战事的活动和组织。
1941	12 月 28 日，聂鲁达、德丽亚、路易斯·恩里克·德拉诺夫妇和他们的小儿子玻利·德拉诺在库埃纳瓦卡的一家餐厅被一群德国纳粹分子袭击。诗人头部受伤。墨西哥媒体齐声谴责这场袭击。
1942	1 月 5 日，活跃的反法西斯女斗士、摄影师蒂娜·莫多蒂在墨西哥去世。聂鲁达写下诗歌《蒂娜·莫多蒂已经死去》，诗歌的前几句被刻在莫多蒂的墓碑上。
1942	3 月初，受古巴教育部邀请，与德丽亚·德尔卡里尔一同前往古巴。他在那里得知了诗人米格尔·埃尔南德斯的死讯，埃尔南德斯死于阿利坎特的监狱。
1942	9 月 30 日，在一场由苏联之友协会组织的演出中，聂鲁达朗诵了他的《献给斯大林格勒的情歌》。这首诗后来被印成传单，贴在墨西哥城的大街小巷。
1943	2 月，与德丽亚一同前往美国，参加在最大的百老汇剧院上演的美洲之夜晚会。
1943	3 月 2 日，诗人唯一的孩子马尔瓦·玛丽娜·雷耶斯·哈根纳尔在被德军占领的荷兰去世。
1943	7 月 2 日，诗人与德丽亚·德尔卡里尔在墨西哥莫雷洛斯州特特卡拉市结婚。
1943	6 月，在巴西身陷囹圄的共产党领袖路易斯·卡洛斯·普雷斯特斯的母亲莱奥卡迪亚·菲利萨尔多·德·普雷特斯特在墨西哥去世。普雷斯特斯请求临时出狱，以便参加母亲的葬礼，但他的请求被驳回。18 日葬礼当天，聂鲁达朗诵了自己的诗歌《艰难的挽歌》，他在诗中没有指名道姓地猛烈抨击热图

利奥·瓦加斯总统。但巴西政府提出抗议。智利外长认为这件事非常严重。聂鲁达要求回国休假六个月，并开始退出外交界。

1943　8月21日，聂鲁达获得圣尼克拉斯·德·伊达尔戈大学的荣誉博士学位。该校位于墨西哥米却肯州莫雷利亚市。

1943　8月27日，墨西哥人在能容纳众多致敬群众的大型体育场"回力球场"与聂鲁达告别。聂鲁达在那里朗诵了他的长诗《在墨西哥的那些墙壁上》，这首诗后来被收录进《漫歌》中。

1943　前往巴拿马；他就这样和德丽亚一起，在返回智利的途中，开始了一场漫长的太平洋沿岸国家之旅。

黑暗中的祖国

1943　9月3日，和德丽亚抵达巴拿马，在那里停留了几天。

1943　9月8日，受哥伦比亚自由党总统阿方索·洛佩斯·普雷马霍政府邀请，抵达波哥大。保守党参议员劳雷亚诺·戈麦斯写了几句诗攻击他，聂鲁达则用《三首惩罚劳雷亚诺·戈麦斯的十四行诗》回复他。

1943　10月15日，抵达利马，秘鲁共和国总统曼努埃尔·普拉多邀请他共进午餐，还为他访问印加古迹马丘比丘提供了便利。

1943　10月31日，聂鲁达、德丽亚和秘鲁众议员乌里埃尔·加西亚从库斯科出发，骑马三天后抵达马丘比丘。

1943　11月4日，抵达圣地亚哥，开始参与共产党的政治活动。

1944　5月21日，获得圣地亚哥市政厅颁发的1943年市政文学奖。

1944	12 月，虽然没有正式成为共产党员，但是智利共产党任命他为塔拉帕卡和安托法加斯塔省的参议员候选人。
1945	1 月至 3 月，为配合竞选活动，聂鲁达与共产党主席、参议员候选人、前硝石矿工埃利亚斯·拉斐特一起视察草原。在 3 月 4 日的选举中，两人都被选为参议员。
1945	5 月 24 日，荣获智利国家文学奖。
1945	7 月 8 日，获得共产党员证。
1945	7 月 15 日，在位于巴西圣保罗的帕卡恩布体育场举行了一场致敬共产党领袖路易斯·卡洛斯·普雷斯特斯的活动，他因为大赦令刚被释放。聂鲁达面对近十万名观众，朗读了他的诗歌《向卡洛斯·普雷斯特斯问好》。
1945	9 月，聂鲁达暂停了公开活动，在黑岛休息，专心创作关于马丘比丘的那首诗。
1946	7 月 21 日，中间偏左党派大会选举加夫列尔·冈萨雷斯·魏地拉为总统候选人。8 月，巴勃罗·聂鲁达被任命为宣传负责人，必须陪同冈萨雷斯·魏地拉巡游全国。
1946	9 月 1 日，在圣地亚哥国家体育场举行的竞选闭幕式上，聂鲁达向冈萨雷斯·魏地拉宣誓，一定履行政府的计划。
1946	9 月 4 日，冈萨雷斯·魏地拉在总统竞选中胜出。
1947	6 月 12 日，圣地亚哥公交工人罢工，导致四人死亡，数十人受伤。冈萨雷斯·魏地拉公开指控共产党策划了这次事件。聂鲁达在参议院反驳他。
1947	8 月 17 日，煤炭矿工宣布罢工。冈萨雷斯·魏地拉指控共产党鼓动这些政治性罢工，与共产党断绝往来，并以军事手段控制煤炭矿区。
1947	10 月 14 日，聂鲁达在参议院发表演讲，这场以及随后两场

演讲让他变成了冈萨雷斯·魏地拉总统的主要对手。

1947　11 月 27 日，委内瑞拉《国民报》发表文章《智利的民主危机是对我们大陆的严重警告》，这篇文章以"致千千万万人的体己信"为题在美洲其他国家广为流传。

1947　12 月 10 日，在参议院发表第二篇反对冈萨雷斯·魏地拉的演讲。

1947　12 月 24 日，政府给法院发了一封公告，要求将陈述巴勃罗·聂鲁达参议员罪行的诉状呈交给相关法庭。

1948　1 月 6 日，聂鲁达在参议院发表了他最著名的演讲，这篇演讲稿后以"我控诉"为题发表。

1948　1 月 27 日，聂鲁达试图乘车去阿根廷，但他的尝试失败了。后来他想去门多萨，还想请求墨西哥的政治庇护，但均以失败告终。

1948　2 月 3 日，最高法庭剥夺了聂鲁达参议员的权利，并下令逮捕诗人。聂鲁达开始藏匿在不同的房子里生活，并写完了《漫歌》。

1948　2 月 26 日，玛丽亚·哈根纳尔来到智利。智利政府请她来纯粹是想给诗人制造新的难题。最后，聂鲁达与前妻在经济方面达成了协议。

1948　8 月 25 日至 30 日，在波兰弗罗茨瓦夫举行的世界知识分子和平大会上，著名画家巴勃罗·毕加索发表了一生中唯一的公开演讲，他提出了一项捍卫聂鲁达的议案。

1949　2 月，诗人来到智利南部的村庄弗特隆诺。在一座木制庄园里为前往阿根廷做准备。

1949　2 月中旬，聂鲁达与两个朋友、三个脚夫一起骑马穿过偷马贼和走私者使用的通道，翻越安第斯山。

1949	3 月初，抵达阿根廷安第斯山的圣马丁，从那里前往布宜诺斯艾利斯。在作家米格尔·安赫尔·阿斯图里亚斯的帮助下——他把护照借给了聂鲁达——前往欧洲。
1949	4 月 25 日，聂鲁达出人意料地出现在巴黎举办的首届世界和平大会的闭幕式上。

流亡始末

1949	4 月至 5 月，与德丽亚·德尔卡里尔住在巴黎。
1949	6 月 6 日，与德丽亚一同前往苏联。在莫斯科和列宁格勒参加了亚历山大·普希金一百五十周年诞辰纪念活动。
1949	7 月至 8 月，游历东欧，参与在波兰、匈牙利和捷克斯洛伐克举行的各种代表大会、仪式及会议。
1949	8 月，与德丽亚一同赶赴墨西哥，参加 9 月 3 日至 10 日期间举行的拉丁美洲保卫和平大会。与玛蒂尔德·乌鲁蒂亚重逢，早在 1946 年聂鲁达就在圣地亚哥与她相识。
1949	9 月，诗人得了血栓性静脉炎。玛蒂尔德负责照顾他。一段贯穿诗人余生的爱恋由此开始。
1950	4 月，在墨西哥出版了首版《漫歌》。环衬上的图是墨西哥壁画家迭戈·里维拉和戴维·阿尔法罗·西凯罗斯的作品。与此同时，智利也出现了地下版本，并配有何塞·万徒勒里的版画。后来，《漫歌》变成了世界诗歌中的经典作品。这是一部独一无二的不朽之作，从伟大的诗歌视角展示了美洲的自然、历史和文化。
1950	6 月 24 日，与德丽亚一起登上前往欧洲的轮船。

1950	7 月，再次与德丽亚定居巴黎，从那里前往捷克斯洛伐克、罗马尼亚、匈牙利和苏联。
1950	10 月，受世界和平理事会主席、物理学家约里奥－居里委任，前往新德里会见印度首相潘迪特·莫蒂拉尔·尼赫鲁。尼赫鲁对聂鲁达毫不客气，派警察密切监视他。诗人在回忆录中并没有说明原因，但可能与特伦甘纳叛乱（1946-1951）有关。那是一场在被政府镇压的印度共产党支持下兴起的农民起义。
1950	11 月 16 日至 22 日，在华沙参加第二届世界保卫和平大会。会上获奖的有三个"巴勃罗"：毕加索、罗伯逊 ① 和聂鲁达。
1950	12 月，被任命为巩固各民族和平斯大林奖国际评审委员会委员。
1951	8 月初，玛蒂尔德·乌鲁蒂亚抵达巴黎。从那时起直到回智利前，诗人利用各种便利只为和心爱之人在一起。诗人前往东柏林参加第三届世界青年联欢节，还为玛蒂尔德争取到现场演唱的机会。
1951	8 月底，诗人前往布加勒斯特。他与玛蒂尔德住在同一屋檐下，在那里写下了《船长的诗》中的前几首。
1951	9 月，乘坐跨西伯利亚铁路抵达中国，以世界和平理事会代表团团员的身份，为孙中山的遗孀宋庆龄颁发斯大林奖。孙中山去世于 1925 年，他为民主而战，是中华民国的缔造者。
1951	11 月底，私自前往位于瑞士莱芒湖畔的小城尼翁，在那里与玛蒂尔德度过了几天时光。

---

①指保罗·罗伯逊（1898－1976），美国歌手、社会活动家。Paul（保罗）对应的西班牙语名字是 Pablo，因此有了文中的说法。

1951	12 月中旬，先后去了布拉格和苏联，参加了斯大林奖评审委员会的几场会议。
1951	12 月底，与玛蒂尔德在罗马重逢，两人与德丽亚以及一群朋友一同前往那不勒斯庆祝新年。
1952	1 月 11 日，内政部通知聂鲁达离开意大利。警察带他乘火车到罗马，罗马火车站聚集了一大批示威群众，他们争取到了先把诗人带去旅馆的机会，诗人在那里等候对他有利的处理结果。1 月 15 日，驱逐令被撤销。
1952	1 月中旬，历史学家兼自然学家埃德温·切里奥安排诗人住在卡普里岛的一间别墅里。从 1 月 23 日起，玛蒂尔德和聂鲁达在岛上度过了一段很长的时光。聂鲁达在那里写完了《船长的诗》，并开始创作《葡萄与风》。
1952	1 月 30 日，德丽亚·德尔卡里尔赶赴智利，处理聂鲁达回国事宜。
1952	7 月 8 日，《船长的诗》在那不勒斯印刷完毕。这一版只印了 44 册，每册都有编号，归个人收藏，不做商用。直到 1962 年，这部诗集才不再匿名出版。
1952	7 月底，与玛蒂尔德前往夏纳，乘船回美洲。他在离开夏纳港前收到了让他离开法国的驱逐令。他在航程中结识了乌拉圭建筑师阿尔韦托·曼塔拉斯和他的妻子奥尔加，与这对夫妇结下了深厚的友谊。
1952	8 月 10 日，抵达蒙得维的亚，与赶赴布宜诺斯艾利斯的玛蒂尔德道别。诗人乘坐飞机前往圣地亚哥。8 月 12 日，抵达圣地亚哥，在布尔内斯广场受到了热烈欢迎。

归航

1952	10 月 27 日正午，诗人经历了一场严重的车祸，他与德丽亚乘坐的汽车与一辆卡车相撞。诗人出院时，手臂缠上了绷带。德丽亚则必须住院治疗。
1952	11 月，诗人与玛蒂尔德在圣地亚哥圣克里斯托瓦尔山山脚买下一块土地，后来他们在那里建造了那座名为"查丝蔻纳"[①]的房子，这是为了致敬玛蒂尔德浓密的秀发。此时，玛蒂尔德住在普罗维登西亚区的一间公寓里，聂鲁达依然和德丽亚住在名叫"米却肯"的宅子里。
1952	12 月初，前往欧洲参加在维也纳举办的世界和平大会。随后又参加了苏联成立三十八周年的庆祝活动，并参与斯大林奖的评审工作。
1953	3 月 5 日，在聂鲁达筹备将于 4 月举行的美洲大陆文化大会期间，斯大林在苏联去世。聂鲁达在黑岛写下致敬斯大林的诗歌《在他死去时》。
1953	4 月，在圣地亚哥出版了聂鲁达自己主编的情诗全集《全部的爱》。
1953	4 月 26 日至 5 月 3 日，美洲大陆文化大会在圣地亚哥举行。近两百名来自不同拉美国家的代表出席了会议。
1953	5 月初，在智利参加美洲大陆会议的墨西哥壁画家迭戈·里维拉画了一幅玛蒂尔德的肖像，画了她的正脸和侧脸，在她的红发里隐约可见聂鲁达的轮廓。
1953	8 月，与共产党领袖埃利亚斯·拉斐特和萨尔瓦多·奥康波一

---

① La Chascona（查丝蔻纳）意为头发乱蓬蓬的女人。

同视察硝石大草原。

1953　12月21日，聂鲁达获得巩固各民族和平斯大林奖的新闻传出。

1953　12月29日，诗人通过公证，向智利大学捐赠了自己的书籍和海螺藏品，成立了后来以他的名字命名的诗歌研究基金会。这是他用来纪念自己五十岁生日的行动之一。

1954　1月20日至24日，在智利大学暑期学校发表题为"我的诗歌"的五场演讲。

1954　2月中旬，赴巴西戈亚尼亚参加首届巴西全国知识分子代表大会。

1954　2月27日，纳西门托出版社在智利出版了首版《葡萄与风》。

1954　6月至7月，为庆祝诗人五十岁生日而举办的丰富多彩的文化活动在紧锣密鼓地筹备。7月12日，在智利大学荣誉礼堂举办了开幕仪式。

1954　7月14日，洛萨达出版社在布宜诺斯艾利斯出版了首版《元素颂》，由此诗人开启了雄心勃勃的文学计划，正如阿根廷学者萨乌尔·尤基韦奇所说，聂鲁达想让诗歌"扩大领域，得以包罗万象"，"得以囊括百态纷呈的真实世界"。继这本书之后，他又创作了三部作品：《新元素颂》（1956）、《第三卷颂歌》（1957）和《航行与归程》（1959）。

1954　8月10日，在圣地亚哥从朋友伊利亚·爱伦堡手中接过巩固各民族和平斯大林奖。

1954　12月中旬，与德丽亚和博洛迪亚·泰特尔鲍姆一同参加第二届苏联作家代表大会。1955年4月17日，聂鲁达在智利发表了一场关于这次大会的长篇演讲，他在讲话中暗示苏联已经实现了一定程度的文化开放。

1954	12 月，在莫斯科参加斯大林奖评审会的几场会议。随后前往斯德哥尔摩参加世界和平理事会举办的会议。30 日返回智利。
1955	2 月，与德丽亚·德尔卡里尔彻底决裂。诗人搬到还未竣工的查丝蔻纳，开始和玛蒂尔德·乌鲁蒂亚同居。
1955	11 月，聂鲁达受邀参加波兰民族诗人亚当·密茨凯维奇逝世一百周年纪念活动。与玛蒂尔德去了华沙、克拉科夫和波兹南。
1956	2 月 14 日至 25 日，苏联共产党第二十次代表大会在莫斯科举行，会上首次揭发了斯大林时代的种种罪行。自此之后，聂鲁达在创作诗歌和其他作品时，会从批判的角度来审视自己对斯大林的看法。他的诗歌也发生了变化。
1957	1 月底，洛萨达出版社在布宜诺斯艾利斯出版了首版《聂鲁达作品全集》。
1957	4 月初，与玛蒂尔德一同前往布宜诺斯艾利斯。此前，阿根廷政府已经开始追捕共产党。4 月 11 日凌晨，聂鲁达被破门而入的警察逮捕。第二天被释放。两人继续前往蒙得维的亚。
1957	4 月，聂鲁达身处乌拉圭首都期间被选为智利作家学会主席。两人继续前往巴西，在那里与若热·亚马多和他的妻子泽莉亚·加泰相处了一段时间。
1957	7 月，两人赴锡兰科伦坡参加世界和平理事会，在那里与若热·亚马多和泽莉亚重逢。诗人回到了三十年前走过的街道和住过的房子。
1957	7 月，与若热·亚马多和泽莉亚一同前往印度，随后又去了仰光。他们乘飞机前往中国。在长江的一艘游船上庆祝诗人的五十三岁生日。
1957	9 月至 10 月，聂鲁达和玛蒂尔德游历了数个东欧国家，然后

前往巴黎。10 月 4 日，他们在巴黎得知斯普特尼克号的科技壮举，那是第一颗进入地球轨道的人造卫星，苏联人由此开启了太空时代。聂鲁达对当代史的这一篇章兴趣浓厚，它成为聂鲁达诗歌的主题之一。

诗的威力

1958　6 月，聂鲁达走遍全国，参加萨尔瓦多·阿连德第二次竞选总统的宣传活动。

1958　8 月 18 日，洛萨达出版社在布宜诺斯艾利斯出版了首版《狂歌集》，这本书开启了他作品的新阶段。聂鲁达在书中放弃了空想的准确论调，选择了具有双重意义、反教条的生活视角。

1959　1 月 3 日，和玛蒂尔德一同乘船前往委内瑞拉。1 月 18 日抵达拉瓜伊拉港。

1959　1 月 26 日，与菲德尔·卡斯特罗在加拉加斯的古巴大使馆会面。

1959　11 月，圣地亚哥大学出版社出版了献给玛蒂尔德·乌鲁蒂亚的诗集——私人版《一百首爱的十四行诗》。

1960　3 月，在蒙得维的亚与玛蒂尔德乘坐路易斯·卢米埃尔号前往欧洲，同船的还有维尼修斯·德·莫纳伊斯。两位诗人为彼此各写了几首十四行诗。

1960　5 月 21 日至 22 日，两场连续的大地震摧毁了智利中部和南部的部分地区。身处欧洲的聂鲁达写下诗歌《灾难》，并设法将其包装成精装版，配上几位著名画家的插图，为家乡的灾民筹集善款。

1960　写下《关于〈二十首情诗〉的小故事》，作为洛萨达出版社为纪念该作品发行 100 万册而出版的特别版的前言。

1960 11 月中旬，两人在马赛登船前往古巴，并于 12 月 5 日抵达。聂鲁达在古巴发表了几场演讲，办了几场诗歌朗诵会。美洲之家出版社出版了 25000 册《丰功伟绩的颂歌》。这是他献给古巴革命的作品。某天午夜，埃内斯托·格瓦拉在中央银行的办公室里接见了诗人。

1961 6 月 26 日，洛萨达出版社在布宜诺斯艾利斯出版《智利的石头》，书中配有安东尼奥·金塔纳的摄影作品。

1961 9 月 18 日，在智利独立日这一天，聂鲁达为瓦尔帕莱索的住所"萨巴丝汀"揭幕。

1961 10 月 31 日，洛萨达出版社在布宜诺斯艾利斯出版《典礼之歌》。

1962 1 月 16 日，《巡航》杂志国际版开始发表系列文章《巴勃罗·聂鲁达回忆录：诗人的生活》。

1962 3 月 30 日，聂鲁达成为智利大学哲学与人文学系学者，学校为此举办了欢迎仪式。诗人尼卡诺·帕拉发表欢迎词。

1962 4 月初，与玛蒂尔德前往乌拉圭，随后又去了意大利。聂鲁达在意大利结识了排版艺术大师阿尔韦托·塔洛内，他后来出版了几部聂鲁达的作品。

1963 凭借《二十首情诗》意大利文版获得圣瓦伦蒂诺文学奖。

1964 2 月，译完《罗密欧与朱丽叶》。这部作品将在智利大学剧院纪念莎士比亚诞辰四百周年的演出中上演。

1964 7 月，人们以丰富多彩的活动庆祝诗人六十岁生日。

1964 6 月 2 日至 7 月 12 日，洛萨达出版社在布宜诺斯艾利斯将诗人的诗歌自传——由五个部分组成的《黑岛纪事》拆分成几卷出版。

1964 10 月 10 日，智利大学戏剧学院首演由聂鲁达翻译改编、埃乌赫尼奥·古斯曼导演、塞尔西奥·奥尔特加配乐的《罗密欧与朱丽叶》。

1964　12 月，布宜诺斯艾利斯大学出版社出版玛加丽塔·阿吉雷的著作《巴勃罗·聂鲁达的才华与形象》。这是诗人的第一部传记。

1965　3 月 27 日，聂鲁达第一任妻子玛丽亚·安东涅塔·哈根纳尔在荷兰海牙逝世。

1965　3 月，与玛蒂尔德前往欧洲。4 月 16 日抵达巴黎，然后前往莫斯科。两人还受到匈牙利政府邀请前往布达佩斯，聂鲁达在那里遇见了米格尔·安赫尔·阿斯图里亚斯。两人都接受了记录匈牙利印象的约稿请求。那本《吃在匈牙利》由此诞生。

1965　5 月 19 日，参加德意志民主共和国举办的国际作家代表大会，大会旨在纪念摆脱纳粹统治二十周年。

1965　6 月 1 日，接受英国牛津大学授予的哲学与文学荣誉博士学位。他是首位获此殊荣的拉丁美洲诗人。

1966　3 月 21 日，剧作家阿瑟·米勒邀请聂鲁达以贵宾身份参加 6 月 12 日至 18 日在纽约举行的国际笔会。6 月初，与玛蒂尔德前往美国。在 56 个国家的代表参与的大会上，聂鲁达是会场的明星。

1966　6 月 18 日，聂鲁达在美洲开发银行举办诗歌朗诵会，为美国国会图书馆录了几首自己的诗。

1966　7 月 4 日，两人抵达秘鲁。聂鲁达在利马和阿勒基帕发表演讲，筹集善款援助不久前遭遇大地震的灾民。与费尔南多·贝朗德总统共进午餐，并荣获秘鲁最高等级荣誉勋章——太阳勋章。

1966　7 月 12 日，在六十二岁生日当天，与玛蒂尔德返回智利。

1966　7月31日，一封有上百名古巴艺术家和知识分子签名的公开信在哈瓦那发表，并在全世界流传。这封信抨击聂鲁达参加国际笔会、与秘鲁总统共进午餐以及接受勋章的行为。正如埃尔南·罗约拉教授指出的那样，对于聂鲁达来说，这是"一次平白无故的攻讦"和"对他革命生涯和自尊心的严重侮辱"。8月1日，聂鲁达发表回复古巴人的电报。

1966　洛萨达出版社在布宜诺斯艾利斯出版埃米尔·罗德里格斯·莫奈加尔的《静止不动的旅行者》，这部传记还收录了对他某些作品的分析文章。

1966　9月，鲁门出版社在巴塞罗那出版关于黑岛别墅的诗歌散文集《沙上的屋子》，书中配有塞尔西奥·拉腊因的摄影作品。

1966　10月28日，聂鲁达和玛蒂尔德在黑岛结婚。

1966　11月1日，当代艺术之友协会出版《鸟的艺术》。书中的插图由画家内梅西奥·安图内斯、马里奥·卡雷尼奥、埃克托·埃莱拉和马里奥·托拉尔创作。

1967　10月14日，智利大学戏剧学院在圣地亚哥首演聂鲁达唯一的话剧《华金·穆列塔的显赫与死亡：1853年7月23日在加利福尼亚遭受不公的智利歹徒》。由塞尔西奥·奥尔特加配乐，佩德罗·奥索斯导演，帕特里西奥·邦斯特编舞。

1967　11月24日，前往聂鲁达出生地帕拉尔，接受市政府授予他的"杰出儿女"称号。

1967　12月4日，洛萨达出版社在布宜诺斯艾利斯出版《船歌》。

1968　1月，苏联诗人叶夫根尼·叶夫图申科访问智利。他和聂鲁达一起在圣地亚哥纳塔尼埃尔体育场举办俄语、西班牙语诗歌朗诵会。近七千人出席。

1968　4月24日，随着文章《散开的甲壳虫》的发表，圣地亚哥

《埃尔西亚》杂志社开始刊登总标题为"黑岛反思录"的系列文章，每十五天登一次，连载了两年。

1968　7 月 12 日，在黑岛庆祝六十四岁生日。计划以 1962 年刊登在《巡航》杂志国际版的自传文章为基础，创作回忆录。

1968　8 月 22 日，与玛蒂尔德一同前往蒙得维的亚。随后两人前往巴西。聂鲁达在圣保罗为一座费德里科·加西亚·洛尔卡纪念碑揭幕。然后访问了萨尔瓦多、孔戈尼亚斯、彼得罗波利斯、欧鲁普雷图和巴西利亚。他在巴西利亚见到了这座城市的缔造者：建筑师奥斯卡·尼迈耶。

1968　10 月，从巴西前往哥伦比亚。聂鲁达和米格尔·安赫尔·阿斯图里亚斯一起加入首届哥伦比亚马尼萨莱斯大学戏剧节评审团。

1968　11 月，洛萨达出版社在布宜诺斯艾利斯出版《日之手》。

1968　向编辑贡萨洛·洛萨达提议在他购买的黑岛附近的土地上建造"康塔劳"，作家和艺术家可以长期在那里创作自己的作品。

亲切又冷酷的祖国

1969　1 月至 2 月，参加为 3 月议会选举而开展的共产党候选人竞选活动。

1969　7 月，纳西门托出版社在圣地亚哥出版《仍然》。

1969　8 月，当代艺术协会在圣地亚哥出版《世界末日》，插图由马里奥·卡莱尼奥、内梅西奥·安图内斯、佩德罗·米亚尔、玛丽亚·马特内尔、胡里奥·埃斯卡梅斯和奥斯瓦尔多·瓜亚萨明创作。

1969	8月19日，智利国家图书馆在圣地亚哥举办按书目陈列的聂鲁达作品展。
1969	8月21日，智利天主教大学授予他科学与人文艺术荣誉博士学位。
1969	9月30日，智利共产党宣布聂鲁达为1970年智利共和国总统候选人。他的竞选口号是："为了人民团结"。
1969	10月，开始竞选之旅，从阿里卡到洛塔，走遍智利大片国土。12月，开始第二场竞选之旅，去了特木科和蓬塔阿雷纳斯。1970年初，大批群众在瓦尔帕莱索港迎接他。
1970	1月，放弃候选人身份，支持萨尔瓦多·阿连德。阿连德成为唯一的左翼候选人。
1970	柯克伦勋爵出版社在圣地亚哥出版《二十首情诗和一首绝望的歌》精装版，配有马里奥·托拉尔的水彩画。
1970	4月，与玛蒂尔德一同前往欧洲。在莫斯科参加列宁诞辰一百周年纪念活动。随后赶赴伦敦，参加威斯敏斯特诗歌节。
1970	6月23日，在戛纳登上返回美洲的轮船。24日抵达巴塞罗那，在那里短暂停留之后，与作家加夫列尔·加西亚·马尔克斯同行。
1970	7月初，聂鲁达抵达委内瑞拉，参加在加拉加斯举行的第三届拉丁美洲作家代表大会。随后前往秘鲁，聂鲁达为5月31日遭遇大地震的灾民举办了一场诗歌朗诵会，还会见了贝拉斯科·阿尔瓦拉多总统。
1970	7月中旬，两人回到智利。聂鲁达积极参加萨尔瓦多·阿连德的总统竞选活动。9月4日，阿连德在竞选中胜出。
1970	洛萨达出版社在布宜诺斯艾利斯出版《燃烧的剑》和《天石》。
1970	当代艺术协会在圣地亚哥出版《海洋地震》，配有卡林·奥德

费尔特创作的彩色木刻版画。

1971	1月，前往复活节岛。在岛上待了近十天，拍摄雨果·阿莱瓦罗为天主教大学13号频道导演的《与巴勃罗·聂鲁达有关的历史地理》系列片。他为这次旅行写下了《孤独的玫瑰》，该书于1972年出版。
1971	1月21日，智利国会任命巴勃罗·聂鲁达为智利驻法国大使。
1971	3月20日，与玛蒂尔德抵达巴黎。26日，向乔治·蓬皮杜总统递交国书。
1971	7月12日，庆祝六十七岁生日。
1971	9月至10月，寻找远离城市的安静场所，以方便写作。在距离巴黎一个半小时的诺曼底的伊通河畔孔代镇，他找到了一座古旧的大宅子，它曾经是某位封建领主的财产。
1971	10月21日，聂鲁达从瑞典驻法国大使古纳尔·黑格洛夫那里收到官方公告，得知他被授予诺贝尔文学奖。瑞典学院强调聂鲁达是"饱受暴力伤害的人类的诗人"，还提到他一次又一次受迫害，并指出在他的作品中能找到世界各地被压迫者的身影。
1971	10月底，诗人在巴黎科钦医院接受手术。聂鲁达的朋友、他在黑岛的邻居劳尔·布尔内斯博士专程从智利赶来陪他做手术。这场手术过后，聂鲁达在他买下的名叫"曼盖尔"的住宅里休养了一段时间。
1971	12月初，与玛蒂尔德前往斯德哥尔摩。诺贝尔奖颁奖典礼在10日举行。聂鲁达在晚宴上代表当年所有的获奖者发表了简短讲话，之后发表了个人感谢词。
1971	12月31日，在"曼盖尔"和一群朋友欢度新年。
1972	1月，希腊作曲家米基斯·提奥多拉基斯获得聂鲁达授权，

为《漫歌》作曲。1974 年，诗人离世后，清唱剧《漫歌》创作完成，并在希腊首演。

1972　2 月，参加智利代表团与巴黎俱乐部重新商讨智利外债的会议。

1972　4 月 10 日，在纽约笔会成立五十周年庆祝活动上发表开幕词。

1972　4 月 25 日，与玛蒂尔德前往莫斯科。4 月 26 日至 5 月 5 日，入住一家医院。

1972　5 月，洛萨达出版社在布宜诺斯艾利斯出版《无用的地理学》。

1972　6 月中旬，赴伦敦参加国际诗歌节。在那里遇见奥克塔维奥·帕斯，并与他和解。

1972　6 月 28 日，返回巴黎，住院数日。

1972　7 月 12 日，在使馆举办晚宴庆祝六十八岁生日。此外，还邀请了几位朋友去"曼盖尔"。参加庆祝活动的有胡利奥·科塔萨尔和妻子乌格涅·卡维丽丝、加夫列尔·加西亚·马尔克斯、卡洛斯·富恩特斯、马里奥·巴尔加斯·略萨、豪尔赫·爱德华兹、波利·德拉诺以及智利外长科罗米洛·阿尔梅达。

1972　7 月中旬，接受了一场延缓病情的外科手术。

1972　7 月，诗人的妹妹劳拉·雷耶斯和奥梅罗·阿尔塞抵达巴黎。聂鲁达请求妹妹帮助他为创作回忆录做准备。

1972　10 月 26 日，会见法国总统乔治·蓬皮杜。

1972　10 月 28 日，被选为教科文组织咨询委员会委员，任期四年。

1972　11 月 20 日，与玛蒂尔德乘坐飞机返回智利。

1972　12 月 5 日，圣地亚哥国家体育场举办了一场庆祝活动，致敬荣获诺贝尔奖的诗人。诗人受到智利共和国副主席卡洛斯·普拉茨将军的接见，因为阿连德总统正在国外访问。

1972　12 月 31 日，和一群朋友在瓦尔帕莱索的"萨巴丝汀"庆祝新年。

1972	阿连德政府通过改善市容组织承诺实现诗人最后的梦想——启动"康塔劳"项目：在海边建造一个让作家、艺术家可以进行长期创作的场所。设计工作由建筑师劳尔·布尔内斯、卡洛斯·马特内尔和比尔希尼娅·普鲁宾斯负责，聂鲁达也积极参与其中。
1973	2月2日，萨尔瓦多·阿连德偕夫人到黑岛看望聂鲁达。同行的还有共产党秘书长路易斯·科尔瓦兰和参议员博洛迪亚·泰特尔鲍姆。聂鲁达借机宣布辞去驻法国大使的职务。
1973	2月16日，基曼图出版社在圣地亚哥出版了7万册《鼓动刺杀尼克松并赞美智利革命》。
1973	尽管身体状况不佳，聂鲁达还在继续写作。他完成了回忆录和七部诗集。他本想借出版这几部作品来庆祝自己的七十岁生日。
1973	4月初，接受了放射治疗后，在比尼亚德尔马的米拉马尔酒店休养。他在那里向记者路易斯·阿尔韦托·曼西利亚口述了一段致敬4月8日逝世的巴勃罗·毕加索的文字。
1973	4月中旬，玛蒂尔德赶赴巴黎处理诗人留在使馆的财物，出售住宅"曼盖尔"。
1973	7月12日，在黑岛和几个朋友庆祝六十九岁生日，诗人在床上接待他们。
1973	8月30日，路易斯·阿尔韦托·曼西利亚再度造访。诗人和他约在黑岛见面，向他口述了一段庆祝阿莱杭德罗·利普舒兹博士九十岁生日的贺词。
1973	9月11日，诗人和玛蒂尔德通过广播和电视得知智利爆发军事政变，拉莫内达宫被轰炸，阿连德总统被杀害。
1973	9月14日，向玛蒂尔德口述回忆录的结束语。一群士兵闯入

黑岛别墅。

1973	9月19日，诗人病情恶化。在玛蒂尔德的陪伴下，乘救护车前往圣地亚哥。被送进圣玛利亚医院。高烧不退。
1973	9月23日，诗人于当晚十点半离世。守灵地点是破败的查丝蔻纳，这座房子此前是攻击破坏的目标。
1973	9月25日，巴勃罗·聂鲁达被安葬在圣地亚哥总公墓。尽管骇人的军政府势力无处不在，但自发加入送葬队伍的群众越来越多。就这样，诗人的葬礼变成了反对军政府的第一场示威活动。

写不尽的自传

　　《我坦言我曾历尽沧桑》是一部经历漫长创作、独一无二的作品。直到一九七三年九月去世前不久，巴勃罗·聂鲁达都在撰写这部回忆录。从某种程度上说，它改编自聂鲁达不同时期、不同出处的作品，呈现了他的人生回顾与思考。

　　大约在一九七二年年中，时任驻法国大使的聂鲁达在奥梅罗·阿尔塞的帮助下，系统地创作着回忆录："补全《巡航》杂志上的文章，编成一部重要的书"——同年八月，他在给友人博洛迪亚·泰特尔鲍姆的信中如此写道。因此，这部回忆录的基础便是一九六二年刊登于《巡航》杂志国际版、题为"诗人的生活"的十篇自传性文章。由于定期出版物的篇幅有限，而各个主题需进一步展开阐述，因此聂鲁达又写了几篇文章，还添加了几篇写于不同时期的文稿，比如一九五四年一月聂鲁达在智利大学发表的关于他人生与作品的系列演讲选段。

　　显然，聂鲁达的诗歌也滋养了他的回忆录。诗人写道（这句话出自被我们用作新版引言的文章）："我的诗歌是什么？我不知道。还不如去问我的诗歌我是谁呢，那要更容易一些。"

事实上，聂鲁达一直在诗歌与散文中创作回忆录。他的大部分作品中都有自传的痕迹，我们可以在他有意创作的自传性诗歌中体会到这一点。他的第一本书已经展现出他想记录发生在自己身上的事情的意图，他曾经写道：《夕照》和我的一些成熟作品非常相似。在某种意义上，它是一本日记，记录了我的内心与外在世界发生的一切，记录了我感知到的一切。"

尽管诗人借助于自己不同时期、不同出处的作品，但他的回忆录并不是这些文章的纯粹堆砌。我们在《我坦言我曾历尽沧桑》中可以发现他创作自传的几种不同方式。一种是连续叙事。埃尔南德斯家的打谷场之行就采用了这样的叙述方式。而且，这个故事还部分采用了英雄出行的叙述范式：英雄离家，经历梦幻与真实交织的旅行，迎来高潮（在这个故事中对应的是主角的性启蒙），最后踏上回归现实生活的归途。讲述穿越安第斯山脉之行的叙述方法也有"启蒙之旅"的特点：身体的旅行还意味着状态的改变，从被迫害的人转变为自由的人，诗人开始走向"伟大的世界之路"。

此外，《我坦言我曾历尽沧桑》里许多部分的创作手法类似于游记。

创作回忆录的另一种方法是将故事、地点描述、人物摹写、回忆思考糅合在一起。比如，第十一部分"写诗是一门手艺"大体上说是很杂的。我们能在书里的其他部分找到人物画廊或者说盘点，聂鲁达在他的几部诗集里也用过这样的方法。举例来说，在这部回忆录里，他描绘了上世纪二十年代圣地亚哥波西米亚风潮中的"冬天的疯子"，或是年轻时在瓦尔帕莱索结识的出色而古怪的人物，或是非同寻常的男男女女。他们分布在整部书里，譬如罗哈斯·希门内斯、阿卡里奥·科塔波斯、南希·丘纳德。这些人物莫名地符合他对"不安分不知足之人"的喜爱——诗人曾在小说《居民及其希望》的前言中如此坦言。

诗人在《我坦言我曾历尽沧桑》的简短题记中指明了本书的独到之处:"传记作家的回忆录与诗人的回忆录绝不相同。前者也许阅历有限,但着力如实记录,为我们精确再现许多细节。后者则为我们提供一座画廊,里面陈列着受他那个时代的烈火和黑暗撼动的众多幻影。"正如我们所见,聂鲁达充满诗意的回忆录是他自最初几部作品逐渐积累的沉淀,而正是这种长期而缓慢的沉淀赋予这部回忆录稳固而坚实的基础。

聂鲁达在题记中指出的另一点独到之处便是他生活的多面性:"我的生活丰富多彩——这是诗人的生活。"聂鲁达在作品中多次提到过这个多面的"我"。例如:"我是人民,无数的人民"(《漫歌》);"我不能/行尸走肉般活着/没有人类而成为人……"(《元素颂》);"我的歌让他们团结:属于隐形之人的歌让所有人一起歌唱……"(《元素颂》)。

因此,《我坦言我曾历尽沧桑》还是这位既单一又多面的诗人的自传,在他身上能找到所有人的影子。

即便像刚才提到的那样,创作自传的冲动在《夕照》中便有所体现,但在某些时刻,这种冲动会演化成里程碑式的作品,比如《漫歌》中的《我自己》这一章。然后是聂鲁达在智利大学暑期学校发表的五次演讲,那是为了纪念他的五十岁生日;还有此前提到的一九六二年的系列文章《诗人的生活》和一九六四年的《黑岛纪事》,后者是他重要的诗歌自传,他创作这部作品是为了庆祝自己的六十岁生日。

同年,聂鲁达在一次即兴演讲中提到了这部作品,那是在智利圣地亚哥国家图书馆举行的聂鲁达作品研讨会的开幕式上。当时，作家提到了《黑岛纪事》："在这部作品中，我特意回到了我的诗歌感性的开始，回到了《夕照》，也就是那种记录日常感受的诗歌。虽然书里有传记的线索，但我只想在这部由五卷组成的长篇著作中描绘每日的悲喜。的确，这是一本拼接起来的书，就像一篇分散后又重新汇拢的文章，讲述的尽是我生活中的事和用无数声音不断呼唤我的大自然。"

在那场演讲的结尾，聂鲁达表达了想把传记写到人生最后一刻的意愿："我不知道，都这个岁数了，这样说算不算自我吹嘘——我会永不停歇地珍藏我见过、爱过的一切，我感受过、经历过、斗争过的一切，我要继续书写那首未完的人生长诗，只有我的临终遗言才能将它完结。"

《我坦言我曾历尽沧桑》原本是用来庆祝一九七四年聂鲁达七十岁诞辰的。但是，一九七三年九月十一日的军事政变加速了他的离去，他于九月二十三日溘然长逝。这本书确于一九七四年出版，却成了他的身后之作。

仔细检查巴勃罗·聂鲁达基金会的档案时，我们发现了一些与回忆录有关的文件。首先是一册日期标注为一九七三年六月的笔记本，里面有一些聂鲁达手写的有趣笔记，提到了《我坦言我曾历尽沧桑》必须包含的内容。接着我们找到了两个装有未出版的自传文稿的文件夹。其中的一些文章——比如《回程的姑娘》——像拼图游戏里丢失的碎片似的恰好补足了回忆录的某些段落。还有一些文章扩充了某个章节的内容。还有一些——比如《诗人费德里科最后的爱人》——解释了这些文章当时没能出版的原因："读者摒弃偏见了吗？可以承认费德里科的同性恋倾向，并做到不损害他的声望了吗？"聂鲁达曾经如此自问。接着，我们找到了玛蒂尔德·乌鲁蒂亚的声明："我也犹豫了，我没有把它加进回忆录里。我把它留在这里，我觉得我无权撕毁它。"因为这句"我把它留在这里"，玛蒂尔德把那个章节交给了时间。她留下了它，好让在人们能更开放地评价人类多样性的未来，有人能发现并拯救这篇文章。这就是我们所做的事。

我们现在补充的这些文章起初之所以没能出版，归结于《我坦言我曾历尽沧桑》第一版完成时的艰难环境。我们回忆一下，聂鲁达最后的时刻是在圣地亚哥圣玛利亚医院度过的，当时智利历史上最血腥的军事独裁政权正横行肆虐。他的两栋房子——圣地亚哥的查丝蔻纳和瓦尔帕莱索的萨巴丝汀——遭受了破坏，他的许多朋友要么被逮捕、被处决，要么隐姓埋名，要么接受政治庇护。

诗人死后，他的遗孀玛蒂尔德把回忆录送出智利，通过委内瑞拉外交邮袋寄到了加拉加斯，后来她也去了那里，与米格尔·奥特罗·席尔瓦团聚，两人一同编辑这部作品。

最后，我们还找到了一九五四年的三场自传性演讲的演讲稿，它们此前从未出版，这是诗人创作《我坦言我曾历尽沧桑》的素材库之一。

尽管聂鲁达说过，他要在生命的最后时刻写完他的人生长诗，但是新版所增的珍贵新内容让我们在今天能以全新的方式解读他的回忆录，并以这样的方式延长、丰富诗人生命中那些讲不完的故事。

达里奥·奥瑟斯

图书在版编目（CIP）数据

我坦言我曾历尽沧桑 ／（智）巴勃罗·聂鲁达著；
林光，林叶青译 . —— 2 版 . —— 海口：南海出版公司，
2020.5
　ISBN 978-7-5442-9749-3

　Ⅰ . ①我… Ⅱ . ①巴… ②林… ③林… Ⅲ . ①聂鲁达
(Neruda，Pablo 1904—1973) —回忆录 Ⅳ .
① K837.845.6

中国版本图书馆 CIP 数据核字 (2019) 第 279386 号

著作权合同登记号　图字：30-2014-031

我坦言我曾历尽沧桑

〔智利〕巴勃罗·聂鲁达 著

林光 林叶青 译

出　　版　南海出版公司　(0898)66568511
　　　　　海口市海秀中路 51 号星华大厦五楼　邮编 570206
发　　行　新经典发行有限公司
　　　　　电话 (010)68423599　邮箱 editor@readinglife.com
经　　销　新华书店

责任编辑　黄宁群
特邀编辑　第五婷婷　白　芸　梅　清
营销编辑　柳艳娇　王蓓蓓　梁　颖
装帧设计　韩　笑
内文制作　田晓波

印　　刷　山东韵杰文化科技有限公司
开　　本　850 毫米 ×1168 毫米　1/32
印　　张　19.25
字　　数　410 千
版　　次　2015 年 4 月第 1 版　2020 年 5 月第 2 版
印　　次　2020 年 5 月第 1 次印刷
书　　号　ISBN 978-7-5442-9749-3
定　　价　88.00 元